全国城市轨道交通专业高职高专规划教材

Gongcheng Cailiao

# 工 程 材 料

覃　峰　陈晓明　主　编

张广欣　王　晶　副主编

包惠明 [桂林理工大学] 主　审

人民交通出版社
China Communications Press

# 内 容 提 要

本书为全国城市轨道交通专业高职高专规划教材，是根据新颁布的与土木工程有关的技术规范和技术标准编写而成。全书分为两篇：第一篇阐述工程建筑用各种材料的基本组成、生产工艺、技术性质、组成设计、检测步骤和应用方法等，共九章，其中包括工程材料的基本性质、砂石材料、水泥和石灰、水泥混凝土和建筑砂浆、无机结合料稳定类材料、沥青及 CA 砂浆、钢材、防水和吸声材料、新型轨道材料等。第二篇介绍工程建筑中各种材料的试验方法，共四章，各章试验内容既彼此独立又相互联系，有利于实际操作技能培养。

本书可作为高等职业、中等职业院校工程类专业的教科书，也可供从事工程施工、工程监理、试验检测工作的工程技术人员参考。

注：教材中，砂石材料中铁路道砟部分、CA 砂浆部分、防水和吸声材料中的吸声材料部分以及新兴轨道材料建议铁道工程专业、城市轨道交通工程技术专业的学生学习；水泥混凝土和建筑砂浆中的建筑砂浆部分建议建筑类专业的学生学习。

## 图书在版编目(CIP)数据

工程材料 / 覃峰,陈晓明主编. —北京:人民
交通出版社,2013.8
全国城市轨道交通专业高职高专规划教材
ISBN 978-7-114-10668-2

Ⅰ. ①轨…　Ⅱ. ①覃…②陈…　Ⅲ. ①城市铁路—轨
道(铁路)—工程材料—高等职业教育—教材　Ⅳ. ①U239.5

中国版本图书馆 CIP 数据核字(2013)第 161371 号

全国城市轨道交通专业高职高专规划教材
书　　名：工程材料
著 作 者：覃　峰　陈晓明
责任编辑：袁　方
出版发行：人民交通出版社
地　　址：(100011)北京市朝阳区安定门外外馆斜街 3 号
网　　址：http://www.ccpress.com.cn
销售电话：(010)59757973
总 经 销：人民交通出版社发行部
经　　销：各地新华书店
印　　刷：北京虎彩文化传播有限公司
开　　本：787×1092　1/16
印　　张：19
字　　数：464 千
版　　次：2014 年 8 月　第 1 版
印　　次：2023 年 5 月　第 8 次印刷
书　　号：ISBN 978-7-114-10668-2
定　　价：56.00 元

(有印刷、装订质量问题的图书,由本公司负责调换)

# 全国城市轨道交通专业高职高专规划教材
# 编 审 委 员 会

# 出版说明

我国轨道交通正处于快速发展阶段,目前已有30个城市的轨道交通建设规划获批,预计至2020年,我国城市轨道交通累计营业里程将达到7395km,而我国有发展轨道交通潜力的城市更是多达229个,预计2050年规划的线路将增加到289条,总里程数将达到11700km。

面临这一大好形势,各地职业院校纷纷开设了城市轨道交通相关专业。为了适应我国城市轨道交通专业高职高专教育对教材建设的需要,我们在2012年推出城市轨道交通运营管理专业高职高专规划教材之后,广泛征求了各职业院校的意见,规划了全国城市轨道交通工程技术专业高职高专规划教材。

为保证教材出版质量,我们从开设城市轨道交通工程技术专业的优秀院校中遴选了一批骨干教师,组建成教材的编写团队;同时,在高等院校、施工企业、科研院所聘请一流的行业专家,组建成教材的审定团队,初期推出以下13种:

《工程地质》

《工程制图及CAD》

《工程力学》

《土力学与地基基础》

《轨道交通概论》

《轨道工程测量》

《桥梁工程技术》

《轨道施工组织与概预算》

《工程材料》

《轨道线路养护与维修技术》

《轨道施工技术》

《路基施工技术》

《隧道及地下工程技术》

本套教材具有以下特点:

1.体现了工学结合的优势。教材编写过程努力做到了校企结合,聘请地铁施工企业参与编写、审稿,并提供了大量的施工案例。

1

2. 突出了职业教育的特色。教材内容的组织围绕职业能力的形成,侧重于实际工作岗位操作技能的培养。

3. 遵循了形式服务于内容的原则。教材对理论的阐述以应用为目的,以够用为尺度。语言简洁明了、通俗易懂;版式生动活泼、图文并茂。

4. 整套教材配有教学课件,读者可于人民交通出版社网站免费下载;每章后附有复习思考题,部分章节还附有实训内容。

希望该套教材的出版对全国职业院校城市轨道交通专业教材体系建设有所裨益。

全国城市轨道交通专业高职高专规划教材

编审委员会

2013 年 5 月

# 前　言

　　高等职业教育主要面向生产一线,培养熟知新知识、新技术、新工艺、新方法,具有一定知识面和理论水平及操作能力强的应用高端技能型人才。为了培养铁道、城市轨道、城际轨道等工程专业生产一线的应用高端技能型人才,由全国城市轨道交通专业高职高专规划教材编审委员会组织编写了本教材。

　　由于我国近年来铁道、城际轨道等轨道工程建设速度较快,并且与轨道工程材料有关的技术规范和技术标准不断修订和完善,本教材适应轨道工程建设事业和技术发展的需求,在编写过程中采用的是已颁布的新技术标准和规范及一些城市轨道建设项目、高速铁路建设项目的施工指南,力求使教材反映铁道、城际轨道等工程建设过程中材料的新理论、新技术、新装备、新工艺、新标准。同时,教材以应用为核心,以实用为原则,体现了工学结合的特点,突出学生的技术和技能培养,注重学生综合素质的提高,努力让学生能通过教材学习做到"学以致用",毕业后就能上岗。

　　本教材由广西交通职业技术学院覃峰教授和江西交通职业技术学院陈晓明教授共同担任主编,广西建设职业技术学院张广欣副教授和广西交通职业技术学院王晶老师担任副主编,桂林理工大学包惠明教授担任主审。

　　参加本教材编写的单位有广西交通职业技术学院、江西交通职业技术学院、广西建设职业技术学院、重庆建筑工程职业技术学院、广西正高工程技术有限公司、广西南宁市城市轨道有限公司等。第一篇具体分工是:绪论、第五章、第六章由广西交通职业技术学院覃峰和刘清泉合编,第二章一~三节、第八章第二节由江西交通职业技术学院陈晓明编写,第一章、第八章第一节由广西建设职业技术学院张广欣编写,第三章、第四章由广西交通职业技术学院王晶和刘振华编写,第七章由重庆建筑工程职业技术学院梁莉编写,第九章由广西正高工程技术有限公司李国鑫编写,第二章四节由广西正高工程技术有限公司李中宝编写。第二篇由广西交通职业技术学院路桥工程系实训中心何壮彬、周启针、李克元、刘振华和广西正高工程技术有限公司铁道检测部的蓝燕妮、陆家宽、李国鑫、李中宝及广西南宁市城市轨道有限公司覃文杰等共同编写,全书图表和最后文字核对由李国鑫和刘振华共同完成。在教材的编写过程中,得到了相关单位领导和专家的指导和帮

1

助,在此表示感谢。

由于时间仓促,编者水平有限,书中缺点和错误在所难免,敬请专家和读者提出宝贵意见,以便改正完善。

编　者

2014 年 5 月

# 目 录

## 第二篇　试　验　篇

# 绪　　论

改革开放以来,我国公路、铁路、城市轨道交通及建筑工程等得到了飞速发展,大量新技术、新工艺、新方法与新材料得到了广泛应用。同时,随着公路、铁路、城市轨道交通事业快速发展,市场对从事相关专业人才的需求量也随之加大。为实现公路、铁路、城市轨道交通工程的现代化,迫切需要学习和研究用于交通土建工程的新材料、新技术和新方法。

## 一、本课程的研究内容和任务

随着科技和材料技术的发展,用于工程建设的材料不仅在品种上日益增多,而且对其质量也不断提出了新的要求。

### 1.本课程的研究内容

(1)集料:集料主要包括砂与石料。砂石材料有的是由地壳上层的岩石经自然风化得到的(如天然砂砾),有的是经人工开采或再经轧制而得到的(如各种不同尺寸的碎石和石屑)。砂石材料可以直接用于铺筑道床或砌筑各种桥梁及结构物,也可以作为配制水泥混凝土或沥青混合料的矿质集料。

(2)无机结合料及其制品:在工程建设中最常用的无机结合料,主要是石灰和水泥。水泥是桥梁及结构物中所用的水泥混凝土和预应力混凝土结构的主要材料。石灰和水泥也广泛应用于道床和路基土改良,是重要的工程材料。此外,水泥砂浆是各种圬工结构物砌筑的重要结合料。

(3)有机结合料及其混合料:有机结合料主要是指沥青类材料,如石油沥青、煤沥青等。这些材料与不同粒径的集料组成沥青混合料,可以修筑成各种类型的 CA 砂浆。CA 砂浆是高速铁路建设中极为重要的材料。

(4)建筑钢材:建筑钢材是桥梁钢结构及钢筋混凝土结构,预应力钢筋混凝土结构的重要材料。

(5)新型复合材料:除上述这些常用材料外,随着现代科学技术的进步,在这些常用材料的基础上,又发展了新的复合材料。

在学习本课程时,应掌握上述工程常用材料的技术性能以及检验方法;各种材料的内部组成结构及其与技术性能之间的关系;产源(天然材料)或加工工艺(人造材料)对其性能的影响;各种材料的技术性能以及存在的问题和改善途径。

### 2.本课程的任务

本课程的任务是,以掌握工程中材料的基本知识为核心开展相关教学。课程涉及铁道、城市轨道交通工程中和公路与城市道路工程建设中常用道路工程材料及制品的品种、规格、性能及应用,材料的组成、结构和构造与性能的关系,主要工程材料及制品的原材料和生产工艺对性能的影响,节约工程材料、改善性能及防护处理的有关措施,工程材料的质量标准和检测方法等。

通过本课程的学习可以掌握工程材料的性能,选择和鉴定材料,并能够正确使用材料。本课程是一门专业基础课程,它与物理、化学、材料力学以及工程地质等基础课有着密切的联系,也是桥梁工程、路基工程、轨道工程等课程的基础。

**二、工程材料的重要性**

工程材料是工程结构物的物质基础。材料质量的好坏、配制是否合理及选用是否适当等,均直接影响结构物的使用质量、寿命和功能。工程结构物直接裸露在大自然中,承受反复动载作用,材料的性能和质量对结构物的使用性能影响极大。

材料的使用与工程造价密切相关,在城市轨道交通工程、铁道工程等轨道工程的修建费用中,轨道工程材料费用通常在轨道工程总造价中约占 50% 以上。因此,合理地选择和使用材料,尽量就地取材,对节约工程投资、降低工程造价十分必要。

材料科学的进步,可以给工程提供优质、高性能和低成本的材料。工程建筑设计、工艺的更新换代,往往与新材料的发展和运用紧密联系;同时,新材料的出现和使用,必然导致工程建筑设计、施工工艺与技术的更新与发展。

**三、工程材料的分类**

工程使用的材料品种繁多,用途不一,按其基本成分可分为金属材料、非金属材料、复合材料三大类。详见表 0-0-1 所列。

工程材料的分类　　　　　　　　　　　　　　　表 0-0-1

| 金属材料 | 黑色金属 | 铁、碳素钢、合金钢 |
|---|---|---|
| | 有色金属 | 铝、锌、铜等及其合金 |
| 非金属材料 | 无机材料 | 天然石料:砂子、石子、各种岩石加工的石料<br>烧土制品:黏土砖、陶瓷及其制品<br>胶凝材料:石灰、水泥、水玻璃、石膏<br>以胶凝材料为基础的人造石料:混凝土、水泥制品、硅酸盐制品 |
| | 有机材料 | 植物材料:木材、植物纤维及其制品<br>沥青材料:石油沥青、煤沥青、沥青制品<br>高分子材料:涂料、橡胶、胶黏剂 |
| 复合材料 | 无机—有机材料 | 玻璃纤维增强塑料、聚合物混凝土、沥青混凝土、橡胶粉水泥混凝土 |
| | 非金属—金属材料 | 钢筋混凝土、钢丝网混凝土、塑铝复合板、铝箔面油毡、钢管混凝土 |
| | 其他复合材料 | 水泥石棉制品、纤维沥青混合料 |

注:所谓复合材料,是指两种或两种以上不同性能的材料,经组合为一体的材料。复合材料可克服单一材料的弱点,而发挥其综合的复合特性。通过复合技术,材料的各种性能都可以按照需要进行设计。复合化已成为当今材料科学发展的趋势。

**四、工程材料应具备的性质、检验方法和技术标准**

1. 工程材料应具备的性质

城市轨道交通工程、铁道工程以及公路工程等工程建筑物,不仅受到车辆荷载的复杂力系作用,而且还受到各种复杂的恶劣环境的影响,所以用于城市轨道交通工程、铁道工程以及公路工程等工程建筑的材料,既要具备一定的力学性能,又要保证在各种自然条件下,综合力学性能不会下降。

为了保证城市轨道交通工程、铁道工程以及公路工程等工程材料的综合力学强度和稳定性,就要求其具备下列四个方面的性质。

(1)力学性质。力学性质是材料抵抗车辆荷载复杂力系综合作用的性能。目前对建筑材料力学性质的测定,主要是测定各种静态的强度,如抗压、拉、弯、剪等强度,还可通过磨耗、磨光、冲击等经验指标来反映等。

(2)物理性质。影响材料力学性质的物理因素主要是温度和湿度。材料的强度随着温度的升高或含水率的增加而显著降低,通常用热稳定性或水稳定性等来表征其强度变化的程度。对于优质材料,其强度随着环境条件的变化较小。

此外,通常还要测定一些物理常数,如密度、孔隙率和空隙率等。这些物理常数是材料内部组成结构的反映,并与力学性质之间存在一定的相关性,可以用于推断力学性质。

(3)化学性质。化学性质是材料抵抗各种周围环境对其化学作用的性能。除了受到周围介质或者其他物质侵蚀外,通常还受到大气因素的综合作用而引起材料的"老化",特别是各种有机材料(如沥青材料等)对此表现更为显著。

(4)工艺性质。工艺性质是材料适于按照一定工艺流程加工的性能。例如,水泥混凝土在成型以前要求有一定的流动性,以便制作成一定形状的构件。但是加工工艺不同,要求的流动性亦不同。

2. 工程材料的检验方法

城市轨道交通工程、铁道工程以及公路工程等工程材料应具备性能的检验,必须通过适当的测试手段来进行。检验测定材料的性质,通常可采用试验室内原材料性能检定以及现场修筑试验性结构物检定等方法。本课程主要介绍试验室内原材料性能的检定。对应上述工程材料应具备的性能,室内材料试验包括的内容有物理性质试验、力学性质试验、化学性质试验和工艺性质试验。

3. 工程材料质量的技术标准

应用于城市轨道交通工程、铁道工程以及公路工程等工程的材料及其制品必须具备一定的技术性质,以适应交通工程结构物不同建筑结构与施工条件的要求。

为了保证建筑材料的质量,我国对各种材料制定了专门的技术标准。目前我国建筑材料的标准分为国家标准、行业标准、地方标准和企业标准四个等级,对需要在全国范围内统一的技术要求,应当制定国家标准。国家标准由国务院标准化行政部门制定。

我国国家标准与道路材料有关的国家标准及行业标准代号示例见表0-0-2,轨道工程涉及沥青及沥青混合料等方面所采用的是交通行业标准。

**国家标准及行业标准代号**　　　　　　　　　　　　　　　　　　表0-0-2

| 标准名称 | 代 号 | 示 例 |
|---|---|---|
| 国家标准 | 国标 | GB 175—2007　复合硅酸盐水泥 |
| 交通行业标准 | 交通 | JTJ E20—2011　公路工程沥青及沥青混合料试验规程 |
| 建材行业标准 | 建材 | JG/T 479—2013　建筑生石灰 |
| 石油化工行业标准 | 石化 | SH 0522—2010　道路石油沥青 |
| 铁路行业标准 | 铁部 | TB 10104—2003　铁路工程水质分析规程 |
| 冶金行业标准 | 冶标 | YB/T 030—2012　煤沥青筑路油 |

## 五、工程材料试验基础知识

### 1. 数字修约规则

在实际工作中,各种试验、测量计算的数值需要修约时,应按下列规则进行:

(1)拟舍去数字的最左一位数字小于5时(不包括5)则舍去。

例如:将14.2432修约保留一位小数。修约得14.2。

(2)拟舍去数字的最左一位数字大于5时(不包括5)则进一。

例如:将26.4843修约保留一位小数。修约得26.5。

(3)拟舍去数字的最左一位数字等于5时,右边的数字并非全部为零,则进一。

例如:将1.0501修约保留一位小数。修约得1.1。

(4)拟舍去数字的最左一位数字等于5时,右边的数字全部为零,拟保留的末位数字若为奇数,则进一;若为偶数(包括"0"),则不进。

例如:将0.3500、0.4500、1.0500修约保留一位小数。修约得0.4、0.4、1.0。

(5)拟舍去的数字,若为两位以上数字时,不得连续多次修约,应根据所拟弃数字中左边第一位数字的大小,按上述规则一次修约出结果。

例如:将15.4546修约成整数。修约得15。

为了便于记忆数字修约法,其口诀是:四舍六入五考虑,五后非零则进一,五后皆零视奇偶,五前为偶应舍去,五前为奇则进一。注:"0"视为偶数。

### 2. 取样送样见证人制度

试验取样送样时,应遵守取样送样见证人制度,见证取样和送样(送检)是指在建设单位或工程监理单位人员的见证下,由施工单位的现场人员对工程中涉及结构安全的试块、试件和材料的现场取样,并送至经过省级以上建设行政主管部门对其资质认可和质量技术监督部门对其计量认证的质量检测单位进行检测。

### 3. 对试验检测人员要求

为确保试验检测结果的可靠性、真实性和准确性,不仅要求试验检测设备的精确、完整。而且,要求试验检测人员认真履行岗位职责,按相关试验规程进行相关试验检测操作和数据处理,准确、按时提交相关试验报告。

(1)从事试验检测人员必备的技能和知识:

①必须具备所担负试验检测项目有关的专业基础理论知识。

②必须掌握所担负试验检测项目有关的标准、规范、检测方法和本专业规范等法规性技术文件。

③必须掌握所担负试验检测项目应用的仪器设备的操作技能,并了解仪器、设备的性能和基本原理,会正常维护。

④掌握计量法、标准化法及有关方针、政策、规章制度和《质量管理手册》的有关内容。

⑤掌握全面质量管理的基础知识和其基本工具和方法。

⑥应了解所从事专业的国内外先进水平及发展趋势。

(2)从事试验检测人员纪律要求:

①忠于职守,努力按时完成领导分配的检测任务。

②严格遵守各项规章制度,严格按照规范、标准、试验方法、操作方法进行检测工作。

③坚持科学的态度、实事求是,不能随意修改检测数据,更不准臆造数据,保证检测数据和检测结果的真实性和公正性。

④坚持文明检测。在试验检测过程中应按要求处理试验过程中产生的废弃物和污染物,要求在检测过程中应热情周到、文明用语等。

⑤保守秘密。对检测数据或结果、未经领导批准、不准随意扩散。

⑥清正廉洁,不接受用户请客、送礼,在检测工作中不受金钱引诱及上级行政和各方面的不良干扰。

⑦凡违反上述规定者,均归为违反纪律按情节和后果分别给予批评教育或警告等处置。情节或后果特别严重而构成犯罪的,应予追究法律责任。

复习思考题

1. 试述工程材料的研究内容和任务及其在轨道工程建设中的地位和作用。

2. 对从事工程材料试验检测人员应具备哪些技能和知识?

3. 将下列数据修约:

17.5852(保留两位小数)　　119.5655(保留两位小数)　　67.35001(保留一位小数)

56.35(保留一位小数)　　123.5562(保留整数)

4. 工程材料可分为哪三大类?

5. 对从事工程材料试验检测人员纪律要求有哪些?

# 第一篇 材 料 篇

# 第一章 工程材料的基本性质

**教学目标**

1. 了解各种材料的基本物理参数。
2. 熟悉各种材料的力学性能,掌握材料的变形性质。
3. 了解材料的其他性能,明确材料在工程中的使用,特别是材料的耐久性。

本章主要阐述工程材料的基本性质。掌握材料的物理性质和力学性质对于材料在工程实际中的运用有着重要意义。

不同的工程材料在工程中起着不同的作用。例如,用于桥梁上部结构的材料主要受到各种外力的作用,而桥梁墩台基础除了结构物上部荷载作用外,还可能受到地下水及水流冲刷、冰冻的作用;轨道工程声屏障材料经常受到风吹、日晒、雨淋、紫外线照射等大气因素的作用;钢轨遭受磨损作用;埋设在地面下的给排水管道工程等还可能受到酸、碱、盐等介质的侵蚀作用等。为了保证工程结构的使用功能、安全性和耐久性,工程材料应具有抵御上述各种作用的性质。这些性质是多种多样的,又是互相影响的,归纳起来包括材料的物理性质、力学性质、化学性质和耐久性等。

## 第一节 材料的物理性质

材料的物理性质是指材料与各种物理过程(如水、热作用)有关的性质。材料的物理性质可以分为与质量和体积有关的性质、与水有关的性质和与温度有关的性质。

### 一、与质量和体积有关的性质

1. 密度

材料的密度是指材料在绝对密实状态下单位体积的质量,即材料的质量与材料在绝对密实状态下的体积之比。可用式(1-1-1)表示:

$$\rho = \frac{m}{V} \tag{1-1-1}$$

式中:$\rho$——材料的密度,$g/cm^3$ 或 $kg/m^3$;

$m$——材料的质量,$g$ 或 $kg$;

$V$——材料在绝对密实状态下的体积,$cm^3$ 或 $m^3$。

绝对密实状态下的体积是指不包括孔隙在内的体积。除了金属材料及花岗岩、玻璃等少数较密实的非金属材料外,绝大多数材料都有一定数量的孔隙。测定有孔隙材料的密度时,应先将材料磨成细粉,干燥后,用李氏瓶测定其体积,然后按照式(1-1-1)计算。

2. 表观密度

材料的表观密度是指材料在自然状态下单位体积的质量,即材料的质量与材料在自然状态下的体积之比,可用式(1-1-2)表示。散粒材料,如混凝土用砂、石等,其"体积"是指不包括颗粒之间的空隙,但包括颗粒内部孔隙的体积,测试时不必磨成细粉,而用排水法求得其密实体积的近似值,所得密度称为表观密度 $\rho_0$;在土的颗粒密度测试中,又称为毛体积密度。

$$\rho_0 = \frac{m}{V_0} \tag{1-1-2}$$

式中:$\rho_0$——材料的表观密度,$g/cm^3$ 或 $kg/m^3$;

$m$——材料的质量,g 或 kg;

$V_0$——材料在自然状态下体积,又称表观体积,$cm^3$ 或 $m^3$。

3. 堆积密度

散粒材料在堆积状态下单位体积的质量。可用式(1-1-3)表示:

$$\rho_0' = \frac{m}{V_0'} \tag{1-1-3}$$

式中:$\rho_0'$——材料的堆积密度,$g/cm^3$ 或 $kg/m^3$;

$m$——材料的质量,g 或 kg;

$V_0'$——材料的堆积体积,$cm^3$ 或 $m^3$。

测定散粒状材料的堆积密度 $\rho_0'$ 时,散粒状材料的质量是指填充在一定容器内的材料质量,而堆积体积则是指盛装材料容器的容积而言。

在工程中,计算材料和构件的自重、材料的用量,以及计算配料、运输台班和堆放场地时,经常用到材料的密度、表观密度及堆积密度等数据。常用工程材料的密度、表观密度、堆积密度和孔隙率见表1-1-1。

常用工程材料的密度、表观密度、堆积密度和孔隙率　　　　　表 1-1-1

| 材料 | 密度 $\rho$($g/cm^3$) | 表观密度 $\rho_0$($kg/m^3$) | 堆积密度 $\rho_0'$($kg/m^3$) | 孔隙率(%) |
|---|---|---|---|---|
| 石灰岩 | 2.60 | 1800 ~ 2600 | — | — |
| 花岗岩 | 2.60 ~ 2.90 | 2500 ~ 2800 | — | 0.5 ~ 3.0 |
| 碎石(石灰岩) | 2.60 | — | 1400 ~ 1700 | — |
| 砂 | 2.60 | — | 1450 ~ 1650 | — |
| 普通黏土砖 | 2.50 ~ 2.80 | 1600 ~ 1800 | — | — |
| 黏土空心砖 | 2.50 | 1000 ~ 1400 | — | — |
| 水泥 | 3.10 | — | 1200 ~ 1300 | — |
| 普通混凝土 | — | 2100 ~ 2600 | — | 5 ~ 20 |
| 木材 | 1.55 | 400 ~ 800 | — | 55 ~ 75 |
| 钢材 | 7.85 | 7850 | — | 0 |
| 泡沫塑料 | — | 20 ~ 50 | — | — |
| 玻璃 | 2.55 | — | — | — |

**4. 密实度和孔隙率**

(1)密实度。密实度是指材料内部固体物质填充的程度。按式(1-1-4)计算：

$$D = \frac{V}{V_0} \times 100\% = \frac{\rho_0}{\rho} \times 100\%$$ (1-1-4)

式中：$D$——材料的密实度；

$\quad V$——干燥材料在绝对密实状态下的体积，$cm^3$ 或 $m^3$；

$\quad V_0$——材料在自然状态下的体积，又称表观体积，$cm^3$ 或 $m^3$；

$\quad \rho_0$——材料的表观密度，$g/cm^3$ 或 $kg/m^3$；

$\quad \rho$——材料的密度，$g/cm^3$ 或 $kg/m^3$。

(2)孔隙率。孔隙率是指材料内部孔隙体积占总体积的百分率。按式(1-1-5)计算：

$$P = \frac{V_0 - V}{V_0} \times 100\% = \left(1 - \frac{V}{V_0}\right) \times 100\% = \left(1 - \frac{\rho_0}{\rho}\right) \times 100\%$$ (1-1-5)

式中：$P$——材料的孔隙率；

$\quad V$、$V_0$、$\rho_0$、$\rho$ 含义与上同。

孔隙率一般是通过试验确定的材料密度和表观密度求得。材料的孔隙率与密实度从两个不同的侧面来反映材料的致密程度，其关系为：$P + D = 1$，但通常用孔隙率直接反映，孔隙率越大，则密实度越小。

建筑材料的许多工程性质如强度、吸水性、抗渗性、抗冻性、导热性、吸声性等，都与材料的

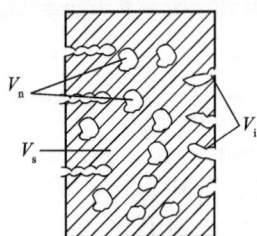

图 1-1-1　开口孔隙与闭口
孔隙示意图

注：$V_i$ 指开口孔隙，$V_n$ 指
闭口孔隙，$V_s$ 指物质
材料实体。

密实程度有关。这些性质除取决于孔隙率的大小外，还与材料的孔隙特征密切相关。材料的孔隙特征多种多样，如大小、形状、分布、连通性等。一般情况下，孔隙率大的材料宜选为保温隔热材料和吸声材料，同时还要考虑材料孔隙形状。孔隙形状指连通孔与封闭孔(如图1-1-1)，连通孔指材料内部孔隙不仅彼此互相贯通，并且与外界相连，连通孔对吸水、透水、吸声有利，对材料的强度、抗渗、抗冻和耐久性不利。封闭孔指材料内部孔隙彼此不贯通，而且与外界隔绝；微小而均匀的封闭孔可降低材料表观密度和导热系数，使材料具有轻质绝热的性能，并可提高材料的耐久性。

孔隙分布指孔隙在材料中分布的均匀程度。从对材料性质的影响来说，均匀分布的封闭小孔比不均匀分布的开口或连通大孔好。

**5. 填充率和空隙率**

(1)填充率。填充率是指散粒状材料在堆积体积中，被其颗粒填充的程度。按式(1-1-6)计算：

$$D' = \frac{V_0}{V_0'} \times 100\% = \frac{\rho_0'}{\rho_0} \times 100\%$$ (1-1-6)

式中：$D'$——材料的填充率；

$\quad V_0$——散粒材料在自然状态下颗粒的体积，$cm^3$ 或 $m^3$；

$\quad V_0'$——散粒材料在自然堆积状态下的体积，又称堆积体积，$cm^3$ 或 $m^3$；

$\quad \rho_0$——材料的表观密度，$g/cm^3$ 或 $kg/m^3$；

$\quad \rho_0'$——材料的堆积密度，$g/cm^3$ 或 $kg/m^3$。

（2）空隙率。空隙率是指散粒状材料在堆积体积中，颗粒之间的空隙体积占堆积体积的百分率。按式（1-1-7）计算：

$$P' = \frac{V_0' - V_0}{V_0'} \times 100\% = \left(1 - \frac{V_0}{V_0'}\right) \times 100\% = \left(1 - \frac{\rho_0'}{\rho_0}\right) \times 100\% \qquad (1\text{-}1\text{-}7)$$

式中：$P'$——材料的空隙率；

$V_0$、$V_0'$、$\rho_0$、$\rho_0'$ 含义与上同。

散粒材料的空隙率与填充率的关系为：$P' + D' = 1$。

空隙率与填充率也是相互关联的两个性质，空隙率的大小可直接反映散粒材料的颗粒之间相互填充的程度。散粒状材料的空隙率越大，则其填充率越小。在配制混凝土时，砂、石的空隙率是作为控制集料级配与计算混凝土砂率的重要依据。

## 二、材料与水有关的性质

### 1. 吸湿性和吸水性

（1）吸湿性

材料在潮湿空气中吸收水分的性质称为吸湿性。吸湿性的大小用含水率表示，按式（1-1-8）计算：

$$w_{含} = \frac{m_{含} - m_{干}}{m_{干}} \times 100\% \qquad (1\text{-}1\text{-}8)$$

式中：$w_{含}$——材料的含水率，%；

$m_{含}$——材料在含水状态下的质量，g 或 kg；

$m_{干}$——材料在干燥状态下的质量，g 或 kg。

干燥材料在潮湿环境中能吸收水分，而潮湿材料在干燥环境中也能放出（又称蒸发）水分，最终与一定温度下的空气湿度达到平衡。材料的含水率大小除与材料本身的成分、结构有关外，还与环境的空气湿度有关，相对湿度越大，材料的含水率也越大。多数材料在常温常压下均含有一部分水分，这部分水的质量占材料干燥质量的百分率称为材料的含水率。木材具有较大的吸湿性，吸湿后木材制品的尺寸将发生变化，强度也将降低；保温隔热材料吸入水分后，其保温隔热性能将大大降低；承重材料吸湿后，其强度和形状也将发生变化。因此，在选用材料时，必须考虑吸湿性对其性能的影响，并采取相应的防护措施。

（2）吸水性

材料在水中吸收水分的性质称为吸水性。吸水性的大小用吸水率表示，即

$$w_{吸} = \frac{m_1 - m}{m} \times 100\% \qquad (1\text{-}1\text{-}9)$$

式中：$w_{吸}$——材料的质量吸水率，%；

$m_1$——材料在吸水饱和状态下的质量，g 或 kg；

$m$——材料在干燥状态下的质量，g 或 kg。

$w_{吸}$ 称为质量吸水率。材料吸水率的大小与材料的孔隙率和孔隙结构特征有关。如果材料的孔隙是细微而连通的，则孔隙率越大吸水率就越大。但在材料孔隙中，不是所有的孔隙都能被水充满，若封闭孔隙，水分就不易渗入，而粗大的孔隙水分不易存留，各种材料的吸水率相差很大，如花岗岩等致密坚硬的岩石，吸水率只有 0.5% ~ 0.7%，普通混凝土为 2% ~ 3%。某些轻质材料如木材等，由于具有许多细小的连通孔，质量吸水率往往超过 100%，即湿质量

为干质量的几倍,此时最好用体积吸水率表示其吸水性。

2. 耐水性、抗渗性及抗冻性

(1)耐水性

材料在长期水饱和状态下不被破坏,强度也不显著降低的性质称为耐水性。材料耐水性用"软化系数"表示,按下式计算:

$$K_{软} = \frac{R_{饱}}{R_{干}}$$ (1-1-10)

式中:$K_{软}$——材料的软化系数;

$R_{饱}$——材料在水饱和状态下的抗压强度,MPa;

$R_{干}$——材料在干燥状态下的抗压强度,MPa。

材料的软化系数范围在 0 ~ 1 之间。一般材料随着含水率的增加,水分会渗入材料微粒之间的缝隙中,降低微粒之间的结合力,使材料的强度降低。所以,用于严重受水侵蚀或潮湿环境中的材料,其软化系数应在 0.85 ~ 0.9 之间;用于受水侵蚀较轻或次要结构物的材料,则不宜小于 0.7 ~ 0.85;通常软化系数大于 0.85 的材料称为耐水材料。经常处于干燥环境中的材料可不考虑软化系数。

(2)抗渗性

材料在水、油等液体压力作用下抵抗渗透的性质称为抗渗性(不透水性)。材料的抗渗性通常用"抗渗等级"或"渗透系数"表示。我国混凝土的抗渗性用"抗渗等级"表示。如 $P_6$、$P_8$、$P_{10}$、$P_{12}$…,它是以 28 天龄期的标准试件,在标准试验条件下,不透水时所能承受的最大水压力(MPa)来确定。

材料抗渗性好坏主要与材料的孔隙率和孔隙结构特征有关。材料越密实,孔隙率越低或具有不连通的孔,则其抗渗性越高。材料抗渗性好坏对地下轨道、构筑物的使用功能影响较大,混凝土的抗渗性还对其抵抗环境腐蚀的能力及耐久性有很大影响。

(3)抗冻性

材料在水饱和状态下能经受多次冻融循环作用而不破坏,且强度也不显著降低的性质,称为抗冻性。

为试验材料的抗冻性,通常在 -15℃的温度(水在微小毛细管中低于 -15℃才会冻结)冻结后,再在 20℃水中融化,这样一个过程称为一次冻融循环。

材料经受冻融循环作用而破坏,主要是因为材料内部孔隙中的水分结冰产生体积膨胀(约 9%)所致。当材料内部孔隙充满了水,水结冰后产生的膨胀会对孔隙壁产生很大的拉应力,当此拉应力超过材料的抗拉强度时,孔隙壁将产生局部开裂,强度下降;随着冻融循环次数的增加,对材料的破坏越严重,甚至造成材料的完全破坏。

影响材料抗冻性的因素有内因和外因。内因是指材料的组成、结构、构造、孔隙率的大小和孔隙特征、强度、耐水性等。外因是指材料孔隙中充水的程度、冻结温度、冻结速度、冻融频率等。

抗冻性良好的材料,具有较强的抵抗温度变化、干湿交替等风化作用的能力,所以抗冻性常作为考察材料耐久性的一个指标。寒冷地区和寒冷环境的工程必须选择抗冻性好的材料;处于温暖地区的工程,虽无冻害作用,为抵抗大气的风化作用,确保工程的耐久性,对材料也常提出一定的抗冻性要求。

材料的抗冻性用"抗冻等级"表示,如 $D_{15}$、$D_{50}$…分别表示该材料在规定条件下,经过规定的冻融次数(15 次、50 次…)后的质量损失和抗压强度不低于规定值。

### 三、与温度有关的性质

材料与温度有关的性质有:热容性、导热性、热变形性和耐燃性。

(1)热容性,指材料在温度变化时吸收和放出热量的能力,用热容量来表示。

(2)导热性,指当材料两侧有温度差时热量由高温侧向低温侧传递的能力,用导热系数来表示。

(3)热变形性,指材料在温度变化时的尺寸变化。

(4)耐燃性,指材料对火焰和高温度抵抗的能力。

材料的导热系数和热容量是设计建筑物围护结构进行热工计算时的重要参数,设计时应选用导热系数较小而热容量较大的建筑材料,以使建筑物保持室内温度的稳定性。同时,导热系数也是工业窑炉热工计算和确定冷藏库绝热层厚度时的重要数据。

# 第二节 材料的力学性质

材料的力学性质是指材料在荷载作用下的变形及抵抗变形的能力。

## 一、强度

材料在荷载(外力)作用下抵抗破坏的能力称为材料的强度。

当材料受到外力作用时,其内部就产生抵抗外力作用的内力,单位面积上所产生的内力称为应力,在数值上等于外力除以受力面积。随着荷载的增加,所产生的应力也相应增大,直至材料内部质点间结合力不足以抵抗所作用的外力时,材料即发生破坏。材料破坏时,达到应力极限,这个极限应力值就是材料的强度,又称极限强度。

强度的大小直接反映材料承受荷载能力的大小。由于荷载作用形式不同,材料的强度主要有抗压强度、抗拉强度、抗弯(抗折)强度及抗剪强度等,见表 1-1-2。

材料受力作用示意图及计算公式 表 1-1-2

| 强度(MPa) | 受力示意图 | 计算公式 | 附 注 |
|---|---|---|---|
| 抗压强度 $f_c$ | | $f_c = \dfrac{F}{A}$ | $f$——材料的极限抗压(抗拉、抗剪、抗弯)强度,MPa; $F$——试件破坏时的最大荷载,N; $A$——试件受荷面积,$mm^2$; $l$——试件两支点间的间距,mm; $b$——试件截面的宽度,mm; $h$——试件截面的高度,mm |
| 抗拉强度 $f_c$ | | $f_c = \dfrac{F}{A}$ | |
| 抗剪强度 $f_v$ | | $f_v = \dfrac{F}{A}$ | |
| 抗弯强度 $f_m$ | | $f_m = \dfrac{3Fl}{2bh^2}$ | |

材料的强度与其组成、构造等因素有关。相同种类的材料因构造的特点不同,强度也有较大差异。一般来讲,材料的孔隙率越低,强度越高。不同种类的材料具有不同的抵抗外力的特点,如脆性材料(石材、砖、混凝土等)都具有较高的抗压强度,而抗拉及抗弯强度很低,所以多用于结构承压部位;木材的强度具有方向性,顺纹方向抗拉强度大于横纹抗拉强度,所以木材按顺纹方向用于梁、屋架等部位;钢材的抗压、抗拉强度基本相等,而且很高,所以适用于各种构件。为了充分利用各种材料的力学特性,常常把几种材料复合用于建筑物上,如钢筋混凝土就利用了钢筋抗拉强度高和混凝土抗压强度高的特点,组成一种复合材料用在建筑物上。

常用材料的强度如表 1-1-3 所示。

常 用 材 料 的 强 度

表 1-1-3

| 材　　料 | 抗压强度(MPa) | 抗拉强度(MPa) | 抗弯强度(MPa) |
|---|---|---|---|
| 花岗岩 | 100 ~ 250 | 5 ~ 8 | 10 ~ 14 |
| 普通黏土砖 | 7.5 ~ 30 | — | 1.6 ~ 4.0 |
| 普通混凝土 | 7.5 ~ 60 | 1 ~ 9 | — |
| 松木(顺纹) | 30 ~ 50 | 80 ~ 120 | 60 ~ 100 |
| 建筑钢材 | 240 ~ 1500 | 240 ~ 1500 | — |

试验测定的强度值除受材料本身的组成、结构、孔隙率大小等内在因素的影响外,还与试验条件有密切的关系,如试件形状、尺寸、表面状态、含水率、环境温度及试验时加荷速度等。为了使测定的强度值准确且具有可比性,必须按规定的标准试验方法测定材料的强度。

**1. 强度等级**

为了便于人们掌握材料的力学性质,合理选择材料,准确进行设计和控制工程质量,将材料按极限强度(或屈服点)划分成不同的等级,即强度等级或标号。如石材、混凝土、砖等脆性材料主要用于抗压,因此,以其抗压极限强度来划分等级,而建筑钢材主要用于抗拉,故以其屈服点作为划分等级的依据。

**2. 比强度**

承重的结构材料除了承受外力,尚需承受自身重量。因此,不同材料的强度比较,可采用比强度这个指标。比强度等于材料的强度与其表观密度之比,其值大者,表明材料轻质高强。比强度是评价材料是否轻质高强的一个主要指标。表 1-1-4 是钢材、木材和混凝土的强度比较。

钢材、木材和混凝土的强度比较

表 1-1-4

| 材　　料 | 表观密度 $\rho_0$ (kg/m$^3$) | 抗压强度 $f_c$(MPa) | 比强度($f_c/\rho_0$) |
|---|---|---|---|
| 低碳钢 | 7860 | 415 | 0.053 |
| 松木 | 500 | 34.3(顺纹) | 0.069 |
| 混凝土 | 2400 | 29.4 | 0.012 |

由表 1-1-4 数值可见,松木的比强度最大,是轻质高强材料。混凝土的比强度最小,是质量大而强度较低的材料。选用比强度大的材料或者提高材料的比强度,对增加建筑结构物强度、减轻结构自重、降低工程造价等具有重大意义。

**二、变形性质**

材料受外力作用,其内部会产生一种用来抵抗外力作用的内力,同时还伴随着材料的变形。根据变形的特点,可将变形分为弹性变形与塑性变形。

### 1. 弹性变形

材料在外力作用下产生变形,当外力取消后,能够完全恢复原来形状的性质称为弹性,这种能够完全恢复的变形称为弹性变形。明显具有这种特征的材料称为弹性材料。受力后材料的应力与应变的比值即为弹性模量。在弹性变形范围内,弹性模量 $E$ 为常数,按式(1-1-11)计算:

$$E = \frac{\sigma}{\varepsilon} \tag{1-1-11}$$

式中:$\sigma$——材料的应力,MPa;

$\varepsilon$——材料的应变;

$E$——材料的弹性模量,MPa。

弹性模量是衡量材料抵抗变形能力的一个指标,弹性模量 $E$ 值越大,说明材料在相同外力作用下的变形越小,即刚性好。

### 2. 塑性变形

材料在外力作用下产生变形,当外力取消后仍保持变形后的形状和尺寸的性质称为塑性。这种不能恢复的永久变形,称为塑性变形。具有这种明显特征的材料称为塑性材料。

实际上,只有单纯的弹性或塑性的材料是不存在的。通常一些材料在受力不大时只产生弹性变形,而当外力达到一定值后,即产生塑性变形,如低碳钢。另外一些材料在受力时,弹性变形和塑性变形同时产生,除去外力后,弹性变形可以恢复,而塑性变形不会消失,这类材料称为弹塑性材料。

### 3. 热变形性

材料随温度的升降而产生热胀冷缩变形的性质,称为材料的热变形性,习惯上称为温度变形。除个别材料外,多数材料在温度升高时体积膨胀,温度下降时体积收缩。

材料的热变形性对土木工程是不利的。如在大面积或大体积的混凝土工程中,当热变形产生的膨胀拉应力超过混凝土的抗拉强度时,可引起温度裂缝,所以,大体积混凝土工程为防止热变形引起裂缝而设置伸缩缝。另外,石油沥青在温度降低到一定程度会产生脆裂。

### 4. 脆性和韧性

材料受外力作用,当外力达到一定限度时,材料发生突然破坏,且破坏时无明显塑性变形,这种性质称为脆性,具有脆性的材料称为脆性材料。脆性材料的特点是塑性变形很小,抗压强度远大于其抗拉强度,因此,其抵抗冲击荷载或振动作用的能力很差,常用于承受静压力作用的工程部位,如基础、柱子、墩座等。大部分无机非金属材料均为脆性材料,如混凝土、玻璃、天然岩石、砖瓦、陶瓷等。

材料在冲击荷载或振动荷载作用下,能吸收较大的能量,同时产生较大的变形而不破坏的性质称为韧性,又称冲击韧性。韧性材料的特点是塑性变形大,抗拉、抗压强度都较高。建筑钢材、木材、橡胶、沥青混凝土等都属于韧性材料。在轨道工程中,对于要求承受冲击荷载和有抗震要求的结构,如钢轨及扣件、轨道板、无砟道床、桥梁等所有材料,均应具有较高韧性。

## 第三节　材料的耐久性

材料在使用过程中,除受到各种外力作用外,还长期受到周围环境因素和各种自然因素的

破坏。耐久性是指材料在各种因素作用下不被破坏,也不失去其原有性能的性质。自然界中各种破坏因素主要有以下几个方面:

1. 物理作用

物理作用包括干湿交替、热胀冷缩、机械摩擦、冻融循环等。材料经受这些作用后,将发生膨胀、收缩或产生应力,长期地反复作用,将使材料逐渐被破坏。

2. 化学作用

化学作用包括大气和环境中的酸、碱、盐水溶液以及有害气体对材料的侵蚀作用,光、氧、热和水蒸气作用等。这些作用会使材料逐渐变质而被破坏。如钢材的锈蚀、水泥石的化学腐蚀等。

3. 生物作用

生物作用包括菌类、昆虫等的侵害作用,导致材料发生腐朽、虫蛀等而被破坏。如木材及植物纤维材料的腐烂等。

耐久性是材料的一项综合性质,一般包括材料的抗渗性、抗冻性、耐腐蚀性、耐老化性、耐溶蚀性、耐光性、耐热性、耐磨性等耐久性指标。材料的组成、结构、性质和用途不同,对耐久性的要求也不同。金属材料常由化学和电化学作用引起腐蚀和破坏;无机非金属材料常由化学作用、溶解、风蚀、温湿差等因素中的某些因素或综合作用而引起破坏;有机材料常由生物作用(细菌、昆虫等)、溶蚀、化学腐蚀、光热、大气等的作用而引起破坏。

在实际使用条件下,经过长期的观察和测试做出的耐久性判断是最为理想的,但这需要很长时间,因而往往是根据使用要求,在试验室进行各种模拟快速试验,借以作出判断。如干湿循环、冻融循环、湿润与紫外线干燥、碳化、盐溶液浸渍与干燥、化学介质浸渍与快速磨损等试验。

应当指出,上述快速试验是在严格的条件下进行的,虽然也可得到定性或定量的试验结果,但这种试验结果与实际工程使用下的结果并不一定有明确的相关性或完全符合。

为了提高材料的耐久性,可采取提高材料本身对外界作用的抵抗能力(提高密实度、改变孔隙结构、选择合适的原材料等)、对主体材料施加保护层(覆面、刷涂料等)、减轻环境条件对材料的破坏作用等措施。提高材料的耐久性,对节约建筑材料,保证工程长期正常使用,减少维修费用,延长工程使用寿命等,均具有十分重要的意义。

## 复习思考题

一、填空题

1._____是指材料内部固体物质填充的程度,孔隙分布指孔隙在材料中分布的_____。

2.材料在长期水饱和状态下不被破坏,强度也不显著降低的性质称为_____,材料耐水性用"_____"表示。

3.材料破坏时,达到应力极限,这个极限_____就是材料的强度,又称_____。

4.试验测定的强度值除受材料本身的_____、_____、_____等内在因素的影响外,还与_____密切关系。

5.对于开口微孔材料,当其孔隙率增大时,材料的密度_____,吸水性_____,抗冻性_____,导热性_____,强度_____。

6. 根据变形的特点,可将变形分为＿＿＿＿与＿＿＿＿。

7. 自然界中各种破坏材料因素分为＿＿＿＿、＿＿＿＿、＿＿＿＿。

二、简答题

1. 材料与水有关的性质有哪些?

2. 影响材料抗冻性的因素有哪些?

3. 工程实际应用中如何提高材料强度?

4. 材料的变形性质中,脆性材料的使用需要注意哪些方面?

5. 如何在工程中提高材料的耐久性?

# 第二章 砂石材料

**教学目标**

1. 了解砂石材料的形成与分类以及建筑石材的选用。
2. 熟悉石材的技术性质,掌握石材在工程中的应用。
3. 掌握粗细集料的技术性质。
4. 了解矿质混合料的级配理论,掌握矿质混合料的组成设计方法。
5. 了解铁路道砟的特点、应用、运输与贮存。
6. 熟悉铁路道砟技术要求。

本章主要介绍石材的形成、分类以及石材在工程中的应用,集料的技术性质及矿质混合料的组成设计,让学生能够掌握砂石材料在工程中的实际作用。其中,铁路道砟部分建议轨道类学科的学生学习。

## 第一节 石　　材

### 一、岩石的形成与分类

岩石由造岩矿物组成,不同的造岩矿物在不同的地质条件下,形成不同性能的岩石,而造岩矿物是具有一定化学成分和一定结构特征的天然固态化合物或单质体。各种造岩矿物各具不同颜色和特征,如云母、角闪石、方解石等。目前,已发现的矿物有 3300 多种,绝大多数是固态无机物,主要造岩矿物有 30 多种。

天然岩石按矿物组成不同分为单矿岩和多矿岩(或复矿岩)。

凡是由单一的矿物组成的岩石叫单矿岩,如石灰岩就是由 95% 以上的方解石组成的单矿岩。凡是由两种或两种以上的矿物组成的岩石叫多矿岩(复矿岩)。如主要由长石、石英、云母组成的花岗岩。

天然岩石按形成的原因不同,可分为岩浆岩、沉积岩和变质岩三大类。

1. 岩浆岩

岩浆岩又称火成岩,是由地壳内部熔融岩浆上升过程中在地下或喷出地面后冷凝结晶而成的岩石,它是组成地壳的主要岩石,占地壳总质量的 89%。根据岩浆冷凝情况的不同,岩浆岩又分为以下三种。

(1)深成岩

深成岩是地壳深处的岩浆在受上部覆盖层压力的作用,经缓慢冷凝而形成的岩石。深成岩结晶完整、晶粒大、结构致密而没有层理,具有抗压强度高、孔隙率及吸水率小、表观密度大、抗冻性好等特点。工程上常用的深成岩有花岗岩、正长岩、橄榄岩、闪长岩等。

（2）喷出岩

喷出岩是岩浆冲破覆盖层喷出地表,在压力骤减且迅速冷却的条件下而形成的岩石。由于其大部分岩浆喷出后还来不及完全结晶即凝固,因而常呈隐晶掷（细小的结晶）或玻璃质结构。当喷出的岩浆形成较厚的岩层时,其岩石的结构和性质与深成岩相仿;当形成较薄的岩层时,由于冷却速度快及气压作用而易形成多孔结构的岩石,其性质近似于火山岩。工程上常用喷出岩有玄武岩、辉绿岩和安山岩等。

（3）火山岩

火山岩又称火山碎屑岩,是火山爆发时,岩浆被喷到空中而急速冷却后形成的岩石。呈多孔结构,且表观密度小。工程上常用的火山岩有火山灰、浮石、火山凝灰岩等。

**2. 沉积岩**

沉积岩又称水成岩。它是由裸露在地表的各种岩石经自然界的风化、搬运、沉积并重新成岩而形成的岩石,主要存在于地表及不太深的地下。沉积岩为层状结构,各层的成分、结构、颜色和层厚均不相同,与岩浆岩相比,其特点是结构致密性较差,表观密度小,孔隙率和吸水率大,强度较低,耐久性相对较差,但分布较广,约占地表面积的75%,且藏地不深,开采、加工容易,在工程上应用较广。根据沉积岩的生成条件,可分为以下三种:

（1）机械沉积岩。机械沉积岩是由自然风化逐渐破碎松散的岩石及砂等,经风、雨、冰川和沉积等机械力的作用而重新压实或胶结而成的岩石,如砂岩和页岩等。

（2）化学沉积岩。化学沉积岩由溶解于水中的矿物经聚积、沉积、重结晶和化学反应等过程而形成的岩石,如石膏、白云石等。

（3）有机沉积岩。有机沉积岩由各种有机体的残骸沉积而成的岩石,如石灰岩和硅藻土等。

**3. 变质岩**

变质岩是地壳中原有岩浆岩或沉积岩在地层的压力或温度作用下,在固态状态下发生再结晶作用,使其矿物成分、结构构造乃至化学成分发生部分或全部改变而形成的新岩石。其性质决定于变质前的岩石成分和变质过程。沉积岩形成变质岩后,其建筑性能有所提高,如石灰岩和白云岩变质后得到的大理岩,比原来的岩石坚固耐久。而岩浆岩经变质后产生片状构造,性能反而下降,如花岗岩变质后成为片麻岩则易于分层剥落、耐久性差。

## 二、石材的技术性质

天然石材的技术性质可分为物理性质、力学性质和工艺性质。天然石材因生成条件不同,常含有不同种类的杂质,矿物成分也会有所变化,所以,即使是同一类岩石,它们的性质也可能有很大的差别,因此在使用前必须进行检测和鉴定,以保证工程质量。

**1. 物理性质**

（1）表观密度

岩石的表观密度由其矿物质组成及致密程度所决定。表观密度的大小常间接地反映石材的致密程度和孔隙的多少,一般情况下,同种石材表观密度越大,则抗压强度越高,吸水率越小,耐久性、导热性越好。

天然岩石按表观密度大小可分为轻质石材（表观密度 <1800kg/m³）和重质石材（表观密

度 > 1800kg/m³），重石可用于建筑的基础、贴面、地面、不采暖房屋外墙、桥梁及水工构筑物等；轻石主要用于保温房屋外墙。

（2）吸水性

天然石材的吸水率一般较小，但由于形成条件、击实程度、胶结情况的不同，石材的吸水量波动也较大，如花岗岩和致密的石灰岩，吸水率通常小于1%，而多孔的石灰岩，吸水率可达到15%。石材吸水后强度降低，抗冻性、耐久性下降。

石材根据吸水率的大小可分为低吸水性岩石（吸水率 < 1.5%），中吸水性岩石（吸水率为1.5% ~ 3%）和高吸水性岩石（吸水率 > 3%）。

（3）耐水性

石材的耐水性用软化系数表示。当石材含有较多的黏土或易溶物质时，软化系数较小，其耐水性较差。根据各种石材软化系数的大小，可将石材分为高耐水性石材（软化系数大于0.90）、中耐水性石材（软化系数为0.75 ~ 0.90）和低耐水性石材（软化系数为0.60 ~ 0.75）。当石材软化系数小于0.6时，则不允许用于重要建筑物中。

（4）抗冻性

抗冻性是指石材抵抗冻融破坏的能力，可用在水饱和状态下能经受的冻融循环次数（强度降低值不超过25%、质量损失不超过5%，无贯穿裂缝）来表示。抗冻性是衡量石材耐久性的一个重要指标，能经受的冻融次数越多，则抗冻性越好。石材抗冻性与吸水性有着密切的关系，吸水性大的石材其抗冻性也差。根据经验，吸水率 < 0.5%的石材，则认为是抗冻的，可不进行抗冻试验。

（5）耐热性

石材的耐热性与其化学成分及矿物组成有关。石材经高温后，由于热胀冷缩、体积变化而产生内应力或因组成矿物发生分解和变异等导致结构破坏。如含有石膏的石材，在100℃以上开始破坏；含有碳酸镁的石材，温度高于725℃会发生破坏；含有碳酸钙的石材，温度达827℃时开始破坏。由石英与其他矿物所组成的结晶石材（如花岗岩等），当温度达到700℃以上时，由于石英受热发生膨胀，强度会迅速下降。

（6）导热性

导热性主要与其致密程度有关，重质石材的热导率在2.91 ~ 3.49 W/（m·K），而轻质石材的热导率则在0.23 ~ 0.7 W/（m·K），具有封闭空隙的石材，热导率更低。

2. 力学性质

（1）抗压强度

石材的抗压强度是以三个边长为70mm的立方体试块的抗压破坏强度的平均值表示，砌体所用的石材根据抗压强度分为9个强度等级：MU100、MU80、MU60、MU50、MU40、MU30、MU20、MU15、MU10。

抗压试件边长可采用表1-2-1所列各种边长尺寸的立方体，但应对其测定结果乘以相应的换算系数。

石材强度等级的换算系数                                        表1-2-1

| 立方体边长（mm） | 200 | 150 | 100 | 70 | 50 |
|---|---|---|---|---|---|
| 换算系数 | 1.43 | 1.28 | 1.14 | 1 | 0.86 |

石材的抗压强度与其矿物组成、结构与构造特征等有密切的关系。如：组成花岗岩的主要

矿物成分中石英是强度很高的矿物,其含量越多,则花岗岩的强度也越高,而云母为片状矿物,易于分裂成柔软薄片。因此,若云母含量越多,则其强度越低。另外,结晶质石材的强度较玻璃质的高,等粒状结构的强度较斑状结构的高,构造致密的强度较稀松多孔的高。

（2）冲击韧性

石材的冲击韧性决定于岩石的矿物组成与构造。石英岩、硅质砂岩脆性较大,含暗色矿物较多的辉长岩、辉绿岩等具有较高的韧性。一般来说,晶体结构的岩石较非晶体结构的岩石具有较高的韧性。

（3）硬度

石材的硬度取决于石材的矿物组成与构造,凡由致密、坚硬矿物组成的石材,其硬度就高。岩石的硬度以莫氏硬度表示。

（4）耐磨性

耐磨性是石材抵抗摩擦、边缘剪切以及撞击等复杂作用的能力。石材的耐磨性质与石材内部组成矿物的硬度、结构和构造有关,石材的组成矿物越坚硬,构造越致密以及其抗压强度和冲击韧性越高,则石材的耐磨性越好。

3. 工艺性质

石材的工艺性质,主要指其开采和加工过程的难易程度及可能性,包括以下几个方面。

①加工性。石材的加工性,是指对岩石开采、切割、凿琢、磨光和抛光等加工工艺的难易程度。凡强度、硬度、韧性较高的石材,不易加工;质脆而粗糙,有颗粒交错,含有层状或片粒结构以及已风化的岩石,都难以满足加工要求。

②磨光性。磨光性指石材能否打磨成平整光滑表面的性质。致密、均匀、细粒的岩石,一般都有良好的磨光性,可以磨成光滑亮洁的表面;疏松多孔有鳞片状构造的岩石,磨光性不好。

③抗钻性。抗钻性指石材钻孔难易程度的性质。影响抗钻性的因素很复杂,一般与岩石的强度、硬度等性质有关。当石材的强度越高,硬度越大时,越不易钻孔。

### 三、石材在土木工程中的应用

由于天然石材具有抗压强度高、耐久性、耐磨性及装饰性好等优点,因此,目前在土木工程中使用仍然相当普遍。工程中所使用的石材,按加工后的外形分为块状石材、板状石材、散粒石材和各种石制品等。

1. 花岗岩

（1）花岗岩的组成和特性

花岗岩为典型的深层岩,是岩浆岩中分布最广的一种岩石。主要由长石、石英和少量暗色矿物及云母(或角闪石等)组成,其中长石含量为 40% ~60%,石英含量为 20% ~40%。

花岗岩表观密度为 2600 ~2800kg/m³,孔隙率小(0.04% ~2.8%),吸水率极低(0.11% ~0.7%),抗压强度高达(120 ~250MPa),材质坚硬,肖氏硬度 80 ~100,具有优异的耐磨性,对酸具有高度的抗腐性,对碱类侵蚀也有较强的抵抗力,耐久性很高,一般使用年限达 75 ~200年,细粒花岗岩的使用年限甚至可达到 500 ~1000 年之久。但花岗岩的耐火性较差,当温度达到 800℃以上,花岗岩中的二氧化硅晶体产生晶体转化,使体积膨胀,故发生火灾时,花岗岩会发生严重开裂而破坏。

花岗岩为全晶体结构的岩石,按结晶颗粒的大小,通常分为细粒、中粒和斑粒等,几种颜色一般为灰白、微黄、淡红和蔷薇等色,以深青花岗岩比较名贵,国际市场上以纯黑、红色及绿色最受欢迎。

(2)花岗岩的应用

花岗岩是公认的高级建筑结构材料和装饰材料。花岗岩石材常制作成块状石材和板状石材,块状石材用于重要的大型建筑物的基础、勒脚、柱子、栏杆、踏步等部位以及桥梁、堤坝等工程中,是建造永久性工程,纪念性建筑的良好材料。如毛主席纪念堂的台基为红色花岗岩,象征着红色江山坚如磐石。板状石材质感坚实、华丽庄重,是室内外高级装饰装修板材。根据在建筑物中使用部位的不同,对其表面的加工要求也就不同,通常可分为以下4种。

①剁斧板:表面粗糙,呈规则的条纹斧状。剁斧板多用于室外地面、台阶、基座等处。

②机刨板:用刨石机刨成较为平整的表面,呈相互平行的刨纹。机刨板一般用于地面、台阶、基座、踏步、檐口等处。

③粗磨板:表面经过粗磨,光滑而无光泽。粗磨板常用于墙面、柱面、台阶、基座、纪念碑、墓碑、铭牌等处。

④磨光板:经过打磨后表面光亮,色泽鲜明,晶体裸露,再经抛光处理后,即成为镜面花岗岩板材。磨光板因具有色彩绚丽的花纹和光泽,故多用于室内外墙面、地面、柱面的装饰,以及用作旱冰场地面、纪念碑、奠基碑、铭牌等处。

天然花岗岩板材可分为普通型板材(即正方形或长方形的板材,代号 N)、异形板材(其他形状的板材,代号 S)。按其表面加工程度分为细面板材(RB)、镜面板材(PL)、粗面板材(RU);按其尺寸、平面度、角度偏差、外观质量等分为优等品(A)、一等品(B)、合格品(C)三个等级。板材正面的外观缺陷应符合《天然花岗石建筑板材》(GB/T 18601—2009)的规定,如表 1-2-2 所示。

天然花岗岩板材的外观质量要求          表 1-2-2

| 缺陷名称 | 规定内容 | 技术指标 | | |
| --- | --- | --- | --- | --- |
| | | 优等品 | 一等品 | 合格品 |
| 缺棱 | 长度≤10mm,宽度≤1.2mm(长度<5mm,宽度<1.0mm 不计),周边每米长允许个数(个) | 0 | 1 | 2 |
| 缺角 | 沿板材边长,长度≤3mm,宽度≤3mm(长度 2mm,宽度≤2mm 不计),每块板允许个数(个) | | | |
| 裂纹 | 长度不超过两端顺延至板边总长度的 1/10(长度<20mm 不计),每块板允许条数(条) | | | |
| 色斑 | 面积≤15mm×30mm(面积<10mm×10mm 不计),每块板允许个数(个) | | 2 | 3 |
| 色线 | 长度不超过两端顺延至板边总长度的 1/10(长度<40mm 不计),每块板允许条数(条) | | | |

注:干挂板材不允许有裂纹存在。

值得指出的是,花岗岩的化学成分随产地不同而有所区别,某些花岗岩含有放射性元素,对这类花岗岩应避免应用于室内。

2. 大理石

(1)大理石的组成和特性

大理石因最早产于云南大理而得名,全世界的同类石材均以"大理"来命名。建筑上所说的大理石是指具有装饰功能,并可磨光、抛光的各种沉积岩和变质岩。大理岩、石英岩、蛇纹岩、石灰岩、砂岩、白云岩等均可加工成大理石。

大理石表观密度为 $2600\sim2700kg/m^3$,抗压强度为 $100\sim150MPa$,但硬度不大(肖氏硬度约50),较易进行切割,雕琢和磨光等加工。吸水率一般不超过1%,耐久性好,一般使用年限为 $40\sim100$ 年。装饰性好,因通常含多种矿物而呈多姿多彩的花纹。但其抗风化性能差,大多数大理石的主要化学成分是碳酸盐类,易被酸侵蚀。

(2)大理石的应用

大理石因一般均含多种矿物质,常呈多种色彩组成的花纹。抛光后的大理石光洁细腻,如脂似玉,色彩绚丽,纹理自然,十分诱人。纯净的大理石为白色,称为汉白玉,纯白或纯黑的大理石属名贵品种。大理石荒料经锯切、研磨和抛光等加工工艺可制作大理石板材,主要用于建筑物室内饰面,如墙面、地面、柱面、台面、栏杆和踏步等。天然大理石板材可分为普通型板材(即正方形或长方形的板材,代号N)、异形板材(其他形状的板材,代号S)。按其外观质量、镜面光泽度等分为优等品(A)、一等品(B)、合格品(C)三个等级。板材正面的外观缺陷应符合《天然大理石建筑板材》(GB/T 19766—2005)的规定,如表1-2-3所示。

天然大理石板材的外观质量要求                                        表1-2-3

| 名称 | 规 定 内 容 | 优等品 | 一等品 | 合格品 |
|---|---|---|---|---|
| 裂纹 | 长度超过10mm的不允许条数(条) | | 0 | |
| 缺棱 | 长度不超过8mm,宽度不超过1.5mm(长度≤4mm,宽度≤1mm不计),每米长允许个数(个) | 0 | 1 | 2 |
| 缺角 | 沿板材边长顺延方向,长度≤3mm,宽度≤3mm(长度≤2mm,宽度≤2mm不计),每块板允许个数(个) | | | |
| 色斑 | 面积不超过6cm²(面积小于2cm²不计),每块板允许个数(个) | | | |
| 砂眼 | 直径在2mm以下 | | 不明显 | 有,不影响装饰效果 |

值得指出的是,大理石抗风化能力差,易受空气中酸性氧化物(如 $SO_2$ 等)的侵蚀而失去光泽,变色并逐步破损,从而降低装饰性能。因此,大理石一般不宜做室外装修,只有汉白玉和艾叶青等少数几种致密、质纯的品种可用于室外。

用大理石边角料加工而成的正方体、长方体、多边体(此称冰裂块料),或不加工而制作成的"硬拼大理石"墙面、地面、庭院走廊,格调优美,乱中有序,且造价低廉。

用天然大理石或花岗石等残碎料加工而成的石渣,具有多种颜色和装饰效果,可作为人造大理石、水磨石、水刷石、斩假石、干黏石及其他饰面的骨料之用。

### 四、石材的选用

工程中应根据建筑物的类型、环境条件等慎重选用石材,使其既符合工程要求,又经济合理。一般应根据以下几方面选用:

(1)力学性能。根据石材在建筑物中不同的使用部位和用途,选用满足强度、硬度等力学性能要求的石材,如承重用的石材(基础、墙体、柱等)主要应考虑其强度等级。对于地面石材,则应要求其具有较高的硬度和耐磨性能。

（2）耐久性。要根据建筑物的重要性和使用环境,选择耐久性良好的石材。如用于室外的石材,应首先考虑其抗风化性能的优劣;处于高温高湿、严寒等特殊环境中的石材,应考虑所用石材的耐热、抗冻及耐化学侵蚀性等。

（3）装饰性。用于建筑物饰面的石材,选用时必须考虑其色彩、质感及天然纹理与建筑物周围环境的协调性,以取得最佳的装饰效果,充分体现建筑物的艺术美。

（4）经济性。由于天然石材密度大、开采困难、运输不便、运费高,应综合考虑地方资源,尽可能做到就地取材,以降低成本。难于开采和加工的石材,将使材料成本提高,选材时应加以注意。

（5）环保性。在选用室内装饰用石材时,应注意其放射性指标是否合格。

# 第二节 集 料

集料是指在混合料中起骨架和填充作用的粒料,包括碎石、砾石、机制砂、石屑、砂等。工程上一般将集料分为粗集料和细集料两类（表1-2-4）。

集料的分类 表1-2-4

| 种类 | 水泥混凝土 | 沥青混合料 |
|---|---|---|
| 粗集料 | 粒径大于4.75mm的碎石、砾石、破碎砾石 | 粒径大于2.36mm的碎石、破碎砾石、筛选砾石、矿渣 |
| 细集料 | 粒径小于4.75mm的天然砂、人工砂 | 粒径小于2.36mm的天然砂、人工砂（包括机制砂）、石屑 |

## 一、粗集料的技术性质

粗集料的技术性质包括物理性质和力学性质。

1. 物理性质

粗集料物理性质有物理常数（表观密度、毛体积密度、堆积密度和空隙率等）、级配和坚固性。

1）物理常数

在计算集料的物理常数时,不仅要考虑集料中的孔隙（开口孔隙和闭口孔隙）,还要考虑颗粒间的空隙（见图1-2-1）：

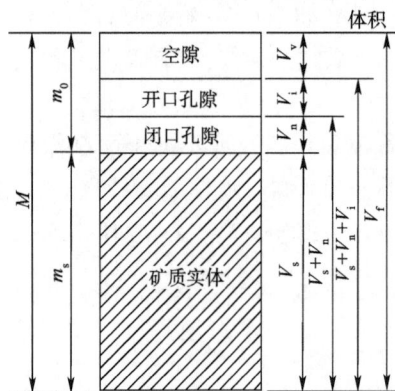

图1-2-1 粗集料的体积与质量关系图

（1）表观密度（简称视密度）。粗集料的表观密度是在规定条件（105℃±5℃烘干至恒重）下,单位表观体积（包括矿质实体和闭口孔隙体积）的质量。粗集料表观密度的体积与质量关系如图1-2-1所示,可按式（1-2-1）计算。

$$\rho_a = \frac{m_s}{V_s + V_n} \quad (1-2-1)$$

式中：$\rho_a$——集料的表观密度,g/cm$^3$;

$m_s$——矿质实体质量,g;

$V_s$——矿质实体体积,cm$^3$;

$V_n$——矿质实体闭口孔隙体积,cm$^3$。

矿质实体质量即为集料质量（即 $m_s = M$）。令 $V_a$ 为表观体积,式（1-2-2）亦可写成：

$$\rho_a = \frac{M}{V_a} \quad (1-2-2)$$

式中:$M$——集料质量,g;

$V_a$——集料表观体积,$cm^3$。

(2)毛体积密度。粗集料的毛体积密度是在规定的条件下,单位毛体积(包括矿质实体、闭口孔隙和开口孔隙)的质量。粗集料毛体积密度关系如图1-2-1所示,可按式(1-2-3)计算。

$$\rho_b = \frac{m_s}{V_s + V_n + V_i} \tag{1-2-3}$$

式中:$\rho_b$——粗集料毛体积密度,$g/cm^3$;

$V_s$、$V_n$、$V_i$——分别为粗集料矿质实体、闭口孔隙和开口孔隙体积,$cm^3$;

$m_s$——矿质实体质量,g。

已知:$m_s = M$,令$V_s + V_n + V_i = V_h$,得式(1-2-4):

$$\rho_b = \frac{M}{V_h} \tag{1-2-4}$$

式中:$M$——集料质量,g;

$V_h$——粗集料毛体积,$cm^3$。

(3)堆积密度。粗集料的堆积密度是单位体积(包括矿质实体及其闭口、开口孔隙体积,及颗粒空隙体积)物质颗粒的质量。有干堆积密度和湿堆积密度之分。可按式(1-2-5)求得:

$$\rho = \frac{m_s}{V_s + V_p + V_v} \tag{1-2-5}$$

式中:$\rho$——粗集料的堆积密度,$g/cm^3$;

$V_s$、$V_p$、$V_v$——分别为矿质实体、孔隙和空隙的体积,$cm^3$;

$m_s$——矿质实体的质量,g。

已知:$m_s = M$,令$V_s + V_p + V_v = V_f$,代入式(1-2-6)得:

$$\rho = \frac{M}{V_f} \tag{1-2-6}$$

式中:$M$——粗集料的质量,g;

$V_f$——堆积体积,$cm^3$。

粗集料的堆积密度由于颗粒排列的松紧程度不同,又可分为自然堆积密度、振实密度和捣实密度。

(4)空隙率。粗集料空隙率是粗集料试样颗粒之间的空隙占总体积的百分率。

①水泥混凝土用粗集料振实状态下的空隙率可按式(1-2-7)计算:

$$V_G = (1 - \frac{\rho}{\rho_a}) \times 100 \tag{1-2-7}$$

式中:$V_G$——粗集料的空隙率,%;

$\rho$——按振实法测定的粗集料的堆积密度,$kg/m^3$;

$\rho_a$——粗集料的表观密度,$kg/m^3$。

②沥青混合料用粗集料骨架捣实状态下的间隙率按式(1-2-8)计算。

$$VCA_{DRC} = (1 - \frac{\rho}{\rho_b}) \times 100 \tag{1-2-8}$$

式中:$VCA_{DRC}$——捣实状态下粗集料的间隙率,%;

$\rho$——捣实状态下粗集料的自然堆积密度,$kg/m^3$;

$\rho_b$——用网篮法确定的粗集料的毛体积密度,$kg/m^3$。

2)级配

粗集料中各组成颗粒的分级和搭配情况称为级配,级配是通过筛析试验确定的。筛析试验就是将粗集料通过一系列规定筛孔尺寸的标准筛,测定出存留在各个筛上的集料质量,根据集料试样的质量与存留在各筛孔上的集料质量,就可求得一系列与集料级配有关的参数。

(1)0.075筛的质量通过率。即集料中通过0.075mm筛孔尺寸的含量按式(1-2-9)计算,准确至0.1%。

$$P_{0.075} = \frac{m_1 - m_2}{m_1} \times 100 \tag{1-2-9}$$

式中:$P_{0.075}$——集料中粒径小于0.075mm筛孔尺寸的含量(通过率),%;

$m_1$——用于水洗的干燥集料总质量,g;

$m_2$——集料水洗后的干燥质量,g。

(2)分计筛余百分率。各号筛上的分计筛余百分率按式(1-2-10)计算,但0.075mm筛不计算分计筛余,准确至0.1%。

$$a_i = \frac{m_i}{m_0} \times \frac{100 - P_{0.075}}{100} \tag{1-2-10}$$

式中:$a_i$——各号筛上的分计筛余百分率,%;

$m_0$——用于干筛的干燥集料总质量,g;

$m_i$——各号筛上的分计筛余,g;

$i$——依次为0.15mm、0.3mm、0.6mm至集料最大粒径。

(3)累计筛余百分率。各号筛的累计筛余百分率为该号筛及大于该号筛的各号筛的分计筛余百分率之和,但0.075mm筛不计算累计筛余,准确至0.1%。

(4)各号筛的质量通过百分率。各号筛的质量通过百分率等于100减去该号筛累计筛余百分率,但0.075mm筛的质量通过百分率为$P_{0.075}$,准确至0.1%。

3)坚固性

除前述的将原岩石加工成规则试块进行抗冻性和坚固性试验外,对已轧制成的碎石或天然的卵石,亦可采用规定级配的各粒级集料,按现行集料规程选取规定数量,分别装在金属网篮中浸入饱和硫酸钠溶液中进行干湿循环试验。经一定的循环次数后,观察其表面破坏情况,并用质量损失百分率来计算其坚固性。

2.力学性质

(1)压碎值

压碎值是指按规定的方法测得集料抵抗压碎的能力,也是集料强度的相对指标,用以鉴定集料品质。按集料规程的规定,粗集料压碎值试验是将9.5~13.2mm集料试样3kg装入压碎值测定仪的钢质圆筒内,放在压力机上,在10min左右均匀地加荷至400kN,稳压5s卸载,称其通过2.36mm的筛余质量,按式(1-2-11)计算:

$$Q_a = \frac{m_1}{m_0} \times 100 \tag{1-2-11}$$

式中:$Q_a$——集料的压碎值,%;

$m_0$——试样的质量,g;

$m_1$——试验后通过2.36mm筛孔的质量,g。

## （2）磨耗性

磨耗性是石料抵抗撞击、剪切和摩擦等综合作用的性能。按我国现行试验规程规定,石料的磨耗试验采用洛杉矶式磨耗试验(又称搁板式磨耗试验)方法。

试验机是由一个直径为711mm±5mm,长为508mm±5mm的圆鼓和鼓中的一个搁板所组成。试验用的试样是按一定规格组成的级配石料,总质量为5000g±50g。当试样加入磨耗鼓的同时,加入12个钢球,钢球总质量为5000g±50g,磨耗鼓以30～33r/min的转速旋转,在旋转时,由于搁板的作用,可将石料和钢球带到高处落下。经旋转500次后,将石料试样取出,用1.7mm的方孔筛筛去试样中的石屑,用水洗净留在筛上的试样,烘至恒重并称其质量。石料磨耗率按式(1-2-12)计算:

$$Q = \frac{m_1 - m_2}{m_1} \times 100 \qquad (1\text{-}2\text{-}12)$$

式中:$Q$——石料磨耗率,%;

$m_1$——装入圆筒中的试样质量,g;

$m_2$——试验后洗净烘干的试样质量,g。

### 二、细集料的技术性质

砂按来源分为两类:一类为天然砂,它是岩石在自然条件下风化形成的。天然砂因产源不同可分为河砂、山砂和海砂。河砂颗粒表面圆滑,比较洁净,质地较好,产源广;山砂颗粒表面粗糙有棱角,含泥量和含有机杂质多;海砂虽然具有河砂的特点,但因在海中所以常混有贝壳碎片和盐分等有害杂质。一般工程上多使用河砂,在缺乏河砂地区,可采用山砂或海砂,但在使用时必须按规定进行技术检验。另一类为人工砂,它是将岩石轧碎而成的颗粒,表面多棱角,较洁净。因为是由人工轧制而成,所以造价较高,如无特殊情况,多不采用这种砂。细集料技术性质主要包括物理性质、级配、粗度、含泥量和泥块含量。

#### 1.物理性质

细集料的物理常数主要有表观密度、堆积密度和空隙率等,其含义与粗集料完全相同,具体数值可通过试验测定。细集料的物理常数计算方法与粗集料相同。

#### 2.级配

级配是集料各级粒径颗粒的分配情况。砂的级配可通过砂的筛分试验确定。筛分试验是将预先通过9.5mm孔径的干砂,称取500g置于一套孔径分别为4.75mm、2.36mm、1.18mm、0.6mm、0.3mm、0.15mm、0.075mm(方孔筛)的标准筛上,分别求出试样存留在各筛上的质量,然后按下述方式计算其级配有关参数。

（1）分计筛余百分率

某号筛上的筛余质量占试样总质量的百分率,按式(1-2-13)计算:

$$a_i = \frac{m_i}{M} \times 100 \qquad (1\text{-}2\text{-}13)$$

式中:$a_i$——第$i$号筛上的分计筛余百分率,%;

$m_i$——存留在$i$号筛上的质量,g;

$M$——试样的总质量,g。

（2）累计筛余百分率

某号筛的分计筛余百分率和大于某号筛的各筛的分计筛余百分率之总和,可按式(1-2-14)计算:

$$A_i = a_1 + a_2 + \cdots + a_i \qquad (1-2-14)$$

式中: $A_i$——累计筛余百分率,%;

$a_1 \setminus a_2 \setminus a_i$——4.75mm、2.36mm…至计算的 $i$ 号筛的分计筛余百分率,%。

（3）通过百分率

通过某号筛的试样质量占试样总质量的百分率,即100与某号筛累计筛余百分率之差,按式(1-2-15)计算:

$$P_i = 100 - A_i \qquad (1-2-15)$$

式中: $P_i$——通过百分率,%;

$A_i$——累计筛余百分率,%。

3.粗度

粗度是评价砂粗细程度的一种指标,通常用细度模数表示,细度模数也称细度模量。对水泥混凝土用砂,可按式(1-2-16)计算细度模数,准确至0.01。

$$M_x = \frac{(A_{0.15} + A_{0.30} + A_{0.6} + A_{1.18} + A_{2.36}) - 5A_{4.75}}{100 - A_{4.75}} \qquad (1-2-16)$$

式中: $M_x$——细度模数;

$A_{0.15} \setminus A_{0.30} \setminus \cdots \setminus A_{4.75}$——0.15mm、0.30mm、…、4.75mm 各筛的累计筛余百分率,%。

细度模数越大,表示细集料越粗。砂的粗度按细度模数可分为下列三级:

$M_x = 3.1 \sim 3.7$,为粗砂; $M_x = 2.3 \sim 3.0$,为中砂; $M_x = 1.6 \sim 2.2$,为细砂。

【例题1-2-1】 分析某水泥混凝土用细集料的级配组成并计算其细度模数。

解:取集料试样500g进行筛分试验,各号筛上的筛余质量见表1-2-5。分别计算该集料分计筛余百分率、累计筛余百分率和通过百分率,将结果列入表1-2-5。

某细集料筛分试验的计算 表1-2-5

| 筛孔尺寸(mm) | 9.5 | 4.75 | 2.36 | 1.18 | 0.60 | 0.30 | 0.15 | 底盘 |
|---|---|---|---|---|---|---|---|---|
| 筛余质量 $m_i$(g) | 0 | 15 | 63 | 99 | 105 | 115 | 75 | 28 |
| 分计筛余百分率 $a_i$(%) | 0 | 3 | 12.6 | 19.8 | 21 | 23 | 15 | 5.6 |
| 累计筛余百分率 $A_i$(%) | 0 | 3 | 15.6 | 35.4 | 56.4 | 79.4 | 94.4 | 100 |
| 通过百分率 $P_i$(%) | 100 | 97 | 84.4 | 64.6 | 43.6 | 20.6 | 5.6 | 0 |

将0.15~4.75mm累计筛余百分率代入式(1-2-16)得该集料的细度模数为:

$$M_x = \frac{(15.6 + 35.4 + 56.4 + 79.4 + 94.4) - 5 \times 3}{100 - 3} \approx 2.74$$

故属于中砂。

细度模数虽能表示砂的粗细程度,但不能完全反映出砂的颗粒级配情况,因为相同细度模数的砂可有不同的颗粒级配。因此,要全面表征砂的颗粒性质,必须同时使用细度模数和级配两个指标。

4.含泥量和泥块含量

存在于集料中或包裹在集料颗粒表面的泥土会降低水泥的水化反应速度,也会妨碍集料与水泥(或沥青)间的黏结能力,显著影响混合料的整体强度与耐久性,应对其含量加以限制。

（1）含泥量与石粉含量

含泥量是指集料中粒径小于 0.075mm 的颗粒含量，石粉含量是指人工砂中小于 0.075mm 的颗粒含量，两者均按照式（1-2-17）计算。

$$Q_n = \frac{m_0 - m_1}{m_0} \times 100 \qquad (1\text{-}2\text{-}17)$$

式中：$Q_n$——集料的含泥量和石粉含量，%；

$m_0$——试验前烘干集料试样的质量，g；

$m_1$——经筛洗后，0.075mm 筛上烘干试样的质量，g。

严格地讲，含泥量应是集料中的泥土含量，而采用筛洗法得到的粒径小于 0.075mm 的颗粒中实际上包含了矿粉、细砂与黏土成分，而筛洗法很难将这些成分加以区别。将通过 0.075mm 颗粒部分全都当作"泥土"的做法欠妥。因此，在《公路沥青路面施工技术规范》（JTG F40—2004）中，以"砂当量"代替含泥量指标，将筛洗法测定的结果称为小于 0.075mm 颗粒含量；在《建设用砂》（GB/T 14684—2011）中，增加了"亚甲蓝 MB 值"指标。

①砂当量 SE。砂当量用于测定细集料中所含黏性土和杂质含量，判定集料的洁净程度，对集料中小于 0.075mm 的矿粉、细砂与"泥土"加以区别，砂当量值越大表明在小于 0.075mm 部分所含的矿粉和细砂比例越高。在《公路工程集料试验规程》（JTG E42—2005）中规定了砂当量的测试方法。

②亚甲蓝 MB 值。亚甲蓝 MB 值用于判别人工砂中小于 0.075mm 颗粒含量主要是泥土与被加工母岩化学成分相同的石粉。按照《建设用砂》（GB/T 14684—2011）的方法，亚甲蓝 MB 值的测定是将小于或等于 2.36mm 的人工砂试样 200g 与 500mL 水持续搅拌形成悬浮液。在悬浮液中加入 5mL 亚甲蓝溶液，搅拌 1min 后，用玻璃棒蘸取一滴悬浮液，滴于滤纸上，观察沉淀物周围是否出现色晕，重复这个过程，直至沉淀物周围出现约 1mm 直径的稳定浅蓝色色晕，然后继续进行搅拌和沾染试验，至色晕可以持续 5min。亚甲蓝 MB 值按式（1-2-18）计算，精确至 0.1。亚甲蓝 MB 值较小时表明粒径小于或等于 0.075mm 颗粒主要是与母岩化学成分相同的石粉。

$$MB = \frac{V}{G} \times 10 \qquad (1\text{-}2\text{-}18)$$

式中：MB——亚甲蓝值，g/kg，表示 1kg 人工砂试样（0~2.36mm）所消耗的亚甲蓝克数；

$G$——试样质量，g；

$V$——所加入的亚甲蓝溶液的总量，mL。

为了缩短试验时间，可以采用亚甲蓝快速试验。在悬浮液中一次加入 30mL 亚甲蓝溶液后持续搅拌 8min 后，用玻璃棒蘸取一滴悬浮液，滴于滤纸上，观察沉淀物周围是否出现明显色晕。若沉淀物周围出现明显色晕，则判定亚甲蓝快速试验为合格；若沉淀物周围未出现明显色晕，则判定亚甲蓝快速试验为不合格。

（2）泥块含量

泥块含量是指粗集料中原尺寸大于 4.75mm（细集料中 1.18mm），但经水浸洗、手捏后小于 2.36mm（细集料中 0.6mm）的颗粒含量，按照式（1-2-19）计算。集料中的泥块主要以三种类型存在：由纯泥组成的团块、由砂、石屑与泥组成的团块、包裹在集料颗粒表面的泥。

$$Q_b = \frac{m_1 - m_2}{m_1} \times 100 \qquad (1\text{-}2\text{-}19)$$

式中：$Q_b$——集料的泥块含量，%；

$m_1$——粗集料为 4.75mm（细集料为 1.18mm）筛上试样的质量,g;

$m_2$——粗集料为 4.75mm（细集料为 1.18mm）筛上试样经水洗后,粗集料为 2.36mm（细集料为 0.6mm）筛上烘干试样的质量,g。

# 第三节　矿质混合料的组成设计

工程用砂石材料,大多数是以矿质混合料的形式与各种结合料(如水泥或沥青等)组成混合料使用。欲使水泥混凝土和沥青混合料具备优良的性能,除各种矿质集料的技术性质应符合技术要求外,矿质混合料还必须满足最小空隙率(即最大密实度)和最大摩擦力(各级集料紧密排列)的基本要求。为此,必须对矿质混合料进行组成设计。

## 一、矿质混合料的级配理论

各种不同粒径的集料,按照一定的比例搭配起来,以达到较高的密实度和较大摩擦力,可以采用连续级配和间断级配组成:

(1)连续级配是某种混合料在标准筛孔配成的套筛(筛孔孔径按 1/2 递减)中筛分后,所得的级配曲线平顺圆滑,具有连续性。这种由大到小,逐级粒径均有,并按比例互相搭配组成的矿质混合料,称为连续级配矿质混合料。

(2)间断级配是在矿质混合料中剔除其一个或几个分级,形成一种不连续的混合料,这种混合料称为间断级配矿质混合料。

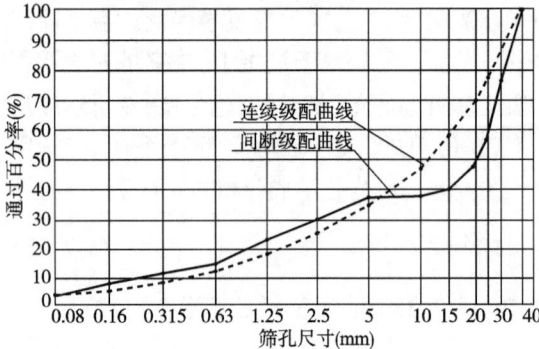

图 1-2-2　连续级配和间断级配曲线

连续级配和间断级配曲线如图 1-2-2 所示。

## 二、矿质混合料的组成设计方法

天然或人工轧制的一种集料的级配往往很难完全符合某一级配范围的要求,因此,必须采用两种或两种以上的集料配合才能符合级配范围的要求。这就需要对矿质混合料进行配合比组成设计即确定组成混合料各集料的比例。确定混合料配合比的方法很多,但一般主要采用试算法与图解法。

### 1.试算法

1)基本原理

试算法适用于 2~3 种矿料组成的混合料,是最简单的一种方法。试算法的基本原理是,设有几种矿质集料,欲配制某一种一定级配要求的混合料。在决定各组成集料在混合料中的比例时,先假定混合料中某种粒径的颗粒是由某一种对该粒径占优势的集料所组成,而其他各种集料不含这种粒径。如此根据各个主要粒径去试算各种集料在混合料中的大致比例。如果比例不合适,则稍加调整,这样逐步渐进,最终达到符合混合料级配要求的各集料配合比例。

例如,现有 A、B、C 三种集料,欲配制成某一级配要求的混合料 M。确定这三种集料在混合料 M 中的配合比例(即配合比),按题意作下列两点假设。

(1)设 A、B、C 三种集料在混合料 M 中的用量比例为 $X$、$Y$、$Z$,则

$$X + Y + Z = 100$$

$$(1-2-20)$$

（2）又设混合料 M 中某一级粒径($i$)要求的含量为 $a_{M(i)}$，A、B、C 三种集料在该粒径的含量为 $a_{A(i)}$、$a_{B(i)}$、$a_{C(i)}$。则

$$a_{A(i)}X + a_{b(i)}Y + a_{C(i)}Z = a_{M(i)} \tag{1-2-21}$$

2）计算步骤

在上述两点假设的前提下，按下列步骤求 A、B、C 三种集料在混合料中的用量比例。

（1）计算 A 料在矿质混合料中的用量比例

在计算 A 料在混合料中的用量时，按 A 料在优势含量的某一粒径计算，而忽略其他集料在该粒径的含量。

设按粒径尺寸为 $i$(mm)的粒径来进行计算，则 B 料和 C 料在该粒径的含量 $a_{B(i)}$ 和 $a_{C(i)}$ 均等于零。由式(1-2-22)可得 A 料在混合料中的用量比例为：

$$X = \frac{a_{M(i)}}{a_{A(i)}} \times 100\% \tag{1-2-22}$$

（2）计算 C 料在矿质混合料中的用量比例

同前理，在计算 C 料在混合料中的用量时，按 C 料占优势的某一粒径计算，而忽略其他集料在此粒级的含量。

设按 C 料粒径尺寸 $j$(mm)的粒径来进行计算，则 A 料和 B 料在该粒径的含量 $a_{A(j)}$ 和 $a_{B(j)}$ 均等于零。由式(1-2-23)可得，即 C 料在混合料中的用量比例：

$$Z = \frac{a_{M(j)}}{a_{C(j)}} \times 100\% \tag{1-2-23}$$

（3）计算 B 料在矿质混合料中的用量比例

由式(1-2-22)和式(1-2-23)求得 A 料和 C 料在混合料中的含量 $X$ 和 $Z$ 后，由式(1-2-24)即可得：

$$Y = 100\% - (X + Z) \tag{1-2-24}$$

（4）校核调整步骤

即可计算 A、B、C 三种集料组成矿质混合料的配合比 $X$、$Y$、$Z$。经校核，如不在要求的级配范围内，应调整配合比重新计算和复核。

【例题 1-2-2】 现有碎石、砂和矿粉三种集料，经筛析试验各集料的分计筛余百分率列于表 1-2-6，并列出按推荐要求设计混合料的级配范围，试求碎石、砂和矿粉三种集料在要求级配混合料中的用量比例。

**原有集料的分计筛余和混合料要求的级配范围** 表 1-2-6

| 筛孔尺寸 $d_i$（mm） | 碎石分计筛余 $a_{A(i)}$（%） | 砂分计筛余 $a_{B(i)}$（%） | 矿粉分计筛余 $a_{C(i)}$（%） | 矿质混合料要求级配范围 通过百分率（%） |
|---|---|---|---|---|
| 13.2 | 0.8 | — | | 100 |
| 4.75 | 60.0 | | | 63~78 |
| 2.36 | 23.5 | 10.5 | | 40~63 |
| 1.18 | 14.4 | 22.1 | — | 30~53 |
| 0.6 | 1.3 | 19.4 | 4.0 | 22~45 |
| 0.3 | — | 36.0 | 4.0 | 15~35 |
| 0.15 | | 7.0 | 5.5 | 12~30 |
| 0.075 | | 3.0 | 3.2 | 10~25 |
| <0.075 | | 2.0 | 83.3 | — |

**解:**(1)先将矿质混合料要求级配范围的通过百分率换算为分计筛余百分率,计算结果列入表1-2-7所示的表中,并设碎石、砂、矿粉的配合比为 $X$、$Y$、$Z$。

(2)由表1-2-6可知,碎石中4.75mm粒径颗粒含量占优势,假设混合料中4.75mm的粒径全部由碎石提供,$a_{B(4.75)} = a_{C(4.75)} = 0$,由式(1-2-22)可得碎石在矿质混合料中的用量比例。

$$X = \frac{a_{M(4.75)}}{a_{A(4.75)}} \times 100\% = \frac{29.5}{60.0} \times 100\% = 49\%$$

**原有集料和要求级配范围的分计筛余** 表 1-2-7

| 筛孔尺寸 $d_i$(mm) | 碎石分计筛余 $a_{A(i)}$(%) | 砂分计筛余 $a_{B(i)}$(%) | 矿粉分计筛余 $a_{C(i)}$(%) | 要求级配范围通过率的中值 $P_{(i)}$(%) | 要求级配范围累计筛余中值 $A_{(i)}$(%) | 要求级配范围分计筛余中值 $a_{M(i)}$(%) |
|---|---|---|---|---|---|---|
| 13.2 | 0.8 | — | — | — | — | — |
| 4.75 | 60.0 | — | — | 70.5 | 29.5 | 29.5 |
| 2.36 | 23.5 | 10.5 | — | 51.5 | 48.5 | 19.0 |
| 1.18 | 14.4 | 22.1 | — | 41.5 | 58.4 | 10.0 |
| 0.6 | 1.3 | 19.4 | 4.0 | 33.5 | 66.5 | 8.0 |
| 0.3 | — | 36.0 | 4.0 | 25.0 | 75.0 | 8.5 |
| 0.15 | — | 7.0 | 5.5 | 21.0 | 79.0 | 4.0 |
| 0.075 | — | 3.0 | 3.2 | 17.5 | 82.5 | 3.5 |
| <0.075 | — | 2.0 | 83.3 | — | 100.0 | 17.5 |

(3)同理,由表1-2-7可知,矿粉中小于0.075mm粒径颗粒含量占优势,忽略碎石和砂中此粒径颗粒的含量,即 $a_{B(<0.075)} = a_{A(<0.075)} = 0$,则由式(1-2-23)可得矿粉在矿质混合料中的用量比例。

$$Z = \frac{a_{M(<0.075)}}{a_{C(<0.075)}} \times 100\% = \frac{17.5}{83.3} \times 100\% = 21\%$$

(4)由式(1-2-24)可得砂在矿质混合料中的用量比例。

$$Y = 100\% - (X + Z) = 100\% - (49\% + 21\%) = 30\%$$

(5)校核。以试算所得配合比 $X = 49\%$,$Y = 30\%$,$Z = 21\%$,按表1-2-8进行校核。

根据校核结果,符合级配范围要求。如不符合级配范围,应调整配合比再进行试算,经几次调整,逐步接近,直至达到要求。如经计算确实不能符合级配要求,应调整或增加集料品种。

2.图解法

通常采用修正平衡面积法确定矿质混合料的合成级配。在修正平衡面积法中,将设计要求的级配中值曲线绘制成一条直线,纵坐标和横坐标分别代表通过百分率和筛孔尺寸,这样,当纵坐标仍为算术坐标时,横坐标的位置将由设计级配中值所确定。

(1)绘制级配曲线坐标图

按照一定的尺寸绘制矩形图框,通常纵坐标通过量取10cm,横坐标筛孔尺寸(或粒径)取15cm。连接对角线 $OO'$ 作为设计级配中值曲线,见图1-2-3。按常数标尺在纵坐标上标出通过量百分率位置,然后将设计级配中值(见表1-2-9中数据)要求的各筛孔通过百分率标于纵坐标上,并从纵坐标引水平线与对角线相交,再从交点作垂线与横坐标相交,该交点即为各相应筛孔尺寸的位置。

**矿质混合料配合组成计算校核**　　　　　　　　　　表 1-2-8

| 筛孔尺寸 $d_i$ (mm) | 碎石 | | | 砂 | | | 矿粉 | | | 矿质混合料 | | | 级配范围通过率 (%) |
| --- | --- | --- | --- | --- | --- | --- | --- | --- | --- | --- | --- | --- | --- |
| | 原来级配分计筛余 $a_{A(i)}$ (%) | 用量比例 $X$ (%) | 占混合料百分率 $a_{A(i)}X$ (%) | 原来级配分计筛余 $a_{B(i)}$ (%) | 用量比例 $Y$ (%) | 占混合料百分率 $a_{B(i)}Y$ (%) | 原来级配分计筛余 $a_{C(i)}$ (%) | 用量比例 $Z$ (%) | 占混合料百分率 $a_{C(i)}Z$ (%) | 分计筛余 $a_{(i)}$ (%) | 累计筛余 $A_{(i)}$ (%) | 通过率 $P_{(i)}$ (%) | |
| 13.2 | 0.8 | | 0.4 | — | | — | — | | — | 0.4 | 0.4 | 99.6 | 100 |
| 4.75 | 60.0 | | 29.4 | — | | — | — | | — | 29.4 | 29.8 | 70.2 | 63~78 |
| 2.36 | 23.5 | | 11.5 | 10.5 | | 3.2 | — | | — | 14.7 | 44.5 | 55.5 | 40~63 |
| 1.18 | 14.4 | | 7.1 | 22.1 | | 6.6 | — | | — | 13.7 | 58.2 | 41.8 | 30~53 |
| 0.6 | 1.3 | 49 | 0.6 | 19.4 | 30 | 5.8 | 4.0 | 21 | 0.8 | 7.2 | 65.4 | 34.6 | 22~45 |
| 0.3 | — | | — | 36.0 | | 10.8 | 4.0 | | 0.8 | 11.6 | 77.0 | 23.0 | 15~35 |
| 0.15 | — | | — | 7.0 | | 2.1 | 5.5 | | 1.2 | 3.3 | 80.3 | 19.7 | 12~30 |
| 0.075 | — | | — | 3.0 | | 0.9 | 3.2 | | 0.7 | 1.6 | 81.9 | 18.1 | 10~25 |
| <0.075 | — | | — | 2.0 | | 0.6 | 83.3 | | 17.5 | 18.1 | 100 | — | — |
| 校核 | Σ=100 | | Σ=49 | Σ=100 | | Σ=30 | Σ=100 | | Σ=21 | Σ=100 | | | |

**某混合料用矿料级配范围**　　　　　　　　　　表 1-2-9

| 筛孔尺寸(mm) | 16.0 | 13.2 | 9.5 | 4.75 | 1.36 | 1.18 | 0.6 | 0.3 | 0.15 | 0.075 |
| --- | --- | --- | --- | --- | --- | --- | --- | --- | --- | --- |
| 级配范围(mm) | 100 | 95~100 | 70~88 | 48~68 | 36~53 | 24~41 | 18~30 | 12~22 | 8~16 | 4~8 |
| 级配中值(mm) | 100 | 98 | 79 | 57 | 45 | 33 | 24 | 17 | 12 | 6 |

(2)确定各种集料用量

以图 1-2-3 为基础,将各种集料的级配曲线绘制于图上,结果见图 1-2-4,然后根据两条级配曲线之间的关系确定各种集料的用量。

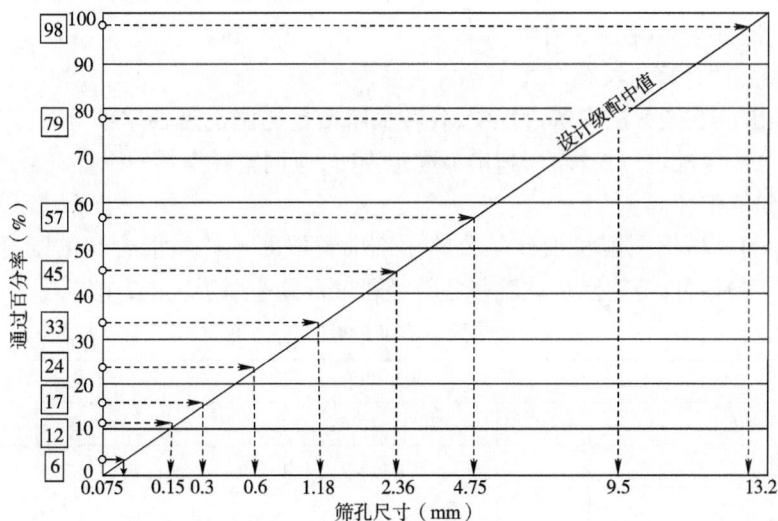

图 1-2-3　设计级配范围中值曲线

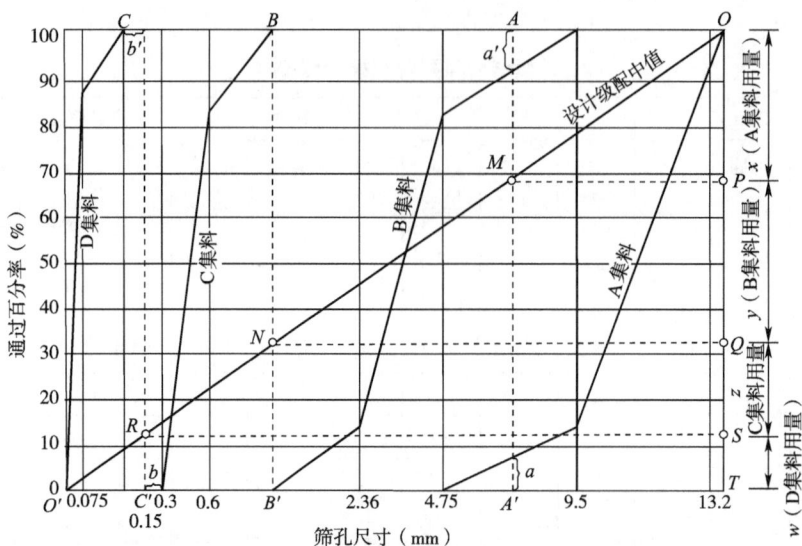

图 1-2-4 图解法用图

由图 1-2-4 可见,任意两条相邻集料级配曲线之间的关系只可能是下列三种情况之一。

①两相邻级配曲线重叠。两条相邻级配曲线相互重叠,在图 1-2-4 中表现为集料 A 的级配曲线下部与集料 B 的级配曲线上部搭接。此时,在两级配曲线之间引一根垂线 $AA'$,使其与集料 A、B 的级配曲线截距相等,即 $a = a'$。垂线 $AA'$ 与对角线 $OO'$ 交于点 $M$,通过 $M$ 作一水平线与纵坐标交于 $P$ 点,$OP$ 即为集料 A 的用量。

②两相邻级配曲线相接。两条相邻级配曲线相接,在图 1-2-4 中表现为集料 B 的级配曲线末端与集料 C 的级配曲线首端正好在同一垂直线上。对于这种情况仅需将集料 B 的级配曲线末端与集料 C 的级配曲线首端直接相连,得垂线 $BB'$。$BB'$ 与对角线 $OO'$ 交于点 $N$,过点 $N$ 作一水平线与纵坐标交于 $Q$ 点,$PQ$ 即为集料 B 的用量。

③两相邻级配曲线相离。两相邻级配曲线相离,表现为集料 C 的级配曲线末端与集料 D 的级配曲线首端在水平方向彼此分离。此时,作一条垂线 $CC'$ 平分这段水平距离,使 $b = b'$,得垂线 $CC'$。$CC'$ 与对角线 $OO'$ 交于点 $R$,通过 $R$ 作一水平线与纵坐标交于 $S$ 点,$QS$ 即为集料 C 的用量。剩余 $ST$ 即为集料 D 的用量。

（3）合成级配的计算与校核

与试算法相同,在图解法求解过程中,各种集料用量比例也是根据部分筛孔确定的,所以需要对矿料的合成级配进行校核,当超出级配范围时,应调整各集料的用量。合成级配的计算与校核方法与试算法相同。

【例题 1-2-3】 试用图解法设计某公路用细沥青混凝土矿质混合料的配合比。现有碎石、石屑、砂和矿粉四种矿料,筛析试验得各粒径通过百分率列于表 1-2-10。

原有矿质集料级配

表 1-2-10

| 材料名称 | 筛孔尺寸(方孔筛)(mm) | | | | | | | | | |
|---|---|---|---|---|---|---|---|---|---|---|
| | 16.0 | 13.2 | 9.5 | 4.75 | 2.36 | 1.18 | 0.6 | 0.3 | 0.15 | 0.075 |
| | 通 过 百 分 率(%) | | | | | | | | | |
| 碎石 | 100 | 93 | 17 | 0 | | | | | | |
| 石屑 | 100 | 100 | 100 | 84 | 14 | 8 | 4 | 0 | | |

| 材料名称 | 筛孔尺寸(方孔筛)(mm) | | | | | | | | | |
| --- | --- | --- | --- | --- | --- | --- | --- | --- | --- | --- |
| | 16.0 | 13.2 | 9.5 | 4.75 | 2.36 | 1.18 | 0.6 | 0.3 | 0.15 | 0.075 |
| | 通 过 百 分 率(%) | | | | | | | | | |
| 砂 | 100 | 100 | 100 | 100 | 92 | 82 | 42 | 21 | 11 | 4 |
| 矿粉 | 100 | 100 | 100 | 100 | 100 | 100 | 100 | 100 | 96 | 87 |

要求将上述4种集料组配成符合《公路沥青路面施工技术规范》(JTG F40—2004)细粒式沥青混凝土混合料(AC-13)级配要求(见表1-2-11)的矿质混合料,试确定各种集料的用量比例。

矿质混合料要求级配范围和中值表　　　　　　　表1-2-11

| 级配名称 | | 筛孔尺寸(方孔筛)(mm) | | | | | | | | | |
| --- | --- | --- | --- | --- | --- | --- | --- | --- | --- | --- | --- |
| | | 16.0 | 13.2 | 9.5 | 4.75 | 2.36 | 1.18 | 0.6 | 0.3 | 0.15 | 0.075 |
| | | 通 过 百 分 率(%) | | | | | | | | | |
| 细粒式 (AC-13) | 级配范围 | 100 | 90~100 | 68~85 | 38~68 | 24~50 | 15~38 | 10~28 | 7~20 | 5~15 | 4~8 |
| | 级配中值 | 100 | 95 | 77 | 53 | 37 | 27 | 19 | 14 | 10 | 6 |

**解**:(1)按前述方法绘制的级配曲线图如图1-2-5所示。

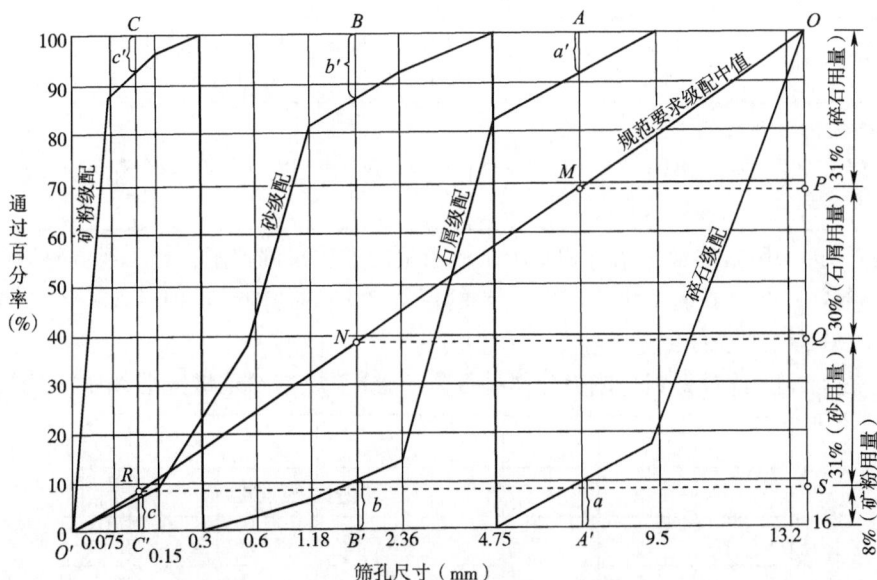

图1-2-5　各组成材料和要求混合料级配图

(2)在碎石和石屑级配曲线相重叠部分作一垂线 $AA'$,使垂线截取两条级配曲线的纵坐标值相等(即 $a=a'$)。自垂线 $AA'$ 与对角线交点 $M$ 引一水平线,与纵坐标交于 $P$ 点, $OP$ 的长度 $X=35\%$,即为碎石的用量。

同理,求出石屑的用量 $Y=31\%$,砂的用量 $Z=25\%$,则矿粉用量 $W=9\%$。

(3)根据图解法求得的各集料用量百分率,列表进行校核计算,如表1-2-12所示。

从表1-2-12可以看出,按碎石:石屑:砂:矿粉=35%:31%:25%:9%计算结果,合成级配中筛孔0.075mm的通过量偏高,为此,必须进行调整。

(4)由于图解法的各种材料用量比例是根据部分筛孔确定的,所以不能控制所有筛孔。通常需要调整修正,才能达到满意的结果。

33

| 材料名称 | | 筛孔尺寸（方孔筛）（mm） | | | | | | | | | |
|---|---|---|---|---|---|---|---|---|---|---|---|
| | | 16.0 | 13.2 | 9.5 | 4.75 | 2.36 | 1.18 | 0.6 | 0.3 | 0.15 | 0.075 |
| | | 通过百分率（%） | | | | | | | | | |
| 原材料级配 | 碎石 100% | 100 | 93 | 17 | 0 | | | | | | |
| | 石屑 100% | 100 | 100 | 100 | 84 | 14 | 8 | 4 | 0 | | |
| | 砂 100% | 100 | 100 | 100 | 100 | 92 | 82 | 42 | 21 | 11 | 4 |
| | 矿粉 100% | 100 | 100 | 100 | 100 | 100 | 100 | 100 | 100 | 96 | 87 |
| 各种矿料在混合料中的级配 | 碎石 35%<br>（35%） | 35.0<br>（35.0） | 32.6<br>（32.6） | 6.0<br>（6.0） | 0<br>（0） | | | | | | |
| | 石屑 31%<br>（31%） | 31.0<br>（31.0） | 31.0<br>（31.0） | 31.0<br>（31.0） | 26.0<br>（26.0） | 4.3<br>（4.3） | 2.5<br>（2.5） | 1.2<br>（1.2） | 0<br>（0） | | |
| | 砂 25%<br>（28%） | 25.0<br>（28.0） | 25.0<br>（28.0） | 25.0<br>（28.0） | 25.0<br>（28.0） | 23.0<br>（25.8） | 20.5<br>（23.0） | 10.5<br>（11.8） | 5.3<br>（5.9） | 2.8<br>（3.1） | 1.0<br>（1.1） |
| | 矿粉 9%<br>（6%） | 9.0<br>（6.0） | 9.0<br>（6.0） | 9.0<br>（6.0） | 9.0<br>（6.0） | 9.0<br>（6.0） | 9.0<br>（6.0） | 9.0<br>（6.0） | 9.0<br>（6.0） | 8.6<br>（5.8） | 7.8<br>（5.2） |
| 合成级配 | | 100<br>（100） | 97.6<br>（97.6） | 71.0<br>（71.0） | 60.0<br>（60.0） | 36.3<br>（36.1） | 32.0<br>（31.5） | 20.7<br>（19.0） | 14.3<br>（11.9） | 11.4<br>（8.9） | 8.8<br>（6.3） |
| 《公路沥青路面施工技术规范》（JTG F40—2004）要求 AC-13 的级配范围 | | 100 | 90～100 | 68～85 | 38～68 | 24～50 | 15～38 | 10～28 | 7～20 | 5～15 | 4～8 |

通过试算现采用增加砂的用量和减小矿粉用量的方法来调整配合比。经调整后的配合比为：碎石用量 $X=35\%$；石屑用量 $Y=31\%$；砂的用量 $Z=28\%$；则矿粉用量 $W=6\%$。按此配比计算见表 1-2-12 中括号内数值。

（5）将表 1-2-12 计算得到合成级配通过百分率，绘于规范要求级配曲线中，如图 1-2-6 所

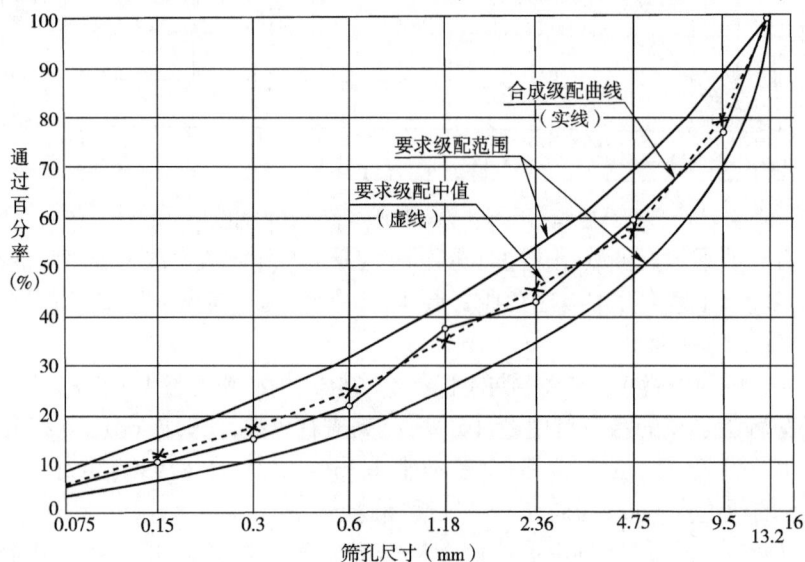

图 1-2-6　要求级配曲线和合成级配曲线

示。从图中可以看出,合成级配曲线完全在规范要求的级配范围之内,并且接近中值,呈一光滑平顺的曲线。确定矿质混合料配合比为碎石:石屑:砂:矿粉 = 35:31:28:6。

沥青混凝土路面的矿料的配合比设计宜借助计算机的电子表格软件用试配法进行。

# 第四节　铁 路 道 砟

## 一、铁路道砟的分类

铁路道砟主要包括碎石道砟、筛选卵石道砟、天然级配卵石道砟、砂子道砟和熔炉矿渣道砟等,其中最常用的是碎石道砟。碎石道砟按材质指标可分为特级道砟、一级道砟和二级道砟。

## 二、铁路道砟的适用范围

(1)高速铁路道床应采用特级碎石道砟。

(2)Ⅰ、Ⅱ级铁路的碎石道床材料应采用一级道砟。

(3)特重型轨道、隧道内轨道及宽枕轨道应用一级道砟。重型轨道宜用一级道砟、其他轨道可用二级道砟。

## 三、铁路道砟的作用

道砟位于轨枕以下、路基面以上,主要作用是支承轨枕,将来自轨枕上部的巨大荷载均匀地分布到路基面上,大大减少了路基的变形。

道砟块与块之间存在着空隙和摩擦力,使得轨道具有一定的弹性,这种弹性不仅能吸收机车车辆的冲击和振动,使列车运行比较平稳,而且大大改善了机车车辆和钢轨、轨枕等部件的工作条件,延长了使用寿命。道砟的弹性一旦丧失,则钢筋混凝土轨枕上所受的荷载比正常状态时要增加50% ~80%。而且道砟依靠本身和轨枕间的摩擦,起到固定轨枕的位置,阻止轨枕纵向或横向的移动。这在无缝线路区段显得更为重要,因为这种区段如果线路的纵向或横向阻力减少到一定程度,很容易发生胀轨跑道事故,严重危及行车安全。

道砟具有排水作用。由于道砟块状间的空隙,使得地表水能够顺畅地通过道床排走,这样路基表面就不会长期积水。路基表面长期积水,不仅会使承载能力大大下降,而且还会造成翻浆和冻胀等很多病害。

道砟作为道床材料,还有便于调节轨道高度的作用。一旦道床下部基础变形超出允许范围,有砟轨道比无砟轨道容易修复和整治。

底砟是铁路碎石道床的重要组成部分,位于碎石道床道砟层和路基基床表层之间,起着传递、分布列车荷载,防止面砟和路基基床表层颗粒之间的相互渗透,具有渗水过渡和防冻保温等作用。

使用道砟作为道床材料也有其弱点。道砟长年暴露在大自然中,在列车的动力和线路捣固时的冲击作用下,易出现变形、粉化、脏污,降低了承载能力和排水性能,失去了应有的弹性。因此,必须定期地对道床进行清筛,剔除污土,补充新砟,线路的养护维修工作量较大。

## 四、铁路道砟的检验规则

根据《铁路碎石道砟》( TB/T 2140—2008 )和《铁路碎石道床底砟》( TB/T 2897—98 )标准,砟场建场和生产质量管理均有严格的程序。

**五、道砟的检验规则**

道砟应进行型式检验(其中包括建场检验及生产检验)和出场检验,实行三级管理。建场检验属部级,生产检验属局级,出场检验属场、段级。

(1)建场检验

①新建采石场及旧采石场转移开采工作面时,应按标准规定各项及石料单轴抗压强度、石料冲击韧度进行检验,划分道砟等级。经铁道部主管部门审批并颁发资格证书,方可生产。采购路外道砟或施工部门采用施工块石就地加工道砟时,也应具有相应的资格证书。

②采样。由受委托的地矿单位划分岩层,并在每一岩层中取一组有代表性的试样送交检验。一组试样中包括:

碎石试样:粒径(方孔筛)60~70mm,质量200kg。

块石试样:200mm×160mm×140mm,4 块,如岩石层理分明,应补加取样方向平行于层理方向的试样 2 块。

(2)生产检验

①由铁路局按规定各项,每年安排一次定期检验,检验结果应抄报铁道主管部门。

②道砟粒径级配、颗粒形状及清洁度指标,除定期每周检验一次之外,每生产工班均应通过目测进行监视,如发现问题,应及时检验。监视及检验结果均应填入生产日记,作为填发产品合格证的依据。

③采样。块石试样与建场检验中的块石试样相同。

碎石试样从成品出料口或成品运输带上有间隔地提取四个子样,每个子样质量约100kg,拌和均匀,用四分法取约200kg进行级配检验。进行材质检验时,按表1-2-13规定的粒径和质量,剔除针、片状颗粒,从四分法剩下的200kg备料中筛分试样(粒径7.1~10mm、10~16mm的试样,从道砟副产品中提取),插入标签,分级装袋后交道砟材质试验部门使用。进行颗粒形状和清洁度指标检验用的试样,也从四分法剩下的200kg备料中选用。

生产检验碎石试样 表 1-2-13

| 粒径(mm)(方孔筛) | 试 样 质 量(kg) | | | | | 备料质量≥(kg) |
|---|---|---|---|---|---|---|
| | 道砟集料压碎率 | 洛杉矶磨耗率 | 标准集料冲击韧度 | 硫酸钠溶液浸泡损失 | 标准集料压碎率 | |
| 70~63 | 15 | | | | | 15 |
| 63~56 | 0.6 | | | | | 1 |
| 56~45 | 6 | | | | | 8 |
| 45~35.5 | 2.4 | | | | | 3 |
| 40~25 | | 15 | | 1 | | 18 |
| 35.5~25 | 2.4 | | | | | 3 |
| 25~20 | | 15 | 1 | 0.5 | | 18 |
| 25~16 | 0.6 | | | | | 1 |
| 20~16 | | | 1 | | | 1.5 |
| 16~10 | | | 1 | | 9 | 11 |
| 10~7.1 | | | 1 | | | 1.5 |

④当生产检验的结果与资格证书所划的等级不符时,铁路局应会同建场检验时的材质检验单位对产品进行复验。根据复验结果重新划定该采石场的道砟等级,需要更改等级时,应报铁道主管部门备案,并重新颁发资格证书。

（3）出场检验

①采石场质量检查员在装车前应对产品进行出场检验。检验项目为道砟粒径级配、颗粒形状及清洁度指标。质量检查员对不符合标准的产品有权拒绝装车。

②道砟产品按批交付。一列车,装运同一等级、交付同一用户的道砟算一批。用汽车运输时,一昼夜内,装运同一等级、交付同一用户的道砟算一批。每批产品必须附有质量检查员签发的产品合格证。路外采购的道砟,也应附有符合标准的产品合格证,才可用于铁路。

③用砟单位在卸砟现场如发现装运数量不足时,应在卸砟前通知采石场派人赴现场复验。如发现最大、最小粒径,颗粒形状或清洁度指标与标准不符,应通知采石场会同铁路局赴现场复验。复验时的取样方法如下:卸砟前,如装砟车少于三辆,则从每一个车辆中取一个子样;如多于三辆,则从任意三辆中各取一个子样。每个子样约130kg,并从车辆的四角及中央五处提取。卸砟后,则由用砟单位任选125m长度的卸砟地段,每隔25m由砟肩到坡底均匀选一个子样(合计5个),每个子样约70kg,复验结果应申报铁路局。

如复验结果为不合格,则应在现场采取相应补救措施,其所发生的费用应由采石场负担。如检验结果合格,所发生的费用由用砟单位负担。采石场应向用砟单位提交资格证书副本。用砟单位有权对资格证书上的任意指标进行抽检,如发现问题可申报铁路局,通知采石场要求采取相应措施。

### 六、底砟的检验规则

底砟应进行型式检验和生产检验,型式检验属部级,生产检验属局级。

（1）型式检验

①建立底砟材料开采基地时,按标准要求,由铁道主管部门指定单位对成品进行粒径级配及材料性能检验,经铁道主管部门审批,并颁发底砟开采资格证书后方可生产。

②采样。由受委托的地矿单位划分开采资源带,由建设单位制订合适的开采、加工程序。在每一给定的资源带,按制订的开采、加工程序加工有代表性的试样400kg,交铁道部指定单位进行检验。

③当资源带发生明显变化,底砟质量不能满足标准的规定时,应重新进行型式检验。

（2）生产检验

①生产单位按标准要求,每生产底砟 $4 \times 10^4 m^3$ 进行一次检验;年产量少于 $4 \times 10^4 m^3$ 时,也应每年进行一次检验。

②采样。从成品出料口或成品运输带有间隔地提取四个约100kg的子样,合计400kg,送检验部门检验。

③底砟材料粒径级配及黏土团含量指标,除每周检验一次外,每生产工班应通过目测进行监视,如发现问题应及时检验和处理。监视和检验结果均应填入生产日记,作为填发产品合格让的依据。

④底砟材料产品的交付,以一昼夜装运同一产品,交付同一用户的底砟算一批,每批必须有生产场质量检查员签发的合格证。

## 七、道砟的运输与贮存

在运输和贮存过程中,要确保道砟的清洁,防止道砟颗粒的破碎和离析。

(1)在堆料场基地,要防止黏土、飞杂物和粉尘的渗入,确保道砟清洁。在堆料场进行收料装车作业时,机器不要在同一砟面上来回行驶,防止颗粒破碎。铲装时,要防止将泥土铲入。

(2)装车前,车内要进行清扫。车厢应当严密,防止小颗粒渗漏。

(3)装车数量要保证足方。

## 八、特级道砟的技术要求

根据高速列车轴重较轻,而冲击、振动等频率较高的动附加荷载较大的特点,道砟材质最重要的性能是抗磨性、抗冲击,其次是抗压碎性能,另外道砟颗粒形状和清洁度也是非常重要的指标。特级道砟相关技术要求如下:

(1)道砟由开山块石破碎筛分而成,颗粒表面全部(100%)为破碎面。

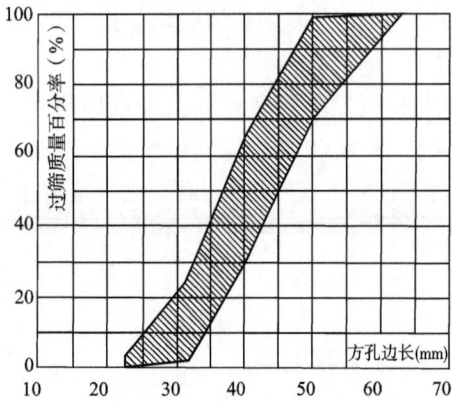

图 1-2-7 特级道砟级配曲线

(2)道砟材质性能参数指标应符合表 1-2-14 的规定。

(3)道砟粒径级配应符合表 1-2-15 的规定,其粒径级配曲线如图 1-2-7 所示。

(4)道砟颗粒形状和清洁度指标。

①针状指数不大于 20%,片状指数不大于 20%。

②粒径 0.5mm 以下的颗粒含量的质量百分率不大于 0.6%;粒径 0.063mm 以下的粉末含量的质量百分率不大于 0.5%。

③道砟出场前应用水清洗,且不含黏土团及其他杂质。

**特级道砟性能参数指标**　　　　　　表 1-2-14

| 性 能 | 参 数 | 指 标 | 评估方法 |
|---|---|---|---|
| 抗磨耗、抗冲击性能 | 洛杉矶磨耗率 LAA(%) | ≤18 | 至少有两项指标满足要求 |
| | 标准集料冲击韧度 IP | ≥110 | |
| | 石料耐磨硬度系数 $K_{干磨}$ | >18 | |
| 抗压碎性能 | 标准集料压碎率 CA(%) | <8 | 两项指标同时满足要求 |
| | 道砟集料压碎率 CB(%) | <17 | |
| 渗水性能 | 渗透系数 $P_m$($10^{-6}$cm/s) | >4.5 | 至少有两项指标满足要求 |
| | 石粉试模件抗压强度 $\sigma$(MPa) | <0.4 | |
| | 粉末液限 LL(%) | >20 | |
| | 粉末塑限 PL(%) | >11 | |
| 抗大气腐蚀破坏 | 硫酸钠溶液浸泡损失率(%) | <10 | 均应满足要求 |
| 稳定性能 | 密度(g/cm³) | >2.55 | |
| | 容重(g/cm³) | >2.50 | |
| 软弱颗粒 | 饱水单轴抗压强度(MPa) | ≤20 | (含量少于10%) |

| 粒径 | [筛分机底筛和面筛筛孔边长(mm)] 31.5~50 | | | | |
|---|---|---|---|---|---|
| 级配 | 方孔筛孔边长（mm） | 22.4 | 31.5 | 40 | 50 | 63 |
| | 过筛质量百分率（%） | 0~3 | 1~25 | 30~65 | 70~99 | 100 |
| 颗粒分布 | 方孔筛孔边长(mm) | 31.5~50 | | | | |
| | 颗粒质量百分率(%) | ≥50 | | | | |

## 九、一级、二级道砟的技术要求

（1）道砟根据材质性能和参数指标按表 1-2-16 分为一级道砟和二级道砟。

一、二级道砟材质分级指标　　　　　　表 1-2-16

| 性能 | 参数 | 标 准 规 定 值 | | 评 级 方 法 | |
|---|---|---|---|---|---|
| | | 一级道砟 | 二级道砟 | | |
| 抗磨耗、抗冲击性能 | 洛杉矶磨耗率 LAA(%) | LAA<27 | 27≤LAA<32 | 若三个参数的指标分属两个等级,则以两个指标所在的等级为准;若三个指标分属一、二和不合格,则划为二级 | 道砟的最终等级以性能1、2、3 中的最低等级为准。一级、二级道砟均应满足4、5、6 三项性能的要求 |
| | 标准集料冲击韧度 IP | IP>95 | 10<IP≤95 | | |
| | 石料耐磨硬度系数 $K_{干磨}$ | $K_{干磨}$>18 | 17<$K_{干磨}$≤18 | | |
| 抗压碎性能 | 标准集料压碎率 CA(%) | CA<9 | 9≤CA<14 | 若两个参数的指标不在同一等级,以低的等级为准 | |
| | 道砟集料压碎率 CB(%) | CB<18 | 18≤CB<22 | | |
| 渗水性能 | 渗透系数 $P_m$ ($10^{-6}$cm/s) | $P_m$>4.5 | 3<$P_m$≤4.5 | 在四个参数的指标中,以其中两个指标最高的等级为准,若这两个指标最高的等级不在同一等级,则以其中较低的等级为准 | 道砟的最终等级以性能1、2、3 中的最低等级为准。一级、二级道砟均应满足4、5、6 三项性能的要求 |
| | 石粉试模抗压强度 $\sigma$(MPa) | $\sigma$<0.4 | 0.4≤$\sigma$<0.55 | | |
| | 粉末液限 LL(%) | LL>20 | 20≥LL>16 | | |
| | 粉末塑限 PL(%) | PL>11 | 11≥PL>9 | | |
| 抗大气腐蚀破坏 | 硫酸钠溶液浸泡损失率(%) | <10 | | | |
| 稳定性能 | 密度(g/cm³) | >2.55 | | | |
| | 容重(g/cm³) | >2.50 | | | |
| 软弱颗粒 | 饱水单轴抗压强度(MPa) | ≤20 | 软弱颗粒含量少于10%(质量比) | | |

（2）道砟的级配应符合表 1-2-17 的规定。其级配曲线如图 1-2-8 所示。

| 方孔筛孔边长(mm) | 16 | 25 | 35.5 | 45 | 56 | 63 |
|---|---|---|---|---|---|---|
| 过筛质量百分率(%) | 0～5 | 5～15 | 25～40 | 55～75 | 92～97 | 97～100 |

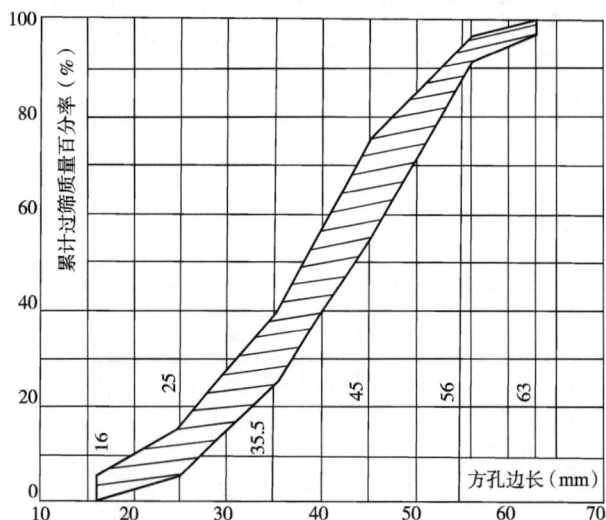

图 1-2-8　一、二级道砟级配曲线

(3)针状指数不大于 50%,片状指数不大于 50%。

(4)黏土团及其他杂质含量的质量百分率不大于 1%。

(5)粒径 0.1mm 以下的粉末含量的质量百分率不大于 1%。

## 十、底砟的技术要求

(1)底砟材料可取自天然砂砾材料,也可由开山块石或天然卵石、砾石经破碎、筛选而成。

(2)底砟材料的粒径级配应符合表 1-2-18 的规定,且 0.5mm 筛以下的细集料中通过 0.075mm 筛的颗粒含量应小于或等于 66%。

底 砟 粒 径 级 配　　　　　　　　　　　　表 1-2-18

| 方孔筛边长(mm) | 0.075 | 0.1 | 0.5 | 1.7 | 7.1 | 16 | 25 | 45 |
|---|---|---|---|---|---|---|---|---|
| 过筛质量百分率(%) | 0～7 | 0～11 | 7～32 | 13～46 | 41～75 | 67～91 | 82～100 | 100 |

(3)在粒径大于 16mm 的粗颗粒中带有破碎面的颗粒所占的质量百分率不少于 30%。

(4)底砟材料的性能:

①粒径大于 1.7mm 的集料的洛杉矶磨耗率不大于 50%。

②粒径大于 1.7mm 的集料的硫酸钠浸泡损失率不大于 12%。

③粒径小于 0.5mm 的细集料的液限不大于 25%,其塑性指数小于 6%。

④黏土团及其他杂质含量百分率小于或等于 0.5%。

### 复习思考题

一、填空题

1. 天然岩石按形成的原因不同可分为_____、_____和_____三大类。

2. _____是衡量石材耐久性的一个重要指标,能经受的_____越多,则抗冻性越好。

3. 建筑石材的选用主要考虑_____、_____、_____和_____。

4. _____是指按规定的方法测得岩石抵抗压碎的能力,也是集料强度的_____,用以鉴定集料品质。

5. 细集料技术性质主要包括_____、_____和_____。

6. _____是评价砂粗细程度的一种指标。通常用细度模数表示。细度模数亦称_____。

7. 水泥混凝土和沥青混合料具备优良的路用性能,除各种矿质集料的技术性质应符合技术要求外,矿质混合料还必须满足_____(即最大密实度)和_____(各级集料紧密排列)的基本要求。

二、简答题

1. 简述石材的工艺性质有哪些方面?

2. 简述石材在轨道工程中的应用具体有哪些?

3. 铁路道砟性能检测的项目有哪些?

# 第三章　水泥和石灰

1. 掌握石灰的消化、硬化过程和质量检验测定指标的知识。

2. 熟悉硅酸盐水泥的矿物组成、水化硬化的知识,重点掌握通用硅酸盐水泥的技术性质和技术标准以及检验测定方法。

3. 熟悉工程情况合理选用水泥。

胶凝材料是指经过一系列物理化学变化后,能够产生凝结硬化,将块状材料或颗粒状材料胶结为一个整体的材料。胶结材料按其化学成分不同分为有机胶凝材料(如各种沥青和树脂)和无机胶凝材料两大类。无机胶凝材料按其硬化条件不同又分为水硬性胶凝材料和气硬性胶凝材料。水硬性胶凝材料则不仅能在空气硬化,而且能更好地在水中硬化,且可在水中或适宜的环境中保持并继续提高强度,各种水泥都属于水硬性胶凝材料。气硬性胶凝材料只能在空气中硬化、保持或继续提高强度(如石灰、石膏和水玻璃)。

## 第一节　石　　灰

石灰是一种气硬性无机胶凝材料,它只能在空气中硬化,其强度保持并连续增长。

### 一、石灰的化学组成与分类

生产石灰的主要原料是以碳酸钙为主要成分的天然岩石,如石灰石、白云石、白垩、贝壳等。石灰原料经过 $900 \sim 1300℃$ 的高温煅烧,碳酸钙分解释放出 $CO_2$,得到以 $CaO$ 为主要成分的生石灰。

石灰根据化学成分的不同分为生石灰和熟石灰。生石灰的主要成分是 $CaO$,熟石灰的主要成分是 $Ca(OH)_2$,根据成品加工方法的不同,可分为块状生石灰、生石灰粉、消石灰浆、石灰乳。

由于石灰原料中常含有碳酸镁成分,石灰中含有 $MgO$ 成分。在建材行业标准中,根据石灰中氧化镁的含量将石灰分为钙质石灰和镁质石灰两类,如表 1-3-1 所示。

钙质石灰和镁质石灰中氧化镁含量(%)界限　　　　　　　　　　表 1-3-1

| 石灰种类 | 生石灰 | 生石灰粉 | 消石灰粉 |
|---|---|---|---|
| 钙质石灰 | ≤5 | ≤5 | <4 |
| 镁质石灰 | >5 | >5 | ≥4 |

## 二、石灰的消化和硬化

### 1. 石灰的消化

烧制成的生石灰在使用时必须加水使其"消化"成为"消石灰",这一过程称为"消化"或"熟化",故消石灰也称为"熟石灰"。其化学方程为:

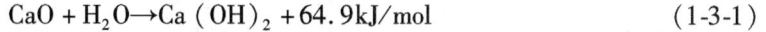

$$CaO + H_2O \rightarrow Ca(OH)_2 + 64.9kJ/mol \tag{1-3-1}$$

石灰的消化过程有两个特点:第一是水化反应进行速度快、放热量大,水化放热约为1160J/kg;第二是消化时体积急剧膨胀,质纯且煅烧良好的石灰体积增大 1~2.5 倍。

石灰在烧制过程中,往往由于石灰石原料的尺寸过大或窑中温度不匀等原因,使得石灰中含有未烧透的内核,这种石灰即称为"欠火石灰"。欠火石灰的未消化残渣含量高,有效氧化钙和氧化镁含量低,使用时缺乏黏结力。若煅烧的温度过高或时间过长,使得石灰表面出现裂缝或玻璃状的外壳、体积收缩明显、颜色呈灰黑色、块体密度大、消化缓慢,这种石灰称为"过火石灰"。过火石灰用于建筑结构物中仍能继续消化,以致引起体积膨胀,导致产生裂缝等破坏现象,故危害极大。石灰中含有过火石灰时,因过火石灰消化慢,在正常石灰已经硬化后,过火石灰颗粒才逐渐消化,体积膨胀,从而引起结构物隆起和开裂。为了消除"过火石灰"的危害,石灰消化后要"陈伏"两个星期,然后才能使用。陈伏期间,石灰浆表面应有一层水分,使之与空气隔绝,以防止碳化。

将块状生石灰研磨成粉状,得到的磨细生石灰粉在适宜的水胶比和消化温度下,可以控制其体积膨胀。生石灰研磨越细,消化时体积膨胀越小。从而达到直接使用生石灰的目的。

### 2. 石灰的硬化

石灰的硬化过程包括干燥硬化和碳酸硬化两部分。

(1) 石灰浆的干燥硬化

石灰浆体干燥过程中,由于水分蒸发形成网状孔隙,而滞留在孔隙中的自由水由于表面张力的作用而产生毛细管压力,会使石灰粒子更加密实,从而获得附加强度。此外,由于水分的蒸发,会引起 $Ca(OH)_2$ 溶液过饱和而结晶析出,并产生结晶强度。由于从溶液中析出 $Ca(OH)_2$ 数量极少,因此强度增长不显著。其反应为:

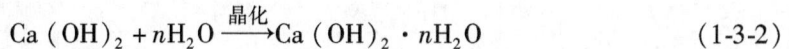

$$Ca(OH)_2 + nH_2O \xrightarrow{晶化} Ca(OH)_2 \cdot nH_2O \tag{1-3-2}$$

(2) 硬化石灰浆的碳化

$Ca(OH)_2$ 与空气中的 $CO_2$ 作用生成碳酸钙晶体,析出的水分逐渐被蒸发的过程称为熟石灰的"碳化"。石灰浆体经碳化后获得的最终强度,称为碳化强度。这个过程中生成的碳酸钙晶体,使硬化石灰浆体的结构致密,强度提高。石灰的碳化硬化过程是一个缓慢的过程,其化学反应式为:

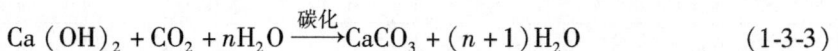

$$Ca(OH)_2 + CO_2 + nH_2O \xrightarrow{碳化} CaCO_3 + (n+1)H_2O \tag{1-3-3}$$

纯的石灰浆硬化时发生收缩开裂,所以工程上常配制成石灰砂浆使用。

## 三、石灰的技术要求和技术标准

### 1. 石灰的技术要求

用于轨道工程的石灰,应符合下列技术要求:

（1）有效氧化钙和氧化镁$[(CaO)_{ed}+MgO]$含量

石灰中产生黏结性的有效成分是活性氧化钙和氧化镁,其含量是评价石灰质量的主要指标。含量越多,活性越高,质量也越好。有效氧化钙和氧化镁含量测定的方法:有效氧化钙用中和滴定法测定,氧化镁含量用络合滴定法测定。

（2）生石灰产浆量和未消化残渣含量

产浆量是单位质量(1kg)的生石灰经消化后,所产石灰浆体的体积(L)。石灰产浆量越高,则表示其质量越好。未消化残渣含量是生石灰消化后,未能消化而存留在 5mm 圆孔筛上的残渣占试样质量的百分率。其含量越多,石灰质量越差,必须加以限制。

（3）二氧化碳含量

控制生石灰或生石灰粉中 $CO_2$ 含量指标,是为了检验石灰石在煅烧时"欠火"造成产品中未分解完成的碳酸盐的含量。$CO_2$ 含量越高,即表示未分解完全的碳酸盐含量越高,则$(CaO + MgO)$含量相对降低,会导致石灰的胶结性能下降。

（4）消石灰游离水含水率

游离水含水率是指化学结合水以外的含水率。生石灰在消化过程中加入的水是理论需水量的 2 ~ 3 倍,除部分水被石灰消化过程中放出的热蒸发掉外,多加的水分残留于氢氧化钙(除结合水外)中,残余水分蒸发后,留下孔隙会加剧消石灰粉碳化作用,以致影响石灰的使用质量,因此对消石灰粉的游离水含水率需加以限制。

（5）细度

细度与石灰的质量有密切联系,现行标准以 0.90mm 和 0.125mm 筛余百分率控制。0.125mm 筛余量包括:消化过程中未消化的"过烧"石灰颗粒;含有大量钙盐的石灰颗粒;"欠火"石粒或未燃尽的煤渣等。过量的筛余物影响石灰的黏结性。

试验方法是,称取试样50g,倒入 0.90mm、0.125mm 套筛内进行筛余,分别称量筛余物,按原试样计算其筛余百分率。

**2.石灰的技术标准**

（1）按照《天然石灰石建筑板材》(GB/T 23453—2009)规定其技术指标见表 1-3-2。

石 灰 技 术 指 标　　　　　　　　　　　表 1-3-2

| 品种 | | 钙质生石灰 | | | 镁质生石灰 | | | 钙质消石灰 | | | 镁质消石灰 | | |
|---|---|---|---|---|---|---|---|---|---|---|---|---|---|
| 指标 | 等级 | 等　级 | | | | | | | | | | | |
| | | I | II | III | I | II | III | I | II | III | I | II | III |
| CaO + MgO 含量,%,大于或等于 | | 85 | 80 | 70 | 80 | 75 | 65 | 65 | 60 | 55 | 60 | 55 | 50 |
| 未消化残渣含量(5mm 圆孔筛的筛余,%),小于或等于 | | 7 | 11 | 17 | 10 | 14 | 20 | — | — | — | — | — | — |
| 含水率(%),小于或等于 | | — | — | — | — | — | — | 4 | 4 | 4 | 4 | 4 | 4 |
| 细度 | 0.90mm 方孔筛的筛余(%),小于或等于 | — | — | — | — | — | — | 0 | 1 | 1 | 0 | 1 | 1 |
| | 0.125mm 方孔筛的累计筛余(%),小于或等于 | — | — | — | — | — | — | 13 | 20 | — | 13 | 20 | — |

（2）按照建材行业标准，生石灰、生石灰粉、消石灰粉的主要技术指标见表1-3-3 ~ 表1-3-5。

建筑生石灰技术指标（JC/T 479—2013）　　　　　　　　　　表1-3-3

| 项　　目 | 钙质生石灰 | | | 镁质生石灰 | | |
|---|---|---|---|---|---|---|
| | 优等品 | 一等品 | 合格品 | 优等品 | 一等品 | 合格品 |
| 有效（CaO + MgO）含量（%），大于或等于 | 90 | 85 | 80 | 85 | 80 | 75 |
| 未消解残渣含量（5mm圆孔筛筛余）（%），小于或等于 | 5 | 10 | 15 | 5 | 10 | 15 |
| $CO_2$含量，小于或等于 | 5 | 7 | 9 | 6 | 8 | 10 |
| 产浆量（L/kg），大于或等于 | 2.8 | 2.3 | 2.0 | 2.8 | 2.3 | 2.0 |

建筑生石灰粉技术指标（JC/T 480—2013）　　　　　　　　　表1-3-4

| 项　　目 | | 钙质石灰 | | | 镁质石灰 | | |
|---|---|---|---|---|---|---|---|
| | | 优等品 | 一等品 | 合格品 | 优等品 | 一等品 | 合格品 |
| 有效（CaO + MgO）含量（%），大于或等于 | | 85 | 80 | 75 | 85 | 80 | 75 |
| $CO_2$含量，小于或等于 | | 7 | 9 | 11 | 8 | 10 | 12 |
| 细度 | 0.9mm 筛筛余（%），小于或等于 | 0.2 | 0.5 | 1.5 | 0.2 | 0.5 | 1.5 |
| | 0.125mm 筛筛余（%），小于或等于 | 7.0 | 12.0 | 18.0 | 7.0 | 12.0 | 18.0 |

建筑消石灰粉技术指标（JC/T 481—2013）　　　　　　　　　表1-3-5

| 项　　目 | | 钙质石灰 | | | 镁质石灰、白云石消石灰 | | |
|---|---|---|---|---|---|---|---|
| | | 优等品 | 一等品 | 合格品 | 优等品 | 一等品 | 合格品 |
| 有效（CaO + MgO）含量（%），大于或等于 | | 85 | 80 | 75 | 85 | 80 | 75 |
| 游离水 | | 0.4 ~ 2.0 | | | | | |
| 体积安定性 | | 合格 | — | | 合格 | — | |
| 细度 | 0.9mm 筛筛余（%），小于或等于 | 0 | 0 | 0.5 | 0 | 0 | 0.5 |
| | 0.125mm 筛筛余（%），小于或等于 | 3 | 10 | 15 | 3 | 10 | 15 |

## 四、石灰的应用和贮存

1. 石灰的应用

（1）石灰砂浆：石灰砂浆主要用于地面以上部分的砌筑工程，并可用于抹面等装饰工程。

（2）加固软土地基：在软土地基中打入生石灰桩，可利用生石灰吸水产生膨胀对桩周土壤起挤密作用。

（3）石灰和黏土按一定比例拌制成石灰土，或与黏土、砂石、炉渣制成三合土，用于道路工程垫层。

（4）在道路工程中，石灰稳定土、石灰粉煤灰稳定土及其稳定碎石等广泛用于路面基层等。

2. 石灰的贮存

（1）磨细的生石灰粉应贮存于干燥仓库内，采取严格防水措施。

(2)如需较长时间贮存生石灰,最好将其消解成石灰浆,并使表面隔绝空气,以防碳化。

# 第二节　硅酸盐水泥

水泥是最常用的一种水硬性胶凝材料,也是工程用量最大的建筑材料之一。其分类如图 1-3-1 所示。

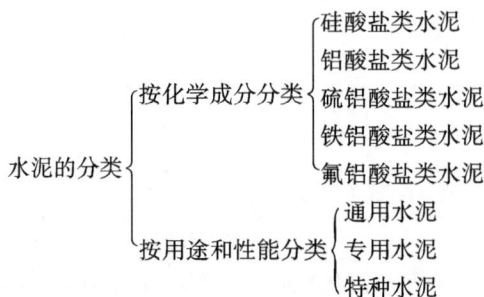

图 1-3-1　水泥的分类

通用水泥是指土木工程中大量使用的具有一般用途的水泥,即通用硅酸盐水泥;专用水泥则指具有专门用途的水泥,如道路硅酸盐水泥、油井水泥、大坝水泥等;特种水泥是某种性能比较突出的一类水泥,如快硬硅酸盐水泥、膨胀水泥、抗硫酸盐硅酸盐水泥等。

## 一、通用硅酸盐水泥的定义和分类

### 1.通用硅酸盐水泥的定义

按照《通用硅酸盐水泥》(GB 175—2007)规定:通用硅酸盐水泥是指以硅酸盐水泥熟料和适量的石膏及规定的混合材料制成的水硬性胶凝材料。

### 2.通用硅酸盐水泥的分类

通用硅酸盐水泥按照混合材料的品种和掺量可分为:

(1)硅酸盐水泥(P·Ⅰ、P·Ⅱ):由硅酸盐水泥熟料和适量的石膏制成(不含有混合材料)的水硬性胶凝材料称为Ⅰ型硅酸盐水泥,代号为 P·Ⅰ;由硅酸盐水泥熟料、0~5% 粒化高炉矿渣或石灰石、适量石膏磨细制成的水硬性胶凝材料称为Ⅱ型硅酸盐水泥,代号为 P·Ⅱ。

(2)普通硅酸盐水泥(P·O):由硅酸盐水泥熟料、5%~20% 混合材料、适量石膏磨细制成的水硬性胶凝材料称为普通硅酸盐水泥,代号为 P·O。

(3)矿渣硅酸盐水泥(P·S):由硅酸盐水泥熟料、20%~70% 粒化高炉矿渣、适量石膏磨细制成的水硬性胶凝材料称为矿渣硅酸盐水泥,代号为 P·S。矿渣硅酸盐水泥根据混合材料的掺量又分为两种类型:P·S·A 和 P·S·B。

(4)火山灰质硅酸盐水泥(P·P):由硅酸盐水泥熟料、20%~40% 火山灰质混合材料、适量石膏磨细制成的水硬性胶凝材料称为火山灰硅酸盐水泥,代号为 P·P。

(5)粉煤灰硅酸盐水泥(P·F):由硅酸盐水泥熟料、20%~40% 粉煤灰、适量石膏磨细制成的水硬性胶凝材料称为粉煤灰硅酸盐水泥,代号为 P·F。

(6)复合硅酸盐水泥(P·C):由硅酸盐水泥熟料、20%~50% 两种或两种以上混合材料、适量石膏磨细制成的水硬性胶凝材料称为复合硅酸盐水泥,代号为 P·C。

通用硅酸盐水泥的分类及其组分详见表 1-3-6。

| 品　　种 | 代号 | 组分材料[①]（质量分数，%） | | | | |
|---|---|---|---|---|---|---|
| | | 熟料＋石膏 | 粒化高炉矿渣 | 火山灰质混合材料 | 粉煤灰 | 石灰石 |
| 硅酸盐水泥 | P·I | 100 | | | | |
| | P·II | ≥95 | ＜5 | | | |
| | | ≥95 | | | | ＜5 |
| 普通硅酸盐水泥 | P·O | ≥80 且 ＜95 | ＞5 且 ≤20[②] | | | |
| 矿渣硅酸盐水泥 | P·S·A | ≥50 且 ＜80 | ＞20 且 ≤50[③] | | | |
| | P·S·B | ≥30 且 ＜50 | ＞50 且 ≤70[③] | | | |
| 火山灰硅酸盐水泥 | P·P | ≥60 且 ＜80 | | ＞20 且 ≤40 | | |
| 粉煤灰硅酸盐水泥 | P·F | ≥60 且 ＜80 | | | ＞20 且 ≤40 | |
| 复合硅酸盐水泥 | P·C | ≥50 且 ＜80 | ＞20 且 ≤50[④] | | | |

注：①本组分材料均为符合标准的活性混合材料。

②此组分材料中允许用不超过水泥质量8%且符合标准的非活性混合材料或不超过水泥质量5%且符合标准的窑灰代替。

③此组分材料中允许用不超过水泥质量8%且符合标准的活性混合材料、非活性混合材料或窑灰中的任一种材料代替。

④本组分材料为由两种（含）以上符合标准的活性混合材料或符合标准的非活性混合材料组成，其中允许用不超过水泥质量8%且符合标准的窑灰代替。掺矿渣时混合材料掺量不得与矿渣硅酸盐水泥重复。

## 二、硅酸盐水泥生产工艺

### 1. 硅酸盐水泥原料

生产硅酸盐水泥的原料有：制备生料的原料、石膏、混合材料以及一定的助磨剂。

#### 1）制备生料的原料

制备生料主要是石灰质原料和黏土质原料两类。石灰质原料（如石灰石、白垩、石灰质凝灰岩等）主要提供 $CaO$，黏土质原料（如黏土、黏土质页岩、黄土等）主要提供 $SiO_2$ 以及 $Al_2O_3$。有时两种原料化学组成不能满足要求，还要加入少量校正原料（如黄铁矿渣 $Fe_2O_3$）进行调整。

#### 2）混合材料

为了改善硅酸盐水泥的某些性能，同时达到增加产量和降低成本的目的，通用硅酸盐水泥在最后的生产工艺中掺加"规定的混合材料"和石膏共同磨细制得不同品种的硅酸盐水泥。也称为掺混合材水泥。水泥的混合材料，按化学活性可分为活性和非活性两类。

（1）活性混合材料

在常温条件下，能与 $Ca(OH)_2$ 或水泥发生水化反应的混合材料称为活性混合材料。活性混合材料能参与水泥的水化反应，明显改善水泥的性能。常用的活性混合材料有粒化高炉矿渣、火山灰质混合材料和粉煤灰。

①粒化高炉矿渣：粒化高炉矿渣是将炼铁高炉的熔融物，经水淬急冷处理后得到疏松粒状的粒化高炉矿渣。其活性成分主要是活性氧化硅和活性氧化铝，在 $CaO$ 较高的碱性矿渣中还含有硅酸二钙等成分。粒化高炉矿渣磨成细粉后，易与 $Ca(OH)_2$ 起作用而具有强度，又因其中含有硅酸二钙等成分，所以本身也具有微弱的水硬性。

②火山灰质混合材料:山灰、凝灰岩、硅藻石、烧黏土、煤渣、煤矸石渣等都属于火山灰质混合材料。这些材料都含有活性氧化硅和活性氧化铝,经磨细以后,在 $Ca(OH)_2$ 的碱性作用下,可在空气中硬化,而后在水中继续硬化增长强度。

③粉煤灰:火力发电厂用煤粉为燃料时,炉内温度达 1100～1400℃,燃烧比较彻底,残留的煤极少,这样所得的渣子除一部分在高温时熔化黏结成比较大的颗粒外,其余的颗粒都很细小,故称粉煤灰。粉煤灰中含有较多的 $SiO_2$、$Al_2O_3$ 和 $Ca(OH)_2$,化合能力较强,具有较高的活性。

(2)非活性混合材料

在常温条件下,不能与 $Ca(OH)_2$ 或水泥发生水化反应的混合材料称为非活性混合材料。非活性混合材料不具有或只具有微弱的化学活性,在水泥水化过程中,它基本上不参加化学反应,仅起提高产量、降低强度等级、降低水化热和改善新拌混凝土工作性等作用,因此将这些材料也称为填充性混合材料。磨细的石灰石、石英砂、黏土和各种矿渣都属于非活性混合材料。

2.硅酸盐水泥生产工艺概述

硅酸盐水泥的生产工艺(图 1-3-2)可以概括为以下三个阶段:

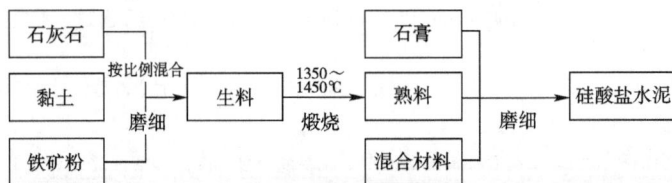

图 1-3-2 硅酸盐水泥生产工艺

(1)原料粉磨制备生料:以石灰石、黏土和铁矿粉为主要原料,将其按一定的比例配合、磨细得到硅酸盐水泥生料。

(2)生料煅烧成熟料:将生料在水泥窑内经 1450℃高温煅烧,得到以硅酸钙为主要成分的硅酸盐水泥熟料。

(3)再次粉磨成为水泥:将硅酸盐水泥熟料加适量的石膏和规定的"混合材料"共同磨细,得到硅酸盐水泥。

### 三、硅酸盐水泥熟料矿物组成和特性

1.硅酸盐水泥熟料的矿物组成

按《通用硅酸盐水泥》(GB 175—2007)规定:硅酸盐水泥熟料主要由含 CaO、$SiO_2$、$Al_2O_3$、$Fe_2O_3$ 的原料,按适当比例磨成细粉烧至部分熔融所得以硅酸钙为主要矿物成分的水硬性胶凝物质。其中硅酸盐矿物不小于 66%,氧化钙和氧化硅的质量比不小于 2.0。熟料的主要矿物组成有 4 种,其名称和含量范围如表 1-3-7 所示。

硅酸盐水泥熟料的主要矿物组成                                        表 1-3-7

| 名　称 | 化　学　式 | 简写式 | 在熟料中含量(%) |
| --- | --- | --- | --- |
| 硅酸三钙 | $3CaO \cdot SiO_2$ | $C_3S$ | 37～60 |
| 硅酸二钙 | $2CaO \cdot SiO_2$ | $C_2S$ | 15～37 |
| 铝酸三钙 | $3CaO \cdot Al_2O_3$ | $C_3A$ | 7～15 |
| 铁铝酸四钙 | $4CaO \cdot Al_2O_3 \cdot Fe_2O_3$ | $C_4AF$ | 10～18 |

**2. 硅酸盐水泥熟料矿物组成的特性**

硅酸盐水泥熟料矿物组成的特性如表1-3-8所示。

硅酸盐水泥的主要矿物组成的特性                表1-3-8

| 矿物组成 | | 硅酸三钙 | 硅酸二钙 | 铝酸三钙 | 铁铝酸四钙 |
|---|---|---|---|---|---|
| 与水反应速度 | | 快 | 慢 | 最快 | 快 |
| 28d 水化放热量 | | 多 | 少 | 最多 | 中 |
| 对强度的作用 | 早期 | 高 | 低 | 低 | 低 |
| | 后期 | 高 | 高 | 低 | 低 |
| 耐化学侵蚀性 | | 好 | 最好 | 差 | 好 |
| 干缩性 | | 中 | 小 | 大 | 小 |

(1)$C_3S$：反应速度较快,水化热较大,且主要在早期放出；水化产物强度最高,且能不断增长,是决定水泥强度的最主要矿物。

(2)$C_2S$：水化反应速度最慢,水化热最小,且主要在后期放出,早期强度低,但后期强度增长率较高,是保证水泥后期强度的主要矿物。耐化学侵蚀性和干缩性较好。

(3)$C_3A$：水化反应速度最快、水化热最大,且主要在早期放出,硬化时体积收缩也大,早期强度增长率很快,但强度不高,后期几乎不再生长。对水泥早期强度起一定作用；耐化学侵蚀性差,干缩性大。

(4)$C_4AF$：水化速率较快,仅次于$C_3A$,水化热中等,强度较低。但对水泥抗折强度起重要作用。耐化学侵蚀性好,干缩性小。

水泥是几种矿物组分组成的混合物,改变熟料矿物成分的比例,水泥性质即发生相应的变化。例如提高硅酸三钙的含量,可以制得高强水泥；又如降低铝酸三钙和硅酸三钙含量,提高硅酸二钙,可制得水化热低的水泥,如大坝用水泥；提高铁铝酸四钙可制得抗折强度较高的道路水泥。

### 四、硅酸盐水泥水化和凝结硬化

硅酸盐水泥加水拌和后成为可塑的水泥浆,由于水泥的水化作用,水泥浆逐渐变稠慢慢失去流动性和可塑性而发展成为具有强度的水泥石。整个过程就是水泥的水化过程。

**1. 硅酸盐水泥的水化**

水泥加水拌和后,水泥颗粒立即分散于水中并与水发生化学反应。水泥的水化过程是水泥各种熟料矿物及石膏与水发生反应的过程。反应过程复杂,需经历多级反应,生成多种中间产物,最终生成比较稳定的水化产物,并放出一定的热量。

(1)硅酸三钙水化。硅酸三钙在常温下的水化反应生成水化硅酸钙($C-S-H$凝胶)和氢氧化钙。

(2)硅酸二钙的水化。硅酸二钙水化反应与硅酸三钙相似,生成水化硅酸钙($C-S-H$凝胶)和氢氧化钙。

(3)铝酸三钙的水化。铝酸三钙的水化迅速,放热快,其水化产物组成和结构受液相CaO浓度和温度的影响很大,最终生成介稳状态的水化铝酸钙($C_3AH_6$)。在有石膏的情况下,$C_3A$水化的最终产物与其石膏掺入量有关。最初形成的三硫型水化硫铝酸钙,简称钙矾石,常用AFt表示。若石膏在$C_3A$完全水化前耗尽,则钙矾石与$C_3A$作用转化为单硫型水化硫铝酸钙

（AFm）。

（4）铁铝酸四钙的水化。铁铝酸四钙的水化速率比 $C_3A$ 略慢，水化热较低，即使单独水化也不会引起快凝。其水化产物为水化铁酸钙。

（5）石膏的作用。掺入石膏的目的是延缓水泥的凝结硬化速度，石膏与水泥中 $C_3A$ 发生反应，生成难溶的钙矾石晶体，一方面减少了溶液中铝离子的含量；另一方面形成的钙矾石覆盖在水泥颗粒的表面，形成屏蔽膜，延缓了水化反应的进一步进行，从而延缓了水泥浆体的凝结速度。另外，生成的钙矾石由于是难溶的晶体，"加固"了结构，有利于提高水泥的早期强度。但要注意，石膏的掺量必须适量，过量的石膏不仅对延缓凝结作用不大，同时生成的过多的钙矾石使体积膨胀，引起水泥的体积安定性不良。

综上所述，水泥水化的主要产物有水化硅酸钙（C–S–H 凝胶）、氢氧化钙、水化铝酸钙、水化铁酸钙、三硫型水化硫铝酸钙（钙矾石 AFt）、单硫型水化硫铝酸钙（AFm）。

（6）活性混合材料的水化。掺加活性混合材料的硅酸盐水泥与水拌和后，首先是水泥熟料发生水化反应，其水化产物 $Ca(OH)_2$ 在具有热量的情况下与活性混合材料的活性组分再次发生水化反应也称为"二次水化"，生成相应的水化产物。由该水化过程和活性混合材料的水化特点可知，掺加活性混合材料的水泥较硅酸盐水泥的凝结硬化慢，早期强度低。

**2. 硅酸盐水泥的凝结和硬化**

随着水泥水化反应的进行，水泥浆体由可塑态逐渐失去塑性，进而硬化产生强度，这个过程称为水泥的凝结硬化。可以分为以下四个阶段：

（1）初始反应期：水泥与水接触后立即发生水化反应，生成相应的水化产物，组成水泥—水—水化产物混合体系。这一阶段称为初始反应期。

（2）诱导期：水化初期生成的产物迅速扩散到水中，逐渐形成水化产物的饱和溶液，并在水泥颗粒表面和周围析出，形成水化物膜层，使水化反应进行缓慢，这一阶段称为诱导期，此时水泥颗粒仍然分散，水泥浆体保持良好的可塑性。

（3）凝结期：由于渗透压的作用，包裹在水泥微料表面的渗透膜破裂，水泥微粒进一步水化，除继续生成 $Ca(OH)_2$ 及钙矾石外，还生成了大量的 C-S-H 凝胶。水泥水化产物不断填充了水泥颗粒之间的空隙，随着接触点的增多，结构趋向密实，使水泥浆体逐渐失去塑性。

（4）硬化期：水泥继续水化，除已生成的水化产物的数量继续增加外，$C_4AF$ 的水化物也开始形成，硅酸钙继续进行水化。水化生成物以凝胶与结晶状态进一步填充孔隙，水泥浆体逐渐产生强度，进入硬化阶段。只要温度、湿度合适，而且无外界腐蚀，水泥强度在几年、甚至几十年后还能继续增长。

# 第三节　通用硅酸盐水泥的技术性质和技术标准

## 一、强度指标

**1. 强度的测定**

强度是水泥最重要的技术性质，也是技术要求中最基本的指标，它直接反映了水泥的质量水平和使用价值。《通用硅酸盐水泥》（GB175—2007）规定，用水泥胶砂强度法作为水泥强度的标准检验方法。是以 1∶3 的水泥和 ISO 标准砂，按规定的水胶比（0.5），用标准制作方法制成 40mm × 40mm × 160mm 的标准试件,在标准养护条件下(温度 20℃ ±1℃ 水中养护),达到规定龄期(3d、28d)时,测定其抗折强度和抗压强度,按国家标准规定的最低强度值来评定其所属强度等级。

为了确保水泥在工程中的使用质量,生产厂家在控制出厂水泥 28d 的抗压强度时,均留有一定的富裕强度。

2. 强度等级的划分

硅酸盐水泥的强度等级分为 42.5、42.5R、52.5、52.5R、62.5、62.5R 六个等级;普通硅酸盐水泥的强度等级分为 42.5、42.5R、52.5、52.5R 四个强度等级;矿渣硅酸盐水泥、火山灰硅酸盐水泥、粉煤灰硅酸盐水泥和复合硅酸盐水泥的强度等级分为 32.5、32.5R、42.5、42.5R、52.5、52.5R 六个强度等级。各个等级应满足的强度指标见表 1-3-9。

通用硅酸盐水泥的强度指标　　　　　　　　表 1-3-9

| 品　　种 | 强度等级 | 抗压强度(MPa) | | 抗折强度(MPa) | |
|---|---|---|---|---|---|
| | | 3d | 28d | 3d | 28d |
| 硅酸盐水泥 | 42.5 | ≥17.0 | ≥42.5 | ≥3.5 | ≥6.5 |
| | 42.5R | ≥22.0 | | ≥4.0 | |
| | 52.5 | ≥23.0 | ≥52.5 | ≥4.0 | ≥7.0 |
| | 52.5R | ≥27.0 | | ≥5.0 | |
| | 62.5 | ≥28.0 | ≥62.5 | ≥5.0 | ≥8.0 |
| | 62.5R | ≥32.0 | | ≥5.5 | |
| 普通硅酸盐水泥 | 42.5 | ≥17.0 | ≥42.5 | ≥3.5 | ≥6.5 |
| | 42.5R | ≥22.0 | | ≥4.0 | |
| | 52.5 | ≥23.0 | ≥52.5 | ≥4.0 | ≥7.0 |
| | 52.5R | ≥27.0 | | ≥5.0 | |
| 矿渣硅酸盐水泥、火山灰硅酸盐水泥、粉煤灰硅酸盐水泥、复合硅酸盐水泥 | 32.5 | ≥10.0 | ≥32.5 | ≥2.5 | ≥5.5 |
| | 32.5R | ≥15.0 | | ≥3.5 | |
| | 42.5 | ≥15.0 | ≥42.5 | ≥3.5 | ≥6.5 |
| | 42.5R | ≥19.0 | | ≥4.0 | |
| | 52.5 | ≥21.0 | ≥52.5 | ≥4.0 | ≥7.0 |
| | 52.5R | ≥23.0 | | ≥5.0 | |

二、化学性质及技术标准

1. 化学性质

为了保证水泥的使用质量,水泥的化学指标主要是控制水泥中有害的化学成分,要求其不超过一定的限量。若超过最大允许限量,即意味着对水泥性能和质量可能产生有害的影响。

(1)氧化镁含量。在水泥熟料中,常含有少量未与其他矿物结合的游离氧化镁,这种多余的氧化镁是高温时形成的方镁石,它水化为氢氧化镁速度很慢,常在水泥硬化以后才开始水化,在水化时产生体积膨胀,可导致水泥石结构产生裂缝甚至破坏,因此它是引起水泥安定性不良的原因之一。

(2)三氧化硫含量。水泥中的三氧化硫主要是在生产时为调节凝结时间加入石膏的;也可能是煅烧熟料时加入石膏矿化剂而带入熟料中的。适量的石膏虽能改善水泥性能(如提高水泥强度,降低收缩性,改善抗冻、耐蚀和抗渗性等),但石膏超过一定限量后,水泥性能会变坏,甚至引起硬化后水泥石体积膨胀,导致结构物破坏。

(3)烧失量。水泥煅烧不佳或受潮后,均会导致烧失量增加。烧失量测定是以水泥试样在950~1000℃下烧灼15~20min冷至室温称量。如此反复灼烧,直至恒重后计算灼烧前后损失百分率。

(4)不溶物。水泥中不溶物是用盐酸溶解滤去不溶残渣,经碳酸钠处理再用盐酸中和、高温灼烧至恒重后称量,灼烧后不溶物质量占试样总质量比例为不溶物。

(5)氯离子。水泥中氯离子主要来源于水泥熟料、混合材料和助磨剂等。氯离子的存在使水泥混凝土的内部发生不良反应造成钢筋的锈蚀,从而对混凝土造成严重的危害。目前,行业标准《水泥原料中氯离子化学分析方法》(JC/T 420—2006)中对氯离子的测定采用的是蒸馏分离—汞盐滴定法。

(6)碱含量。碱含量就是水泥中碱物质的含量,按 $Na_2O + 0.658 K_2O$ 计算值表示。碱含量主要从水泥生产原材料黏土中带入。碱含量高有可能产生碱—集料反应。碱—集料反应是指来自水泥、外加剂、环境中的碱在有水分存在的条件下与集料中活性二氧化硅相互作用,形成碱的硅酸盐凝胶体,致使混凝土发生体积膨胀呈蛛网状龟裂,导致工程结构破坏。若使用活性集料,用户要求提供低碱水泥时,水泥中的碱含量应不大于0.60%或由买卖双方协商确定。

2.技术标准

通用硅酸盐水泥化学指标应符合表1-3-10的规定。

通用硅酸盐水泥化学指标 表1-3-10

| 品　　种 | 代号 | 化学指标(%) | | | | |
|---|---|---|---|---|---|---|
| | | 不溶物 | 烧失量 | 三氧化硫 | 氧化镁 | 氯离子 |
| 硅酸盐水泥 | P·Ⅰ | ≤0.75 | ≤3.0 | ≤3.5 | ≤5.0① | ≤0.06③ |
| | P·Ⅱ | ≤1.50 | ≤3.5 | | | |
| 普通硅酸盐水泥 | P·O | — | ≤5.0 | | | |
| 矿渣硅酸盐水泥 | P·S·A | — | — | ≤4.0 | ≤6.0② | |
| | P·S·B | — | — | | | |
| 火山灰硅酸盐水泥 | P·P | — | — | ≤3.5 | ≤6.0② | |
| 粉煤灰硅酸盐水泥 | P·F | — | — | | | |
| 复合硅酸盐水泥 | P·C | — | — | | | |

注:①如果水泥压蒸试验合格,则水泥中氧化镁的含量(质量分数)允许放宽至6.0%。

②如果水泥中氧化镁的含量(质量分数)大于6.0%时,需进行水泥压蒸安定性试验并合格。

③当有更低要求时,该指标由买卖双方确定。

### 三、物理性质及技术标准

1.水泥净浆标准稠度

在测定水泥凝结时间和安定性时,为使其测定结果具有可比性,必须采用标准稠度的水泥净浆进行测定。国标规定,以标准法维卡仪(图1-3-3)的试杆沉入净浆距底板(6±1)mm时水泥浆的稠度作为标准稠度;水泥净浆达到标准稠度时所需的拌和水量称为标准稠度用水量。

按水泥质量的百分比计。

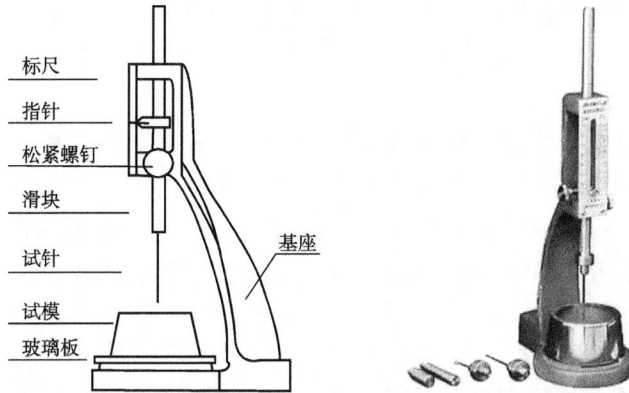

图 1-3-3  标准法维卡仪

2.凝结时间

（1）定义

凝结时间是指水泥从加水开始到水泥浆失去可塑性所需的时间。凝结时间分为初凝时间和终凝时间。初凝时间是从水泥加水到水泥浆开始失去塑性的时间；终凝时间是从水泥加水到水泥浆完全失去塑性并开始产生强度的时间。

（2）凝结时间的测定

凝结时间采用维卡仪测定，以试针沉入标准稠度的水泥净浆一定深度所需要的时间表示。国标规定：将标准稠度的水泥净浆装在试模中，以标准试针（初凝用试针和终凝用试针）测试。从加水搅拌水泥浆开始计时，至试针沉入净浆中，距底板为4mm±1mm时所经历的时间为初凝时间；在终凝针上安装一个环形附件，在完成初凝时间测定后，立即将试模连同浆体以平移的方式从玻璃板上取下，翻转180°，直径大端向上，小端向下放在玻璃板上，再放入湿气养护箱中继续养护并测试，临近终凝时间时每隔15min测定一次，当试针沉入试体0.5mm时，即环形附件开始不能在试体上留下痕迹时的稠度状态，所经历的时间为终凝时间。

（3）凝结时间的规定

国标规定：硅酸盐水泥的初凝时间不得早于45min；终凝时间不得迟于6.5h。普通硅酸盐水泥、矿渣硅酸盐水泥、火山灰硅酸盐水泥、粉煤灰硅酸盐水泥和复合硅酸盐水泥初凝时间不得早于45min；终凝时间不得迟于10h。

凝结时间对水泥混凝土的施工具有重要的意义。如果凝结过快，混凝土会很快失去流动性，以致无法浇注，所以初凝时间不宜过短，以便有够的时间在初凝之前完成混凝土各工序的施工操作。但终凝时间又不宜太迟，以便混凝土在浇捣完毕后尽早完成凝结硬化。

3.体积安定性

（1）定义

水泥硬化后体积变化均匀性称为水泥体积安定性。水泥与水拌制成的水泥浆体，在凝结硬化过程中，一般都会发生体积变化。如果这种体积变化是在凝结硬化过程中，则对建筑物的质量没有什么影响。但是水泥硬化后若产生不均匀的体积变化，将使混凝土产生裂缝，降低使用质量，甚至引起严重质量事故。

影响体积安定性的因素主要有：游离的氧化钙、游离氧化镁和三氧化硫。前两种物质都是过烧的,消化很慢,在水泥硬化后才进行的消化是一个体积膨胀的化学反应,引起不均匀的体积变化,使水泥石开裂。过量的石膏带来的三氧化硫在水泥硬化后还在继续反应生成的钙钒石体积比反应物膨胀 2.5 倍,会引起水泥石膨胀开裂,甚至破坏。

(2)安定性规定

国标规定:通用硅酸盐水泥的体积安定性用沸煮法检验必须合格。沸煮法分为雷氏法(标准法)和试饼法(代用法)两种,有矛盾时以标准法为准。沸煮法实际检验的是 CaO 对体积安定性的影响,并不能测定出氧化镁和三氧化硫的影响。氧化镁需压蒸条件下才能加速消化,石膏的危害则需长期在常温水中才能发现。故规范中对氧化镁和三氧化硫的限值都有规定。

(3)测定方法

雷氏法是将标准稠度净浆装于雷氏夹的环形试模,经湿养 24h 后,在沸煮箱中加热 30min ± 5min 至沸腾,继续恒沸 3h ± 5min。测定试件两指针尖端距离,两个试件在煮沸后,针尖端增加的距离平均值不大于 5.0mm 时,即认为该水泥安定性合格。在有争议时,以雷氏法为准。试饼法是将水泥拌制成标准稠度的水泥净浆,制成直径 70 ~ 80mm、中心厚约 10mm 的试饼,在湿气养护箱内养护 24h,然后在沸煮箱中加热 30min ± 5min 至沸腾,然后恒沸 3h ± 5min,最后根据试饼有无弯曲、裂缝等外观变化,判断其安定性。

4. 细度(选择性指标)

细度是指水泥颗粒粗细的程度。细度越细,水泥与水起反应的面积越大,水化速度越快并较完全;同时硬化收缩也较大,使混凝土发生裂缝的可能性增加。硅酸盐水泥、普通硅酸盐水泥细度以比表面积表示,其比表面积不小于 $300m^2/kg$。矿渣硅酸盐水泥、火山灰硅酸盐水泥、粉煤灰硅酸盐水泥和复合硅酸盐水泥以筛余百分率表示,其 $80\mu m$ 的方孔筛筛余不大于 10% 或 $45\mu m$ 方孔筛筛余不大于 30%。

### 四、通用硅酸盐水泥检验和判定

1. 水泥检验的内容和方法

我国现行国家标准《混凝土结构工程施工质量验收规范》(GB 50204—2015)规定:水泥进场应对其品种、级别或散装仓号、出厂日期等进行检查,并对强度、安定性及其他必要的性能指标进行复验,其质量必须符合《通用硅酸盐水泥》(GB 175—2007)的规定。

当在使用中对水泥质量有怀疑或水泥出厂超过三个月(快硬硅酸盐水泥超过一个月)时,应进行复验,并按复验结果使用。严禁钢筋混凝土结构、预应力混凝土结构使用含氯化物的水泥。

检查数量:按同一生产厂家、同一等级、同一品种、同一批号且连续进场的水泥,袋装不超过 200t 为一批,散装不超过 500t 为一批,每批抽样不少于一次。

检验方法:检查产品合格证、出厂检验报告和进场复验报告。

2. 水泥的判别

《通用硅酸盐水泥》(GB 175—2007)规定:水泥的出厂检验项目包括:强度、不溶物、烧失量、三氧化硫、氯离子、凝结时间、安定性。检验结果均符合规定的为合格品;检验结果中任一项技术指标不符合规定的为不合格品。

### 五、通用硅酸盐水泥各品种特性及使用

通用硅酸盐各品种水泥由于组成成分、混合材料品种和用量以及强度等级不同,故各品种水泥的特性和使用情况也不同。

1. 硅酸盐水泥和普通硅酸盐水泥

从组成成分看,硅酸盐水泥中除水泥熟料数量最大,不掺或掺加少量的混合材料,故硅酸盐水泥具有早强快硬水化热大的特点。其强度等级有 62.5 和 62.5R 级是其他水泥没有的,适用于快硬早强的工程、高强度等级混凝土。不适用于大体积混凝土工程、受化学侵蚀、压力水(软水)作用及海水侵蚀的工程。

普通硅酸盐水泥中除水泥熟料、石膏外,掺加了较硅酸盐水泥多的混合材料。故普通硅酸盐水泥的早期抗压强度要比硅酸盐水泥早期抗压强度低,但其水化热较硅酸盐水泥小。适用于地上、地下及水中的大部分混凝土结构工程,使用广泛。

2. 矿渣硅酸盐水泥、火山灰质硅酸盐水泥、粉煤灰硅酸盐水泥

对比这三种水泥的组成,可以看出这三种水泥都是在硅酸盐水泥熟料的基础上,掺入大量的活性混合材料,并为了缓凝都掺入了适量的石膏。由于活性混合材料的化学组成和化学活性基本相同,因而这三种水泥的化学组成和化学活性也基本相同,由此可见这三种水泥的大多数性质和应用相同或相近,即这三种水泥在许多情况下可以替代使用。同时由于这三种活性混合材料的物理性质和表面特征等有些差异,又使得这三种水泥分别具有某些特性。这三种水泥与硅酸盐水泥或普通硅酸盐水泥相比具有以下特点:

1)三种水泥的共性

(1)凝结硬化慢,早期强度低,后期强度发展高。其原因是这三种水泥的熟料含量少,且二次水化反应(即活性混合材料的水化)慢,故早期强度低。后期由于二次水化反应的不断进行和水泥熟料的不断水化,水化产物不断增多,强度可赶上或超过同标号的硅酸盐水泥或普通硅酸盐水泥。活性混合材料的掺量越多,早期强度越低,但后期强度增长越多。这三种水泥不适合用于早期强度要求高的混凝土工程,如冬季施工、现浇工程等。粉煤灰硅酸盐水泥的早期强度相对更低,这是由于粉煤灰是表面致密的球形颗粒,内比表面积小,不易水化。

(2)对温度和湿度敏感,适合高温养护。这三种水泥在低温下水化明显减慢,强度较低。采用高温养护时可大大加速活性混合材料的水化,并可加速熟料的水化,故可大大提高早期强度,且不影响常温下后期强度的发展。而硅酸盐水泥和普通硅酸盐水泥,利用高温养护虽可提高早期强度,但后期强度的发展受到影响,即比一直在常温下养护的强度低,这是因为在高温下这两种水泥的水化速度很快,短时间内即生成大量的水化产物,这些水化产物对未水化的水泥颗粒的后期水化起到了阻碍作用。因此,硅酸盐水泥和普通硅酸盐水泥不适合于高温养护。

(3)耐腐蚀性好。这三种水泥的熟料数量少,水化硬化后水泥石中的氢氧化钙和水化铝酸钙的数量少,且活性混合材料的二次水化反应使水泥石中的氢氧化钙的数量进一步降低,因此耐腐蚀性好,适合用于有硫酸盐、镁盐、软水等侵蚀作用的环境,如水工、海港、码头等混凝土工程。当腐蚀物的浓度较高或耐腐蚀性要求高时,仍不宜使用。

(4)水化热少。三种水泥中的熟料含量少,因而水化放热量少,尤其是早期放热速度慢、放热量少,适合用于大体积混凝土工程。

(5)抗冻性较差。矿渣和粉煤灰易泌水形成连通孔隙,火山灰一般蓄水量较大,会增加内

部的孔隙含量,故这三种水泥的抗冻性均较差。

(6)抗碳化性较差。由于这三种水泥在水化硬化后,水泥石中的氢氧化钙的数量少,故抵抗碳化的能力差。因而不适合用于二氧化碳浓度高的工业厂房,如铸造、翻砂车间等。

2)三种水泥的特性

(1)矿渣硅酸盐水泥。由于粒化高炉矿渣玻璃体对水的吸附能力较差,即保水性较差。与水拌和时产生泌水造成较多的连通孔隙,因此,矿渣硅酸盐水泥的抗渗性差,且干缩较大。矿渣硅酸盐水泥本身耐热性好,且矿渣硅酸盐水泥水化后氢氧化钙的含量少,因此更表现出耐热性好。矿渣硅酸盐水泥适用于有耐热要求的混凝土工程,不宜用于有抗渗要求的混凝土工程。

(2)火山灰质硅酸盐水泥。火山灰混合材料的内部含有大量的细微孔隙,故保水性好。因其水化后形成较多的水化硅酸钙凝胶使水泥石结构致密,故抗渗性好。火山灰质硅酸盐水泥干缩大,水泥石易产生细微裂缝,且空气中的二氧化碳能使水化硅酸钙凝胶分解成为碳酸钙和氧化硅的混合物,使水泥石表面产生起粉现象。因此其耐磨性较差。火山灰质硅酸盐水泥适用于有抗渗要求的混凝土工程,不宜用于干燥环境中的地上混凝土工程,也不宜用于有耐磨性要求的混凝土工程中。

(3)粉煤灰硅酸盐水泥。粉煤灰是表面致密的球形颗粒,其吸附水的能力较差,即保水性差,泌水性大。其在施工阶段易使制品表面因大量泌水而产生收缩裂纹,因而抗渗性差,抗冻性差,耐磨性差。因为粉煤灰的比表面积小,拌和需水量小,故干缩小。粉煤灰硅酸盐水泥适用于承载较晚的混凝土工程,不宜用于有抗渗性要求的混凝工程,且不宜用于干燥环境中的混凝土工程及有耐磨性要求的混凝土工程中。

### 3.复合硅酸盐水泥

由于掺入了两种以上的混合材料,起到了互相取长补短的作用,其效果大大优于只掺一种混合材料。其早期强度高于矿渣(或火山灰、粉煤灰)水泥,接近于普通硅酸盐水泥,并且水化热低,耐腐蚀性、抗渗性及抗冻性好。因而复合水泥的用途较普通水泥、矿渣硅酸盐水泥等更为广泛,是一种很有发展前途的水泥品种。

# 第四节　其他品种水泥

## 一、道路硅酸盐水泥

以适当成分的生料烧至部分熔融,所得以硅酸钙为主要成分和大量铁铝酸钙的硅酸盐熟料,称为道路硅酸盐水泥熟料。由道路硅酸盐水泥熟料及 0～10% 活性混合材料和适量石膏磨细制成的水硬性胶凝材料,称为道路硅酸盐水泥(简称道路水泥)。

### 1.技术要求

各交通等级路面所使用水泥化学成分和物理性能等要求应符合表 1-3-11 的规定。

各交通等级路面用水泥化学成分和物理指标　　　　　　　　　　　表 1-3-11

| 水泥性能 | 特重、重交通路面 | 中、轻交通路面 |
|---|---|---|
| 铝酸三钙 | 不宜大于 7.0% | 不宜大于 9.0% |
| 铁铝酸四钙 | 不宜小于 15.0% | 不宜小于 12.0% |

| 水泥性能 | 特重、重交通路面 | 中、轻交通路面 |
|---|---|---|
| 游离氧化钙 | 不得大于1.0% | 不得大于1.5% |
| 氧化镁 | 不得大于5.0% | 不得大于6.0% |
| 三氧化硫 | 不得大于3.5% | 不得大于4.0% |
| 碱含量 | $Na_2O + 0.658 K_2O$ 小于等于0.6% | 怀疑有碱活性集料时,小于或等于0.6%<br>无碱活性集料时,小于或等于1.0% |
| 混合材料种类 | 不得掺窑灰、煤矸石、火山灰和黏土,有抗盐抗冻要求时不得掺石灰、石粉 | 不得掺窑灰、煤矸石、火山灰和黏土,有抗盐抗冻要求时不得掺石灰、石粉 |
| 出磨时安定性 | 雷氏夹或蒸煮法检验必须合格 | 蒸煮法检验必须合格 |
| 标准稠度需水量 | 不宜大于28% | 不宜大于30% |
| 烧失量 | 不得大于3.0% | 不得大于5.0% |
| 比表面积 | 宜在300~400m²/kg | 宜在300~450m²/kg |
| 细度 | 筛余量不得大于10% | 筛余量不得大于10% |
| 初凝时间 | 不早于1.5h | 不早于1.5h |
| 终凝时间 | 不迟于10h | 不迟于10h |
| 28d 干缩率 | 不得大于0.09% | 不得大于0.10% |
| 耐磨性 | 不得大于3.6kg/m² | 不得大于3.6kg/m² |

**2. 工程应用**

道路水泥是一种强度高,特别是抗折强度高、耐磨性好、干缩性小、抗冲击性好、抗冻性和抗硫酸性比较好的专用水泥。它适用于道路路面、机场跑道道面、城市广场等工程。由于道路水泥具有干缩性小、耐磨、抗冲击等特性,可减少水泥混凝土路面的裂缝和磨耗等病害,减少维修、延长路面使用年限,因而可获得显著的社会效益和经济效益。

### 二、快硬硅酸盐水泥

凡以硅酸盐水泥熟料和适量石膏磨细制成的、以3d抗压强度表示的水硬性胶凝材料,称为快硬硅酸盐水泥(简称快硬水泥)。

**1. 技术要求**

按我国现行标准《快硬硅酸盐水泥》(GB 199—90)有关规定,快硬水泥技术要求分述如下:

1)化学性质

(1)氧化镁含量:熟料中氧化镁含量不得超过5.0%。如水泥压蒸安定性试验合格,则熟料中氧化镁的含量允许放宽到6.0%。

(2)三氧化硫含量:水泥中三氧化硫含量不得超过4.0%。

2)物理力学性质

(1)细度:筛析方法,80μm 方孔筛筛余量不得超过10%。

(2)凝结时间:初凝不早于45min,终凝不得迟于10h。

(3)安定性:沸煮法检验必须合格。

(4)强度:以3d强度表示的,各龄期强度均不得低于表1-3-12中数值。

| 强度等级 | 抗压强度（MPa） | | | 抗折强度（MPa） | | |
|---|---|---|---|---|---|---|
| | 1d | 3d | 28d | 1d | 3d | 28d |
| 32.5 | 15.0 | 32.5 | 52.5 | 3.5 | 5.0 | 7.2 |
| 37.5 | 17.0 | 37.5 | 57.5 | 4.0 | 6.0 | 7.6 |
| 42.5 | 19.0 | 42.5 | 62.5 | 4.5 | 6.4 | 8.0 |

2. 工程应用

快硬水泥具有早期强度增进率高的特点,其3d抗压强度可达到强度等级要求,后期强度仍有一定增长,因此适用于紧急抢修工程、冬季施工工程。快硬水泥用于制造预应力钢筋混凝土或混凝土预制构件,可提高早期强度,缩短养护期,加快周转。但快硬水泥不宜用于大体积工程,因为快硬水泥的缺点是干缩率较大,容易吸湿降低温度,贮存期超过一个月,须重新检验。

### 三、铝酸盐水泥

按照《铝酸盐水泥》(GB 201—2000)规定,凡以铝酸盐水泥熟料磨细制成的水硬性胶凝材料,称为铝酸盐水泥。铝酸盐水泥按 $Al_2O_3$ 含量百分率分为 CA—50($50\% \leqslant Al_2O_3 < 60\%$)、CA—60($60\% \leqslant Al_2O_3 < 68\%$)、CA—70($68\% \leqslant Al_2O_3 < 77\%$)及 CA—80($77\% \leqslant Al_2O_3$)四类。

1. 技术性质

(1)外观:高铝水泥常为黄色或黄褐色。

(2)密度:3.0~3.2g/cm³。堆积密度为1000~1300kg/m³。

(3)细度:比表面积不小于300m²/kg 或 0.045mm 筛余不超过20%。

(4)凝结时间:CA—50、CA—70、CA—80 初凝不得早于30min,终凝不迟于6h;CA—60 初凝不得早于60min,终凝不迟于18h。

(5)强度:各龄期强度值不得低于表1-3-13的规定。

铝酸盐水泥各龄期强度(GB 201—2000)　　　　表1-3-13

| 水泥类型 | 抗压强度（MPa） | | | | 抗折强度（MPa） | | | |
|---|---|---|---|---|---|---|---|---|
| | 6h | 1d | 3d | 28d | 6h | 1d | 3d | 28d |
| CA—50 | 20 | 40 | 50 | — | 3.0 | 5.5 | 6.5 | — |
| CA—60 | — | 20 | 45 | 85 | — | 2.5 | 5.0 | 10.0 |
| CA—70 | — | 30 | 40 | — | — | 5.0 | 6.0 | — |
| CA—80 | — | 25 | 30 | — | — | 4.0 | 5.0 | — |

2. 工程使用

铝酸盐水泥的特点是早期强度增进快、强度高,主要用于紧急抢修和要求早期强度高的特殊工程,还可以用作配置石膏矾土膨胀水泥和自应力水泥等。铝酸盐水泥的主要缺点是后期强度倒缩,在使用3~5年后强度只有早期的一半左右,抗冻、抗渗和耐蚀等性能也随之降低,为此不宜用作结构工程。它的使用温度不宜超过30℃,如用蒸汽养护不宜超过50℃,也不得与其他水泥混合使用。

### 四、膨胀水泥

膨胀水泥是硬化过程中不产生收缩,而且具有一定膨胀性能的水泥。

1.按胶结材料的不同分类

(1)硅酸盐型膨胀水泥:用硅酸盐熟料、铝酸盐水泥和二水石膏按适当比例共同粉磨或分别研磨再混合均匀,可制得硅酸盐型膨胀水泥。由于水化后生成钙矾石、水化氢氧化钙等水化产物,而这些水化生成物的体积均大于原固相的体积,因而造成硬化水泥浆体的体积膨胀。

(2)铝酸盐型膨胀水泥:用铝酸盐水泥熟料和二水石膏按适当比例,再加助磨剂,经磨细后制成铝酸盐型膨胀水泥。

(3)硫铝酸盐型膨胀水泥:用中、低品位的矾土及石灰和石膏为原料,适当配合磨细后经煅烧得到的硫铝酸钙、硅酸二钙为主要矿物的熟料,再配以二水石膏磨细制得的具有膨胀性的水硬性胶凝材料,称为硫铝酸盐型膨胀水泥。

2.按膨胀值分类

(1)收缩补偿水泥:这种水泥膨胀性能较弱,膨胀时所产生的压应力大致能抵消干缩所引起的应力,可防止混凝土产生干缩裂缝。

(2)自应力水泥:这种水泥具有较强的膨胀性能,当它用于钢筋混凝土中时,由于它的膨胀性能使钢筋受到较大的拉应力,而混凝土则受到相应的压应力。当外界因素使混凝土结构产生拉应力时,就可被预先具有的压应力抵消或降低,这种靠水泥自身水化产生膨胀来张拉钢筋达到的预应力称为自应力。

3.技术性质

各种膨胀水泥的膨胀不同,技术指标也不相同,通常规定技术指标检验项目包括:比表面积、凝结时间、膨胀率、强度等。其技术标准见表1-3-14。

**自应力水泥技术标准**                                          表1-3-14

| 性能指标 \ 类别 | | 硅酸盐自应力水泥 | 铝酸盐自应力水泥 | 硫铝酸盐自应力水泥 |
|---|---|---|---|---|
| 比表面积(m² · kg⁻¹) | | >3400 | >5600 | >3700 |
| 凝结时间 | 初凝 | ≥30min | ≥30min | ≥30min |
| | 终凝 | ≤10h | ≤3h | ≤4h |
| 砂浆(或混凝土)膨胀率(%) | | ≮3 | 7d>1.2 28d>1.5 | 7d>1.5 28d>2.0 |
| 砂浆(或混凝土)自应力值(MPa) | | 2~4 | 7d>3.5 28d>4.5 | >4.5 |
| 强度(MPa) | 抗压 | >8.0 | 7d>30 28d>35 | 3d>35 28d>52.5 |
| | 抗折 | — | — | 3d=4.8 28d=6.0 |

4.工程应用

在道路桥梁工程中,膨胀水泥常用于水泥混凝土路面、机场道面或桥梁修补混凝土。此外,还可用越江隧道或山区隧道用于配制防水混凝土、自应力混凝土以及堵漏工程、修补工程等。

**复习思考题**

一、问答题

1.何谓有效氧化钙？简述测定石灰有效氧化钙和氧化镁的意义和方法要点。

2.石灰在使用前为什么要陈伏两周以上？

3.硅酸盐水泥熟料是由哪些矿物成分组成的？它们在水泥中的含量对水泥的强度、反应速度和释热量有何影响？

4.什么是水泥的初凝和终凝？凝结时间对道路与桥梁施工有何影响？

5.我国现行标准中水泥的强度等级是采用什么确定的？为什么相同强度等级的水泥要分为普通型和早强型(R)两种型号？道路路面选用水泥时，在条件允许的情况下，为什么要选用R型水泥？

6.如何按技术性质来判定水泥为合格品、不合格品和废品？

7.什么叫混合材料及掺混合料的硅酸盐水泥？试比较五种常用硅酸盐水泥的性质及适用范围。

8.道路水泥在矿物组成上有什么特点？在技术性质方面有什么特殊要求？

二、计算题

现有普通水泥，作一组水泥胶砂强度试验，测得它们的3d、28d抗折和抗压强度结果列于表1-3-15，请评定该水泥强度等级。

普通水泥抗折、抗压强度试验　　　　　　　　　　　　　　表1-3-15

| 项目 类别 | 抗折强度（MPa） | | 抗压强度（MPa） | | | |
|---|---|---|---|---|---|---|
| | 3d | 28d | 3d | | 28d | |
| 普通水泥 | 3.3 | 5.6 | 12.3 | 13.2 | 33.0 | 33.3 |
| | 3.0 | 5.8 | 12.5 | 13.5 | 34.0 | 34.8 |
| | 3.2 | 5.4 | 13.0 | 16.5 | 28.5 | 35.0 |

# 第四章 水泥混凝土和建筑砂浆

📖 **教学目标**

1. 掌握普通混凝土和砂浆的主要技术性质,能够分析其影响因素;
2. 熟悉普通混凝土的配合比设计,能够完成独立设计的任务要求,并进行质量评定;
3. 熟悉水泥混凝土和砂浆的技术性质的检测;
4. 了解其他类型的混凝土。

水泥混凝土是各类工程建设中应用最广泛、用量最大的建筑材料之一,常用于道路的路面、桥梁结构以及各种工业民用建筑结构。水泥混凝土具有以下特点:原材料就地取材方便、资源丰富、成本低,可以预制或者现浇成不同形状和尺寸的结构,满足不同的工程需要;具有良好的抗压性能,呈现脆性;可以与钢筋牢固的黏结,提高其抗拉性能等。

水泥混凝土简称混凝土,是按照一定的比例以胶凝材料和水组成的胶浆体为黏结介质,将分散其间的不同粒径的粗、细集料胶结起来,在一定的条件下,硬化成为具有一定技术性能的一种人造石材。胶凝材料是混凝土中水泥和活性矿物掺合料的总称。

水泥混凝土可按其组成、特性和功能等进行分类。

按表观密度,水泥混凝土可分为:

(1)普通混凝土:干表观密度为 2000～2800kg/m³,是工程结构中最常用的混凝土。

(2)轻混凝土:干表观密度为 1900kg/m³,采用各种轻集料配制而成的轻集料结构混凝土,使其结构达到轻质高强,可以增大桥梁的跨度。

(3)重混凝土:干表观密度可达 3200kg/m³,为了屏蔽各种射线的辐射一般采用高密度集料配制的混凝土。

按强度等级,水泥混凝土可分为:

(1)低强度混凝土:抗压强度小于 30MPa;

(2)中强度混凝土:抗压强度在 30～60MPa;

(3)高强度混凝土:抗压强度大于 60MPa。

按照流动性,水泥混凝土可分为:

(1)干硬性混凝土:坍落度值小于 10mm 且需用维勃稠度表示其稠度的混凝土。

(2)塑性混凝土:坍落度值为 10～90mm 的混凝土。

(3)流动性混凝土:坍落度值大于 100～150mm 的混凝土。

(4)大流动性混凝土:坍落度值不低于 160mm 的混凝土。

此外,根据混凝土的不同特性,混凝土还可分为:

(1)泵送混凝土:可在施工现场通过压力泵及输送管道进行浇筑的混凝土。

（2）抗冻混凝土：抗冻等级不低于 F50 的混凝土。

（3）抗渗混凝土：抗渗等级不低于 P6 的混凝土。

（4）大体积混凝土：体积较大的，可能由胶凝材料水化热引起的温度应力导致有害裂缝的结构混凝土。

此外，可根据工程的特殊要求，配制各种特种混凝土，如纤维增强混凝土、补偿收缩混凝土、防水混凝土、道路混凝土、水工混凝土等。

# 第一节　普通混凝土的组成

普通水泥混凝土是按照一定的比例以胶凝材料和水组成的胶浆体为黏结介质，将分散其间的不同粒径的粗、细集料胶结起来，经过均匀拌制、密实成型及养护硬化而成的人工石材。胶凝材料是混凝土中水泥和活性矿物掺合料的总称。

混凝土的技术性质很大程度上是由原材料的性质及其相对含量决定的，要得到优质的混凝土，首先要正确地选择原材料。

## 一、水泥

水泥是混凝土的主要胶结材料，混凝土的性能很大程度上取决于水泥的质量。又因在混凝土组成材料中水泥成本最高，所以在选择混凝土组成材料时，对水泥的品种和强度的选择必须特别慎重。

1. 水泥品种的选择

水泥品种与强度等级的选用应根据设计、施工要求以及工程所处环境确定。对于一般建筑结构及预制构件的普通混凝土，宜采用通用硅酸盐水泥；高强混凝土和有抗冻要求的混凝土宜采用硅酸盐水泥或普通硅酸盐水泥；有预防混凝土碱—集料反应要求的混凝土工程宜采用碱含量低于 0.6% 的水泥；大体积混凝土宜采用中、低热硅酸盐水泥或低热矿渣硅酸盐水泥。水泥应符合现行国家标准《通用硅酸盐水泥》（GB 175）和《中热硅酸盐水泥　低热硅酸盐水泥　低热矿渣硅酸盐水泥》（GB 200）的有关规定。

2. 水泥强度等级的选择

选用水泥的强度应与要求配制的混凝土强度等级相适应。如果水泥强度等级选用过高，则混凝土中水泥用量过低，影响混凝土的和易性和耐久性。反之，如果水泥强度等级选用过低，则混凝土中水泥用量太多，非但不经济，而且降低混凝土的某些技术品质（如收缩率增大等）。通常，配制一般混凝土时，水泥强度为混凝土抗压强度的 1.1～1.6 倍；配制高强度混凝土时，水泥强度为混凝土抗压强度的 0.7～1.2 倍。随着混凝土要求的强度等级不断提高，近代高强度混凝土并不受此比例的约束，在全面考虑混凝土的各种性能的前提下，还要考虑就地取材的方便施工和经济性。

## 二、细集料

混凝土用砂包括天然砂、人工砂和混合砂；混凝土用砂规范有国家标准《建设用砂》（GB/T 14684—2011）和《普通混凝土用砂、石质量及检验方法标准》（JGJ 52—2006），在《建设用砂》中规定了混凝土及其制品和建筑砂浆所用的砂需满足的最基本要求，将砂按照技术性质分为Ⅰ、Ⅱ、Ⅲ类，但没有界定各类用途。在《普通混凝土用砂、石质量及检验方法标准》（JGJ 52—2006）中按照所配制的混凝土强度等级的不同，严格规定了混凝土用砂的各项技术要求。《铁路混凝土与砌体工程施工质量验收标准》（TB 10424—2010）中规定，拌制混凝土所用的细集料，应按批进行检验，其颗粒级配、细度模数应符合现行《普通混凝土用砂、石质量及检验方法标准》（JGJ 52—2006）的规定。混凝土用细集料的主要技术要求如下：

1. 级配和细度模数

1）级配

优质的混凝土用砂希望具有高的密度和小的比面，这样才能达到既保证新拌混凝土有适宜的工作性和硬化后混凝土有一定的强度、耐久性，同时又达到节约水泥的目的。

混凝土用细集料的级配要求，应与一定的粗集料级配所组成的矿质混合料一并考虑。但是，如细集料的级配不良，则很难配制成良好的矿质混合料。《普通混凝土用砂、石质量及检验方法标准》（JGJ 52—2006）中将砂按照 0.6mm 筛孔的累计筛余百分率划分为Ⅰ区、Ⅱ区和Ⅲ区三个级配区，砂的实际颗粒级配除 4.75mm 和 0.6mm 外，其他筛孔累计筛余允许稍有超出，但累计超出量不得大于 5%；当天然砂的实际颗粒级配不符合要求时，宜采取相应的技术措施，并经试验证明能确保混凝土质量后，方可允许使用。配制混凝土时宜优先选用Ⅱ区砂。当采用Ⅰ区砂时，应提高砂率，并保持足够的水泥用量，满足混凝土的和易性；当采用Ⅲ区砂时，宜适当降低砂率，当采用特细砂时，应符合相应的规定。配制泵送混凝土，宜选用中砂。

2）细度模数

砂的粗细程度，用细度模数来表示。砂按细度模数分为：粗砂（3.7～3.1）、中砂（3.0～2.3）、细砂（2.2～1.6）和特细砂（1.5～0.7）四级。

在这里应该特别指出，细度模数只反映全部颗粒的平均粗细程度，而不能反映颗粒的级配情况。因为细度模数相同而级配不同的砂，可配制出性质不同的混凝土。所以考虑砂的颗粒分布情况时，只有同时应用细度模数和级配两项指标，才能真正反映其全部性质。

2. 天然砂的含泥量

砂石中含泥量是指粒径小于 0.075mm 的颗粒的含量。这部分颗粒包括了尘屑、淤泥和黏土。这些颗粒包裹在集料的表面，妨碍了集料与胶浆体的黏附，或者增加了集料的表面积，增加混凝土拌和时的需水量。特别是黏土颗粒，体积不稳定，对混凝土的耐久性影响很大。天然砂中的含泥量要符合表 1-4-1 的要求。

天然砂中含泥量 表 1-4-1

| 混凝土强度等级 | ≥C60 | C55～C30 | ≤C25 |
|---|---|---|---|
| 含泥量（按重量计，%） | ≤2.0 | ≤3.0 | ≤5.0 |

对有抗冻、抗渗或其他特殊要求的小于或等于 C25 混凝土用砂，含泥量应不大于 3.0%。

3. 砂中的泥块含量

砂的泥块是指原颗粒粒径大于 1.18mm，经水洗手捏后变成小于 0.6mm 颗粒。它妨碍集料与水泥净浆的黏结，影响混凝土的强度和耐久性。泥块含量应符合表 1-4-2 规定。

砂中的泥块含量 表 1-4-2

| 混凝土强度等级 | ≥C60 | C55～C30 | ≤C25 |
|---|---|---|---|
| 含泥量（按重量计，%） | ≤0.5 | ≤1.0 | ≤2.0 |

对于有抗冻、抗渗或其他特殊要求的小于或等于 C25 混凝土用砂,其泥块含量不应大于 1.0%。

4. 人工砂或混合砂中石粉含量

石粉含量是指人工砂和混合砂中粒径小于 0.075mm 的颗粒含量。人工砂中的石粉绝大部分是母岩被破碎的细粒,与天然砂中的泥不同,其在混凝土中的作用也有很大的区别。石粉含量一方面使砂的比表面积增大,增加混凝土拌和时的用水量;另一方面细小的球形颗粒产生的滚珠作用又会改善混凝土的和易性。因此不能将人工砂中的石粉视为有害物质。有试验资料表明在原状的人工砂中含量为 14% 的石粉时,基本不泌水,并且会改善混凝土的黏聚性。人工砂或混合砂中的石粉含量的试验采用亚甲蓝法,以试验计算出的亚甲蓝值(MB)的不同数值规定石粉含量限值。人工砂或混合砂中石粉含量应符合表 1-4-3 的规定。

人工砂或混合砂中石粉含量

表 1-4-3

| 混凝土强度等级 | | ≥C60 | C55 ~ C30 | ≤C25 |
|---|---|---|---|---|
| 石粉含量(%) | MB < 1.4(合格) | ≤5.0 | ≤7.0 | ≤10.0 |
| | MB≥1.4(不合格) | ≤2.0 | ≤3.0 | ≤5.0 |

5. 砂的坚固性

天然砂的坚固性采用硫酸钠溶液法进行试验检测,砂样经 5 次循环后其质量损失应符合表 1-4-4 中的规定;人工砂采用压碎值指标法进行试验检测,压碎值指标值应小于 30%。

砂的坚固性指标

表 1-4-4

| 混凝土所处的环境条件及其性能要求 | 5 次循环后的重量损失(%) |
|---|---|
| 在严寒及寒冷地区室外使用并经常处于潮湿或干湿交替状态下的混凝土<br>对于有抗疲劳、耐磨、抗冲击要求的混凝土<br>有腐蚀介质作用或经常处于水位变化区的地下结构混凝土 | ≤8 |
| 其他条件下使用的混凝土 | ≤10 |

6. 有害物质含量

集料中含有妨碍水泥水化,或能降低集料与水泥石黏附性以及能与水泥水化产物产生不良化学反应的各种物质,称为有害物质。砂中的有害物质有云母、轻物质、有机物、硫化物及硫酸盐。其含量符合表 1-4-5 中的规定。

砂中的有害物质限值

表 1-4-5

| 项 目 | 质量指标 |
|---|---|
| 云母含量(按重量计,%) | ≤2.0 |
| 轻物质含量(按重量计,%) | ≤1.0 |
| 硫化物及硫酸盐含量<br>(折算成 $SO_3$,按重量计,%) | ≤1.0 |
| 有机物含量(用比色法试验) | 颜色不应深于标准色,当颜色深于标准色时,应按水泥胶砂强度试验方法进行强度对比试验,抗压强度比不应低于 0.95 |

对于有抗冻、抗渗要求的混凝土,砂中云母含量不应大于 1.0%。

砂中含有颗粒状的硫酸盐或硫化物杂质时,应进行专门检验,确认能满足混凝土耐久性要求后方能采用。

7. 碱活性

对于长期处于潮湿环境的重要混凝土结构用砂,应采用砂浆棒(快速法)或砂浆长度法进行集料的碱活性检验。经上述检验判断为有潜在危害时,应控制混凝土中的碱含量不超过 $3kg/m^3$,或采用能抑制碱—集料反应的有效措施。

8.氯离子含量

砂中氯离子含量应符合下列规定:对于钢筋混凝土用砂,其氯离子含量不得大于 0.06% (以干砂的质量百分率计);对于预应力混凝土用砂,其氯离子含量不得大于 0.02%(以干砂的质量率计)。

9.海砂中贝壳含量

海砂中贝壳含量应符合表 1-4-6 的规定。《普通混凝土用砂、石质量及检验方法标准》 (JGJ 52—2006)中的贝壳是指 5mm 以下的被破碎的贝壳,海砂中的贝壳对混凝土的和易性、强度和耐久性均有不同程度的影响,对强度等级高的混凝土的影响尤其明显。

海砂中贝壳含量 表 1-4-6

| 混凝土强度等级 | ≥C40 | C35 ~ C30 | C25 ~ C15 |
|---|---|---|---|
| 贝壳含量(按质量计,%) | ≤3 | ≤5 | ≤8 |

对于有抗冻、抗渗或其他特殊要求的小于或等于 C25 混凝土用砂,其贝壳含量不应大于 5%。

10.表观密度、堆积密度、孔隙率

砂的表观密度、堆积密度、空隙率是砂的三项重要指标,应符合以下规定:表观密度不小于 $2500kg/m^3$,堆积密度不小于 $1400kg/m^3$,空隙率不大于 44%。

## 三、粗集料

粗集料指的是在混凝土的配制中使用到的粒径大于 4.75mm 的卵石和碎石。粗集料的性质对混凝土的性质影响重大。《建设用卵石、碎石》(GB/T 14685—2011)中规定了建筑工程中水泥混凝土用卵石和碎石需满足的基本要求,将卵石和碎石根据其技术性质划分为Ⅰ、Ⅱ、Ⅲ类,但没有界定各类用途。《普通混凝土用砂、石质量及检验方法标准》(JGJ 52—2006)中按照所配制的混凝土强度等级的不同严格规定了混凝土用卵石、碎石的各项技术要求。粗集料的技术要求包括:强度、坚固性、颗粒级配、含泥量和泥块含量、针片状颗粒含量、有害物质含量等。

混凝土用粗集料的主要技术要求如下:

1.强度

为了保证水泥混凝土的强度,要求粗集料必须具备足够的强度,普通混凝土在破坏时的破裂方式通常是沿着粗集料与胶浆体的胶结面产生破坏,而高强混凝土的破裂面是粗集料的内部破裂,所以在高强混凝土中粗集料的强度决定了混凝土的强度。

碎石或卵石的强度,可用岩石立方体强度和压碎值指标两种方法检验。岩石的抗压强度应比所配制的混凝土强度至少高 20%。当混凝土强度等级大于或等于 C60 时,应进行岩石抗压强度检验,岩石强度首先应由生产单位提供,工程中可采用压碎值指标进行质量控制。碎石的压碎值指标应符合表 1-4-7 的规定。

卵石的强度用压碎值指标表示。其压碎值指标应符合表 1-4-8 的规定。

碎石的压碎值指标                                          表 1-4-7

| 岩石品种 | 混凝土强度等级 | 碎石压碎值指标(%) |
|---|---|---|
| 沉积岩 | C60~C40 | ≤10 |
| | ≤C35 | ≤16 |
| 变质岩或深成的火成岩 | C60~C40 | ≤12 |
| | ≤C35 | ≤20 |
| 喷出的火成岩 | C60~C40 | ≤13 |
| | ≤C35 | ≤30 |

注:沉积岩包括石灰岩、砂岩等。变质岩包括片麻岩、石英岩等。深成的火成岩包括花岗岩、正长岩、闪长岩和橄榄岩等。喷出的火成岩包括玄武岩和辉绿岩等。

卵石的压碎指标值                                          表 1-4-8

| 混凝土强度等级 | C60~C40 | ≤C35 |
|---|---|---|
| 压碎指标值(%) | ≤12 | ≤16 |

### 2. 坚固性

为保证混凝土的耐久性,用作混凝土的粗集料应具有足够的坚固性,以抵抗冻融和自然因素的风化作用。混凝土用粗集料的坚固性用硫酸钠溶液法检验,试样经 5 次循环后,其质量损失如表 1-4-9 所示。

粗集料的坚固性指标                                        表 1-4-9

| 混凝土所处的环境条件及其性能要求 | 5 次循环后的质量损失(%) |
|---|---|
| 在严寒及寒冷地区室外使用,并经常处于潮湿或干湿交替状态下的混凝土,有腐蚀性介质作用或经常处于水位变化区的地下结构或有抗疲劳、耐磨、抗冲击等要求的混凝土 | ≤8 |
| 在其他条件下使用的混凝土 | ≤12 |

### 3. 最大粒径和颗粒级配

1) 最大粒径的选择

粗集料中公称粒级的上限称为该粒级的最大粒径。对 5~25mm 粒级而言,其上限粒径 26.5mm 即为最大粒径。新拌混凝土随着最大粒径的增大,单位用水量相应减少。在固定的用水量和水胶比的条件下,加大最大粒径,可获得较好的和易性,或减少水胶比而提高混凝土强度和耐久性。通常在结构截面允许条件下,尽量增大最大粒径以节约水泥(注意:增大粒径虽可增加混凝土的抗压强度,但会降低其抗拉强度)。根据《混凝土结构工程施工质量验收规范》(GB 50204—2015)规定:混凝土用粗集料最大粒径不得超过结构截面最小尺寸的 1/4,且不得超过钢筋间最小净距的 3/4,对于混凝土实心板,集料的最大粒径不得超过板厚的 1/3,且不得超过 40mm。

2) 颗粒级配

为获得密实、高强的混凝土,并能节约水泥,要求粗细集料组成的矿质混合料有良好的级配。矿质混合料的级配首先取决于粗集料的级配。粗集料的级配分为连续级配和间断级配。连续级配矿质混合料的优点是所配制的新拌混凝土较为密实,特别是具有优良的工作性,不易产生离析等现象,故为经常采用的级配。但与间断级配矿质混合料相比较,连续级配配制相同强度的混凝土,所需要的水泥耗量较高。间断级配矿质混合料的最大优点是它的空隙率低,可以配制成密实高强的混凝土,而且水泥耗量较小,但是间断级配混凝土拌和物容易产生离析现象,适宜于配制干硬性拌和物,并须采用强力振动。

　　混凝土用石应采用连续粒级。单粒级宜用于组合成满足要求级配的连续粒级,也可与连续粒级混合使用,以改善其级配或配成较大粒度的连续粒级。当卵石的颗粒级配不符合表1-4-10所列要求时,应采取措施并经试验证实能确保工程质量后,方允许使用。

碎石或卵石的颗粒级配范围 表1-4-10

| 级配情况 | 公称粒级（mm） | 筛(方孔筛)孔尺寸(mm) | | | | | | | | | | | |
|---|---|---|---|---|---|---|---|---|---|---|---|---|---|
| | | 2.36 | 4.75 | 9.5 | 16.0 | 19.0 | 26.5 | 31.5 | 37.5 | 53.0 | 63.0 | 75.0 | 90 |
| | | 累计筛余(按质量计,%) | | | | | | | | | | | |
| 连续粒级 | 5~10 | 95~100 | 80~100 | 0~15 | 0 | — | — | — | — | — | — | — | — |
| | 5~16 | 95~100 | 85~100 | 30~60 | 0~10 | — | — | — | — | — | — | — | — |
| | 5~20 | 95~100 | 90~100 | 40~80 | — | 0~10 | 0 | — | — | — | — | — | — |
| | 5~25 | 95~100 | 90~100 | — | 30~70 | — | 0~5 | 0 | — | — | — | — | — |
| | 5~31.5 | 95~100 | 90~100 | 70~90 | — | 15~45 | — | 0~5 | 0 | — | — | — | — |
| | 5~40 | — | 95~100 | 70~90 | — | 30~65 | — | — | 0~5 | 0 | — | — | — |
| 单粒级 | 5~20 | — | 95~100 | 85~100 | — | 0~15 | 0 | — | — | — | — | — | — |
| | 16~31.5 | — | 95~100 | — | 85~100 | — | — | 0~10 | — | 0 | — | — | — |
| | 20~40 | — | — | 95~100 | — | 80~100 | — | — | 0~10 | 0 | — | — | — |
| | 31.5~63 | — | — | — | 95~100 | — | 75~100 | 45~75 | — | 0~10 | 0 | — | — |
| | 40~80 | — | — | — | — | 95~100 | — | 70~100 | — | 30~60 | 0~10 | 0 | |

**4. 含泥量、泥块含量和针片状颗粒含量**

　　碎石或卵石中含泥量、泥块含量和针、片状颗粒含量各项指标见表1-4-11。

含泥量、泥块含量和针、片状颗粒含量 表1-4-11

| 混凝土强度等级 | ≥C60 | C55~C30 | ≤C25 |
|---|---|---|---|
| 含泥量 | ≤0.5 | ≤1.0 | ≤2.0 |
| 泥块含量 | ≤0.2 | ≤0.5 | ≤0.7 |
| 针、片状颗粒含量,按重量计(%) | ≤8 | ≤15 | ≤25 |

　　对于有抗冻、抗渗或其他特殊要求的混凝土,其所用碎石或卵石的含泥量不应大于1.0%。当碎石或卵石的含泥是非黏土质的石粉时,其含泥量可由表1-4-11的0.5%、1.0%、2.0%,分别提高到1.0%、1.5%、3.0%;对于有抗冻、抗渗和其他特殊要求的强度等级小于C30的混凝土,其所用碎石或卵石的泥块含量应不大于0.5%。

**5. 硫化物和硫酸盐含量**

　　碎石以及卵石中有机物等有害物质含量应符合表1-4-12的规定。

碎石或卵石中的有害物质含量 表1-4-12

| 项　　目 | 质 量 要 求 |
|---|---|
| 硫化物及硫酸盐含量(折算成SO$_3$,按质量计,%) | ≤1.0 |
| 卵石中有机物含量(用比色法试验) | 颜色应不深于标准色。当颜色深于标准色时,应配制成混凝土进行强度对比试验,抗压强度比应不低于0.95 |

当碎石或卵石中含有颗粒状硫酸盐或硫化物杂质时,应进行专门检验,确认能满足混凝土耐久性要求后,方可采用。

6.碱活性检验

对于长期处于潮湿环境的重要结构混凝土,其所使用的碎石或卵石应进行碱活性检验。进行碱活性检验时,首先应采用岩相法检验碱活性集料的品种、类型和数量。当检验出集料中含有活性二氧化硅时,应采用快速砂浆法和砂浆长度法进行碱活性检验;当检验出集料中含有活性碳酸盐时,应采用岩石柱法进行碱活性检验。经上述检验,当判定集料存在潜在碱—碳酸盐反应危害时,不宜用作混凝土集料,否则,应通过专门的混凝土试验,做最后评定。当判定集料存在潜在碱—硅反应危害时,应控制混凝土中的碱含量不超过 $3kg/m^3$,或采用能抑制碱—集料反应的有效措施。

### 四、混凝土拌和用水

水是混凝土的主要组成材料之一,拌和用水的水质不符合要求,可能产生多种有害作用,最常见的有:影响混凝土的和易性和凝结;有损于混凝土强度发展;降低混凝土的耐久性、加快钢筋的腐蚀和导致预应力钢筋的脆断;使混凝土表面出现污斑等。为保证混凝土的质量和耐久性,必须使用合格的水拌制混凝土。

混凝土拌和用水水源,可分为饮用水、地表水、地下水、海水以及经适当处理或处置后的工业废水。符合国家标准的生活饮用水,可以用来拌制混凝土,不需再进行检验。地表水或地下水首次使用,必须进行适用性检验,合格后才能使用。混凝土拌和用水不应有漂浮明显的油脂和泡沫,不应有明显的颜色和异味。海水只允许用来拌制素混凝土,不宜用于拌制有饰面要求的混凝土、耐久性要求高的混凝土、大体积混凝土和特种混凝土。工业废水必须经过检验,经处理合格后方可使用。

按现行标准《混凝土用水标准》(JGJ 63—2006)规定,混凝土用水根据其对混凝土的物理力学性能的影响和有害物质含量控制质量,具体要求如下:

1.水质要求

混凝土拌和用水的水质要求应符合表 1-4-13 的规定。

混凝土拌和用水质量要求 表 1-4-13

| 项　　目 | 素混凝土 | 钢筋混凝土 | 预应力混凝土 |
|---|---|---|---|
| pH 值 | ≥4.5 | ≥4.5 | ≥5.0 |
| 不溶物(mg/L) | ≤5000 | ≤2000 | ≤2000 |
| 可溶物(mg/L) | ≤10000 | ≤5000 | ≤2000 |
| 氯离子(mg/L) | ≤3500 | ≤1000 | ≤500 |
| $SO_4^{2-}$,(mg/L) | ≤2700 | ≤2000 | ≤600 |
| 碱含量(mg/L) | ≤1500 | ≤1500 | ≤1500 |

对于设计使用年限为 100 年的结构混凝土氯离子含量不得超过 500mg/L。对使用钢丝或经热处理钢筋的预应力混凝土,氯离子含量不得超过 350mg/L。碱含量按 $Na_2O + 0.658K_2O$ 计算值来表示。采用非碱活性集料时,可不检验碱含量。

2.对比混凝土凝结时间

用待检验水和蒸馏水进行水泥凝结时间试验,两者的凝结时间差及终凝时间差,均不得大于 30min。待检验水拌制的胶浆的凝结时间尚应符合水泥国家标准的规定。

3. 对比水泥胶砂强度

被检验水样应与饮用水样进行水泥胶砂强度对比试验,被检验水样配制的水泥胶砂 3d 和 28d 强度不应低于饮用水配制的水泥胶砂 3d 和 28d 强度的 90%。

### 五、矿物掺合料

矿物掺合料是指用于改善混凝土性能而加入的磨细的矿物材料,以硅、铝、钙等一种或多种氧化物为主要成分,具有规定细度的活性粉体材料。在混凝土的配合比设计中,矿物掺合料和水泥共同作为胶凝材料,常用的矿物掺合料有粉煤灰、粒化高炉矿渣以及钢渣粉、硅灰等材料。各种活性材料对混凝土的性能比较见表 1-4-14。

矿物掺合料性能比较 表 1-4-14

| 序　　号 | 对混凝土性能的改善 | 粉煤灰 | 磨细矿渣粉 | 硅灰 |
|---|---|---|---|---|
| 1 | 提高流动性 | 有效 | 持平 | 降低 |
| 2 | 提高黏聚性 | 有效 | 更有效 | 最有效 |
| 3 | 提高保水性 | 较好 | 好 | 最好 |
| 4 | 提高保塑性 | 最好 | 较好 | 差 |
| 5 | 降低水化热 | 最有效 | 持平 | 差 |
| 6 | 提高抗裂性 | 最好 | 差 | 最差 |
| 7 | 提高抗渗性 | 好 | 差 | 最好 |
| 8 | 提高抗冻性 | 差 | 较差 | 最好 |
| 9 | 提高抗氯离子渗透性 | 好 | 好 | 最好 |
| 10 | 提高抗化学侵蚀性 | 好 | 好 | 最好 |
| 11 | 提高抗碳化性能 | 一般 | 一般 | 最好 |
| 12 | 提高护筋性 | 一般 | 一般 | 最好 |

1. 粉煤灰

粉煤灰是从煤粉炉烟道气体中收集的粉末,分为 F 类和 C 类。F 类粉煤灰:由无烟煤或烟煤煅烧收集的粉煤灰。C 类粉煤灰:由褐煤或次烟煤煅烧收集的粉煤灰,其氧化钙含量一般大于 10%。

1) 粉煤灰的化学成分

粉煤灰的化学成分因煤的品种及燃烧条件而异。一般来说,粉煤灰化学成分的变动范围为:$SiO_2$ 含量为 40% ~ 60%;$Al_2O_3$ 含量为 20% ~ 30%,$Fe_2O_3$ 含量为 5% ~ 10%,$CaO$ 含量为 2% ~ 8%,烧失量为 3% ~ 8%,$SiO_2$ 和 $Al_2O_3$ 是粉煤灰中的主要活性成分,粉煤灰的烧失量主要是未燃尽碳,其混凝土吸水量大,强度低,易风化,抗冻性差,为粉煤灰中的有害成分。

2) 粉煤灰质量等级和技术要求

低钙粉煤灰的密度一般为 1.8 ~ 2.6g/cm³,松散密度为 600 ~ 1000kg/m³,《用于水泥和混凝土中的粉煤灰》(GB/T 1596—2005)规定了粉煤灰的技术要求(见表 1-4-15)。Ⅰ级粉煤灰适用于钢筋混凝土和跨度小于 6m 的预应力混凝土。Ⅱ级粉煤灰适用于钢筋混凝土和无筋混凝土。Ⅲ级粉煤灰主要用于无筋混凝土。对设计强度等级 C30 及 C30 以上的无筋粉煤灰混凝土宜采用Ⅰ、Ⅱ级粉煤灰。

| 指　　　标 | 级　　　别 | | |
|---|---|---|---|
| | Ⅰ | Ⅱ | Ⅲ |
| 细度(0.045mm 方孔筛筛余,%,不大于) | 12 | 25 | 45 |
| 需水量比(%,不大于) | 95 | 105 | 115 |
| 烧失量(%,不大于) | 5 | 8 | 15 |
| 含水率(%,不大于) | 1 | 1 | — |
| 三氧化硫(%,不大于) | 3 | 3 | 3 |

**2.粒化高炉矿渣粉**

矿渣是在炼铁炉中浮于铁水表面的熔渣,排出时用水急冷,得到粒化高炉矿渣。将粒化高炉矿渣经干燥、磨细掺加少量石膏并达到相当细度且符合相应活性指数的粉状材料,其活性比粉煤灰高。《用于水泥和混凝土中的粒化高炉矿渣粉》(GB/T 18046—2008)规定了其技术要求(见表 1-4-16)。

粒化高炉矿渣粉的技术指标　　　　表 1-4-16

| 指　　　标 | 级　　　别 | | |
|---|---|---|---|
| | S105 | S95 | S75 |
| 密度(g/cm³) | ≥2.8 | | |
| 比表面积(m²/kg) | ≥500 | ≥400 | ≥300 |
| 活性指数(7d,28d) | ≥95;≥105 | ≥75;≥95 | ≥55;≥75 |
| 流动度比(%) | ≥95 | | |
| 含水率(质量分数,%) | ≤1.0 | | |
| 三氧化硫(质量分数,%) | ≤4.0 | | |
| 氯离子(质量分数,%) | ≤0.06 | | |
| 烧失量(质量分数,%) | ≤3.0 | | |
| 玻璃体含量(质量分数,%) | ≥85 | | |
| 放射性 | 合格 | | |

**3.硅灰**

硅灰又称硅粉或硅烟灰,是从生产硅铁合金或硅钢等所排放的烟气中收集到的颗粒极细的烟尘,以无定形二氧化硅为主要成分的产品。色呈浅灰到深灰,硅灰的颗粒是微细的玻璃球体,部分粒子凝聚成片或球状的粒子。其平均粒径为 $0.1 \sim 0.2 \mu m$,是水泥颗粒粒径的 $1/50 \sim 1/100$,比表面积高达 $2.0 \times 10^4 m^2/kg$。其主要成分是 $SiO_2$(占 90% 以上),它的活性要比水泥高 $1 \sim 3$ 倍。以 10% 硅灰等量取代水泥,混凝土强度可提高 25% 以上。

(1)硅灰的化学成分。硅粉的 $SiO_2$ 含量很高,在 90% 以上,这种 $SiO_2$ 是非晶态、无定形的,易溶于碱溶液中,在早期即可与 CH 反应,可以提高混凝土的早期强度。生成的水化硅酸钙凝胶钙硅比小,组织结构致密。

(2)硅灰的特性和技术要求。硅灰可以提高混凝土的早期和后期强度,但自干燥收缩大,不利于降低混凝土温升。因此通常用于复掺。例如可复掺粉煤灰和硅灰,用硅灰提高混凝土的早期强度,用优质粉煤灰降低混凝土需水量和自干燥收缩,在加之颗粒的填充作用,使混凝土更密实。由于硅灰具有高比表面积,因而其需水量很大,将其作为混凝土掺合料,须配以减水剂,方可保证混凝土的和易性。硅粉混凝土的特点是特别早强和耐磨,很容易获得早强,而且耐磨性优良。硅粉使用时掺量较少,一般为胶凝材料总重的 5% ~ 10%,且不高于 15%,通常与其他矿物掺合料复合使用。在我国,因其产量低,目前价格很高,考虑到经济性,一般混凝土强度低于 80MPa 时,都不考虑掺加硅粉。《高强高性能混凝土用矿物外加剂》(GB/T 18736—2002)中对硅灰的技术要求有:要求烧失量不大于 6%;氯离子含量不大于 0.02%;二氧化硅含量不小于 85%;比表面积不小于 15000m²/kg;含水率不大于 3%;需水量比不大于 125%;28d 活性指数不小于 85%。

### 六、外加剂

混凝土外加剂是在拌制混凝土的过程中掺入用以改善混凝土性质的物质。

# 第二节 水泥混凝土的技术性质及检验

普通水泥混凝土的主要技术性质包括:和易性、强度、变形和耐久性。

### 一、混凝土拌和物的和易性

水泥混凝土在尚未凝结硬化以前,称为新拌混凝土或称混凝土拌和物。新拌水泥混凝土是不同粒径的矿质集料粒子的分散相在胶浆体的分散介质中的一种复杂分散系,它具有弹、黏、塑性质。目前,在生产实践上对拌和物的性能,主要用和易性来表征。

1. 和易性

和易性或称工作性,是指混凝土拌和物能保持其组成成分均匀,不发生分层离析、泌水等现象,适于运输、浇筑、捣实成型等施工作业,并能获得质量均匀、密实的混凝土的性能。

通常认为它包含流动性、黏聚性、保水性三方面的含义。流动性指混凝土拌和物在自重或机械振捣力的作用下,能产生流动并均匀密实地充满模板的性能,表征拌和物的稀稠程度。拌和物太稠,混凝土难以振捣,易造成内部孔隙;拌和物过稀,会分层离析,影响混凝土的均匀性。黏聚性是指混凝土拌和物内部组分间具有一定的黏聚力,在运输和浇筑过程中不致发生离析分层现象,而使混凝土能保持整体均匀的性能。保水性指混凝土拌和物具有一定的保持内部水分的能力,在施工过程中不致产生严重的泌水现象。三者相互关联,流动性很大时,往往黏聚性和保水性差。流动性小,一般情况下黏聚性和保水性好。流动性是满足施工浇筑的需要,而黏聚性和保水性良好保证了硬化混凝土的密实性和均匀性。过分大的流动性有可能使稳定性降低,就很难保证混凝土的均匀性,容易产生离析、泌水。在提高混凝土的流动性时,混凝土的用水量将会增加,如果不增加胶凝材料用量,将会降低混凝土的强度;如果保证混凝土的强度,增加胶凝材料的用量,混凝土的干缩变形、放热量也会相应增加,容易出现裂缝。

新拌混凝土的和易性用稠度试验来测定。

2. 稠度试验

稠度试验包括坍落度与坍落扩展度试验、维勃稠度试验。

(1)坍落度与坍落扩展度试验是将新拌混凝土按规定的方法装入标准坍落度筒内,装满刮平后,立即将筒垂直提起,此时,混凝土混合料将产生一定程度的坍落,坍落的高度即为坍落度,如图1-4-1所示。当混凝土拌和物的坍落度大于220mm时,应同时测定坍落扩展度值,以钢尺测定坍落后的拌和物的最大和最小直径,在两者相差小于50mm时取算术平均值作为坍落扩展度值。进行坍落度试验时,应同时观察混凝土拌和物的黏聚性、保水性和含砂情况等,以全面地评价混凝土拌和物的工作性。本方法适用于集料最大粒径不大于40mm、坍落度不小于10mm的混凝土拌和物稠度测定。坍落度的测定往往会存在偏差,对于坍落度小于40mm的混凝土,其允许偏差是±10mm,坍落度数值在50~90mm的混凝土,允许偏差是±20mm。坍落度数值大于100mm的允许偏差是±30mm。

坍落度是新拌混凝土自重引起的变形,坍落度只有对富胶浆的新拌混凝土才比较敏感。相同性质的新拌混凝土,不同试样,坍落度可能相差很大;相反,不同组成的新拌混凝土,它们工作性虽有很大的差别,但却可得到相同的坍落度。因此,坍落度不是满意的工作性能指标。如图1-4-1所示。

(2)维勃稠度试验方法是将坍落度筒放在圆筒中,圆筒安装在专用的振动台上,如图1-4-2所示。按坍落度试验的方法将新拌混凝土装入坍落度筒内后再拔去坍落度筒,并在新拌混凝土顶上置一透明圆盘。开动振动台并记录时间,从开始振动至透明圆盘底面被胶浆布满瞬间止,所经历的时间(以秒计,精确至1s)即为新拌混凝土的维勃稠度值。如图1-4-2所示。

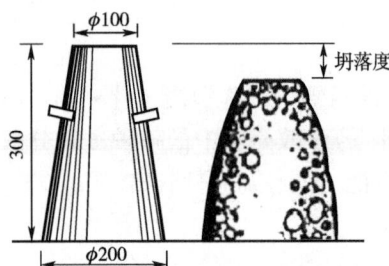

图1-4-1　坍落度示意图(尺寸单位:mm)　　图1-4-2　维勃稠度示意图

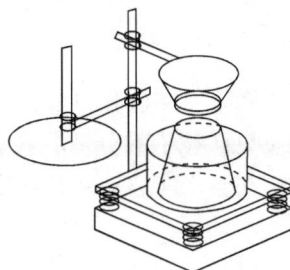

本方法适用于集料最大粒径不大于40mm,维勃稠度在5~30s之间的干硬性混凝土拌和物稠度测定。坍落度不大于50mm或干硬性混凝土和维勃稠度大于30s的特干硬性混凝土拌和物的稠度可采用增实因数法来测定。

3. 影响混凝土拌和物和易性的因素

影响因素主要有:

内因:组成材料的质量及其用量;

外因:环境条件(如温度、湿度和风速)以及时间两个方面。

1)单位用水量的影响

混凝土中的水,有以下几个用途和去处:

(1)和水泥发生水化反应,水泥用量固定的情况下,水化反应的水也是固定的,研究表明,水胶比在0.28~0.32的水就可以满足水泥的水化。

(2)润湿集料的表面,使其达到拌和物的湿度。这部分的需水量取决于集料的表面积,表面积大,润湿表面的需水量多;表面积小,润湿表面的需水量少。表面积的大小主要和砂率的大小有关。

(3)自由水。自由水的数量决定了水泥胶浆的稠度,用水量多,水泥胶浆的流动性大,表现出混凝土的流动性大。但是过大的流动性会影响混凝土拌和物的黏聚性和保水性等其他工作性能。

大量研究与实践表明,在原材料品质确定的条件下,单位用水量一旦选定,单位水泥用量增减 $50 \sim 100\mathrm{kg/m^3}$,混凝土拌和物的流动性(坍落度)基本保持不变,这一规律称为"固定用水量定则"。这一定则给混凝土的配合比设计带来很大方便,即可通过固定用水量保证混凝土坍落度的同时,在一定范围内调节水泥用量,即调整水胶比,来满足强度和耐久性要求。也就是可以配制出坍落度相近而强度不同的混凝土。在进行混凝土的配合比设计时,单位用水量应根据施工要求的坍落度、粗集料的品种、规格,按照《普通混凝土配合比设计规程》(JGJ 55—2011)选用,再经过试配调整,最终确定单位用水量。

2)胶浆的数量和集浆比

水泥胶浆除了填充集料间的空隙外,包裹在集料表面并略有富余,使拌和物有一定的流动性。在水胶比一定的条件下,即胶浆的稠度是一定的,胶浆数量越少,流动性越小;胶浆数量越多,流动性越大;但如果胶浆过多,集料则相对减少,即集浆比小,将出现流浆现象,使拌和物的稳定性变差。

3)水胶比($W/B$)

水胶比指的是水的质量和胶凝材料质量的比例关系。水胶比的大小决定胶浆的稠度。很明显,水胶比越小,胶浆越黏稠,其胶浆的流动性越小,硬化后的强度越高。水胶比越大,胶浆越稀薄,流动性越大,其硬化后的强度越小。过大的水胶比形成的非常稀薄的胶浆在使用的过程中是不稳定的,不能很好地发挥胶凝材料的胶结作用,容易产生离析、流浆等现象。

4)砂率的影响

砂率是混凝土中砂的质量占砂石总质量的百分率。其表达式为:

$$\beta_{\mathrm{s}} = \frac{m_{\mathrm{s}}}{m_{\mathrm{s}} + m_{\mathrm{g}}} \times 100\% \qquad (1\text{-}4\text{-}1)$$

式中:$\beta_{\mathrm{s}}$——砂率,%;

$\quad m_{\mathrm{s}}$——混凝土中砂的用量,kg;

$\quad m_{\mathrm{g}}$——混凝土中粗集料的用量,kg。

砂率表征混凝土拌和物中砂与石相对用量比例的组合,它会影响混凝土集料的空隙和总表面积,对混凝土拌和物的和易性影响很大,如图 1-4-3 所示。

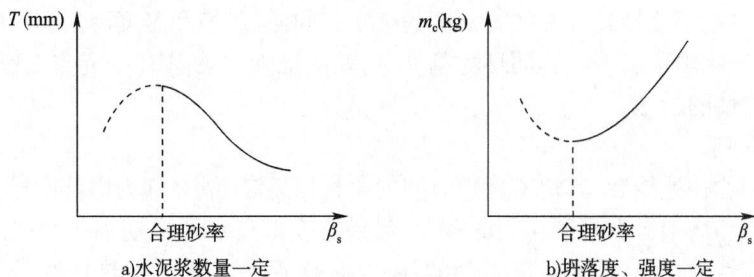

图 1-4-3　砂率与流动性和水泥用量的关系

(1)对流动性的影响。当水泥用量和水胶比一定时,由于砂子与水泥浆形成的砂浆在粗集料间起润滑作用,可以减小粗集料间的摩擦力,所以在一定范围内,随着砂率的增大,混凝土流动性将提高;另一方面,随着砂率的增大,集料的总表面积随之增大,需要润湿的水分增多,在用水量一定的情况下,拌和物的流动性会降低,所以在砂率超过一定的范围后,流动性反而随着砂率的增大而减小。

（2）对黏聚性和保水性的影响。如果砂率过小，砂浆数量不足会使混凝土拌和物的黏聚性和保水性降低，产生离析和流浆现象。但砂率过大，当水泥浆数量不足以包裹集料表面时，黏聚性反而下降。

（3）合理砂率的确定。合理砂率是指砂子在填满石子间空隙后有一定的富余量，能在石子间形成一定厚度的砂浆层，以减小粗集料间的摩阻力，使混凝土流动性达到最大值，或在保持流动性不变的情况下，使水泥用量为最小值。合理砂率是混凝土的技术性与经济性的统一。对于高强高性能混凝土，合理的砂率应根据上述原则通过试验或经验确定；对于普通水泥混凝土，可根据《普通混凝土配合比设计规程》（JGJ 55—2011）选用。

5）组成材料的性质

水泥的品种、细度、矿物组成以及混合材料的掺量等，都会影响混凝土拌和物的和易性，由不同品种的水泥达到标准稠度的需水量不同，所以不同品种的水泥配制成的混凝土拌和物的流动性也不同。通常普通水泥的混凝土拌和物比矿渣水泥、火山灰水泥的工作性好，矿渣水泥的流动性虽大，但黏聚性差，易产生泌水离析；火山灰水泥则流动性小，但黏聚性最好。此外，水泥的细度对拌和物的和易性也有很大的影响，提高水泥的细度可改善混凝土拌和物的黏聚性和保水性，减少混凝土拌和物的泌水、离析现象，但流动性变差。

集料对混凝土拌和物和易性的影响主要因素有：集料级配、颗粒形状、表面特征及粒径大小等。一般情况下，级配好的集料，其流动性较大，黏聚性与保水性较好；集料表面光滑、总表面积小、棱角少，流动性都会增大。

6）外加剂的影响

外加剂也会影响着混凝土拌和物的和易性，不同功能的外加剂对混凝土的影响不同。一般来说，混凝土的流动度随着减水剂用量的增加而增大，但每种减水剂都有一个最佳掺量，减水剂的作用在此时达到极限，继续增大掺量，流动度不再增大，甚至还有可能减小。所以要通过试验来确定最佳掺量，不可盲目地超量使用减水剂。

7）环境条件的影响

引起混凝土拌和物工作性降低的环境因素，主要有温度、湿度和风速。对于给定组成材料性质和配合比例的混凝土拌和物，其工作性的变化主要受水泥的水化率和水分的蒸发率所支配。因此，混凝土拌和物从搅拌至捣实的这段时间里，温度的升高会加速水化，以及水由于蒸发而造成损失，这些都会导致拌和物坍落度的减小。同样，风速和湿度因素会影响拌和物水分的蒸发率，因而影响坍落度。在不同环境条件下，要保证拌和物具有一定的工作性，必须采取相应的改善工作性的措施。

8）时间的影响

混凝土拌和物在搅拌后，其坍落度随时间的增长而逐渐减小，称为坍落度损失。坍落度损失主要是由于拌和物中自由水随时间的蒸发、集料的吸水和水泥早期水化而造成的损失。混凝土拌和物工作性的损失率，受组成材料的性质（如水泥的水化和发热特性、外加剂的特性、集料的空隙率等）以及环境因素的影响。

4. 改善混凝土拌和物和易性的措施

（1）调节混凝土的材料组成。在保证混凝土强度、耐久性和经济性的前提下，适当调整混凝土的组成配合比例以提高工作性。

（2）掺加各种外加剂。如减水剂、硫化剂等均能提高新拌混凝土的工作性，同时提高强度、耐久性以及节约水泥。

(3)提高振捣机械的效能。由于振捣效能的提高,可降低施工条件对混凝土拌和物工作性的要求,因而保持原有工作性亦能达到捣实的效果。

5.混凝土拌和物的工作性选择

混凝土拌和物的工作性,依据结构物的断面尺寸、钢筋配置的疏密以及捣实的机械类型和施工方法等来选择。一般对于无筋大结构、钢筋配置稀疏易于施工的结构,尽可能选用较小的坍落度,以节约水泥。反之,对断面尺寸较小、形状复杂或配筋特密的结构,则应选用较大的坍落度,可易于浇捣密实,以保证施工质量。

铁路所用混凝土拌和物的工作性应根据《铁路混凝土》(TB/T 3275—2011)中规定,如表1-4-17。

**铁路混凝土的工作性能**　　　　　　　　　　表1-4-17

| 结构/构件类型 | 成型方法 | 工作性(入模时) | |
| --- | --- | --- | --- |
| | | 评价方法 | 指标 |
| 轨枕 | 振动台 | 增实因数法 | 1.05 ~ 1.4 |
| 接触网支柱(方) | | 维勃稠度法 | ≥20s |
| Ⅰ型轨道板 | 附着式振动 | 坍落度法 | ≤120mm |
| Ⅱ型轨道板 | | 坍落度法 | ≤160mm |
| Ⅲ型轨道板 | | 坍落度法 | ≤120mm |
| 电杆 | 离心机 | 坍落度法 | ≤100mm |
| 接触网支柱(圆) | | 坍落度法 | ≤100mm |
| 桩、墩台、承台、T梁、道床板、底座、涵洞、隧道衬砌、仰拱、路基、支挡等 | 振动棒(斗送) | 坍落度法 | ≤140mm |
| 桩、墩台、承台、T梁、道床板、底座、涵洞、隧道衬砌、仰拱、路基、支挡等 | 振动棒(泵送) | 坍落度法 | ≤200mm |
| 桩 | 自密实 | 坍落度法 | ≤220mm |
| | | 扩展度法 | ≤600mm |
| 填充层 | | 扩展度法 | ≤750mm |

6.混凝土拌和物的其他性能试验

按照我国国家标准《普通混凝土拌合物性能试验方法标准》(GB/T 50080—2002)规定,混凝土拌和物的性能试验包括稠度试验、凝结时间试验、泌水及压力泌水试验、表观密度试验等。

1)凝结时间试验

混凝土的凝结时间与水泥的凝结时间相似,但由于集料的掺入、水胶比的不同以及外加剂的使用,又存在一定的差异。混凝土的凝结时间分为初凝和终凝。初凝是混凝土加水至失去塑性所经历的时间。终凝是加水至产生强度所经历的时间。凝结时间是混凝土拌和物的一项重要指标,它对大跨度高架桥等预应力混凝土、大坝混凝土、滑模施工混凝土中混凝土的搅拌、运输以及施工具有重要的作用。滑模混凝土的出模时间是混凝土的初凝点。现场施工时对混凝土的初凝判断很重要,而混凝土终凝时间对于判断拆模时间及混凝土力学强度增长起点具有重要意义。根据《普通混凝土拌合物性能试验方法标准》(GB/T 50080—2002),混凝土凝结时间测定方法是采用从混凝土拌和物中筛出砂浆用贯入阻力法来确定混凝土拌和物的凝结时间。测试时砂浆应置于温度为20℃±2℃的条件下,在整个测试过程中,除在吸取泌水或进行贯入试验外,试样筒应始终加盖。贯入时将测针以规定的速度插入砂浆中(10s 插入 25mm)。此时测针上所受到的阻力称为贯入阻力。随着混凝土的逐步凝结,测针上所受到的贯入阻力也逐步增大,当贯入阻力达到 3.5MPa 时,认为已达到初凝,当贯入阻力达到 28MPa 时,认为混凝土达到终凝。凝结时间从水泥和水接触时开始计时,初凝和终凝时间的确定宜通过线性回归方法将贯入阻力 $f_{PR}$ 和时间 $t$ 分别取自然对数 $\ln(f_{PR})$ 和 $\ln(t)$,然后把 $\ln(f_{PR})$ 当作自变量,$\ln(t)$ 当作因变量得到回归方程式:

$$\ln(t) = A + B\ln(f_{PR}) \tag{1-4-2}$$

式中:$t$——时间,min;

$\quad f_{PR}$——贯入阻力,MPa;

$\quad A$、$B$——回归系数。

初凝时间 $t_s$ 和终凝时间 $t_e$ 分别按下式计算:

$$t_s = e^{[A+B\ln(3.5)]}$$

$$t_e = e^{[A+B\ln(28)]}$$

2)泌水及压力泌水试验

(1)泌水试验

泌水性能是混凝土拌和物在施工中的重要性能之一,尤其是对于大流动性的泵送混凝土来说更为重要。在混凝土的施工过程中泌水过多,会使混凝土丧失流动性,从而影响混凝土的可泵性和工作性,会给工程质量造成严重后果。将混凝土试样装入容量 5L 的试样筒内,可采用振动台振实法或捣棒捣实。用振动台振实时将试样一次装入试筒内,开启振动台,振动到表面出浆为止并使混凝土拌和物表面低于试样筒筒口 30mm ±3mm,用抹刀抹平后,立即计时并称量;盖好容量筒盖子,保持室温在20℃±2℃。从计时开始后60min 内,每隔10min 吸取 1 次试样表面渗出的水;60min 后,每隔30min 吸 1 次水,直至认为不再泌水为止。计算泌水量和泌水率公式如下:

$$B_a = \frac{V}{A} \tag{1-4-3}$$

式中:$B_a$——泌水量,mL/mm²;

$\quad V$——最后一次吸水后累计的泌水量,mL;

$\quad A$——试样外露的表面面积,mm²。

$$B = \frac{V_W}{(W/C)G_W} \times 100\% \tag{1-4-4}$$

式中:$B$——泌水率,%;

$\quad V_W$——泌水总量,mL;

$\quad G_W$——试样质量,g;

$\quad W$——混凝土拌和物总用水量,mL;

$\quad C$——混凝土拌和物总质量,g。

(2)压力泌水试验

压力泌水试验是泵送混凝土的重要性能之一,它是衡量混凝土拌和物在压力状态下的泌水性能,关系到混凝土在泵送过程中是否会离析而堵泵。将混凝土拌和物分两层装入压力泌水仪的缸体容器内,每层插捣 20 次并振实,压力泌水仪按规定安装完毕后应立即给混凝土试样施加压力至 3.2MPa,并打开泌水阀门同时开始计时,加压至 10s 时读取泌水量 $V_{10}$,加压至

140s 时读取泌水量 $V_{140}$ , 计算压力泌水率。

$$B_V = \frac{V_{10}}{V_{140}} \times 100\%$$ (1-4-5)

式中 : $B_V$——压力泌水率, % ;

$V_{10}$——加压至 10s 时的泌水量, mL ;

$V_{140}$——加压至 140s 时的泌水量, mL。

3 ) 混凝土的含气量

混凝土的含气量是指混凝土单位体积中空气的体积百分比( 不包括集料内部闭合孔的体积, 但包括集料表面孔隙体积)。混凝土是由水泥、集料、水和各种外加剂、掺合料按一定比例配合、拌制成的拌和物, 经一定时间硬化而成的人造石材。混凝土可以分成两个组成部分, 即粗集料与砂浆。粗集料粒径的大小对空气含量几乎没有直接的影响, 引进的气泡乃是分布于混凝土的细颗粒即砂浆之中, 并通过砂浆的性能进而决定整个混凝土的性能。目前, 混凝土含气量的表示方法为砂浆中的气泡体积与全部混凝土体积之比的百分数, 亦可表示为砂浆中气泡的体积与粗集料加砂浆( 包含气泡) 的总体积的比值。根据《普通混凝土拌和物性能试验方法标准》( GB/T 50080—2002), 混凝土的含气量采用含气量测定仪测定。

## 二、混凝土的强度

强度是混凝土硬化后的主要力学性能, 按国家标准《普通混凝土力学性能试验方法标准》( GB/T 50081—2002) 规定, 硬化后混凝土力学性能包括有立方体抗压强度、棱柱体抗压强度、劈裂抗拉强度、抗折强度。

### 1. 混凝土的抗压强度标准值和强度等级

钢筋混凝土和预应力钢筋混凝土桥梁结构设计时, 混凝土材料的强度是用强度等级作为设计依据的。在结构设计时, 混凝土各种力学强度的标准值, 均可由强度等级换算出, 所以强度等级是混凝土各种力学强度值的基础。

1 ) 立方体抗压强度( $f_{cu}$ )

按照标准的制作方法制成边长为 150mm 的正立方体试件, 在标准养护条件( 温度 20℃ ± 2℃ , 相对湿度 95% 以上), 或在温度为 20℃ ±2℃ 的不流动的饱和溶液中养护( 试件置于支架中, 彼此间隔 10 ~20mm, 试件表面保持潮湿, 不得被水直接冲淋), 养护至 28d 龄期, 按照标准的测定方法测定其抗压强度值, 称为"混凝土立方体试件抗压强度"( 简称"立方抗压强度"), 以 $f_{cu}$ 表示, 按下式计算 :

$$f_{cu} = \frac{F}{A}$$ (1-4-6)

式中 : $f_{cu}$——立方体抗压强度, MPa ;

$F$——破坏荷载, N ;

$A$——试件承压面积, $mm^2$。

以三个试件为一组, 取三个试件强度的算术平均值作为每组试件的强度代表值。

当用非标准尺寸试件测得的立方体强度乘以换算系数, 折算为标准试件的立方体抗压强度。混凝土强度等级低于 C60 时, 200mm × 200mm × 200mm 试件, 换算系数为 1.05 ; 对于 100mm ×100mm ×100mm 试件, 换算系数为 0.95。当混凝土强度等级高于 C60 时, 宜采用标准试件 ; 使用非标准试件时, 尺寸换算系数应由试验确定。

2)立方体抗压强度标准值 $f_{cu,k}$

混凝土立方体抗压强度标准值的定义是按照标准方法制作和养护的边长为 150mm 的立方体试件,在 28d 龄期,用标准试验方法测定的具有 95% 保证率的抗压强度,以 MPa 计。立方体抗压强度标准值以 $f_{cu,k}$ 表示。

从以上定义可知,立方体抗压强度 $f_{cu}$ 只是一组混凝土试件抗压强度的算术平均值,并未涉及数理统计、保证率的概念。而立方体抗压强度标准值 $f_{cu,k}$ 是按数理统计方法确定,具有不低于 95% 保证率的立方体抗压强度。

3)强度等级

混凝土强度等级是根据"立方体抗压强度标准值"来确定的。强度等级的表示方法,是用符号"C"和"立方体抗压强度标准值"两项内容表示。例如"C30"即表示混凝土立方体抗压强度标准值 $f_{cu,k}$ = 30MPa。

我国现行《混凝土结构设计规范》(GB 50010—2010)规定,普通混凝土按立方体抗压强度标准值划分为:C15、C20、C25、C30、C35、C40、C45、C50、C55、C60、C65、C70、C75、C80 等 14 个强度等级。

**2. 轴心抗压强度 $f_{cp}$**

轴心抗压示意如图 1-4-4 所示。混凝土立方体试件在进行抗压强度试验时,由于材料试

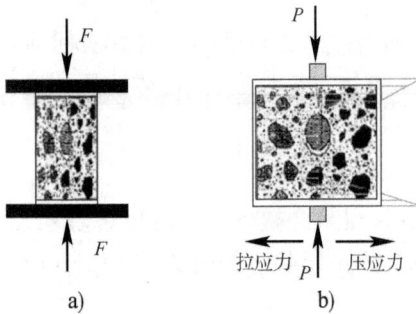

图 1-4-4 轴心抗压和劈裂抗拉示意图

验机的承压板对试件端部的摩阻效应,使其强度有较大的提高。为使混凝土试件中抗压强度试验时的受力状态更接近其在结构中的承压状态,通常采用棱柱体(高宽比 $h/b = 2$ 或圆柱体高径比 $h/d = 2$)的试件,测定其轴心抗压强度;一般轴心抗压强度为抗压强度的 0.7 ~ 0.8。我国国家标准《普通混凝土力学性能试验方法标准》(GB/T 50081—2002)规定,采用 150mm × 150mm × 300mm 棱柱体作为标准试件,轴心抗压强度以 $f_{cp}$ 表示,按下式计算,以 MPa 计。

$$f_{cp} = \frac{F}{A} \qquad (1\text{-}4\text{-}7)$$

式中:$F$——破坏荷载,N;

　　$A$——试件承压面积,$mm^2$。

**3. 劈裂抗拉强度 $f_{ts}$**

劈裂抗拉示意如图 1-4-4 所示。由于混凝土轴心抗拉强度试验的装置设备制作困难以及握固设备易引入二次应力等原因,我国国家标准《普通混凝土力学性能试验方法标准》(GB/T 50081—2002)规定,采用 150mm × 150mm × 150mm 的立方体作为标准试件,按规定的劈裂抗拉试验装置检测劈裂抗拉强度,由于混凝土是一种脆性材料,其抗拉强度很小,仅为抗压强度的 1/20 ~ 1/10。混凝土劈裂抗拉强度按下式计算,以 MPa 计。

$$f_{ts} = \frac{2F}{\pi A} = 0.637 \frac{F}{A} \qquad (1\text{-}4\text{-}8)$$

式中:$F$——破坏荷载,N;

　　$A$——试件劈裂面面积,$mm^2$。

4. 影响硬化后混凝土强度的因素

1) 材料组成对混凝土强度的影响

材料组成是混凝土强度形成的内因,主要取决于组成材料的质量及其在混凝土中的数量。

(1) 胶凝材料的强度

水泥混凝土的强度主要取决于其内部起胶结作用的水泥石的质量,水泥石的质量则取决于水泥的特性和水胶比。

混凝土在配合比相同的条件下,水泥的强度等级越高,则配制的混凝土的强度越高。在组成材料确定的情况下,影响强度的决定性因素是水胶比。水胶比大,意味着自由水的数量较多,一方面稀薄的水泥胶浆形成的水泥石的密实性不好,强度不高;同时水分的蒸发在混凝土的内部形成水泡或者蒸发后的毛细通道,减小了混凝土抵抗荷载的有效断面,而且毛细通道容易贯通,形成应力集中,降低水泥混凝土的强度。在其他材料不变的前提下,水胶比越小,水泥胶浆的稠度越大,所形成的水泥石的强度越高,同时,黏稠的水泥胶浆与集料的黏结更加牢靠。

(2) 水胶比

水胶比对强度的影响虽不是唯一的影响因素,但在实用中,由于水胶比公式计算简便,仍为各国广泛采用。我国根据大量的试验资料统计结果,提出了水胶比、胶凝材料实际强度与混凝土立方体抗压强度的关系式:

$$W/B = \frac{\alpha_a f_b}{f_{cu,0} + \alpha_a \alpha_b f_b}$$
（1-4-9）

式中: $f_{cu,0}$ ——混凝土立方体抗压强度,MPa;

$f_b$ ——胶凝材料实际强度,MPa;

$W/B$ ——水胶比;

$\alpha_a$、$\alpha_b$ ——回归系数。

按《普通混凝土配合比设计规程》(JGJ 55—2011)规定,混凝土强度公式的回归系数见表1-4-18。

混凝土强度公式的回归系数
表1-4-18

| 集 料 品 种 | 回 归 系 数 | |
|---|---|---|
| | $\alpha_a$ | $\alpha_b$ |
| 碎石 | 0.53 | 0.20 |
| 卵石 | 0.49 | 0.13 |

(3) 集料特性

集料的强度不同,混凝土的破坏机理也不同,当集料的强度大于水泥石的强度时,混凝土的破坏面会是集料与水泥石的胶结面,此时集料的强度对混凝土的强度几乎不影响。但是对于强度等级高的混凝土来说,集料的强度小于水泥石的强度,混凝土的破坏发生在集料内部,此时集料的强度对混凝土的影响很大,试验和经验表明,高强混凝土的破坏几乎全部发生在集料的内部。集料的形状以接近正棱柱体最好,表面粗糙,与水泥胶浆的黏结强,因此要尽量减少针片状颗粒含量。

2) 养护条件对混凝土强度的影响

对于相同配合比组成和相同施工方法的水泥混凝土,其力学强度取决于养护的湿度、温度和养护的时间(龄期)。

(1)湿度:混凝土浇筑成型后,在湿润的状态下,混凝土的强度将随龄期按水泥的特性成对数关系增长。

(2)温度:养护温度对混凝土强度发展有很大影响。在相同湿度的养护条件下,低温养护强度发展较慢,为了达到一定强度,低温养护较高温养护需要更长的龄期。

(3)龄期:混凝土的强度随着龄期的增长而提高。一般早期增长比例较为显著,后期较为缓慢。其关系可用下式表达:

$$f_{c,n} = f_{c,a} \frac{\lg n}{\lg a} \tag{1-4-10}$$

式中:$f_{c,a}$——$a$ 天龄期的混凝土抗压强度;

$f_{c,n}$——$n$ 天龄期的混凝土抗压强度。

3)试验条件对混凝土强度的影响

相同材料组成、相同制备条件和养护条件制成的混凝土试件,其力学强度还取决于试验条件。影响混凝土力学强度的试验条件主要有:试件形状与尺寸、试件湿度、试件温度、支承条件和加载方式等。

**5.提高混凝土强度的措施**

1)选用高强度水泥和早强型水泥

为提高混凝土的强度,应选用高强度的水泥,采用高强水泥,才能满足混凝土强度高且水泥用量少的要求。为缩短养护时间,在供应条件允许时,应优先选用早强型水泥。

2)采用低水胶比和浆集比

采用低的水胶比,以减少混凝土中的游离水,从而减小混凝土中的空隙,提高混凝土的密实度和强度。另一方面降低了浆集比,减薄胶浆层的厚度,可以充分发挥集料的骨架作用,对混凝土强度的提高亦有帮助。如采用适宜的最大粒径,可调节抗压和抗折强度之间的关系,以达到提高抗折强度的效果。

3)掺加混凝土外加剂和掺合料

目前,桥梁工程所采用的预应力混凝土,通常要求设计强度为 C50 以上,除了采用 42.5MPa 或 52.5MPa 强度等级的普通硅酸盐水泥外,水胶比必须在 0.35 ~ 0.40 之间才能达到强度要求。而混凝土拌和物的坍落度又要求在 50mm 以上,必须采用高效减水剂等外加剂,才能保证混凝土拌和物的工作性和混凝土的强度。

4)采用湿热处理——蒸汽养护和蒸压养护

桥梁预制构件,除了采用上述措施外,还适合采用湿热处理来提高混凝土的强度。

(1)蒸汽养护是使浇筑好的混凝土构件经 1 ~ 3h 预养后,在 90% 以上的相对湿度、60℃ 以上温度的饱和水蒸气中养护,以加速混凝土强度的发展。

普通水泥混凝土经过蒸汽养护后,早期强度提高快,一般经过一昼夜蒸汽养护,混凝土强度能达到标准强度的 70%,但对后期强度增长有影响,所以用普通水泥配制的混凝土养护温度不宜太高,时间不宜太长,一般养护温度为 60 ~ 80℃,恒温养护时间 5 ~ 8h 为宜。

用火山灰质水泥和矿渣水泥配制的混凝土,蒸汽养护效果比普通水泥混凝土好,不但早期强度增加快,而且后期强度比自然养护还稍有提高。这两种水泥混凝土可以采用较高的温度养护,一般可达 90℃,养护时间不超过 12h。

(2)蒸压养护是将浇筑完的混凝土构件静停 8 ~ 10h 后,放入蒸压釜内,在高压、高温(如大于或等于 8 个大气压,温度为 175℃ 以上)饱和蒸汽中进行养护。

在高温、高压蒸汽下,水泥水化时析出的氢氧化钙不仅能充分与活性的氧化硅结合,而且也能与结晶状态的氧化硅结合而生成含水硅酸盐结晶,从而加速水泥的水化和硬化,提高混凝土的强度。此法比蒸汽养护的混凝土质量好,特别是对采用掺活性混合材料水泥及掺入磨细石英砂的混合硅酸盐水泥更为有效。

5)采用机械搅拌和振捣

混凝土拌和物在强力搅拌和振捣作用下,胶浆的凝聚结构暂时受到破坏,因而降低了胶浆的黏度和集料间的摩阻力,提高了拌和物的流动性,从而使混凝土拌和物能更好地充满模型并均匀密实,混凝土强度得到提高。

### 三、混凝土的变形

混凝土的变形按其产生的原因可分为荷载作用下的变形和非荷载作用下的变形两大类。荷载作用下的变形分为短期荷载作用下的弹塑性变形及长期荷载作用下的徐变变形。非荷载作用下的变形包括混凝土的化学减缩、温度变形、干缩湿胀等。

1. 短期荷载作用下变形——弹塑性变形

1)弹性变形和塑性变形

混凝土在短期荷载作用下的变形有弹性变形和塑性变形,弹性变形是指对材料施加荷载出现,荷载卸除后可以恢复的变形。塑形变形是卸载后不可恢复的变形。当混凝土承受的压力在极限荷载的30%左右之前产生的变形近似于弹性变形,其应力—应变曲线大概接近直线。之后的变形主要是塑性变形。在混凝土未达到极限荷载时卸载,混凝土的变形瞬时恢复的是弹性变形,还有一部分变形是不能恢复的塑性变形,如图1-4-5所示。

2)弹性模量

在应力—应变关系曲线上任一点的应力与应变的比值为混凝土在该应力下的弹性模量。但混凝土在短期荷载作用下的应力—应变并非线性关系,故弹性模量有三种表示方法如图1-4-6所示:

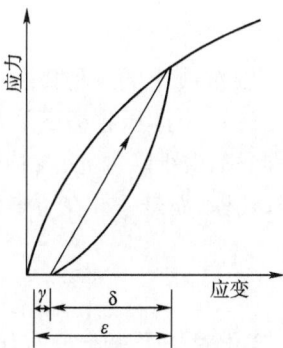

图1-4-5 短期荷载作用下加载、卸载时的应力—应变曲线

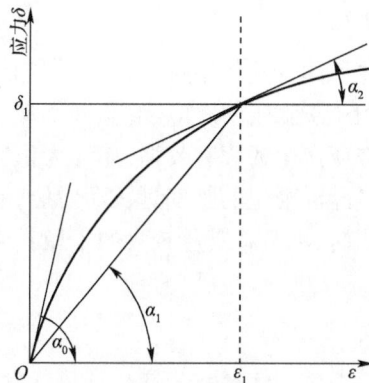

图1-4-6 混凝土弹性变形的三种弹性模量示意图

(1)始切线弹性模量 $\alpha_0$;

(2)切线弹性模量 $\alpha_2$;

(3)割线弹性模量 $\alpha_1$:在应力小于极限抗压强度 30% ~ 40% 时,应力—应变曲线接近直线。

3）静力受压弹性模量

《普通混凝土力学性能试验方法标准》（GB/T 50081—2002）中规定：采用割线弹性模量作为混凝土静力受压弹性模量。混凝土静力受压弹性模量的试验方法是：按照规定的方法制作尺寸为 150mm×150mm×300mm 棱柱体标准试件 6 个；取 3 个试件测定混凝土的轴心抗压强度 $f_{cp}$；另外 3 个试件测定静力受压弹性模量 $E_c$，测定静力受压弹性模量时，将变形测量仪安装在试件两侧的中心线上并对称于试件的两端，经过至少两次的反复预压，并且预压符合规范要求的前提下，测定基准压力 $F_0 = 0.5$MPa 下的变形 $\varepsilon_0$ 和加载到 1/3 轴心抗压强度 $F_a$ 压力下的变形 $\varepsilon_a$。代入到下式计算静力受压弹性模量：

$$E_c = \frac{F_a - F_0}{A} \times \frac{L}{\Delta n} \tag{1-4-11}$$

式中：$A$、$L$——分别为试件承压面积（$mm^2$）和测量标距（mm）；

$\Delta n$——测定时从 $F_0$ 加载到 $F_a$ 时试件两侧变形的平均值；

$$\Delta n = \varepsilon_a - \varepsilon_0$$

$\varepsilon_a$、$\varepsilon_0$——$F_a$、$F_0$ 时试件两侧变形的平均值。

混凝土的强度越高，结构越密实，弹性模量值越大。

2. 长期荷载作用下的变形——徐变

混凝土在长期荷载作用下，除产生瞬间的弹性变形和塑性变形外，还会产生徐变，徐变是在长期恒定荷载作用下，随时间产生的沿受力方向增大的非弹性变形。徐变在早期增长很快，然后逐渐缓慢，一般要延续 2～3 年才逐渐趋于稳定。当混凝土卸载后，一部分变形瞬时恢复，还有一部分变形慢慢恢复，称为徐变恢复，剩下的不可恢复的变形称为残余变形。

混凝土的徐变对混凝土及钢筋混凝土结构物的应力和应变状态有很大影响。徐变可能超过弹性变形，甚至达到弹性变形的 2～4 倍。在某些情况下，徐变有利于削弱由温度、干缩等引起的约束变形，从而防止裂缝的产生。但在预应力结构中，徐变将产生应力松弛，引起预应力损失，造成不利影响。因此，在混凝土结构设计时，必须充分考虑徐变的有利和不利影响。

3. 化学减缩

混凝土体积的自发化学收缩是在没有干燥和其他外界影响下的收缩，其原因是水泥水化物的固体体积小于水化前反应物（水和水泥）的总体积。因此，混凝土的这种体积收缩是由水泥的水化反应所产生的固有收缩，亦称为化学减缩。混凝土的这一体积收缩变形是不能恢复的。其收缩量随混凝土的龄期延长而增加，但是观察到的收缩率很小。因此，在结构设计考虑限制应力作用时，不必将其从较大的干燥收缩率中区分出来处理，而是一并在干燥收缩中一起计算。

4. 温度变形

混凝土与通常固体材料一样呈现热胀冷缩。一般室温变化对于混凝土没有什么大影响。但是温度变化很大时，就会对混凝土产生重要影响。混凝土与温度变化有关的变形除取决于温度升高或降低和程度外，还取决于其组成的热胀系数。当温度变化引起的集料颗粒体积变化与水泥石体积变化相差大时，或者集料颗粒之间的膨胀系数有很大差别时，都会产生破坏性的内应力。造成混凝土的裂缝与集料的剥落。

混凝土温度变形稳定性，除由于降温或升温影响外，还有混凝土内部与外部的温差对体积稳定性产生的影响，即大体积混凝土存在的温度变形问题。

大体积混凝土内部温度上升,主要是由于水泥水化热蓄积造成的。水泥水化会产生大量水化热,经验表明 $1m^3$ 混凝土中每增加 $10kg$ 水泥,所产生的水化热能使混凝土内部温度升高 $1℃$。由于混凝土的导热能力很低,水泥水化发出的热量聚集在混凝土内部长期不易散失。大体积混凝土表面散热快、温度较低,内部散热慢、温度较高,就会造成表面和内部热变形不一致。这样,在内部约束应力和外部约束应力作用下就可能产生裂缝。

为了减少大体积混凝土体积变形引起的开裂,目前常用的方法有:

(1)用低水化热水泥和尽量减少水泥用量;

(2)尽量减少用水量,提高混凝土强度;

(3)选用热膨胀系数低的集料,减小热变形;

(4)预冷原材料;

(5)合理分缝、分块、减轻约束;

(6)在混凝土中埋设冷却水管;

(7)表面绝热,调节表面温度的下降速率等。

5. 干缩湿胀

混凝土内水分变化引起的体积变化,取决于周围环境的湿度变化。混凝土在干燥过程中,随着毛细孔水的蒸发,使毛细孔中形成负压产生收缩力,导致混凝土收缩,称为干缩。已干燥的混凝土再次吸水变湿时,体积又会膨胀,称为湿胀,此时原有的干缩变形会大部分消失,也有一部分变形是不消失的。

干燥收缩可分为可逆收缩和不可逆收缩两类。可逆收缩属于第一次干湿循环所产生的总收缩的一部分;不可逆收缩则属于第一次干燥总收缩的一部分,在继续的干湿循环过程中不再产生。事实上,经过第一次干燥、再潮湿后的混凝土的后期干燥收缩将减小,即第一次干燥由于存在不可逆收缩,改善了混凝土的体积稳定性,这有助于混凝土制品的制造。

混凝土的湿胀变形量很小,一般无破坏作用。但干缩变形对混凝土危害较大,当干缩受到约束时会使混凝土表面出现拉应力而导致开裂,使混凝土抗渗、抗冻、抗侵蚀性能降低,严重影响混凝土的耐久性。因此在设计时必须加以考虑。

6. 收缩试验

现行国家标准《普通混凝土长期性能和耐久性能试验方法标准》(GB/T 50082—2009)规定:可用收缩试验测定混凝土的自由收缩变形。

**四、混凝土的耐久性**

混凝土的耐久性是指混凝土材料在长期使用过程中,抵抗因服役环境外部因素和材料内部原因造成的侵蚀和破坏,而保持其原有性能不变的能力。混凝土在使用的过程中,随着时间的增长,性能会降低,也称为性能的劣化。混凝土性能劣化的表现主要有:组成成分的改变、体积膨胀、裂缝、表面开裂、表面剥落、溶蚀、磨损、结构疏松、承载力下降、弹性模量降低、质量损失、体积增长等。造成混凝土性能劣化的环境外部因素指的是酸、碱、盐的腐蚀作用,冰冻破坏作用,水压渗透作用,碳化作用,干湿循环引起的风化作用,荷载应力作用和振动冲击作用等。材料内部因素主要指碱集料反应和自身体积变化。

《普通混凝土长期性能和耐久性能试验方法标准》(GB/T 50082—2009)中详细规定了混凝土的长期性能和耐久性能的试验主要内容包括:抗冻试验、动弹性模量试验、抗水渗透试验、抗氯离子渗透试验、收缩试验、早期抗裂试验、受压徐变试验、碳化试验、混凝土中钢筋锈蚀试验、抗压疲劳变形试验、抗硫酸盐侵蚀试验和碱集料反应试验。

通常用混凝土的抗渗性、抗冻性、抗碳化性能、抗腐蚀性能和碱集料反应综合评价混凝土的耐久性。

### 1. 混凝土的抗渗性

混凝土抗渗性亦称不透水性,是指混凝土抵抗水的渗透作用的性能。

水是混凝土主要组成原料,也是混凝土出现耐久性问题的核心,许多对混凝土有害成分是以水为介质进入混凝土内部的,而混凝土内部的孔隙通道是其渗水的根本原因。孔隙通道包括:混凝土中可蒸发水蒸发后留下的孔道;拌和物泌水时在集料和钢筋下方形成的水囊与水膜;混凝土各种原因引起的体积变形所产生的收缩裂缝;混凝土在荷载作用下的变形等。提高混凝土的抗渗性的根本在于提高混凝土的密实性,要从混凝土的配合比、材料、养护等方面入手,使混凝土的密实性提高。

硬化水泥浆体或混凝土因毛细作用(而不是压力梯度)吸收或吸附水分于其孔隙里的性质,称为吸水性。试验表明:吸水性大小主要反映混凝土靠近表层的抗渗性。

混凝土的抗渗性采用抗水渗透试验测定,常用逐级加压试验法。逐级加压是通过逐级施加水压力来测定以抗渗等级来表示的混凝土的抗水渗透性能。试验时,按照规定的方法制作混凝土试件,一组6个,将试件侧面涂一层熔化的密封材料,随即在螺旋或其他加压装置上,将试件压入经烘箱预热过的试件套中,稍冷却后,即可解除压力、连同试件套装在抗渗仪上进行试验。试验从水压为0.1MPa开始。以后,每隔8h增加水压0.1MPa,并且要随时注意观察试件端面的渗水情况。当6个试件中有3个试件端面呈有渗水现象时,即可停止试验,记下当时的水压。在试验过程中,如发现水从试件周边渗出,则应停止试验,重新密封。

混凝土的抗渗等级以每组6个试件中4个试件未出现渗水时的最大水压力计算,其计算式为:

$$S = 10H - 1 \tag{1-4-12}$$

式中:$S$——抗渗标号;

$H$——6个试件中3个渗水时的水压力,MPa。

《混凝土质量控制标准》(GB 50164—2011)根据混凝土试件在抗渗试验时所能承受的最大水压力,混凝土的抗渗等级划分为P4、P6、P8、P10、P12等五个等级。

### 2. 混凝土抗冻性

在吸水饱和状态下,混凝土能够经受多次冻融循环而不破坏,也不显著降低其强度的性能,称为混凝土的抗冻性。

混凝土遭受冻融的循环作用,可导致强度降低甚至破坏。为评价混凝土的抗冻性,采用抗冻性能试验方法,我国现行标准《普通混凝土长期性能和耐久性能试验方法标准》(GB/T 50082—2009)规定可采用"慢冻法"或"快冻法"以经受的冻融循环次数表示混凝土的抗冻性能。慢冻法的"冻融循环"是指混凝土试件经28d养护并吸水饱和后,于−18 ~ −20℃和18~20℃条件下进行冻结4h和融化4h循环。每25次冻融循环后进行一次外观检查。当出现严重破坏时,应立即进行称重。当一组试件的平均质量损失率超过5%,或者已达到规定的循环次数;或抗压强度损失率已达到25%时可停止其冻融循环试验。计算其强度损失率和质量损失率,以强度损失率小于25%和质量损失率小于5%的循环次数确定混凝土的抗冻标号。抗冻标号分为

D25、D50、D100、D150、D200、D250 和 D300 等。

混凝土强度损失率按下式计算：

$$\Delta f_c = \frac{f_{c0} - f_{cn}}{f_{c0}} \times 100 \qquad (1\text{-}4\text{-}13)$$

式中：$\Delta f_c$——经 $n$ 次冻融循环后试件的强度损失率，%，精确至 0.1；

$\quad f_{c0}$——对比用的一组混凝土试件的抗压强度测定值，MPa，精确至 0.1MPa；

$\quad f_{cn}$——经 $N$ 次冻融循环后的一组混凝土试件抗压强度测定值，MPa，精确至 0.1MPa。

单个混凝土试件质量变化率按下式计算，每组试件的平均质量损失率应以三个试件的质量损失率试验结果的算术平均值作为测定值。

$$\Delta W_{ni} = \frac{W_{0i} - W_{ni}}{W_{0i}} \times 100 \qquad (1\text{-}4\text{-}14)$$

式中：$\Delta W_{ni}$——$n$ 次冻融循环后第 $i$ 个试件的质量损失率，%，精确至 0.01；

$\quad W_{0i}$——冻融试验前的第 $i$ 个试件质量，g；

$\quad W_{ni}$——$n$ 次冻融循环后的第 $i$ 个试件质量，g。

**3. 抗氯离子渗透性**

1）氯离子对混凝土的破坏作用

氯离子对结构混凝土中的钢筋造成严重的腐蚀作用，它可以使钢筋表面的钝化层遭到破坏，导致钢筋的腐蚀，混凝土的开裂，严重情况下导致混凝土保护层的脱落。氯离子的来源主要是混凝土的外加剂（含有氯离子）和环境，在外加剂规范中，特别规定了"严禁使用氯盐外加剂"的情况。混凝土在有氯离子的环境中使用时，外部的氯离子也会通过渗透、扩散和毛细作用侵入到混凝土内部。发生上述的损坏，严重影响混凝土的耐久性。

2）氯离子含量

氯离子含量在《普通混凝土配合比设计规程》（JGJ 55—2011）基本规定中规定了混凝土拌和物中水溶性氯离子的最大含量，详见第三节。测定方法依据现行行业标准《水运工程混凝土试验规程》（JTJ 270—98）中的快速测定方法，简单介绍如下：用氯离子选择电极和甘汞电极置于液相中，测得的电极电位 $E$，与液相中氯离子浓度 $C$ 的对数，呈线性关系，即

$$E = K - 0.059 \lg C$$

因此，可根据测得的电极电位值，推算出氯离子的浓度。试验中首先建立电位—氯离子浓度关系曲线，然后制备氯离子允许浓度限值的标准溶液，测得 20℃标准溶液的电极电位值。再把氯离子选择电极放入以蒸馏水（或去离子水）配制的 0.001mol/L 的 NaCl 溶液中活化 1h；从混凝土拌和物中取出 600g 左右砂浆，放入烧杯中，量测温度，插入氯离子选择电极和甘汞电极（通过盐桥），测定其电位，并进行温度校正；从 $E$—$\lg C$ 曲线推算得相应拌和水的氯离子浓度。

3）电通量法

电通量法主要是以混凝土试件的电通量为指标来确定混凝土的抗氯离子渗透性能。这种方法不适用于掺有亚硝酸盐和钢纤维等良导电材料的混凝土抗氯离子渗透试验。试验原理是氯离子在直流电压作用下，能透过混凝土试件向正极方向移动。测量流过混凝土的电荷量或电导，就能反映出透过混凝土的氯离子量。

4）快速氯离子迁移系数法（RCM 法）

快速氯离子迁移系数法是以测定氯离子在混凝土中非稳态迁移的迁移系数来确定混凝土抗氯离子渗透性能的。快速氯离子迁移系数法利用外加电场的作用使试件外部的氯离子向试

件内部迁移;经过一段时间后,将该试件沿轴向劈裂,在新劈开的断面上喷洒硝酸银溶液,根据生成的白色氯化银沉淀测量氯离子渗透的深度,以此计算出混凝土氯离子迁移系数。

### 4.碱—集料反应

水泥混凝土中水泥的碱与某些碱活性集料发生化学反应,可引起混凝土膨胀、开裂,甚至破坏,这种化学反应称为碱—集料反应。含有这种碱活性矿物的集料,称为碱活性集料(简称碱集料)。碱—集料反应会导致高速公路路面或大型桥梁墩台的开裂和破坏,并且这种破坏会继续发展下去,难以补救。近年来,我国水泥含碱量的增加、水泥用量的提高以及含碱外加剂的普遍应用,增加了碱—集料反应破坏的潜在危险。碱—集料反应有两种类型:

(1)碱—硅反应是指碱与集料中活性二氧化硅反应;

(2)碱—碳酸盐反应是指碱与集料中活性碳酸盐反应。

《普通混凝土长期性能和耐久性能试验方法标准》(GB/T 50082—2009)中规定了碱—集料的检验方法:将规定了碱含量的水泥和规定的粗细集料按照规定的配合比拌和、成型、养护,制备的混凝土试件,测定基准长度和不同龄期的长度值计算膨胀率,并观察试件有无裂缝、变形、渗出物及反应产物等,必要时在观测周期结束后辅以岩相分析等手段,综合判断试件内部的结构和反应产物。当试验出现以下两种情况之一时,可结束试验:在52周的测试龄期内的膨胀率超过0.04%;或膨胀率虽小于0.04%,但试验周期已经达52周(或一年)。

# 第三节 普通水泥混凝土的配合比设计

混凝土的主要组成材料在第一节中已经介绍,在配制混凝土时,各种材料的相对用量不同、原材料的技术品质不同时,所配制出的混凝土的技术性能也是不同的。在工程建设中,不同的工程部位根据不同的环境情况、使用条件其设计要求也不同。比如常见的某中桥设计使用年限是50年,桩基础混凝土强度等级为C25,墩台身混凝土强度等级为C30,桥梁的T梁梁体的混凝土强度等级是C50。混凝土的配合比是指混凝土中各组成材料之间的比例关系。配合比设计,就是根据所要配制的混凝土的等级及性能要求,选择原材料,通过计算、试配和调整确定出混凝土中各种组成材料的用量。

## 一、配合比设计的基础知识

### 1.配合比设计的基本规定

根据《普通混凝土配合比设计规程》(JGJ 55—2011),混凝土的配合比设计要符合以下基本规定。

(1)混凝土配合比设计应满足混凝土配制强度及其他力学性能、拌和物性能、长期性能和耐久性能的设计要求。

(2)混凝土配合比设计应采用工程实际使用的原材料:配合比设计所采用的细集料含水率应小于0.5%,粗集料含水率应小于0.2%。

(3)混凝土的最大水胶比应符合现行国家标准《混凝土结构设计规范》(GB 50010—2010)的规定。对不同环境条件下混凝土的最大水胶比,《混凝土结构设计规范》(GB 50010—2010)规定见表1-4-19。

(4)除配制C15及其以下强度等级的混凝土外,混凝土的最小胶凝材料用量应符合表

1-4-20 的规定。

**不同环境条件下的最大水胶比规定**    表 1-4-19

| 环境类别 | 条 件 | 最低强度等级 | 最大水胶比 |
|---|---|---|---|
| 一 | 室内干燥,无侵蚀性静水浸没环境 | C20 | 0.60 |
| 二 | 室内潮湿环境、非严寒和非寒冷地区的露天环境、非严寒和非寒冷地区与无侵蚀性的水或土壤直接接触的环境、严寒和寒冷地区的冰冻线以下与无侵蚀性的水或土壤直接接触的环境 | C25 | 0.55 |
| 三 | 干湿交替环境、水位频繁变动环境、严寒和寒冷地区的露天环境、严寒和寒冷地区冰冻线以上与无侵蚀性的水或土壤直接接触的环境 | C30(C25) | 0.50(0.45) |
| 四 | 严寒和寒冷地区冬季水位变动区环境、受除冰盐影响环境、海风环境 | C35(C30) | 0.45(0.50) |
| 五 | 盐渍土环境、受除冰盐作用环境、海岸环境 | C40 | 0.40 |

**混凝土的最小胶凝材料用量规定**    表 1-4-20

| 最大水胶比 | 最小胶凝材料用量($kg/m^3$) | | |
|---|---|---|---|
| | 素混凝土 | 钢筋混凝土 | 预应力混凝土 |
| 0.60 | 250 | 280 | 300 |
| 0.55 | 280 | 300 | 300 |
| 0.50 | 320 | | |
| ≤0.45 | 330 | | |

（5）矿物掺合料在混凝土中的掺量应通过试验确定。采用硅酸盐水泥或普通硅酸盐水泥时,钢筋(预应力)混凝土中矿物掺合料最大掺量宜符合表 1-4-21 的规定。对基础大体积混凝土,粉煤灰、粒化高炉矿渣粉和复合掺合料的最大掺量可增加 5%。采用掺量大于 30% 的 C 类粉煤灰的混凝土应以实际使用的水泥和粉煤灰掺量进行安定性检验。

**钢筋(预应力)混凝土中矿物掺合料最大掺量**    表 1-4-21

| 矿物掺合料种类 | 水胶比 | 最大掺量(%) | |
|---|---|---|---|
| | | 采用硅酸盐水泥 | 采用普通硅酸盐水泥 |
| 粉煤灰 | ≤0.40 | 45(35) | 35(30) |
| | >0.40 | 40(25) | 30(20) |
| 粒化高炉矿渣 | ≤0.40 | 65(55) | 55(45) |
| | >0.40 | 55(45) | 45(35) |
| 钢渣粉 | — | 30(20) | 20(10) |
| 磷渣粉 | — | 30(20) | 20(10) |
| 硅灰 | — | 10(10) | 10(10) |
| 复合掺合料 | ≤0.40 | 65(55) | 55(45) |
| | >0.40 | 55(45) | 45(35) |

注:采用其他通用硅酸盐水泥时,宜将水泥混合材掺量 20% 以上的混合材量计入矿物掺合料;复合掺合料各组分的掺量不宜超过单掺时的最大掺量;在混合使用两种或两种以上矿物掺合料时,矿物掺合料总掺量应符合表中复合掺合料的规定。

(6)混凝土拌和物中水溶性氯离子最大含量应符合表 1-4-22 的规定,其测试方法应符合现行行业标准《水运工程混凝土试验规程》(JT/J 270—98)中混凝土拌和物中氯离子含量的快速测定方法的规定。

混凝土拌和物中水溶性氯离子最大含量 表 1-4-22

| 环 境 条 件 | 水溶性氯离子的最大含量(%,水泥用量的质量百分比) | | |
| --- | --- | --- | --- |
| | 钢筋混凝土 | 预应力混凝土 | 素混凝土 |
| 干燥环境 | 0.3 | | |
| 潮湿但不含氯离子环境 | 0.2 | 0.06 | 1.00 |
| 潮湿且含有氯离子环境,盐渍土环境 | 0.1 | | |
| 除冰盐等侵蚀性物质的腐蚀环境 | 0.06 | | |

(7)长期处于潮湿或水位变动的寒冷和严寒环境以及盐冻环境的混凝土应掺用引气剂。引气剂掺量应根据混凝土含气量要求经试验确定,混凝土最小含气量应符合表 1-4-23 的规定,最大不宜超过 7.0%。

混凝土的最小含气量要求 表 1-4-23

| 粗集料最大公称粒径(mm) | 混凝土最小含气量(%) | |
| --- | --- | --- |
| | 潮湿或水位变动的寒冷和严寒环境 | 盐冻环境 |
| 40.0 | 4.5 | 5.0 |
| 25.0 | 5.0 | 5.5 |
| 20.0 | 5.5 | 6.0 |

(8)对于有预防混凝土碱—集料反应设计要求的工程,宜掺用适量粉煤灰或其他矿物掺合料,混凝土中最大碱含量不应大于 $3.0kg/m^3$;对于矿物掺合料碱含量,粉煤灰碱含量可取实测值的 1/6,粒化高炉矿渣粉碱含量可取实测值的 1/2。

**2.混凝土配合比的表示方法**

混凝土配合比表示方法,通常有下列两种:

(1)单位用量表示方法。以 $1m^3$ 混凝土中各种材料的用量($kg/m^3$)表示。即:

水泥:水:细集料:粗集料 $= m_{co}:m_{wo}:m_{so}:m_{go} = 330:165:706:1265$

(2)相对含量表示方法。以各种材料用料量的比例,即以水泥质量为 1 表示。并按"水泥:细集料:粗集料,水灰比"的顺序排列表示。例如:$1:2.15:3.82$,$W/C = 0.50$。

**3.混凝土基本性能要求**

对于桥梁和结构工程等用的水泥混凝土,在配合比设计中其性能应满足下列三项基本要求:

(1)新拌混凝土的拌和物性能要求。按照结构物的断面尺寸和形状,钢筋的配制情况、施工方法及设备等,合理确定混凝土拌和物的工作性(坍落度或维勃稠度)。

(2)力学性能要求。混凝土设计时针对不同的结构部位会提出不同的"设计强度"要求。为了保证结构物的可靠性,在设计混凝土的配合比时,必须考虑结构物的重要性、施工单位的水平、施工环境因素等条件,采用满足设计强度的试配强度,试配强度考虑了各方面因素可以满足设计强度,过大的试配强度会造成浪费,过小又不安全。

(3)长期性能和耐久性能要求。混凝土在长期的使用过程中,会受到各种不利于耐久性的因素,如严寒地区的路面、处于水位升降范围内的桥梁墩台、有侵蚀性危害的环境等,在设计过程中,考虑到增大混凝土的密实性来保证混凝土的耐久性,控制最大水胶比和最小水泥用量。

4. 混凝土配合比设计中参数和术语

(1)水胶比。混凝土中水与胶凝材料的用量比例称为水胶比。胶凝材料指水泥和活性矿物掺合料。水胶比对混凝土和易性、强度和耐久性都具有重要的影响,因此,通常是根据强度和耐久性来确定水胶比的大小。一方面,水胶比较小时可以使强度更高且耐久性更好;另一方面,在保证混凝土和易性所要求用水量基本不变的情况下,只要满足强度和耐久性对水胶比的要求,选用较大水胶比时,可以节约水泥。

(2)砂率。砂子占砂石总量的百分率称为砂率。砂率影响混凝土的工作性。

(3)用水量。用水量是指 $1m^3$ 混凝土拌和物中水的用量($kg/m^3$)。在水胶比固定的条件下,用水量如果确定,则胶凝材料即水泥用量亦随之确定。

注:水胶比、砂率、用水量通常称为配合比设计三参数。

(4)胶凝材料用量。每立方米混凝土中水泥和掺合料质量的总和。

(5)矿物掺合料。矿物掺合料是混凝土拌和时掺入的能改善混凝土性能的粉状物质。

(6)外加剂掺量。一般为胶凝材料的 0.8% ~ 1.2%。

5. 混凝土配合比设计的基本原理

(1)绝对体积法。绝对体积法是假定混凝土拌和物的体积等于各组成材料绝对体积与混凝土拌和物中所含空气体积之和。

(2)质量法。质量法又称为假定表观密度法。即如果原材料比较稳定,则先假设混凝土的湿表观密度为一定值,而 $1m^3$ 中混凝土拌和物各组成材料的单位用量之和即为其湿表观密度。通常普通混凝土的湿表观密度为 2350 ~ 2500kg/m³。

6. 混凝土配合比设计的基本资料

(1)设计要求的混凝土强度等级;

(2)工程特征(所处的环境、结构断面、钢筋间距等);

(3)耐久性要求(如设计使用年限、抗冻等级、抗侵蚀、耐磨、碱—集料要求等);

(4)水泥的强度等级和品种;砂石材料的基本性能等;

(5)施工工艺、施工水平等。

## 二、配合比设计的步骤

1. 确定试配强度 $f_{cu,0}$

确定试配强度,首先应根据设计要求的混凝土的强度等级和施工单位的质量管理水平,按照《普通混凝土配合比设计规程》(JGJ 55—2011)的规定,按式(1-4-15)计算。

$$f_{cu,0} \geq f_{cu,k} + 1.645\sigma \qquad (1\text{-}4\text{-}15)$$

式中:$f_{cu,0}$——混凝土的试配强度,MPa;

$f_{cu,k}$——混凝土立方体抗压强度标准值,这里取设计的混凝土强度等级,MPa;

$\sigma$——混凝土强度标准差,MPa。

当有近 1 ~ 3 个月的同一品种、同一强度等级混凝土的强度资料时,且试件组数不小于 30 组时,混凝土强度标准差 $\sigma$ 可计算求得;对强度等级不大于 C30 的混凝土,若强度标准差计算值小于 3.0MPa 时,则计算配置强度时的标准差取 3.0MPa;对强度等级 C30 ~ C60 的混凝土,若强度标准差计算值低于 4.0MPa 时,则计算试配强度时的标准差取为 4.0MPa。

若无历史统计资料时,强度标准差可根据要求的强度等级按表1-4-24规定选用。

标准差 $\sigma$ 取值表

表1-4-24

| 强度等级 | 低于C20 | C20~C45 | C50~C55 |
|---|---|---|---|
| 标准差 $\sigma$(MPa) | 4.0 | 5.0 | 6.0 |

当设计强度大于或等于C60时,配制强度按下式计算:

$$f_{cu,0} \geq 1.15 f_{cu,k} \tag{1-4-16}$$

2. 混凝土配合比的计算

1)计算水胶比($W/B$)

(1)混凝土的强度等级小于或等于C60时,混凝土水胶比按下式计算:

$$\frac{W}{B} = \frac{\alpha_a f_b}{f_{cu,0} + \alpha_a \alpha_b f_b} \tag{1-4-17}$$

式中:$W/B$——混凝土水胶比;

$\quad f_{cu,0}$——混凝土配制强度,MPa;

$\quad \alpha_a 、\alpha_b$——回归系数,见表1-4-25;

$\quad f_b$——胶凝材料28d胶砂抗压强度实测值,MPa。

混凝土强度公式的回归系数

表1-4-25

| 集料品种 | 回归系数 | |
|---|---|---|
|  | $\alpha_a$ | $\alpha_b$ |
| 碎石 | 0.53 | 0.20 |
| 卵石 | 0.49 | 0.13 |

当胶凝材料28d胶砂抗压强度 $f_b$ 无实测值时,可按下式计算:

$$f_b = \gamma_f \gamma_s f_{ce} \tag{1-4-18}$$

式中:$\gamma_f 、\gamma_s$——粉煤灰影响系数和粒化高炉矿渣影响系数可按表1-4-26选用。

粉煤灰和粒化高炉矿渣的影响系数

表1-4-26

| 掺量(%) / 种类 | 粉煤灰影响系数 $\gamma_f$ | 粒化高炉矿渣影响系数 $\gamma_s$ | 掺量(%) / 种类 | 粉煤灰影响系数 $\gamma_f$ | 粒化高炉矿渣影响系数 $\gamma_s$ |
|---|---|---|---|---|---|
| 0 | 1.00 | 1.00 | 30 | 0.65~0.75 | 0.90~1.00 |
| 10 | 0.85~0.95 | 1.00 | 40 | 0.55~0.65 | 0.80~0.90 |
| 20 | 0.75~0.85 | 0.95~1.00 | 50 | — | 0.70~0.85 |

当水泥28d胶砂抗压强度 $f_{ce}$ 无实测值时,可按下式计算:

$$f_{ce} = \gamma_c f_{ce,g} \tag{1-4-19}$$

式中:$f_{ce}$——水泥28d胶砂抗压强度,MPa;

$\quad f_{ce,g}$——水泥的强度等级值;

$\quad \gamma_c$——水泥强度等级值富余系数,可按实际资料统计,缺乏实际统计资料时,对于32.5级水泥,取1.12;42.5级水泥,取1.16;52.5级水泥,取1.10。

(2)最大水胶比控制:根据式(1-4-17)计算所得的水胶比要满足基本规定中根据环境条件所规定的最大水胶比要求。

2)用水量的确定($m_{w0}$)

(1)干硬性、塑性混凝土用水量的确定

①当水胶比在 0.40~0.80 范围时,应根据粗集料的品种、数量、粒径及施工要求的混凝土拌和物稠度值(坍落度或维勃稠度),用水量参照表 1-4-27 选取。

混凝土的用水量选用表

表 1-4-27

| 拌和物稠度 | | 卵石最大公称粒径(mm) | | | | 碎石最大公称粒径(mm) | | | |
|---|---|---|---|---|---|---|---|---|---|
| 项目 | 指标 | 10 | 20 | 31.5 | 40 | 16 | 20 | 31.5 | 40 |
| 坍落度<br>(mm) | 10~30 | 190 | 170 | 160 | 150 | 200 | 185 | 175 | 165 |
| | 35~50 | 200 | 180 | 170 | 160 | 210 | 195 | 185 | 175 |
| | 55~70 | 210 | 190 | 180 | 170 | 220 | 205 | 195 | 185 |
| | 75~90 | 215 | 195 | 185 | 175 | 230 | 215 | 205 | 195 |
| 维勃稠度<br>(s) | 16~20 | 175 | 160 | — | 145 | 180 | 170 | — | 155 |
| | 11~15 | 180 | 165 | — | 150 | 185 | 175 | — | 160 |
| | 5~10 | 185 | 170 | — | 155 | 190 | 180 | — | 165 |

注:①本表用水量采用中砂时的平均取值。采用细砂时,每立方米混凝土用水量可增加 5~10kg;采用粗砂时,则可减少 5~10kg。

②掺用各种外加剂或掺合料时,用水量应相应调整。

②水胶比小于 0.40 的混凝土以及用特殊成型工艺的混凝土的用水量应通过试验确定。

(2)流动性和大流动性混凝土的用水量的计算

①以表 1-4-27 中 90mm 的用水量为基础,按照坍落度每增大 20mm,用水量增加 5kg,计算未掺加外加剂时的混凝土的用水量。

②掺加外加剂时的混凝土的用水量可按下式计算:

$$m_{w0} = m'_{w0}(1 - \beta) \qquad (1\text{-}4\text{-}20)$$

式中:$m_{w0}$——掺加外加剂的混凝土每立方米的混凝土用水量;

$m'_{w0}$——未掺加外加剂的混凝土每立方米的混凝土用水量;

$\beta$——外加剂的减水率,%。

3)胶凝材料、矿物掺合料和水泥的用量

(1)胶凝材料的用量 $m_{b0}$ 按下式计算:

$$m_{b0} = m_{w0} \times \frac{B}{W} \qquad (1\text{-}4\text{-}21)$$

(2)每立方米混凝土的矿物掺合物的用量 $m_{f0}$ 按下式计算:

$$m_{f0} = m_{b0} \times \beta_f \qquad (1\text{-}4\text{-}22)$$

式中:$\beta_f$——矿物掺合料的掺量,%。

(3)每立方米的水泥用量按下式计算:

$$m_{c0} = m_{b0} - m_{f0} \qquad (1\text{-}4\text{-}23)$$

(4)胶凝材料用量的校核。胶凝材料的用量应不低于基本规定中的用量。矿物掺合料的用量不应超出基本规定要求。

4)砂率 $\beta_s$ 的选定

砂率应该根据集料的技术指标,混凝土拌和物的性能和施工要求,参考既有的历史资料确定。

当没有资料参考时,混凝土砂率的确定应符合下列规定:

(1)坍落度小于10mm的混凝土,砂率应按经验确定。

(2)坍落度在10～60mm的混凝土,砂率应根据粗集料的类型、最大公称粒径和水胶比按表1-4-28选用。

(3)坍落度大于60mm的混凝土,砂率可按经验确定,也可按在坍落度每增大20mm、砂率增大1%的幅度予以调整。

混 凝 土 的 砂 率    表1-4-28

| 水胶比（W/B） | 卵石最大公称粒径（mm） | | | 碎石最大公称粒径（mm） | | |
|---|---|---|---|---|---|---|
| | 9.5 | 16.0 | 31.5 | 13.2 | 16.0 | 31.5 |
| 0.40 | 26～32 | 25～31 | 24～30 | 30～35 | 29～34 | 27～32 |
| 0.50 | 30～35 | 29～34 | 28～33 | 33～38 | 32～37 | 30～35 |
| 0.60 | 33～38 | 32～37 | 31～36 | 36～41 | 35～40 | 33～38 |
| 0.70 | 36～41 | 35～40 | 34～39 | 39～44 | 38～43 | 36～41 |

注:①本表数值是中砂的选用砂率,对细砂或粗砂,可相应地减少或增大砂率。

②采用人工砂和一个单粒级粗集料配制混凝土时,砂率应适当增大。

5)计算粗、细集料单位用量($m_{g0}$、$m_{s0}$)

(1)质量法

质量法又称假定表观密度法。该方法是假定混凝土拌和物的表观密度为固定值,混凝土拌和物各组成材料的单位用量之和即为其表观密度。在砂率值为已知的条件下,粗、细集料的单位用量可由下面关系式求得:

$$\left. \begin{array}{l} m_{c0} + m_{f0} + m_{w0} + m_{s0} + m_{g0} = m_{cp} \\ \dfrac{m_{s0}}{m_{s0} + m_{g0}} \times 100 = \beta_s \end{array} \right\} \quad (1\text{-}4\text{-}24)$$

由式(1-4-24)得:

$$m_{s0} = (\rho_{cp} - m_{c0} - m_{w0}) \cdot \beta_s / 100$$

$$m_{g0} = (\rho_{cp} - m_{c0} - m_{w0}) - m_{s0}$$

式中:$m_{c0}$、$m_{w0}$、$m_{s0}$和$m_{g0}$——分别为每立方米混凝土的水泥、水、细集料和粗集料的用量,kg;

$\beta_s$——砂率,%;

$m_{cp}$——每立方米混凝土拌和物的假定密度, 可取2350～2500kg/m$^3$。

(2)体积法

体积法又称绝对体积法。该方法是假定混凝土拌和物的体积等于各组成材料绝对体积和混凝土拌和物中所含空气体积之总和。在砂率值为已知的条件下,粗、细集料的单位用量可由下式求得:

$$\left. \begin{array}{l} \dfrac{m_{f0}}{\rho_f} + \dfrac{m_{c0}}{\rho_c} + \dfrac{m_{w0}}{\rho_w} + \dfrac{m_{g0}}{\rho_g} + \dfrac{m_{s0}}{\rho_s} + 0.01\alpha = 1 \\ \dfrac{m_{s0}}{m_{g0} + m_{s0}} \times 100 = \beta_s \end{array} \right\} \quad (1\text{-}4\text{-}25)$$

式中:$\rho_c$、$\rho_w$——分别为水泥、水的密度,kg/m$^3$,可分别取2900～3100kg/m$^3$和1000kg/m$^3$;

$\rho_g$、$\rho_s$——分别为粗集料、细集料的表观密度,kg/m$^3$;

$\rho_f$——矿物掺合料的密度,kg/m$^3$;

$\alpha$——混凝土的含气量百分率,%,在不使用引气型外加剂时,$\alpha$可取为1。

通过以上五个步骤计算,可将胶凝材料、水、粗集料、细集料的用量全部求出,得到的配合比为计算配合比。生产单位可以根据常用材料设计出常用的混凝土配合比备用。按照计算配合比所配制的混凝土不一定符合设计和使用要求,在启用配合比过程中应对配合比予以验证或调整。需验证内容有:拌和物的性能、强度的检验,氯离子含量,耐久性检验。

3.试配、调整并提出试拌配合比

计算配合比首先应进行拌和物工作性能的检验,即测定坍落度数值,同时观察黏聚性和保水性,提出工作性能符合设计和施工要求的试拌配合比。

1)试配

按计算配合比进行试配,试配时应采用强制式搅拌机进行搅拌,符合相关规范要求,并尽量与施工时搅拌方法相同。试拌时,每盘混凝土的数量一般应不少于表1-4-29中的建议值。如需进行抗折强度试验,则应根据实际需要计算用量。采用机械搅拌时,其搅拌量应不小于搅拌机额定搅拌量的1/4。

**混凝土试配的最小搅拌量** 表1-4-29

| 集料最大粒径(mm) | 拌和物数量(L) | 集料最大粒径(mm) | 拌和物数量(L) |
|---|---|---|---|
| 31.5及其以下 | 20 | 40 | 25 |

2)检验工作性、调整计算配合比,提出试拌配合比

对试配混凝土的工作性能(流动性、黏聚性、保水性)进行检验,检验结果应符合设计和施工要求;如拌和物性能不能满足要求,则应在保证水胶比不变的条件下调整混凝土配合比的参数,可按下列原则调整:

(1)坍落度小于设计要求时,在保持水胶比不变的情况下,增加水泥浆用量,即增加用水量和水泥用量;

(2)坍落度大于设计要求时,保持砂率不变,增加砂石用量(相当于减少水泥浆);

(3)黏聚性和保水性不良时(通常是砂率过小),可适当增加砂量,即增大砂率;

(4)拌和物明显砂浆量过多时,可单独加入石子,即减小砂率。

拌和物的性能符合要求后,修正计算配合比,提出试拌配合比。

4.配合比的强度检验和密度修正

试拌配合比应进行强度检验,得到略大于设计强度的水胶比,并计算其他材料的用量,同时进行实测湿表观密度的修正计算,得到试验室配合比。

1)制作试件、检验强度

为校核混凝土的强度,至少应拟定三个不同的配合比,其中一个为按上述得出的基准配合比,另外两个配合比的水胶比值应较基准配合比分别增加及减少0.05,保证用水量应该与基准配合比相同,但砂率值可增加及减少1%。制作检验混凝土强度的试件时,拌和物的工作性能应符合设计和施工要求;同时测定混凝土的湿表观密度。

为检验混凝土强度,每种配合比至少制作一组(三块)试件,在标准养护28d条件下或者设计龄期时进行抗压强度测试。

2)根据强度检验结果修正配合比

(1)确定水胶比。根据检验强度的至少三组水胶比的配合比混凝土强度检验结果,绘制胶水比($B/W$)与强度的线性关系图或者采用内插法确定略大于试配强度的胶水比。

(2)确定用水量($m_w$)。取基准配合比中的用水量,并根据制作强度检验试件时测得的坍

落度(或维勃稠度)值适当加以调整。当掺加有外加剂时,应注意用水量的变化。

(3)确定胶凝材料用量($m_b$)。取用水量乘以确定的胶水比。

(4)确定粗、细集料用量($m_g$和$m_s$)。应根据用水量和胶凝材料的用量进行调整。

3)根据实测拌和物湿表观密度修正配合比

(1)配合比调整后的混凝土拌和物的表观密度$\rho_{c,c}$按下式计算:

$$\rho_{c,c} = m_c + m_f + m_s + m_g + m_w \qquad (1\text{-}4\text{-}26)$$

(2)混凝土的校正系数$\delta$按下式计算:

$$\delta = \frac{\rho_{c,t}}{\rho_{c,c}} \qquad (1\text{-}4\text{-}27)$$

式中:$\delta$——混凝土配合比的校正系数;

$\rho_{c,t}$——混凝土拌和物表观密度的实测值,$kg/m^3$。

(3)当混凝土拌和物的表观密度的实测值与计算值之差的绝对值不超过计算值的2%时,配合比可维持强度修正后不变,当二者差值超过2%时,将混凝土配合比中各项材料用量乘以校正系数。

5.混凝土配合比的耐久性检验

(1)配合比调整后,应测定拌和物水溶性氯离子含量,试验结果应符合基本规定。

(2)对耐久性有设计要求的混凝土应进行相关耐久性试验验证。

## 三、配合比设计实例

【例题1-4-1】 已知某钢筋混凝土桥T形预制梁混凝土设计强度等级为C30,无强度历史统计资料,不掺加矿物掺合料,不使用外加剂。要求混凝土拌和物坍落度为30~50mm。桥梁所在地区属潮暖地区。组成材料:水泥为 P·O 42.5 强度等级,密度$\rho_c = 3.10 \times 10^3 kg/m^3$,富裕系数$\gamma_c = 1.13$。砂为中砂,表观密度$\rho_s = 2.65 \times 10^3 kg/m^3$。碎石最大公称粒径$d = 31.5mm$,表观密度$\rho_g = 2.70 \times 10^3 kg/m^3$。

【设计要求】

(1)按题给资料计算出初步配合比。

(2)按初步配合比在试验室进行试拌调整得出试验室配合比。

【设计步骤】

根据设计资料,对照混凝土设计规范的基本规定,可以确定:环境类别属于二 a,最大水胶比为 0.55;胶凝材料的最小用量为 $300kg/m^3$,拌和物中水溶性氯离子的最大含量应小于0.20%。

1.确定混凝土配制强度($f_{cu,0}$)

根据题意,设计要求混凝土强度$f_{cu,k} = 30MPa$,因无历史资料,可取标准差$\sigma = 5.0MPa$,则混凝土配制强度为:

$$f_{cu,0} = f_{cu,k} + 1.645\sigma = 30 + 1.645 \times 5 = 38.2MPa$$

2.计算水胶比($W/B$)

1)按强度要求计算水胶比

(1)计算胶凝材料强度$f_b$

由题意已知采用强度等级 42.5 的普通硅酸盐水泥,水泥富裕系数$\gamma_c = 1.13$;不掺加矿物

掺合料,胶凝材料实际强度为:

$$f_b = f_{ce} = \gamma_c \times f_{ce,g} = 1.13 \times 42.5 = 48.0 \text{MPa}$$

（2）计算水胶比

已知混凝土配制强度 $f_{cu,0} = 38.2 \text{MPa}$,胶凝材料实际强度 $f_b = 48.0 \text{MPa}$。本单位无混凝土强度回归系数统计资料,采用表 1-4-19 中碎石 $\alpha_a = 0.53$, $\alpha_b = 0.20$。按下式计算水胶比:

$$\frac{W}{B} = \frac{\alpha_a f_b}{f_{cu,0} + \alpha_a \alpha_b f_b} = \frac{0.53 \times 48}{38.2 + 0.53 \times 0.20 \times 48} = 0.59$$

2）按耐久性校核水胶比

根据混凝土所处环境条件属于二 a,允许最大水胶比为 0.55,故采用水胶比为 0.55。

3. 选定单位用水量（$m_{w0}$）

由题意已知,要求混凝土拌和物坍落度 30～50mm,碎石最大公称粒径为 31.5mm。查表 1-4-27,选用混凝土用水量 $m_{w0} = 185 \text{kg/m}^3$。

4. 计算胶凝材料用量 $m_{b0}$

1）胶凝材料用量

混凝土中不掺加矿物掺合料,故胶凝材料只有水泥。已知混凝土单位用水量 $m_{w0} = 185 \text{kg/m}^3$,水胶比 $W/B = 0.55$,按下式计算混凝土胶凝材料和水泥用量为:

$$m_{c0} = m_{b0} = \frac{m_{w0}}{W/B} = \frac{185}{0.55} = 336 \text{kg/m}^3$$

2）按耐久性校核胶凝材料量

根据混凝土所处环境条件基本规定,最小水泥用量不得低于 $300 \text{kg/m}^3$。计算胶凝材料量 $336 \text{kg/m}^3$,符合规定。采用单位用灰量为 $336 \text{kg/m}^3$。

5. 选定砂率（$\beta_s$）

已知集料采用碎石最大公称粒径 31.5mm,水胶比 $W/B = 0.55$。查表 1-4-28,选定混凝土砂率 $\beta_s = 0.35$。

6. 计算砂石用量

1）采用质量法

已知单位用灰量 $m_{c0} = 336 \text{kg/m}^3$,单位用水量 $m_{w0} = 185 \text{kg/m}^3$,假定混凝土拌和物湿表观密度 $\rho_{cp} = 2400 \text{kg/m}^3$,砂率 $\beta_s = 0.35$。由式（1-4-24）得:

$$\left.\begin{array}{l} m_{s0} + m_{g0} = 2400 - 336 - 185 \\ \dfrac{m_{s0}}{m_{s0} + m_{g0}} = 0.35 \end{array}\right\}$$

解得:砂用量 $m_{s0} = 658 \text{kg/m}^3$,碎石用量 $m_{g0} = 1221 \text{kg/m}^3$。

计算配合比为:

$$m_{c0} : m_{s0} : m_{g0} : m_{w0} = 336 : 658 : 1221 : 185 = 1 : 1.96 : 3.63 : 0.55$$

2）采用体积法

已知水泥密度 $\rho_c = 3.10 \times 10^3 \text{kg/m}^3$,砂表观密度 $\rho_s = 2.65 \times 10^3 \text{kg/m}^3$,碎石表观密度 $\rho_g = 2.70 \times 10^3 \text{kg/m}^3$。

由体积法公式得：

$$\left.\begin{array}{c} \dfrac{m_{c0}}{\rho_c} + \dfrac{m_{w0}}{\rho_w} + \dfrac{m_{g0}}{\rho_g} + \dfrac{m_{s0}}{\rho_s} + 0.01\alpha = 1 \\[3mm] \dfrac{m_{s0}}{m_{g0} + m_{s0}} \times 100 = \beta_s \end{array}\right\}$$

非引气混凝土 $\alpha = 1$，代入数据整理得：

$$\frac{336}{3.10} + \frac{185}{1} + \frac{m_{s0}}{2.65} + \frac{m_{g0}}{2.70} + 10 = 1000$$

$$\frac{m_{s0}}{m_{s0} + m_{g0}} = 0.35$$

解联立方程得：砂用量 $m_{s0} = 662\text{kg/m}^3$，碎石用量 $m_{g0} = 1218\text{kg/m}^3$。

按体积法计算得初步配合比为：

$$m_{c0} : m_{w0} : m_{s0} : m_{g0} = 336 : 185 : 662 : 1218$$

**【例题 1-4-2】** 某预应力 T 梁预制混凝土，环境类别是二 b，设计强度是 C50，设计坍落度为 130 ~ 170mm，掺加 30% I 级粉煤灰，使用普通硅酸盐 P·O52.5 强度等级的水泥。细集料的细度模数是 2.60，II 区中砂，密度 2540kg/m³，粗集料是 5 ~ 31.5mm 连续级配，公称最大粒径是 31.5mm，密度是 2720kg/m³。使用自来水，各项指标符合要求。减水剂的减水率是 15%。

**【设计步骤】**

根据设计资料，对照混凝土设计规范的基本规定，可以确定：环境类别属于二 b，最大水胶比为 0.50；胶凝材料的最小用量为 320kg/m³，拌和物中水溶性氯离子的最大含量应小于 0.06%。

1. 确定混凝土配制强度($f_{cu,0}$)

根据题意，设计要求混凝土强度 $f_{cu,k} = 50\text{MPa}$，混凝土配制强度取值：

$$f_{cu,0} = f_{cu,k} + 1.645\sigma = 50 + 1.645 \times 6.0 = 59.9\text{MPa}$$

2. 计算水胶比($W/B$)

1）按强度要求计算水胶比

①计算胶凝材料 28d 实际强度 $f_b$ 由题意已知采用 52.5 强度等级的普通硅酸盐水泥，水泥富裕系数 $\gamma_c = 1.10$；掺加 30% 粉煤灰，粉煤灰影响系数取 0.70，则：

$$f_b = \gamma_f \gamma_c f_{ce,g} = 0.70 \times 1.10 \times 52.5 = 40.4\text{MPa}$$

②计算水胶比：已知混凝土配制强度 $f_{cu,0} = 59.9\text{MPa}$，胶凝材料实际强度 $f_b = 40.4\text{MPa}$。碎石 $\alpha_a = 0.53$，$\alpha_b = 0.20$。按下式计算水胶比：

$$\frac{W}{B} = \frac{\alpha_a f_b}{f_{cu,0} + \alpha_a \alpha_b f_b} = \frac{0.53 \times 40.4}{59.9 + 0.53 \times 0.20 \times 40.4} = 0.33$$

2）按耐久性校核水胶比

根据混凝土所处环境条件属于二 b，允许最大水胶比为 0.45，计算水胶比为 0.33，符合规定。故采用水胶比为 0.33。

3. 选定单位用水量($m_{w0}$)

由题意已知，要求混凝土拌和物坍落度为 130 ~ 170mm，属于大流动性混凝土，掺加减水效果为15%减水剂,选用混凝土基础用水量 $m_{w0} = 220\text{kg/m}^3$。则掺加减水剂后用水量 $m_{w0} = 220 \times (1 - 15\%) = 187\text{kg/m}^3$。

4.计算胶凝材料用量($m_{b0}$)

1)胶凝材料用量

$$m_{b0} = \frac{m_{w0}}{W/B} = \frac{187}{0.33} = 566\text{kg/m}^3$$

2)按耐久性校核胶凝材料用量

根据混凝土所处环境条件基本规定,最小水泥用量不得低于 $320\text{kg/m}^3$。计算胶凝材料量为 $566\text{kg/m}^3$,符合规定,采用 $566\text{kg/m}^3$。

3)计算水泥和粉煤灰用量

粉煤灰用量: $m_{f0} = m_b \times \beta_f = 566 \times 30\% = 170\text{kg/m}^3$

水泥用量: $m_{c0} = m_{b0} - m_{f0} = 566 - 170 = 396\text{kg/m}^3$

5.选定砂率($\beta_s$)

已知集料采用碎石最大公称粒径 31.5mm,水胶比 $W/B = 0.33$,按经验选定混凝土砂率 $\beta_s = 0.40$。

6.计算砂石用量(质量法)

假定混凝土拌和物湿表观密度 $2450\text{kg/m}^3$,砂率为 0.40。

$$m_{s0} + m_{g0} = 2450 - 566 - 187$$

$$\frac{m_{s0}}{m_{s0} + m_{g0}} = 0.40$$

解得:砂用量 $m_{s0} = 679\text{kg/m}^3$,碎石用量 $m_{g0} = 1018\text{kg/m}^3$。

计算配合比为:

$$m_{b0}:m_{s0}:m_{g0}:m_{w0} = 566:679:1018:187 = 1:1.20:1.80:0.33$$

减水剂用量为: $566 \times 1\% = 5.66\text{kg/m}^3$

【例题1-4-3】 要求对例题1-4-1的计算配合比进行试拌调整、强度和耐久性检验,给出符合设计和施工要求的混凝土配合比。

例题1-4-1中的计算配合比为:

$$m_{c0}:m_{s0}:m_{g0}:m_{w0} = 336:658:1221:185 = 1:1.96:3.63:0.55$$

(1)试拌、检验拌和物性能,提出试拌配合比。

①计算试拌材料用量。

按计算初步配合比(以绝对体积法计算结果为例)试拌 20L 混凝土拌和物,各种材料用量:

水泥: $336 \times 0.020 = 6.72\text{kg}$

水: $185 \times 0.020 = 3.70\text{kg}$

砂: $658 \times 0.020 = 13.16\text{kg}$

碎石: $1221 \times 0.020 = 24.42\text{kg}$

②拌和并检验拌和物性能。

称量各种材料用量,按标准的方法进行混凝土的拌和,测定混凝土的坍落度。若满足30~50mm,且其他性能也满足,则不用调整;若不符合,则需调整直至符合。

试验检测坍落度为15mm,不满足施工流动性要求。为此,保持水胶比不变,增加5%胶浆。再经拌和,其坍落度为40mm,黏聚性和保水性亦良好,满足施工和易性要求。此时$1m^3$混凝土拌和物各组成材料实际用量为:

水泥:$336 \times 1.05 = 353kg$

水:$185 \times 1.05 = 194kg$

粗集料和细集料由于未调整砂率,故质量没有发生变化。

③提出试拌配合比。

增加水泥浆的混凝土拌和物性能符合设计和施工要求,相对比计算配合比:水泥和水的用量增大,水胶比不变,粗、细集料的质量不变,但是相对于水泥的比例发生变化,所以试拌配合比为:

$$m_{c0}:m_{s0}:m_{g0}:m_{w0} = 353:658:1221:194 = 1:1.86:3.46:0.55$$

(2)检验强度、修正密度。

①检验强度。

采用水胶比分别为$(W/C)_A = 0.50$、$(W/C)_B = 0.55$ 和 $(W/C)_C = 0.60$拌制三组混凝土拌和物。计算三组水泥用量,检验三组配合比的坍落度并观察其黏聚性和保水性,均符合拌和物性能要求,并测定湿表观密度。

三组配合比经拌制成型,在标准条件养护28d后,按规定方法测定其立方体抗压强度值,结果见表1-4-30。

**不同水胶比的混凝土抗压强度值确定**                                         表1-4-30

| 组别 | 用水量(kg) | $W/B$ | 水泥用量(kg) | 实测湿表观密度($kg/m^3$) | $B/W$ | $f_{cu,28}$(MPa) |
|---|---|---|---|---|---|---|
| A | 194 | 0.50 | 388 | 2395 | 1.96 | 45.8 |
| B | 194 | 0.55 | 353 | 2388 | 1.82 | 39.5 |
| C | 194 | 0.60 | 323 | 2378 | 1.67 | 34.2 |

混凝土的试配强度是38.2MPa,根据 B 组和 C 组的结果经直线内插计算得到,相应混凝土配制强度$f_{cu,0} = 38.2MPa$的灰水比 $B/W = 1.75$,即水胶比 $W/B = 0.57$。此时用水量为194kg,水泥用量为340kg,砂石用量分别为658kg、1221kg。

②根据实测密度值修正混凝土配合比。

计算(假定)湿表观密度:$\rho_{c,c} = 340 + 194 + 658 + 1221 = 2413kg/m^3$

实测湿表观密度:$\rho_{c,t} = 2388kg/m^3$

修正系数:$\delta = 2388/2413 = 0.99$

由于实测密度与计算密度的差值没有超出计算密度的2%,故可不做密度修正。此时混凝土的配合比除水泥的质量发生变化外,其他与试拌配合比相同。即:

$$m_{c0}:m_{s0}:m_{g0}:m_{w0} = 340:658:1221:194$$

③对此配合比进行拌和物水溶性氯离子含量检验,检验结果为0.09%,符合基本规定中的0.20%要求。

④由于设计中没有对耐久性提出要求,故未对耐久性进行检验,实际使用时,还应对混凝土配合比耐久性能检验,符合规定后此配合比才可以使用。

## 四、配合比的实际使用

混凝土的配合比经过以上调整和确定其技术性能是符合设计和施工要求的,可以配制使用在工程部位。需要注意的是以上配合比在计算和试拌中集料是干燥状态的质量,而施工现场砂、石材料为露天堆放,都有一定的含水率。因此,施工现场应根据现场砂、石的实际含水率的变化,将混凝土配合比换算为施工配合比。

设施工现场实测砂、石含水率分别为 $a\%$、$b\%$,则施工配合比的各种材料单位用量($kg/m^3$)为:

$$\left.\begin{aligned} m_b' &= m_b \\ m_s' &= m_s(1+a\%) \\ m_g' &= m_g(1+b\%) \\ m_w' &= m_w - m_s \times a\% - m_g \times b\% \end{aligned}\right\} \quad (1\text{-}4\text{-}28)$$

式中:$m_b$、$m_s$、$m_g$、$m_w$——分别为混凝土配合比中的胶凝材料、细集料、粗集料和水的用量;

$m_b'$、$m_s'$、$m_g'$、$m_w'$——分别为施工配合比中胶凝材料、细集料、粗集料和水的用量。

# 第四节　其他混凝土及外加剂

前面简单介绍了混凝土的分类,混凝土有很多种类用作不同的结构和用途,现简单介绍以下几种其他混凝土,并介绍外加剂的分类以及检验指标。

## 一、高强高性能混凝土

根据《高强混凝土结构技术规程》(CECS 104:99),将强度等级大于或等于 C50 的混凝土称为高强混凝土;将具有良好的施工和易性和优异耐久性,且均匀密实的混凝土称为高性能混凝土;同时具有上述各性能的混凝土称为高强高性能混凝土;而《普通混凝土配合比设计规程》(JGJ 55—2011)中则将强度等级大于或等于 C60 的混凝土称为高强混凝土;《混凝土结构设计规范》(GB 50010—2010)则未明确区分普通混凝土或高强混凝土,只规定了钢筋混凝土结构的混凝土强度等级不应低于 C20,混凝土强度范围从 C15~C80。综合国内外对高强混凝土的研究和应用实践,以及现代混凝土技术的发展,将大于或等于 C60 的混凝土称为高强度混凝土是比较合理的。

获得高强高性能混凝土的最有效途径主要有掺高性能混凝土外加剂和活性掺和料,并同时采用高强度等级的水泥和优质集料。对于具有特殊要求的混凝土,还可掺用纤维材料提高抗拉、抗弯性能和冲击韧性,也可掺用聚合物等提高密实度和耐磨性。常用的外加剂有高效减水剂、高效泵送剂、高性能引气剂、防水剂和其他特种外加剂。常用的活性混合材料有Ⅰ级粉煤灰或超细磨粉煤灰、磨细矿粉、沸石粉、偏高岭土、硅粉等,有时也可掺适量超细磨石灰石粉或石英粉。常用的纤维材料有钢纤维、聚酯纤维和玻璃纤维等。

1.高强高性能混凝土的原材料

1)水泥

水泥的品种通常选用硅酸盐水泥和普通硅酸盐水泥,也可采用矿渣水泥等。强度等级选择一般为:C50~C80 混凝土宜用 42.5 强度等级;C80 以上选用更高强度的水泥。$1m^3$ 混凝土中的水泥用量要控制在 500kg 以内,且尽可能降低水泥用量。胶凝材料的总量不应大于 $600kg/m^3$。

2)掺合料

(1)硅粉:它是生产硅铁时产生的烟灰,故也称硅灰,是高强混凝土配制中应用最早、技术最成熟、应用较多的一种掺合料。硅粉中活性 $SiO_2$ 含量达 90% 以上,比表面积达 $15000m^2/kg$

以上,火山灰活性高,且能填充水泥的空隙,从而极大地提高混凝土密实度和强度。硅灰的适宜掺量为水泥用量的 5% ~10% 。

研究结果表明,硅粉对提高混凝土强度十分显著,当外掺 6% ~8% 的硅灰时,混凝土强度一般可提高 20% 以上,同时可提高混凝土的抗渗、抗冻、耐磨、耐碱集料反应等耐久性能。但硅灰对混凝土也带来不利影响,如增大混凝土的收缩值、降低混凝土的抗裂性、减小混凝土流动性、加速混凝土的坍落度损失等。

(2)磨细矿渣:通常将矿渣磨细到比表面积 350m²/kg 以上,从而具有优异的早期强度和耐久性。掺量一般控制在 20% ~50% 。矿粉的细度越大,其活性越高,增强作用越显著,但粉磨成本也大大增加。与硅粉相比,增强作用略逊,但其他性能优于硅粉。

(3)优质粉煤灰:一般选用 I 级灰,利用其内含的玻璃微珠润滑作用,降低水胶比,以及细粉末填充效应和火山灰活性效应,提高混凝土强度和改善综合性能。掺量一般控制在 20% ~30% 。I 级粉煤灰的作用效果与矿粉相似,且抗裂性优于矿粉。

(4)沸石粉:天然沸石含大量活性 $SiO_2$ 和微孔,磨细后作为混凝土掺合料能起到微粉和火山灰活性功能,比表面积 500m²/kg 以上,能有效改善混凝土黏聚性和保水性,并增强了内养护,从而提高混凝土后期强度和耐久性,掺量一般为 5% ~15% 。

我国《高强高性能混凝土用矿物外加剂》(GB/T 18736—2002)规定了用于高强高性能混凝土的矿物外加剂的技术性能要求。如表 1-4-31 所示。

高强高性能混凝土用矿物外加剂的技术要求 表 1-4-31

| 试 验 项 目 | | 指　　标 | | | | | | | |
|---|---|---|---|---|---|---|---|---|---|
| | | 磨细矿渣 | | | 磨细粉煤灰 | | 磨细天然沸石 | | 硅灰 |
| | | I | II | III | I | II | I | II | |
| 化学性能 | MgO,%,≤ | 14 | | | 1 | | — | | — |
| | SO₃,%,≤ | 4 | | | 3 | | — | | — |
| | 烧失量,%,≤ | 3 | | | 5 | 8 | — | | 6 |
| | Cl⁻,%,≤ | 0.02 | | | 0.02 | | 0.02 | | 0.02 |
| | SiO₂,%,≤ | — | | | — | | — | | 85 |
| | 吸铵值,mmol/100g,≥ | — | | | — | | 130 | 100 | — |
| 物理性能 | 比表面积,m²/kg,≥ | 750 | 550 | 350 | 600 | 400 | 700 | 500 | 15000 |
| | 含水率,%,≤ | 1.0 | | | 1.0 | | — | — | 3 |
| 胶砂性能 | 需水量比,%,≤ | 100 | | | 95 | 105 | 110 | 115 | 125 |
| | 活性指数 3d,%,≥ | 85 | 70 | 55 | — | | — | | — |
| | 7d,%,≥ | 100 | 85 | 75 | 80 | 75 | — | | — |
| | 28d,%,≥ | 115 | 105 | 100 | 90 | 85 | 90 | 85 | 85 |

3)外加剂

高效减水剂(或泵送剂)是高强高性能混凝土最常用的外加剂品种,减水率一般要求大于 20% ,以最大限度降低水胶比,提高强度。为改善混凝土的施工和易性及提供其他特殊性能,也可同时掺入引气剂、缓凝剂、防水剂、膨胀剂、防冻剂等,掺量可根据不同品种和要求根据需要选用。

4)砂、石料

一般宜选用级配良好的中砂,细度模数宜大于2.6。含泥量不应大于2.0%,当配制C70以上的混凝土,含泥量不应大于1.0%。有害杂质控制在国家标准以内。石子宜选用碎石,最大骨料粒径一般不宜大于25mm,强度宜大于混凝土强度的1.20倍。对强度等级大于C80的混凝土,最大粒径不宜大于20mm。针片状含量不宜大于5%,含泥量不应大于0.5%,泥块含量不应大于0.2%。

**2. 高强高性能混凝土的配合比设计**

高强高性能混凝土配合比设计理论尚不完善,一般可遵循下列原则进行:

(1)试配强度。试配强度可按照《普通混凝土配合比设计规程》(JGJ 55—2011)中推荐C60以上的混凝土的配合比的试配强度计算公式计算,也可按照经验确定。

(2)水胶比$W/B$。普通混凝土配合比设计中的鲍罗米公式对C60以上的混凝土已不尽适用,但水胶比仍是决定混凝土强度的主要因素,目前尚无完善的公式可供选用,故配合比设计时通常根据设计强度等级、原材料和经验选定水胶比。

(3)用水量和胶凝材料用量。普通混凝土中用水量应根据坍落度要求、骨料品种、粒径选择。高强度高性能混凝土可参考执行,当由此确定的用水量导致水泥或胶凝材料总用量过大时,可通过调整减水剂品种或掺量来降低用水量或胶凝材料用量,也可以根据强度和耐久性要求,首先确定水泥或胶凝材料用量,再由水胶比计算用水量。当流动性不能满足设计要求时,再通过调整减水剂品种或掺量加以调整。混合材料的掺量应结合原有试验资料和经验选择并通过试验确定。

(4)砂率。对泵送高强混凝土,砂率的选用要考虑可泵性要求,一般为34%～44%,在满足施工工艺和施工和易性要求时,砂率宜尽量选小些,以降低水泥用量。从原则上来说,砂率宜通过试验确定最优砂率。

(5)高效减水剂。高效减水剂的品种选择原则,除了考虑减水率大小外,尚要考虑对混凝土坍落度损失、保水性和黏聚性的影响,更要考虑对强度、耐久性和收缩的影响。减水剂的掺量可根据减水率的要求,在允许掺量范围内,通过试验确定。但一般不宜因减水的需要而超量掺用。

**3. 高强高性能混凝土的主要技术性质**

(1)高强混凝土的早期强度高,但后期强度增长率一般不及普通混凝土。故不能用普通混凝土的龄期—强度关系式(或图表),由早期强度推算后期强度。如C60～C80混凝土,3d强度约为28d的60%～70%;7d强度约为28d的80%～90%。

(2)高强高性能混凝土由于非常致密,故抗渗、抗冻、抗碳化、抗腐蚀等耐久性指标均十分优异,可极大地提高混凝土结构物的使用年限。

(3)由于高强高性能混凝土强度高,因此构件截面尺寸可大大减小,从而改变"肥梁胖柱"的现状,减轻建筑物自重,简化地基处理,并使高强钢筋的应用和效能得以充分利用。

(4)高强高性能混凝土的弹性模量高,徐变小,可大大提高构筑物的结构刚度。特别是对预应力混凝土结构,可大大减小预应力损失。

(5)高强高性能混凝土的抗拉强度增长幅度往往小于抗压强度,即拉压比相对较低,且随着强度等级的提高,脆性增大、韧性下降。

(6)高强高性能混凝土的水泥用量较大,故水化热大,自收缩大,干缩也较大,较易产生裂缝。

**4. 高强高性能混凝土的应用**

高强高性能混凝土作为建设部推广应用的十大新技术之一，是建设工程发展的必然趋势。发达国家早在 20 世纪 50 年代即已开始研究应用。我国约在 20 世纪 80 年代初首先在轨枕和预应力桥梁中得到应用。高层建筑中应用则始于 20 世纪 80 年代末，进入 90 年代以来，研究和应用增加，北京、上海、广州、深圳等许多大中城市已建起了多幢高强高性能混凝土建筑。

随着国民经济的发展，高强高性能混凝土在建筑、道路、桥梁、港口、海洋、大跨度及预应力结构、高耸建筑物等工程中的应用将越来越广泛，强度等级也将不断提高，C50～C80 的混凝土将普遍得到使用，C80 以上的混凝土将在一定范围内得到应用。

## 二、泵送混凝土

可在施工现场通过压力泵及输送管道浇筑的混凝土称为泵送混凝土。它能一次连续完成水平运输和垂直运输，效率高、节约劳动力，因而近年来国内外应用也十分广泛。

泵送混凝土拌和物必须具有较好的可泵性。所谓可泵性，即拌和物具有顺利通过管道、摩擦阻力小、不离析、不阻塞和黏聚性良好的性能。

**1. 泵送混凝土的基本要求**

（1）坍落度。泵送混凝土入泵时的坍落度一般应符合表 1-4-32 的要求。

混凝土入泵坍落度选用表       表 1-4-32

| 泵送高度(m) | 30 以下 | 30～60 | 60～100 | 100 以上 |
|---|---|---|---|---|
| 坍落度(mm) | 100～140 | 140～160 | 160～180 | 180～200 |

（2）粗集料的最大粒径。如表 1-4-33 所示。

泵送混凝土的粗集料最大粒径       表 1-4-33

| 粗集料品种 | 泵送高度(m) | 最大公称粒径与输送管道比值 | 粗集料品种 | 泵送高度(m) | 最大公称粒径与输送管道比值 |
|---|---|---|---|---|---|
| 碎石 | <50 | ≤1:3 | 卵石 | <50 | ≤1:2.5 |
| | 50～100 | ≤1:4 | | 50～100 | ≤1:3 |
| | >100 | ≤1:5 | | >100 | ≤1:4 |

坍落度和粗集料的最大粒径是配制泵送混凝土必须满足的最基本要求，它保证了混凝土的可泵性。

**2. 泵送混凝土的其他要求**

（1）水泥。泵送混凝土应选用硅酸盐水泥、普通硅酸盐水泥、矿渣硅酸盐水泥、粉煤灰硅酸盐水泥，不宜采用火山灰质硅酸盐水泥。

（2）集料。泵送混凝土所用粗集料宜用连续级配，其针片状含量不宜大于 10%。最大粒径与输送管径之比符合表 1-4-33 要求。细集料宜采用中砂，其通过 0.315mm 筛孔的颗粒含量不应少于 15%，通过 0.160mm 筛孔的含量不应少于 5%。

（3）掺合料与外加剂。泵送混凝土应掺用泵送剂或减水剂，并宜掺用粉煤灰或其他活性掺合料以改善混凝土的可泵性。

**3. 泵送混凝土配合比设计**

泵送混凝土的水胶比不宜大于 0.60，水泥和矿物掺合料总量不宜小于 300kg/m³，且不宜采用火山灰水泥,砂率宜为35%~45%。采用引气剂的泵送混凝土,其含气量不宜超过4%。实践证明,泵送混凝土掺用优质的磨细粉煤灰和矿粉后,可显著改善和易性及节约水泥,而强度不降低。泵送混凝土的用水量和用灰量较大,使混凝土易产生离析和收缩裂纹等问题。

### 三、混凝土的外加剂

混凝土外加剂是在拌制混凝土过程中掺入,用以改善混凝土性能的物质,掺量不大于水泥质量的5%(特殊情况除外)。外加剂主要用来改善新拌混凝土性能和提高硬化混凝土性能。

常用的外加剂分类如下:

(1)改善混凝土拌和物流变性能的外加剂(各种减水剂、引气剂和泵送剂等);

(2)调节混凝土凝结时间、硬化性能的外加剂(包括缓凝剂、早强剂和速凝剂等);

(3)改善混凝土耐久性的外加剂(包括引气剂、防水剂和阻锈剂等);

(4)改善混凝土其他性能的外加剂(包括加气剂、膨胀剂、防冻剂等)。

#### 1. 常用外加剂名称及定义

(1)普通减水剂:是一种能保持混凝土坍落度一致的条件下减少拌和用水量的外加剂。

(2)高效减水剂:是一种能保持混凝土坍落度一致的条件下大幅度减少拌和用水量的外加剂。

(3)高性能减水剂:比高效减水剂具有更高减水率、更好坍落度保持性能、较小干燥收缩,且具有一定引气性能的减水剂。

(4)早强剂:是一种加速混凝土早期强度发展的外加剂。

(5)缓凝剂:是一种延长混凝土凝结时间的外加剂。

(6)引气剂:是一种在搅拌混凝土过程中能引入大量均匀分布、稳定而封闭的微小气泡的外加剂。

(7)防冻剂:是一种能使混凝土在负温下硬化,并在规定养护条件下达到预期性能的外加剂。

(8)速凝剂:是一种能使混凝土迅速凝结硬化的外加剂。

(9)防水剂(抗渗剂):是一种能降低砂浆、混凝土在静水压力下的透水性的外加剂。

(10)保水剂:是一种能使混凝土或砂浆的泌水量减少,防止离析,增强可塑性及和易性,从而减少水分损失的外加剂。

(11)泵送剂:是一种能改善混凝土拌和物泵送性能的外加剂。

(12)膨胀剂:是一种能使混凝土产生一定体积膨胀的外加剂。

(13)灌浆剂:是一种能改善灌浆料的浇注性能,对流动性、膨胀、体积稳定性、泌水离析等一种或多种性能有影响的外加剂。

(14)阻锈剂:是一种能抑制或减轻混凝土中钢筋或其他预埋金属锈蚀的外加剂。

#### 2. 混凝土减水剂

1)减水剂的功能

混凝土减水剂是混凝土所有外加剂中使用最广泛、能改善混凝土多种性能的外加剂。当减水剂加入混凝土中,在保持流动性不变的情况下能减少混凝土的单位体积内的用水量。这是混凝土减水剂的基本性质。减水剂的功能可以概括为:

(1)不减少水泥、用水量的情况下,改善新拌混凝土的工作度,提高混凝土的流动性;

（2）保持一定工作度下，减少水泥、用水量，提高混凝土的强度；

（3）保持一定强度情况下，减少单位体积混凝土的水泥用量，节约水泥；

（4）改善混凝土拌和物的可泵性以及混凝土的其他物理力学性能。

当混凝土中掺入高效减水剂后，可以显著降低水胶比，并且保持混凝土较好的流动性。

通常而言，高效减水剂的减水率可达 20% 左右，而普通减水剂的减水率为 10% 左右。铁路上对高性能混凝土中使用的聚羧酸高性能减水剂减水率要求达到 25% 及其以上。

2）减水剂的作用机理

（1）吸附、分散作用。一般认为减水剂能够产生减水作用主要是由于减水剂的吸附和分散作用所致。水泥在加水搅拌的过程中，由于水泥矿物中含有带不同电荷的组分，而正负电荷的相互吸引将导致混凝土产生絮凝结构，如图 1-4-7 所示。絮凝结构也可能是由于水泥颗粒在溶液中的热运动致使其在某些边棱角处互相碰撞、相互吸引而形成。由于在絮凝结构中包裹着很多拌和水，因而无法提供较多的水用于润滑水泥颗粒，所以降低了新拌混凝土的和易性。加入混凝土减水剂就是将这些多余的水分释放出来，使之用于润滑水泥颗粒，减少拌和水用量，因而提高混凝土物理力学性能和耐久性能。

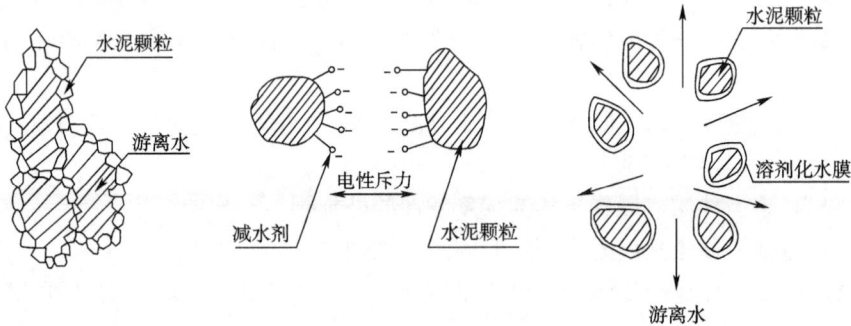

图 1-4-7　减水剂的作用示意图

（2）湿润和润滑作用。水泥加水拌和后，水泥颗粒表面被水所湿润，而这种湿润状况对新拌混凝土的性能影响甚大。湿润作用不但能使水泥颗粒有效分散，亦会增加水泥颗粒的水化面积，影响水泥的水化速率。减水剂中的极性憎水基团定向吸附于水泥颗粒表面上，而亲水基团向外定向排列。亲水基团很容易和水分子以氢键形式结合。当水泥颗粒吸附足够的减水剂分子后，借助于磺酸基团负离子与水分子中氢键的缔合，水泥颗粒表面便形成一层稳定的溶剂化水膜，颗粒之间因这层水膜的隔离而得到润滑，相对滑移更容易。由于减水剂是极性分子，吸附在水泥颗粒表面，向外带相同的电荷，而向内则带另一种极性的相同电荷，故形成双电层。由于水泥颗粒表面均带相同的电荷，从则由于静电相斥作用而分散。由于减水剂的吸附分散作用、湿润作用和润滑作用，因而只要使用少量的水就能容易地将混凝土拌和均匀，从而改善了新拌混凝土的流动性。

目前，大多数学者认为高效减水剂的作用机理不仅仅是以上的静电理论，还有空间位阻效应。具有大分子吸附层的球形粒子在相互靠近时，颗粒之间的范德华力（分子引力）是决定体系位能的主要因素。当水泥颗粒表面吸附层的厚度增加时，有利于水泥颗粒的分散。聚羧酸盐系减水剂分子中含有较多、较长的支链，当它们吸附在水泥颗粒表层后，可以在水泥表面上形成较厚的立体包层，从而使水泥达到较好的分散效果。

3. 外加剂匀质性指标

外加剂的匀质性是表示外加剂自身质量稳定均匀的性能，用来控制外加剂产品生产质量的稳定、统一、均匀,也用来检验产品质量和质量仲裁。主要指标包含:含固量或含水率、密度、氯离子含量、水泥净浆流动度、细度、pH 值、表面张力、还原糖、总碱量、硫酸钠、泡沫性能、砂浆减水率等。

水泥净浆流动度的方法检验外加剂对水泥的适应性,当水泥已确定选择各类减水剂时,对每种外加剂分别加入不同掺量;当外加剂已确定选用水泥时,对每种水泥分别加入不同掺量的外加剂,进行加水后 30min、60min 水泥净浆流动度检测。绘制以掺量为横坐标,流动度(加水后 30min、60min 分别绘制)为纵坐标的曲线。其中饱和点低、流动度大,经时损失小的外加剂对水泥的适应性好。净浆流动度随外加剂掺量增加而增大,当掺量到某一值时,再增加掺量流动度基本不再增加,有的反而减少,此掺量为饱和点。

4. 掺外加剂混凝土的性能指标

1)减水率

减水率是指混凝土的坍落度在基本相同的条件下,基准混凝土与掺外加剂混凝土的用水量之差与基准混凝土用水量的比值。基准混凝土是用规定的材料质量和用量配制的不掺加外加剂的混凝土。减水率检验仅在减水剂和引气剂中进行检验,它是区别高效型与普通型减水剂的主要功能技术指标。

$$w_R = \frac{w_0 - w_1}{w_0} \times 100\% \qquad (1\text{-}4\text{-}29)$$

式中:$w_R$——混凝土外加剂的减水率(同配合比设计中的减水率 $\beta$);

　　　$w_0$——基准混凝土的单位用水量,$kg/m^3$;

　　　$w_1$——掺外加剂的混凝土的用水量,$kg/m^3$。

2)泌水率比

泌水率比是指掺用外加剂混凝土的泌水率与基准混凝土的泌水率的比值。在混凝土中掺用某些外加剂后,对混凝土泌水和集料沉降有较大的影响。一般缓凝剂使泌水率增大,引气剂、减水剂使泌水率减小。如木质素磺酸钙减小泌水率 30%,有利于减少混凝土的离析,改善混凝土的工作性,因此泌水率比越小越好。

3)含气率

混凝土拌和物中加入适量具有引气功能的外加剂后会引入微小的气泡,从而使混凝土的含气率有所增加,含气率指标就是对混凝土中含气率作限制。一般混凝土中引入极微小的气泡可以减小混凝土泌水,改善混凝土拌和物的工作性;同时引入极微小的气泡还可以提高混凝土的抗冻性能。因此,少量引入极微小的气泡是有益的,一般此项指标宜在 2% ~5% 之间。

4)凝结时间差

凝结时间差是指掺用外加剂混凝土拌和物与基准混凝土拌和物的凝结时间的差值。掺用外加剂混凝土拌和物的凝结时间,随着水泥品种、外加剂种类及掺量、气温条件以及混凝土流动度的不同而变化。掺用缓凝剂可延缓混凝土的凝结时间,而掺用早强剂可加速混凝土的凝结。混凝土的凝结时间对混凝土施工影响极大,要十分注意。

5)抗压强度比

抗压强度比是指掺外加剂的混凝土抗压强度与基准混凝土抗压强度的比值。它是评定外加剂质量等级的主要指标之一,抗压强度比受减水率、促凝剂、早强剂、加气剂的影响较大,减水率大,促凝早强效果更好,各龄期的抗压强度比值更高;而掺引气剂时,会使混凝土抗压强度比略有下降。

6）收缩率比

收缩率比以 28d 龄期时掺外加剂混凝土与基准混凝土的收缩率的比值表示。掺入引气剂、缓凝剂、泵送剂、减水剂等会使混凝土的体积收缩值有不同程度的增加,这个指标就是限制体积收缩的指标应在施工中引起重视。收缩率试验按《普通混凝土长期性能和耐久性能试验方法标准》(GB/T 50082—2009)要求进行,试件用振动台振动 15 ~ 20s。试件的预养温度为 20℃ ±3℃。以三个试样收缩率比的算术平均值表示,计算精确至 1%。

7）相对耐久性

相对耐久性是指掺用引气剂和引气减水剂的混凝土在检验其耐久性能时的特殊指标,用以下两种方式的一种来表示:

（1）在 28d 龄期时的掺外加剂混凝土,经冻融循环 200 次后,动弹性模量保留值应不小于 80%;

（2）在 28d 龄期时的掺外加剂混凝土,经冻融循环后动弹性模量保留值等于 80% 时,掺外加剂混凝土与基准混凝土冻融次数的比值应不小于 300%。

8）钢筋锈蚀

由于氯离子对钢筋有锈蚀作用,故要限制混凝土外加剂中氯离子的含量。但国家标准不直接限制氯离子浓度,而是要求掺外加剂的混凝土中,钢筋不能锈蚀现象。客运专线上对外加剂的氯离子含量要求不超过 0.2%,并规定钢筋混凝土中由水泥、矿物掺和料、集料、外加剂和拌和用水等引入的氯离子总含量不应超过胶凝材料总量的 0.1%,预应力混凝土结构中氯离子总含量不应超过胶凝材料总量的 0.06%。

5. 不同外加剂的适用范围

不同外加剂的适用范围如表 1-4-34 所示。

**不同外加剂的适用范围**　　　　　　　　　　　　　　　　表 1-4-34

| 外加剂类型(外加剂的品种) | 适 用 范 围 |
| --- | --- |
| 普通减水剂:木质素磺酸盐类(木钙、木钠、木镁及丹宁) | 1. 适用于日最低气温 +5℃ 以上的混凝土工程;<br>2. 适用于各种预制及现浇混凝土、钢筋混凝土、预应力混凝土、泵送混凝土、大体积混凝土及大模板、滑模等工程施工 |
| 高效减水剂:多环芳香族磺酸盐类、水溶性树脂磺酸盐类脂等、脂肪族类、改性木钙和丹宁 | 1. 适用于日最低气温 0℃ 以上的混凝土工程;<br>2. 适用于各种高强混凝土、早强混凝土、大流动度混凝土及蒸养混凝土等 |
| 早强剂及早强减水剂:强电解质无机盐类(硫酸盐、硝酸盐、氯盐),水溶性有机化合物 | 1. 适用于日最低气温 -5℃ 以上及有早强或防冻要求的混凝土;<br>2. 适用于常温或低温下有早强要求的混凝土及蒸汽养护混凝土 |
| 缓凝剂及缓凝减水剂:糖类、木质素磺酸盐类、羟基羧酸及其盐类、无机盐类 | 1. 大体积混凝土;<br>2. 夏季和炎热地区的混凝土施工;<br>3. 用于日最低气温 +5℃ 以上的混凝土施工;<br>4. 预拌商品混凝土、泵送混凝土以及滑模施工 |
| 引气剂及引气减水剂:松香树脂类,烷基和烷基芳烃磺酸盐类,脂肪醇磺酸盐类、皂甙类 | 1. 适用于有抗冻要求的混凝土和大面积易受冻融破坏的混凝土,如公路路面、机场飞机跑道等;<br>2. 适用于有抗渗要求的防水混凝土;<br>3. 适用于抗盐类结晶破坏及抗碱腐蚀混凝土;<br>4. 适用于泵送混凝土、大流动度混凝土,并能改善混凝土表面抹光性能;<br>5. 适用于集料质量相对较差以及轻集料混凝土 |

| 外加剂类型(外加剂的品种) | 适用范围 |
|---|---|
| 速凝剂:铝酸钠铝酸钙、硅酸盐无机盐 | 主要用于喷射混凝土、喷射砂浆、临时性堵漏用砂浆及混凝土 |
| 防冻剂:氯盐类、水溶性有机化合物 | 适用于一定负温条件下的混凝土施工 |
| 防水剂:有机化合物类 | 适用于地下防水、防潮工程及贮水工程等 |
| 膨胀剂:硫铝酸钙类、硫铝酸钙—氧化钙类、氧化钙类 | 1.适用于补偿收缩混凝土、自防水屋面、地下防水等;<br>2.填充用膨胀混凝土及设备底座灌浆、地脚螺栓固定等;<br>3.自应力混凝土 |

6.外加剂的禁忌及不宜使用的环境条件

1)基本规定

禁止使用失效及不合格的外加剂。禁止使用长期存放、未进行质量再检验之前的外加剂。

2)含有氯离子的外加剂严禁使用情况

(1)在高湿度的空气环境中使用的结构(如排出大量蒸汽的车间、浴室,或经常处于空气相对湿度大于80%的房间,或钢筋混凝土结构);

(2)有水位升降部位的结构;

(3)露天结构或经常受水淋的结构;

(4)金属相接触部位的结构、有外露钢筋预埋件而无防护措施的结构;

(5)与酸、碱或硫酸盐等侵蚀性介质相接触的结构;

(6)使用过程中经常处于环境温度为60℃以上的结构;

(7)使用冷拉钢筋或冷拔低碳钢丝的结构;

(8)接靠近高压电源的结构;

(9)预应力混凝土结构;

(10)含有碱活性集料的混凝土结构。

3)其他的规定

(1)硫酸盐及其复合外加剂不得用于有活性集料的混凝土;电气化运输设施和使用直流电源的工厂、企业的钢筋混凝土结构;与金属相接触部位的结构,以及有外露钢筋预埋件而无防护措施的结构。

(2)引气剂及引气减水剂不宜用于蒸汽养护混凝土、预应力混凝土及高强混凝土。

(3)普通减水剂不宜单独用于蒸汽养护混凝土。

(4)缓凝剂及缓凝减水剂不宜用于日最低气温+5℃以下施工的混凝土,也不宜单独用于有早强要求的混凝土和蒸汽养护混凝土。

(5)硫铝酸钙类膨胀组分的膨胀混凝土,不得用于长期处于80℃以上的工程中。

# 第五节　建筑砂浆

建筑砂浆是由胶凝材料、细集料和水配制而成的材料。建筑砂浆在建筑工程中是一项用量大、用途广泛的建筑材料。在砖石结构中,通过砂浆把砖、石块、砌块砌筑成整体。墙面、地面及钢筋混凝土梁、柱等结构表面用砂浆抹面起到保护结构装饰作用。道路和桥隧工程中,砂浆主要用来砌筑圬工桥涵、沿线挡土墙和隧道衬砌等砌体以及修饰这些构筑物的表面。

根据拌和方法及标准化程度的不同,建筑砂浆可分为:

(1)现场拌制砂浆:现场配制砂浆是采用原材料在施工现场配制成的砂浆,有水泥砂浆和水泥混合砂浆。

(2)预拌砂浆:预拌砂浆是专业生产厂生产的湿拌砂浆或干混砂浆。其中湿拌砂浆是指由水泥、砂、保水增稠材料、水、粉煤灰或其他矿物掺合料和外加剂等组分按一定比例,经计量、拌制后,用搅拌输送车运至使用地妥善存储,并在规定时间内使用完毕的砂浆拌和物,干混砂浆是将原材料水泥、砂、矿化粉、聚合物添加剂等在干燥状态下预混,以干粉料形式包装,需要使用时加水拌和的砂浆。

根据用途,建筑砂浆可分为:

(1)砌筑砂浆:砖、石砌块等经砌筑成为砌体,在砌筑中起着黏结、衬垫、传力作用的砂浆称为砌筑砂浆。

(2)抹面砂浆:涂抹在基底材料的表面,兼有保护基层和增加美观作用的砂浆。

(3)装饰砂浆:用作建筑物饰面的砂浆,它是在抹面的同时,经各种加工处理而获得特殊的饰面形式,以满足审美需要的一种表面装饰。

(4)特种砂浆:适用于保温隔热、吸声、防水、耐腐蚀、防辐射和黏结等特殊要求的砂浆。

根据胶凝材料的不同,建筑砂浆可分为:

(1)水泥砂浆:只以水泥作为胶凝材料的砂浆。

(2)水泥混合砂浆:由水泥和另外一种或几种胶凝材料混合共同配制的砂浆。有水泥石灰砂浆、水泥粉煤灰砂浆等。

## 一、砌筑砂浆

在砌筑中起着黏结、衬垫、传力作用的砂浆称为砌筑砂浆。砌筑砂浆根据拌和方法的不同分现场配制砂浆和预拌砂浆;根据胶凝材料的不同分水泥砌筑砂浆和水泥混合砌筑砂浆。

1. 砌筑砂浆的组成材料

砌筑砂浆的组成材料主要是胶凝材料、细集料和水,有时会添加外加剂。

1)胶凝材料

胶凝材料应根据砂浆的使用环境和用途合理选用。在干燥环境中使用的砂浆既可使用气硬性胶凝材料,也可使用水硬性胶凝材料;处于潮湿环境的必须选择水硬性胶凝材料。胶凝材料的用量对于水泥砂浆应不小于 $200kg/m^3$;对水泥混合砂浆应不小于 $350kg/m^3$;预拌砂浆应不小于 $200kg/m^3$。

(1)水泥。通用硅酸盐水泥的各品种水泥都可以用来配制砌筑砂浆,但由于砂浆的等级较低,所以水泥的强度等级不宜太高,否则水泥的用量太低,会导致砂浆的保水性不良。选择水泥强度等级一般为砂浆强度等级的 4~5 倍,如果水泥强度等级较高,可掺加混合料如粉煤灰等。一般 M15 以下强度等级的砂浆采用 32.5 级通用硅酸盐水泥;M15 以上强度等级的砂浆采用 42.5 级通用硅酸盐水泥。

(2)其他胶凝材料。为提高砂浆的和易性和节约水泥,可在水泥砂浆中掺加适量石灰膏、黏土膏浆和粉煤灰等制成混合砂浆,所用的石灰膏应注意"陈伏",使其充分熟化,并防止石灰膏干燥、冻结和污染。严禁使用脱水硬化的石灰膏。消石灰粉是未充分熟化的石灰,颗粒太粗,起不到改善和易性的作用,故不得直接使用于砌筑砂浆中。在使用过程中应用孔径不大于3mm×3mm 的网过滤。粉煤灰和其他掺合材料都应符合相应的技术规范并且在使用前进行试验验证。

2）细集料

细集料是砂浆的骨料，砂浆用砂应符合普通混凝土用砂的质量要求；由于砂浆在使用时多铺成薄层，故应对砂的最大粒径有所限制。毛石砌体所用的砂，最大粒径应小于砂浆厚度的$1/5 \sim 1/4$。对于砖砌体用砂以使用中砂为宜，粒径不得大于 2.5mm。对于光滑的抹面及勾缝砂浆则应采用细砂。为了保证砂的质量，尤其在配制高强度砂浆时，需选用洁净的砂；对强度等级为 M10 以上的砂浆，砂的含泥量不应超过 5%；对强度等级为 M2.5 的水泥混合砂浆，砂的含泥量不应超过 10%。

3）水

拌制砂浆用水与混凝土用水相同。水质符合《混凝土用水标准》（JGJ 63—2006）的要求。

4）外加剂

在拌制不同功能的砂浆时，会加入不同功能的外加剂。合理使用外加剂应注意：与胶凝材料的适应性，外加剂的化学成分不会影响到砂浆的长期使用，外加剂的用量。

2. 砌筑砂浆技术性质

1）新拌砂浆和易性

砂浆在硬化前应具有良好的和易性。和易性良好的砂浆容易在砖石的基面上铺设成均匀的薄层，而且能够和底面紧密黏结。既便于施工操作，又能保证工程质量。砂浆的和易性包括流动性和保水性。

（1）流动性

砂浆的流动性也称稠度，是指在自重或外力作用下流动的性能。砂浆的流动性与许多因素有关，如胶凝材料、用水量、砂的颗粒级配及细度、颗粒形状及外加剂的品种和掺量等。砂浆的流动性用稠度来表示。稠度是采用稠度仪测定，测定方法是将砂浆拌和物一次装入稠度仪的容器中，使砂浆表面低于容器口 10mm 左右，用捣棒插捣 25 次，轻轻敲击容器 5~6 次，使砂浆表面平整。将稠度仪的试锥与砂浆表面接触，测定试锥从砂浆表面自由下沉 10s 后沉入到砂浆的深度值（精确至1mm），称为砂浆的稠度，也称为沉入度。沉入度越大，砂浆的流动性越大。砌筑砂浆的施工稠度可按表 1-4-35 选用。

砌筑砂浆的稠度　　　　　　　　　　　　　　表 1-4-35

| 砌 体 种 类 | 砂浆稠度（mm） | 砌 体 种 类 | 砂浆稠度（mm） |
|---|---|---|---|
| 烧结普通砖砌体、粉煤灰砖砌体 | 70 ~ 90 | 烧结多孔砖、烧结空心砖砌体、轻集料混凝土小型空心砌块、蒸压加气混凝土砌块 | 60 ~ 80 |
| 混凝土砖砌体、普通混凝土小型空心砌块砌体、灰砂砖砌体 | 50 ~ 70 | 石砌体 | 30 ~ 50 |

（2）保水性

砂浆保水性是指砂浆能保持水分的性能及整体均匀一致的性能。砂浆在运输、静置或砌筑过程中，水分不应从砂浆中离析，并使砂浆保持必要的稠度，便于施工操作。同时使水泥正常水化，保证砌体强度。砂浆的保水性与胶结材料的类型和用量、细集料的级配、用水量以及有无掺外加剂等有关。

砂浆的保水性采用分层度和保水率表示。

分层度是砂浆稠度值与砂浆在分层筒中静置 30min 后下段砂浆的稠度值的差值，用稠度仪和分层仪测定。其方法是将已测定稠度的砂浆，一次装入分层筒内，静置 30min 后，去掉上部 200mm 厚的砂浆,将剩余的砂浆倒在拌和锅中,搅拌 2min,再测定剩余部分砂浆的沉入度,前后两次沉入度之差即为分层度,砌筑砂浆的分层度不得大于 30mm。保水性良好的砂浆,其分层度应不大于 20mm,分层度大于 20mm 的砂浆容易离析,不便施工;但分层度小于 10mm,硬化后易产生干缩裂缝。

保水率试验适用于测定预拌砂浆的保水性能。试验方法是将砂浆拌和物装入圆环形试模,经插捣后,刮去试模上多余砂浆,称试模、底部不透水片与砂浆的总重量 $m_3$。在试模上盖金属滤网,放上 15 片滤纸和不透水片,压上 2kg 的重物,2min 后取出 15 片滤纸并称重。按砂浆配合比及加水量求出砂浆的含水率 $\alpha$,并按下式计算出砂浆的保水率。重新取样测定,取两次试验计算平均值。水泥砂浆的保水率应不小于 80%;水泥混合砂浆的保水率应不小于 84%;预拌砂浆的保水率应不小于 88%。

$$w = \left[ 1 - \frac{m_4 - m_2}{\alpha \times (m_3 - m_1)} \right] \times 100\% \tag{1-4-30}$$

式中: $w$——保水率,%;

$m_1$——底部不透水片与干燥试模质量;

$m_2$——15 片滤纸吸水前的质量;

$m_3$——试模、底部不透水片与砂浆总质量;

$m_4$——15 片滤纸吸水后的质量;

$\alpha$——砂浆含水率,%。

砂浆的含水率也可以采用烘干法测定,用烘干法测定时,砂浆含水率的计算公式为:

$$\alpha = \frac{m_6 - m_5}{m_6} \times 100\% \tag{1-4-31}$$

式中: $m_5$——烘干后砂浆样本的质量;

$m_6$——砂浆样本的总质量。

2)砂浆的立方体抗压强度

砂浆在砌体中主要传递荷载。因此砂浆应具有一定的抗压强度、黏结强度和耐久性。砂浆的抗压强度试验方法简单方便,并且与黏结强度和耐久性有一定的相关性。通常抗压强度越大,其黏结性能和耐久性能会有所提高。所以抗压强度是砂浆主要的技术指标。

砂浆抗压强度等级是以 70.7mm×70.7mm×70.7mm 的正方体试件,在标准温度(20℃±2℃)和规定湿度(水泥混合砂浆相对湿度为 60%~80%,水泥砂浆相对湿度为 90% 以上)的条件下,养护 28d 龄期测定其抗压强度而确定的。砂浆立方体抗压强度试件一组 3 个,取 3 个试件测值的算术平均值作为代表值,当 3 个测值的最大值或最小值中有一个与中间值的差值超过中间值的 15% 时,取中间值作为代表值;当两个测值与中间值的差值均超过中间值的 15% 时,结果无效。

砂浆立方体抗压强度计算公式为:

$$f_{\mathrm{m,cu}} = K \frac{N_{\mathrm{u}}}{A} \tag{1-4-32}$$

式中: $f_{\mathrm{m,cu}}$——砂浆立方体试件抗压强度,精确至 0.1MPa;

$N_{\mathrm{u}}$——试件破坏荷载,N;

$A$——试件承压面积,mm²;

$K$——换算系数,取 1.35。

砂浆的强度主要取决于水泥的强度等级和水泥的用量。

我国现行《砌筑砂浆配合比设计规程》(JGJ/T 98—2010),对砌筑砂浆的强度划分规定:

水泥砌筑砂浆及预拌砌筑砂浆强度等级分为:M5、M7.5、M10、M15、M20、M25、M30。

水泥混合砌筑砂浆的强度等级分为:M5、M7.5、M10、M15。

3)黏结强度

由于砂浆是与基层共同构成一个整体,只有砂浆本身具有一定的黏结力,才能与基层实现有效的黏结,并长期保持这种稳定性。否则,砂浆容易在由各种形变引起的拉应力或剪应力作用下,发生空鼓、开裂、脱落等质量问题。

砂浆的黏结强度采用拉伸黏结强度试验测定。按照标准方法制作基底水泥砂浆块,在规定的养护条件下养护至少 21d;然后制作待检样品的料浆,将其倒入基体砂浆块上的成型框内,插捣、刮面、抹平、养护至 14d 龄期。将待检试件表面及上夹具表面涂上胶黏剂并装上上夹具,套上钢制下夹具,在试验机上以 5mm/min ±1mm/min 速度加荷至试件破坏,计算拉伸黏结强度值(当拉伸夹具与胶黏剂破坏时,试验结果无效)。每组砂浆试件 10 个,取 10 个试件测值的算术平均值,精确至 0.01MPa。当单个试件的强度值与平均值之差大于 20% 时,应逐次舍弃偏差最大的试验值,直至各试验值与平均值之差不超过 20% ,当 10 个试件中有效数据不少于 6 个时,取剩余数据的平均值为试验结果,结果精确至 0.01MPa;当 10 个试件中有效数据不足 6 个时,试验结果无效。

黏结强度主要与砂浆的抗压强度以及砌体材料的表面粗糙程度、清洁程度、湿润程度以及施工养护等因素有关,一般砂浆的抗压强度越大,黏结性越好。

4)其他性能

砂浆的性能除上述外,还有表观密度、凝结时间、抗冻性、收缩性、含气率、吸水率、抗渗性、静力受压弹性模量等,本节不再介绍,可参见《建筑砂浆基本性能试验方法标准》。

3.砌筑砂浆的配合比

1)配合比计算步骤和内容

砂浆的主要组成材料是胶凝材料、砂和水。砂浆的配合比设计就是给出符合设计和施工要求的每立方米砂浆中各种材料的用量。其中砂的用量是砂在干燥状态下的堆积密度值,而胶凝材料的用量决定了砂浆的强度,水的用量需要经过试拌试验确定。计算步骤分为:计算配合比、配合比的试配、配合比的试拌调整、配合比的密度修正。

2)水泥混合砂浆(石灰膏)计算配合比

(1)计算砂浆试配强度

砂浆的试配强度按下式计算:

$$f_{m,0} = kf_2 \qquad\qquad (1\text{-}4\text{-}33)$$

式中:$f_{m,0}$——砂浆的试配强度,MPa,精确至 0.1MPa;

$f_2$——砂浆强度等级,MPa,精确至 0.1MPa;

$k$——系数,按表 1-4-36 取值。

当有统计数据时,砂浆的强度标准差可按下式计算后再查表 1-4-36 确定 $k$ 值。

$$\sigma = \sqrt{\frac{\sum\limits_{i=1}^{n} f_{m,i}^{2} - n\mu_{fm}^{2}}{n-1}} \qquad\qquad (1\text{-}4\text{-}34)$$

式中:$f_{m,i}$——统计周期内同一品种砂浆第 $i$ 组试件的强度;

$\mu_{fm}$——统计周期内同一品种砂浆 $n$ 组试件的强度的平均值；

$n$——统计周期内同一品种砂浆试件的总组数，$n > 25$。

砂浆的系数表

表 1-4-36

| 强度等级<br>施工水平 | 强度标准差 $\sigma$（MPa） | | | | | | | $k$ |
|---|---|---|---|---|---|---|---|---|
| | M5 | M7.5 | M10 | M15 | M20 | M25 | M30 | |
| 优良 | 1.0 | 1.5 | 2.0 | 3.0 | 4.0 | 5.0 | 6.0 | 1.15 |
| 一般 | 1.25 | 1.88 | 2.50 | 3.75 | 5.0 | 6.25 | 7.50 | 1.20 |
| 较差 | 1.5 | 2.25 | 3.0 | 4.5 | 6.0 | 7.5 | 9.00 | 1.25 |

（2）水泥用量的计算

$$Q_C = \frac{1000(f_{m,0} - \beta)}{\alpha \cdot f_{ce}}$$

（1-4-35）

式中：$Q_C$——砂浆中的水泥用量，$kg/m^3$，精确至 $1kg/m^3$；

$f_{m,0}$——砂浆的试配强度，精确至 $0.1MPa$；

$f_{ce}$——水泥的实测强度，精确至 $0.1MPa$；

$\alpha \text{、} \beta$——砂浆的特征系数，其中 $\alpha = 3.03$，$\beta = -15.09$。

在无法取得水泥的实测强度时，可按下式计算：

$$f_{ce} = \gamma_c \cdot f_{ce,k}$$

式中：$f_{ce,k}$——水泥的强度等级对应的强度值；

$\gamma_c$——水泥强度等级值的富裕系数，该值应按实际统计资料确定，无统计资料时，取大于 $1.0$。

（3）石灰膏用量

石灰膏是混合砂浆的胶凝材料，用量按下式计算：

$$Q_D = Q_A - Q_C$$

（1-4-36）

式中：$Q_D$——砂浆中的石灰膏用量，精确至 $1kg$，使用时的稠度宜为 $120mm \pm 5mm$；

$Q_C$——砂浆中的水泥用量，精确至 $1kg$；

$Q_A$——砂浆中水泥和石灰膏的总量，精确至 $1kg$。

（4）砂浆中的砂子用量

应按干燥状态（含水率小于 $0.5\%$）的堆积密度值作为计算值（$kg$）。

（5）砂浆中的用水量

根据砂浆稠度等要求用水量可选用 $210 \sim 310kg$。用水量不包括石灰膏中的水；当采用细砂或粗砂时，用水量分别取上限或下限；稠度小于 $70mm$ 时，用水量可小于下限；施工现场气候炎热或干燥季节，可酌量增加用水量。

3）水泥砂浆、水泥粉煤灰砂浆配合比的材料用量

可按表 1-4-37、表 1-4-38 选用。

4）砌筑砂浆配合比试配、调整与确定

（1）试配时应采用工程中实际使用的材料。

（2）按计算或查表所得配合比进行试拌时，应测定其拌和物的稠度和保水率，当不能满足要求时，应调整材料用量，直到符合要求为止，然后确定为试配时的砂浆基准配合比。

**每立方米水泥砂浆材料用量**(单位:kg/m³)　　　　表 1-4-37

| 强度等级 | 水泥用量 | 砂子用量 | 用水量 |
|---|---|---|---|
| M5 | 200～230 | | |
| M7.5 | 230～260 | | |
| M10 | 260～290 | | |
| M15 | 290～330 | 1m³ 砂子的堆积密度值 | 270～330 |
| M20 | 340～400 | | |
| M25 | 360～410 | | |
| M30 | 430～480 | | |

**每立方米水泥粉煤灰砂浆材料用量**(单位:kg/m³)　　　　表 1-4-38

| 强度等级 | 水泥和粉煤灰总量 | 粉煤灰 | 砂子用量 | 用水量 |
|---|---|---|---|---|
| M5 | 210～240 | | | |
| M7.5 | 240～270 | 粉煤灰用量可占胶凝材料总量的15%～25% | 1m³ 砂子的堆积密度值 | 270～330 |
| M10 | 270～300 | | | |
| M15 | 300～330 | | | |

注:①对于 M15 及 M15 以下强度等级水泥砂浆,选用强度等级为 32.5 级水泥;M15 以上强度等级水泥砂浆,选用强度
　　等级为 42.5 级水泥;水泥粉煤灰砂浆选用 32.5 级水泥。
　　②当采用细砂或粗砂时,用水量分别取上限或下限。
　　③稠度小于 70mm 时,用水量可小于下限。
　　④施工现场气候炎热或干燥季节,可酌量增加用水量。
　　⑤试配强度应按式计算。

(3)试配时至少应采用三个不同的配合比,其中一个为按照上述得到的基准配合比,其他配合比的水泥用量应按基准配合比分别增加及减少 10%。在保证稠度、保水率合格的条件下,可将用水量、石灰膏、保水增稠材料和粉煤灰等活性掺合料用量作相应调整。

(4)砌筑砂浆试配时稠度应满足施工要求,并按《建筑砂浆基本性能试验方法标准》(JGJ 70—2009)的规定测定不同配合比时的表观密度和强度,并选定符合试配强度要求的且水泥用量最低的配合比作为砂浆配合比。

(5)砂浆的配合比还应进行计算密度和实测密度的修正,修正方法同混凝土。

### 二、抹面砂浆

**1. 抹面砂浆的概念及其特点**

抹面砂浆是指涂抹在基底材料的表面,兼有保护基层和增加美观作用的砂浆。与砌筑砂浆相比,抹面砂浆具有以下特点:抹面层不承受荷载,对强度要求不高;抹面层与基底层要有足够的黏结强度,使其在施工中或长期自重和环境作用下不脱落、不开裂;抹面层多为薄层,并分层涂抹,面层要求平整、光洁、细致、美观;多用于干燥环境,大面积暴露在空气中。道路桥梁中的抹面砂浆常用于桥涵圬工砌体和地下物的表面。

**2. 抹面砂浆的分类、性能及应用**

根据其功能不同,抹面砂浆一般可分为普通抹面砂浆、装饰砂浆和特殊用途砂浆(具有防水、耐酸、绝热、吸声及装饰等用途的砂浆)。常用的普通抹面砂浆有水泥砂浆、石灰砂浆、水

泥石灰混合砂浆、麻刀石灰砂浆(简称麻刀灰)、纸筋石灰砂浆(纸筋灰)等。

抹面砂浆应与基面牢固地黏合,因此要求砂浆应有良好的和易性及较高的黏结力。抹面砂浆常分两层或三层进行施工,第一层称为底层,第二层称为垫层,第三层称为面层。底层砂浆的作用是使砂浆与基层能牢固地黏结,应有良好的保水性。中层主要是为了找平,有时可省去不做。面层主要起保护和装饰作用,获得平整、光洁的表面效果。各层抹面的作用和要求不同,每层所选用的砂浆也不一样。同时,基底材料的特性和工程部位不同,对砂浆技术性能要求不同,这也是选择砂浆种类的主要依据。水泥砂浆宜用于潮湿或强度要求较高的部位;混合砂浆多用于室内底层或中层或面层抹灰;石灰砂浆、麻刀灰、纸筋灰多用于室内中层或面层抹灰。对混凝土基面,多用水泥石灰混合砂浆;对于木板条基底及面层,多用纤维材料增加其抗拉强度,以防止开裂。

3. 抹面砂浆的强度

我国现行《抹灰砂浆技术规程》(JGJ/T220—2010),对抹灰砂浆的强度划分如下。

水泥抹灰砂浆强度等级为:M15、M20、M25、M30。

水泥粉煤灰抹灰砂浆强度等级为:M5、M7.5、M10、M15。

水泥石灰抹灰砂浆强度等级为:M2.5、M5、M7.5、M10。

4. 抹面砂浆的配合比

确定抹面砂浆组成材料及配合比的主要依据是工程使用部位及基层材料的性质。常用普通抹面砂浆配合比可参考表1-4-39。

常用抹面砂浆的配合比      表1-4-39

| 材料 | 体积配合比 | 材料 | 体积配合比 |
|---|---|---|---|
| 水泥:砂 | 1:2 ~ 1:3 | 石灰:石膏:砂 | 1:0.4:2 ~ 1:2:4 |
| 石灰:砂 | 1:2 ~ 1:4 | 石灰:黏土:砂 | 1:1:4 ~ 1:1:8 |
| 水泥:石灰:砂 | 1:1:6 ~ 1:2:9 | 石灰膏:麻刀 | 100:1.3 ~ 100:2.5(质量比) |

复习思考题

一、简答题

1. 什么是水泥混凝土?它为什么能够在桥梁工程中得到广泛应用?

2. 普通水泥混凝土应具备哪些技术性质?

3. 试述混凝土拌和物工作性的含义,影响工作性的主要因素和改善工作性的措施,并叙述坍落度和维勃稠度测定方法和适用范围。

4. 试述影响水泥混凝土强度的主要因素及提高强度的主要措施。

5. 何谓水泥混凝土的立方体强度标准值?它与强度等级有什么关系?

6. 水泥混凝土用粗、细集料在技术性质上有哪些主要要求?如何确定最大粒径?

7. 水泥混凝土组成设计包括哪些内容?在设计时应如何满足四项基本要求和掌握三项参数?

8. 水泥混凝土外加剂按其功能可分为哪几类?其适用范围是什么?

9. 砂浆的性能和混凝土有何不同?

二、计算题

试设计 A 桥预应力混凝土 T 梁用混凝土的配合组成。

[设计资料]

(1)按桥梁设计图纸:水泥混凝土设计强度 $f_{cu,k}=30MPa$;混凝土信度界限 $t=1.645$;水泥混凝土强度标准差 $\sigma=5.0MPa$。

(2)按预应力混凝土梁钢筋密度和现场施工机械设备,要求水泥混凝土拌和物的坍落度 $T=30\sim50mm$。

(3)可供选择的组成材料及性质:

①水泥:普通硅酸盐水泥强度等级为 42.5,实测 28d 抗压强度 48.5MPa,密度 $\rho_c=3.10g/cm^3$。

②碎石:一级石灰岩轧制的碎石;最大粒径 $d_{max}=20mm$,表观密度 $\rho_g=2.78g/cm^3$,现场含水率 $w_g=1.0\%$。

③砂:清洁河砂,粗度属于中砂,表观密度 $\rho_s=2.68g/cm^3$,现场含水率 $w_s=5.0\%$。

④水:饮用水,符合混凝土拌和用水要求。

⑤减水剂:采用 UNF-5,用量 0.8%,减水率 12%。

[设计要求]

(1)确定水泥混凝土配制强度 $f_{cu,0}$,并选择适宜的组成材料;

(2)按我国国家标准现行方法计算初步配合比;

(3)通过试验室试样调整和强度试验,确定试验室配合比;

(4)按提供的现场材料含水率折算为工地配合比。

# 第五章　无机结合料稳定类材料

📖 **教学目标**

1. 熟悉石灰稳定类材料、水泥稳定类材料的强度形成原理及材料组成。
2. 熟悉各种无机结合料稳定类材料配比设计方法和设计步骤。
3. 了解石灰稳定类材料、水泥稳定类材料强度影响因素及防治缩裂的方法。

无机结合料稳定材料是指在粉碎的或原状松散的土(或砂砾)中掺入一定量的水泥、石灰、工业废渣等无机胶结材料和适量的水,经拌和、压实与养生后,得到的具有较高后期强度,整体性和水稳定性均较好的材料。

无机结合料稳定材料的分类:

根据无机结合料稳定材料组成的集料将其分为稳定土类和稳定粒料类。

在粉碎或原状松散的土中掺入一定量的无机结合材料形成的称为稳定土类(如石灰稳定土、水泥稳定土等)。在松散的碎石或砂砾中掺入一定量的无机结合材料形成的称为稳定粒料类(如水泥稳定碎石、水泥稳定砂砾等)。

按无机胶结材料的种类可分为四大类:用石灰稳定的混合料称为石灰稳定类(如石灰稳定土等),用水泥稳定的混合料称为水泥稳定类(如水泥稳定土、水泥稳定砂砾等),用水泥和石灰稳定的混合料称为综合稳定类(如综合稳定土、综合稳定砂砾等),用一定量的石灰和工业废渣稳定的混合料称为石灰工业废渣稳定类。

## 第一节　石灰稳定类材料

石灰稳定类材料是将消石灰粉或生石灰粉掺入各种粉碎或原来松散的土(或砂砾)中,经拌和、压实及养护后得到的混合料,也称为石灰稳定土。它包括石灰土、石灰稳定砂砾土、石灰碎石土等。石灰稳定土具有一定的强度和耐水性。广泛用作建筑物的基础、路基填土改良、地面的垫层及道路的路面基层等。

### 一、石灰稳定类材料的技术性质

石灰稳定类材料的强度与石灰剂量多少有关,石灰稳定类材料中石灰剂量是石灰质量占全部土颗粒(即砾石、砂粒、粉粒和黏粒等)的干质量的百分率,即石灰剂量 = 石灰质量/干土质量。

**1. 石灰稳定类材料强度形成原理**

在土中掺入适量的石灰,并在最佳含水率下拌匀压实,使石灰与土发生一系列的物理和化学作用,从而使土的性质发生根本的变化。主要包括离子交换作用、结晶硬化作用、火山灰作用和碳酸化作用等四个方面。

1)离子交换作用

土的微小颗粒具有一定的胶体性质,其表层吸附着一定数量的钠、氢、钾等低价阳离子($Na^+$、$H^+$、$K^+$)。石灰溶于水以后解离成的 $Ca^{2+}$ 和 $OH^-$ 离子与土中的钠、氢、钾离子产生离子交换作用。原来的钠(钾)土变成钙土,减小了土颗粒表面水膜厚度,分子引力增加,组成一个稳定结构。其反应式如下:

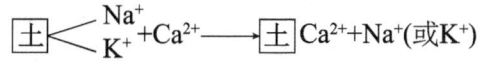

$$\boxed{土} \!<\!\!\begin{matrix} Na^+ \\ K^+ \end{matrix} + Ca^{2+} \longrightarrow \boxed{土}\, Ca^{2+} + Na^+(或K^+)$$

2)结晶硬化作用

在石灰土中只有一部分熟石灰 $Ca(OH)_2$ 进行离子交换作用,绝大部分饱和的 $Ca(OH)_2$ 自行结晶。熟石灰与水作用生成熟石灰结晶网格。其化学反应式为:

$$Ca(OH)_2 + nH_2O \longrightarrow Ca(OH)_2 \cdot nH_2O$$

3)火山灰作用

熟石灰的游离 $Ca^{2+}$ 与土中的活性氧化硅 $SiO_2$ 和氧化铝 $Al_2O_3$ 作用生成含水的硅酸钙和铝酸钙的化学反应就是火山灰作用,其反应式为:

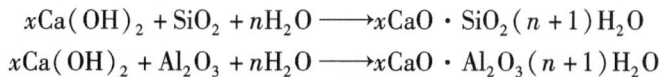

$$xCa(OH)_2 + SiO_2 + nH_2O \longrightarrow xCaO \cdot SiO_2(n+1)H_2O$$
$$xCa(OH)_2 + Al_2O_3 + nH_2O \longrightarrow xCaO \cdot Al_2O_3(n+1)H_2O$$

上述所形成的熟石灰结晶网格和含水的硅酸钙和铝酸钙结晶都是胶凝物质,它具有水硬性并能在固体和水两相环境下发生硬化。这些胶凝物质在土微粒团外围形成一层稳定保护膜,填充颗粒空隙,使颗粒间产生结合料,减少了颗粒间的空隙与透水性,同时提高密实度,这是石灰土获得强度和水稳定性的基本原因,但这种作用比较缓慢。

4)碳酸化作用

在土中的 $Ca(OH)_2$ 与空气中的二氧化碳作用,其化学反应式为:

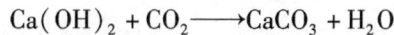

$$Ca(OH)_2 + CO_2 \longrightarrow CaCO_3 + H_2O$$

$CaCO_3$ 是坚硬的结晶体,它和其他生成的复杂盐类可将土粒胶结起来,从而大大提高了土的强度和整体性。

上述四种作用中,主要是离子交换作用与火山灰作用,它们是构成石灰土早期强度的主要因素,后期强度则更多源于碳酸化作用和结晶作用。由于石灰与土发生了一系列的相互作用,从而使土的性质发生根本的改变。在初期,主要表现为土的结团、塑性降低、最佳含水率增加和最大密实度减小等。在后期,主要表现为结晶结构的形成,从而提高其板体性、强度和稳定性。

**2. 石灰稳定类材料的强度影响因素**

1)土质

各种成因的土都可以用石灰作为稳定剂,但生产实践说明,黏性土较好,其稳定的效果显著,强度也高。一般采用塑性指数 12~18 的黏性土为好。原因:黏性颗粒的活性强、比表面积大、表面能大,掺入石灰稳定材料后,形成的四种作用比较活跃,因此石灰土强度随土塑性指数的增加而增大。塑性指数偏大的黏性土,要加强粉碎,粉碎后,土中 15~25mm 的土块不宜超过 5%。经验证明塑性指数小于 12 的土不宜用石灰稳定。对于硫酸盐类含量超过 0.8% 或腐殖质含量超过 10% 的土,对强度有显著影响,不宜直接采用。

2)灰质

石灰应采用消石灰粉或生石灰粉,对轨道工程宜用磨细的生石灰粉。石灰质量应符合 III 级以上的技术指标(见表 1-5-1),并要尽量缩短石灰的存放时间,在同等石灰剂量下,质量好的石灰,稳定效果好。如采用质量差的石灰,为了满足石灰土的技术要求,就得适当增加石灰剂量。

石灰的技术标准 表 1-5-1

| 项目 | 类别与指标 | 钙质生石灰 | | | 镁质生石灰 | | | 钙质消石灰 | | | 镁质消石灰 | | |
|---|---|---|---|---|---|---|---|---|---|---|---|---|---|
| | | I | II | III | I | II | III | I | II | III | I | II | III |
| 有效钙加氧化镁(%)≥ | | 85 | 80 | 70 | 80 | 75 | 65 | 65 | 60 | 55 | 60 | 55 | 50 |
| 未消解残渣(%)≤① | | 7 | 11 | 17 | 10 | 14 | 20 | | | | | | |
| 含水率(%)≤ | | | | | | | | 4 | 4 | 4 | 4 | 4 | 4 |
| 细度 | 0.90mm② 筛余≤ | | | | | | | 0 | 1 | 1 | 0 | 1 | 1 |
| | 0.125mm 累计筛余≤ | | | | | | | 13 | 20 | | 13 | 20 | |
| 钙镁石灰的分类,MgO(%) | | ≤5 | | | >5 | | | ≤4 | | | >4 | | |

注:①5mm 圆孔筛的筛余。

②方孔筛。

3)石灰剂量

石灰剂量对石灰土强度影响显著,石灰剂量是石灰质量占全部土颗粒的干质量的百分率,即:石灰剂量 = 石灰质量/干土质量。石灰剂量对石灰稳定土的强度影响非常显著。在石灰剂量较低时(小于3%～4%),起稳定作用,土的塑性、膨胀、吸水量减小,使土的密实度、强度、和易性等得到改善;随着剂量的增加,强度和稳定性均提高,但剂量超过一定范围后,强度反而降低。常用最佳剂量范围:对于黏性土及粉性土为 8%～14%;对砂性土则为 9%～16%。最终根据结构层技术要求进行混合料组成设计。

4)含水率

水是石灰土的重要组成部分。它促使石灰土发生物理化学变化,形成强度;便于土的粉碎、拌和与压实,并且有利于养生。不同土质的石灰土有不同的最佳含水率。最佳含水率及略小于最佳含水率时,最易压实达到较高的压实度。石灰稳定类材料的最佳含水率需要通过标准击实试验进行确定,经验公式为:石灰土的最佳含水率 = 素土的最佳含水率 + 拌和过程中的蒸发量(在 1.5% 左右) + 石灰反应所需的水(0.2 × 石灰剂量),所用水应是干净可供饮用的水。

5)密实度

石灰土的强度随密实度的增加而增长。实践证明,石灰土的密实度每增减1%,强度约增减4%左右。而密实的石灰土,其抗冻性、水稳定性也好,缩裂现象也少。

6)石灰土的龄期

石灰土强度随龄期增长而增大。一般石灰土初期强度低,前期(1～2 个月)增长速率较后期为快。石灰土强度与龄期关系可表示为:

$$R_t = R_i t^\beta \qquad\qquad (1-5-1)$$

式中:$R_i$——一个月龄期抗压强度;

$R_t$——$t$ 个月龄期抗压强度;

$\beta$——系数,为 0.1～0.5。

7)养生条件

养生条件主要指温度与湿度。养生条件不同,其强度也有差异。温度高,物理化学反应快,强度增长快;反之强度增长慢,在负温条件下甚至不增长。因此,要求施工期的最低温度应在5℃以上,并在第一次重冰冻(−3～−5℃)到来之前1个月至1个半月完成。在一定潮湿条件下养生强度的形成比在一般空气中养生要好。

3.石灰稳定类材料及其无机结合料稳定类材料的收缩特性

石灰稳定类材料及其无机结合料稳定类材料经拌和压实后,由于水分挥发和混合料内部的水化作用及温度变化,引发稳定材料的水分会不断减少及体积变化产生收缩,其收缩主要包括干缩和温缩两个方面。

石灰稳定类材料及其无机结合料稳定类材料产生干缩的主要原因是:由于水分挥发和混合料内部的水化作用使材料发生毛细管作用、吸附作用、分子间力作用、矿物晶体或凝胶体层间水作用和碳化收缩作用等会引起无机结合料稳定材料体积收缩。描述材料干缩特性的指标主要有干缩应变、干缩系数、干缩量、失水量、失水率和平均干缩系数等。

石灰稳定类材料及其无机结合料稳定类材料产生温缩的主要原因是:石灰稳定类材料及其无机结合料稳定类材料是由固相(组成其空间骨架的原材料的颗粒和其间的胶结物)、液相(存在于固相表面与空隙中的水和水溶液)和气相(存在于空隙中的气体)组成,其外观胀缩性是三相的不同的温度收缩性的综合效应的结果。一般气相大部分与大气贯通,在综合效应中影响较小,可以忽略,原材料中砂粒以上颗粒的温度收缩系数较小,粉粒以下的颗粒温度收缩性较大。

4.石灰稳定类材料的缩裂防治

(1)控制压实含水率:石灰稳定土因含水率过多产生的干缩裂缝显著,因而压实时含水率一定不要大于最佳含水率,使其含水率应略小于最佳含水率。

(2)严格控制压实标准,实践证明,压实度小时产生的干缩要比压实度大时严重,因此,应尽可能达到最大压实度。

(3)温缩的最不利季节是材料处于最佳含水率附近,而且温度在0～−10℃时。因此施工要在当地气温进入0℃前一个月结束,以防在不利季节产生严重温缩。

(4)干缩的最不利情况是石灰稳定土成型初期,因此,要重视初期养护,保证石灰土表面处于潮湿状况,禁防干晒。

(5)石灰稳定土施工结束后要及早铺筑面层,使石灰土基层含水率不发生大变化,可减轻干缩裂隙。

(6)在石灰稳定土中掺加集料(砂砾、碎石等),使其集料含量为60%～70%,使混合料满足最佳组成要求,不但提高强度和稳定性,而且具有较好的抗裂性。

(7)基层的缩裂会反射到面层,为了防止基层裂缝的反射,国内外常采取以下措施:

①设置连接层。设置沥青碎石或沥青贯入式连接层,是防止反射裂缝的有效措施。

②铺筑碎石隔离过渡层。在石灰土与沥青面层间铺筑厚10～20cm的碎石层或玻璃纤维网格,可减轻反射裂缝出现。

**二、石灰稳定类材料组成及配比设计**

1.石灰稳定类材料组成

(1)石灰:用于稳定土的石灰质量要求是合格品以上。对于轨道工程,宜采用磨细生石灰粉。此外,要尽量缩短石灰的存放时间。

(2)土:对土的要求主要有塑性指数、最大粒径、集料含量及压碎值要求。塑性指数 15~20 的黏性土以及含有一定数量黏性土的中粒土和粗粒土均适用于用石灰稳定。用石灰稳定不含黏性土或无塑性指数的级配砂砾、级配碎石和未筛分碎石时,应添加 15% 左右黏性土。石灰稳定土作底基层时,颗粒最大粒径不应超过 50mm,作基层时,颗粒最大粒径不应超过40mm。石灰土集料混合料中,集料的含量应在 80% 以上,并且具有良好的级配。此外,规范还对用石灰稳定土中碎石或砾石的抗压碎能力、用石灰稳定的土中硫酸盐含量做了规定。

(3)水:凡人或牲畜的饮用水均可用于石灰稳定土。遇有可疑水源时,应进行试验鉴定。

2.石灰稳定土设计

石灰稳定土是由土、石灰和水组成的。混合料的组成设计包括:根据强度标准,通过试验选取合适的土,确定必需的或最佳的石灰剂量和混合料的最佳含水率。

1)石灰土的强度标准

石灰土的强度标准根据相应的公路等级和在路面结构中的层位而定。在规定温度保湿养生 6d、浸水 1d 后饱水状态下无侧限抗压强度标准如表 1-5-2。

石灰稳定细粒土结构层的强度和压实度标准      表 1-5-2

| 使用层次 | 高速公路和一级公路 | | 二级公路以下 | |
|---|---|---|---|---|
| | 强度(MPa) | 压实度(%) | 强度(MPa) | 压实度(%) |
| 基层 | — | — | ≥0.8 | 中、粗粒土97;细粒土93 |
| 底基层 | ≥0.8 | 中、粗粒土96;细粒土95 | 0.5~0.7 | 中、粗粒土95;细粒土93 |

注:①在低塑性土(塑性指数小于 7)地区,石灰稳定砂砾土和碎石土的 7d 浸水抗压强度应大于 0.5MPa。

②低限用于塑性指数小于 7 的黏性土,高限用于塑性指数大于 7 的黏性土。

2)混合料的设计步骤

(1)制备同一种土样,不同石灰剂量的石灰土混合料。

(2)确定混合料的最佳含水率和最大干压实密度(用重型击实标准试验),至少做三个不同石灰剂量混合料的击实试验,即最小剂量、中间剂量和最大剂量。

(3)按最佳含水率与工地预期达到的压实密度制备试件,进行强度试验时,做平行试验的试件数量应符合规定。

(4)试件在规定温度(北方冰冻地区为 20℃ ±2℃,南方非冰冻地区为 25℃ ±2℃)下保湿养生 6d,浸水 1d,进行无侧限抗压强度试验。根据表 1-5-2 的强度标准,选定合适的石灰剂量,室内试验结果的平均抗压强度应符合公式(1-5-2)的要求:

$$\bar{R} \geqslant \frac{R_d}{1 - Z_\alpha C_V} \qquad (1\text{-}5\text{-}2)$$

式中:$R_d$——设计抗压强度;

    $C_V$——试验结果的偏差系数(小数计);

    $Z_\alpha$——标准正态分布表中随保证率(或置信度 α)而变的系数。重交通道路应取保证率
        95%,此时 $Z_\alpha = 1.645$;其他道路可取保证率为 90%,即 $Z_\alpha = 1.282$。

工地实际采用水泥剂量应比室内试验确定的剂量多 0.5%~1.0%。采用集中厂拌法施工时,可只增加 0.5%;采用路拌法施工时,宜增加 1%。

# 第二节　水泥稳定类材料

水泥稳定类材料是用水泥做结合料所得的混合料的一个广义的名称,它既包括用水泥稳定各种细粒土,也包括用水泥稳定各种中粒土和粗粒土。在经过粉碎的或原来松散的土中,掺入足量的水泥和水,经拌和得到的混合料在压实和养生后,当其抗压强度符合规定的要求时,称为水泥稳定土。用水泥稳定细粒土得到的强度符合要求的混合料,视所用的土类而定,可简称为水泥稳定土、水泥稳定砂或水泥稳定石屑等。用水泥稳定中粒土和粗粒土得到的强度符合要求的混合料,视所用原材料而定,可简称为水泥稳定碎石、水泥稳定砂砾等。

## 一、水泥稳定类材料的技术性质

水泥是水硬性结合料,绝大多数的土类(高塑性黏土和有机质较多的土除外)、砂砾、碎石等都可以用水泥作为稳定剂,改善其物理力学性质,适应各种不同的气候条件与水文地质条件。水泥稳定类材料具有良好的整体性、足够的力学强度、抗水性和耐冻性、初期强度较高,且随龄期增长而增长,由于其优越的性能广泛应用于轨道和公路工程建设中。

1. 水泥稳定类材料强度形成原理

土类、砂砾、碎石等都可以用水泥作为稳定剂,水泥与混合料中的水、土及各种材料发生多种非常复杂的作用,从而使土(含各种砂砾等)的性能发生了明显的变化。这些作用可以分为:

1)水泥的水化作用

在水泥稳定土中,首先发生的是水泥自身的水化反应,从而产生出具有胶结能力的水化产物,这是水泥稳定土强度的主要来源。其反应简式如下:

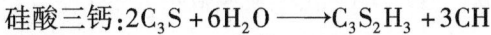

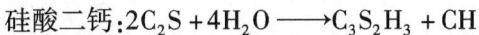

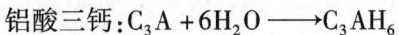

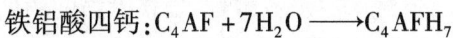

硅酸三钙:$2C_3S + 6H_2O \longrightarrow C_3S_2H_3 + 3CH$

硅酸二钙:$2C_2S + 4H_2O \longrightarrow C_3S_2H_3 + CH$

铝酸三钙:$C_3A + 6H_2O \longrightarrow C_3AH_6$

铁铝酸四钙:$C_4AF + 7H_2O \longrightarrow C_4AFH_7$

水泥水化生成的水化产物,在土的孔隙中相互交织搭接,将土颗粒包覆连接起来,使土逐渐丧失了原有的塑性等性质,并且随着水化产物的增加,混合料也逐渐坚固起来。但水泥稳定土中水泥的水化与水泥混凝土中水泥的水化之间还有所不同,在水泥稳定土中,水泥的水化硬化条件较混凝土中差得多;特别是由于黏土矿物对水化产物中的 $Ca(OH)_2$ 具有极强的吸附和吸收作用,使溶液中的碱度降低,从而影响了水泥水化产物的稳定性;水化硅酸钙中的 C/S 会逐渐降低析出 $Ca(OH)_2$,从而使水化产物的结构和性能发生变化,进而影响到混合料的性能。因此在选用水泥时,在其他条件相同时,应优先选用硅酸盐水泥,必要时还应对水泥稳定土进行"补钙",以提高混合料中的碱度。

2)离子交换作用

在硅酸盐水泥中,硅酸三钙和硅酸二钙占主要部分,其水化后所生成的氢氧化钙所占的比例也较高,可达水化产物的 25%,大量的氢氧化钙溶于水以后,在土中形成了一个富含 $Ca^{2+}$ 的碱性溶液环境。当溶液中富含 $Ca^{2+}$ 时,因为 $Ca^{2+}$ 的电价高于 $Na^+$、$K^+$ 等离子,因此与电位离子的吸引力较强,从而取代了 $Na^+$、$K^+$,成为反离子,同时 $Ca^{2+}$ 的双电层电位的降低速度加快。因而使电动电位减小、双电层的厚度降低,使黏土颗粒之间的距离减小,相互靠拢,导致土的凝聚,从而改变土的塑性,使土具有一定的强度和稳定度。这种作用就称为离子交换作用。

3)化学激发作用

土的矿物组成基本上都属于硅铝酸盐,其中含有大量的硅氧四面体和铝氧八面体。在通常情况下,这些矿物具有比较高的稳定性,但当黏土颗粒周围介质的 pH 值增加到一定程度时,黏土矿物中的部分 $SiO_2$ 和 $Al_2O_3$ 的活性将被激发出来,与溶液中的 $Ca^{2+}$ 进行反应,生成新的矿物,这些矿物主要是硅酸钙和铝酸钙系列,如 $4CaO \cdot 5SiO_2 \cdot 5H_2O$、$4CaO \cdot Al_2O_3 \cdot 19H_2O$、$3CaO \cdot Al_2O_3 \cdot 16H_2O$、$CaO \cdot Al_2O_3 \cdot 10H_2O$ 等,这些矿物的组成和结构与水泥的水化产物都有很多类似之处,并且同样具有胶凝能力。生成的这些胶结物质包裹着黏土颗粒表面,与水泥的水化产物一起,将黏土颗粒凝结成一个整体。因此,氢氧化钙对黏土矿物的激发作用,将进一步提高水泥稳定土的强度和水稳定性。

4)碳酸化作用

水泥水化生成的 $Ca(OH)_2$,除了可与黏土矿物发生化学反应外,还可以进一步与空气中的 $CO_2$ 发生碳化反应并生成碳酸钙晶体。其反应如下:

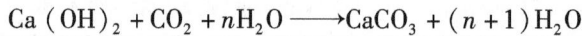

$$Ca(OH)_2 + CO_2 + nH_2O \longrightarrow CaCO_3 + (n+1)H_2O$$

碳酸钙生成过程中产生体积膨胀,也可以对土的基体起到填充和加固作用;只是这种作用相对来讲比较弱,并且反应过程缓慢。

2. 水泥稳定类材料的强度影响因素

1)土质

土的类别和性质是影响水泥稳定土强度的重要因素,各类砂砾土、砂土、粉土和黏土均可用水泥稳定,但稳定效果不同。试验和生产实践证明,用水泥稳定级配良好的碎(砾)石和砂砾,效果最好,不但强度高,而且水泥用量少;其次是砂性土;再次之是粉性土和黏性土。重黏土难于粉碎和拌和,不宜单独用水泥来稳定,因此,一般要求土的塑性指数不大于 17。

2)水泥的成分和剂量

各种类型的水泥都可以用于稳定土,一般情况下硅酸盐水泥的稳定效果好,而铝酸盐水泥较差。水泥稳定土的强度随水泥剂量的增加而增长,但过多的水泥用量,虽获得强度的增加,在经济上却不一定合理,在效果上也不一定显著,且容易开裂。试验和研究证明,水泥剂量为 4% ~ 8% 较为合理。

3)含水率

含水率对水泥稳定土强度影响很大,当含水率不足时,水泥不能在混合料中完全水化和水解,发挥不了水泥对土的稳定作用,影响强度的形成。同时,含水率小,达不到最佳含水率也影响水泥稳定土的压实度。因此,使含水率达到最佳含水率的同时,也要满足水泥完全水化和水解作用的需要为好。

4)施工工艺过程

水泥、土和水拌和得均匀,且在最佳含水率下充分压实,使之干密度最大,其强度和稳定性就高。水泥土从开始加水拌和到完成压实的延迟时间要尽可能最短,一般要在 6h 以内。若时间过长,则水泥凝结,在碾压时,不但达不到压实度要求,而且也会破坏已结硬水泥的胶凝作用,反而使水泥稳定土强度下降。

水泥稳定土需湿法养生,以满足水泥水化形成强度的需要。养生温度越高,强度增长越快。因此,要保证水泥稳定土养生的温度和湿度条件。

## 二、水泥稳定土材料组成及配合比设计

### 1. 材料要求

(1)土。对土的要求主要有最大粒径和级配。宜做水泥稳定类基层的材料有:石渣、石屑、砂砾、碎石土、砾石土等。碎石或砾石的压碎值不大于30%。

对土的一般要求是易于破碎,满足一定的级配,便于碾压成型。轨道工程上用于水泥稳定层的土,通常按照土中组成颗粒(包括碎石、砾石、砂颗粒,不包括土块和土团)的粒径大小和组成,将土分为下列三种:

细粒土:颗粒的最大粒径小于9.5mm,且其中小于2.36mm的颗粒含量不小于90%(如塑性指数不同的各种黏性土、粉性土、砂性土、砂和石屑等)。

中粒土:颗粒的最大粒径小于26.5mm,且其中小于19.0mm的颗粒含量不小于90%(如砂砾石、碎石土、级配砂砾、级配碎石等)。

粗粒土:颗粒的最大粒径小于37.5mm,且其中小于31.5mm的颗粒含量不小于90%(如砂砾石、碎石土、级配砂砾、级配碎石等)。

对于轨道工程:当用水泥稳定土做底基层时,颗粒最大粒径不应超过31.5mm(指方孔筛)。土的颗粒组成应符合表1-5-3规定,同时土的均匀系数(土的均匀系数为通过量60%的筛孔尺寸与通过量10%的筛孔尺寸的比值)应大于5,细粒土的塑性指数不应超过17。实际工作中,宜选用均匀系数大于10,塑性指数小于12的土。

水泥稳定土的颗粒组成      表1-5-3

| 筛孔尺寸(mm) | 40 | 31.5 | 19 | 9.5 | 4.75 | 2.36 | 0.6 | 0.075 | 液限 | 塑限 |
|---|---|---|---|---|---|---|---|---|---|---|
| 通过百分率(%)(基层) | | 100 | 88~99 | 57~77 | 29~49 | 17~35 | 8~22 | 0~7 | <28 | <9 |
| 通过百分率(%)(底基层) | 100 | 93~98 | 74~89 | 49~69 | 29~52 | 18~38 | 8~22 | 0~7 | <28 | <9 |

(2)水泥。普通硅酸盐水泥、矿渣硅酸盐水泥和火山灰质硅酸盐水泥都可以用于稳定土,但应选用终凝时间较长(宜6h以上)的水泥,早强、快硬及受潮变质的水泥不能使用。宜采用强度等级较低水泥,如32.5的强度等级的水泥。

(3)水。饮用的水,均可以应用。

### 2. 水泥稳定土配合比设计

水泥稳定土混合料组成设计与石灰稳定土基本相同,其强度(7d无侧限抗压强度)和压实度标准应根据公路等级和所在路面结构中的层位确定,如表1-5-4所示。

水泥混合料各结构层的强度及压实度标准      表1-5-4

| 使用层次 | 高速公路和一级公路 | | 二级和二级以下公路 | |
|---|---|---|---|---|
| | 强度(MPa) | 压实度(%) | 强度(MPa) | 压实度(%) |
| 基层 | 3~4 | 98 | 2~3 | 中、粗粒土97;细粒土95 |
| 底基层 | ≥2.0 | 中、粗粒土96;细粒土95 | ≥1.5 | 中、粗粒土95;细粒土93 |

## 三、水泥稳定碎石材料组成及配合比设计

水泥稳定碎石是以级配碎石作集料,采用一定数量的胶凝材料和足够的灰浆体积填充集料的空隙,按嵌挤原理摊铺压实。其压实度接近于密实度,强度主要靠碎石间的嵌挤锁结原理,同时有足够的灰浆体积来填充集料的空隙。它的初期强度高,并且强度随龄期而增加很快结成板

体,因而具有较高的强度,抗渗度和抗冻性较好。由于水泥稳定碎石整体性好,承载能力大,抗冻能力强,早期强度高,投资少等特性,广泛应用于我国高等级路面特别是高速公路建设中。当水泥稳定碎石或水泥稳定砂砾应用于各种道路结构铺筑层中时,我们将其简称为水稳层。

1. 材料要求

(1)水泥。普通硅酸盐水泥、矿渣硅酸盐水泥、火山灰质硅酸盐水泥都可以用于水泥稳定碎石路面基层施工,禁止使用快硬水泥、早强水泥以及其他受外界影响而变质的水泥。如用于路面基层宜采用强度等级较低的水泥;水泥各龄期强度、安定性等应达到相应指标要求;要求水泥初凝时间 3h 以上、终凝时间不小于 6h。如采用散装水泥,在水泥进场入罐时,要了解其出炉天数。刚出炉的水泥应停放 7d,且安定性合格后才能使用,夏季高温作业时,散装水泥入罐温度不能高于 50℃,高于这个温度,若必须使用时,应采用降温措施。

(2)碎石。碎石的最大粒径为 31.5mm,轧石场轧制的材料应按不同粒径分类堆放,以利施工时掺配方便,采用的套筛应与规定要求一致。如用于基层级配碎石备料,建议按粒径 9.5 ~ 31.5mm、粒径 4.75 ~ 9.5mm、粒径 2.36 ~ 4.75mm 和粒径 2.36mm 以下四种规格筛分加工出料。

水泥稳定碎石混合料中碎石压碎值应不大于 28%,针片状含量宜不大于 15%,集料中小于 0.6mm 的颗粒必须做液限和塑性指数试验,要求液限小于 28%,塑性指数小于 9。集料的颗粒组成应符合表 1-5-5 的规定。

水泥稳定碎石混合料中集料的颗粒组成

表 1-5-5

| 级配 | 通过下列筛孔(mm)的质量百分率(%) | | | | | | | |
|---|---|---|---|---|---|---|---|---|
| | 31.5 | 26.5 | 19 | 9.5 | 4.75 | 2.36 | 0.6 | 0.075 |
| 范围 | 100 | 90 ~ 100 | 72 ~ 89 | 47 ~ 67 | 29 ~ 49 | 17 ~ 35 | 8 ~ 22 | 0 ~ 7 |

(3)水。凡饮用水皆可使用,遇到可疑水源,应委托有关部门化验鉴定。

2. 混合料组成设计

(1)取实际使用的集料分别进行筛分,按颗粒组成进行计算,确定各种集料的组成比例。要求组成混合料的级配应符合表中的规定,且 4.75mm、0.075mm 的通过量应接近级配范围的中值。

(2)取工地使用的水泥,按不同水泥剂量分组试验。一般建议水泥剂量按 4%、4.5%、5%、5.5% 四种比例进行试验(水泥:集料 = 4:100、4.5:100、5:100、5.5:100)。制备不同比例的混合料(每组试件个数为:偏差系数 10% ~ 15% 时 9 个,偏差系数 15% ~ 20% 时 13 个),用重型击实法确定各组混合料的最佳含水率和最大干密度。

(3)为减少基层裂缝,必须做到三个限制:在满足设计强度的基础上限制水泥用量;在减少含泥量的同时,限制细集料、粉料用量;根据施工时气候条件限制含水率。具体要求水泥剂量不应大于 5.5%、集料级配中 0.075mm 以下颗粒含量不宜大于 5%、含水率不宜超过最佳含水率的 1%。

(4)根据确定的最佳含水率,拌制水泥稳定碎石混合料,按要求压实度(重型击实标准,98%)制备混合料试件,在标准条件下养护 6d,浸水 1d 后取出,做无侧限抗压强度。

(5)水泥稳定碎石试件的标准养护条件是:将制好的试件脱模称重后,应立即放到相对湿度 95% 的养护室内养生,养护温度北方冰冻地区为 20℃ ±2℃,南方非冰冻地区为 25℃ ±2℃。养生期的最后一天(第七天)将试件浸泡在水中,在浸泡水之前,应再次称试件的质量,水的深度应使水面在试件顶上约 2.5cm,浸水的水温应与养护温度相同。将已浸水一昼夜的试件从水中取出,用软的旧布吸去试件表面的可见自由水,并称试件的质量。前六天养生期间试件质量损失(指含水率的减少)应不超过10g,质量损失超过此规定的试件,应予作废。

(6)水泥稳定碎石7d浸水无侧限抗压强度代表值应满足 $R_代 \geqslant 3.0 \sim 5.0MPa$。设计累计标准轴次小于 $12 \times 10^6$ 的轨道工程用低限值;设计累计标准轴次大于 $12 \times 10^6$ 的轨道工程用中值;主要行驶重载车辆的铁路应用高限值。某一铁路应采用一个值,而不是一个范围,具体用值由设计单位确定。

(7)试件室内试验结果抗压强度的代表值按下式计算:

$$R_代 = \overline{R}(1 - Z_\alpha C_V) \tag{1-5-3}$$

式中:$R_代$——抗压强度代表值,MPa;

$\overline{R}$——该组试件抗压强度的平均值,MPa;

$Z_\alpha$——保证率系数,铁路保证率95%,此时 $Z_\alpha = 1.645$;

$C_V$——试验结果的偏差系数(以小数计)。

(8)取符合强度要求的最佳配合比作为水泥稳定碎石的生产配合比,用重型击实法求得最佳含水率和最大干密度。

# 第三节　工业废渣稳定类材料

随着工业的发展,工业废渣逐渐增多,怎样综合利用工业废渣引起了国内外的重视。近年来,我国将工业废渣利用在公路、铁道、轨道等道路工程结构建设中取得良好的成效,不仅提高各类工程建设的质量,而且还降低了工程造价,减少各种工业废渣对环境的污染。这种"变废为宝",对工程建设和社会发展都具有积极的意义。

工程上常用的工业废渣有:火力发电厂的粉煤灰和煤渣、钢铁厂的高炉渣和钢渣、化肥厂的电石渣、煤矿的煤矸石以及各种无毒无辐射具有一定活性的矿渣等。粉煤灰和煤渣中含有较多的二氧化硅、氧化钙或氧化铝等活性物质。

工业废渣材料主要用石灰与之综合稳定,即石灰工业废渣材料,主要有石灰粉煤灰类及石灰其他废渣类。

石灰工业废渣稳定材料结构层具有:水硬性、缓凝性、强度高、稳定性好,成板体且强度随龄期不断增加,抗水、抗冻、抗裂而且收缩性小,适应各种气候环境和水文地质条件等特点。所以,近几年来,修筑铁路,常选用石灰工业废渣稳定材料做路基基层。

## 一、工业废渣稳定类材料结构分类

(1)石灰粉煤灰稳定碎石(简称二灰)结构层是由石灰、粉煤灰和级配碎石按一定配合比,加水拌和、摊铺、碾压及养生而成型的结构层。

(2)石灰粉煤灰稳定土(简称二灰土)结构层是由石灰、粉煤灰和细粒土按一定配合比,经加水拌和、摊铺、碾压及养生成型的结构层。

(3)石灰煤渣(简称二渣)结构层是用石灰和煤渣按一定配合比,加水拌和、摊铺、碾压、养生而成型的结构层。

(4)石灰煤渣稳定碎石(简称三渣)结构层是用石灰、煤渣和集料按一定配合比,加水拌和、摊铺、碾压、养生而成型的结构层。

(5)石灰煤渣稳定土结构层是用石灰、煤渣和细粒土按一定配合比,加水拌和、摊铺、碾压、养生而成型的结构层。

### 二、石灰稳定类结构层材料组成

(1)石灰。生产用生石灰及消石灰均应符合Ⅱ级或Ⅱ级以上石灰各项技术指标的要求,当采用生石灰粉时,生石灰粉的磨细度应≥100目。石灰要分批进料,做到既不影响施工进度,又不过多存放;应尽量缩短堆放时间,如存放时间稍长应予覆盖,并采取封存措施,妥善保管。为减少二灰稳定碎石底基层反射裂缝的产生,建议使用Ⅰ级石灰且石灰用量不超过4.5%。

(2)粉煤灰。粉煤灰质量等级不低于二级。粉煤灰中$SiO_2$、$Al_2O_3$和$Fe_2O_3$之和总含量应大于70%,其中$Fe_2O_3$的含量不大于8%。粉煤灰中$SO_3$的含量应小于3%,宜小于1%。烧失量不应超过20%,比表面积宜大于$2500cm^2/g$。料堆应注意覆盖,防止雨淋和扬灰。由于近几年粉煤灰中$SO_3$的含量非常不稳定,施工、监理单位对每批次进场的粉煤灰都必须进行$SO_3$的含量的检测,以保证进场的粉煤灰原材料质量符合要求。

(3)碎石。石灰、粉煤灰、碎石混合料中碎石压碎值不大于28%,针片状(1:5)含量不大于15%。4.75mm以下粒径的集料必须使用石灰岩。集料的颗粒组成应符合表1-5-6的规定。

石灰、粉煤灰、碎石混合料中集料的颗粒组成表　　　　　　表1-5-6

| 方孔筛尺寸(mm) | 31.5 | 26.5 | 19.0 | 9.5 | 4.75 | 2.36 | 1.18 | 0.6 | 0.075 |
|---|---|---|---|---|---|---|---|---|---|
| 通过质量百分率(%) | 100 | 90~100 | 63~73 | 29~39 | 17~25 | 13~20 | 10~16 | 7~12 | 0~4 |

### 三、石灰稳定类结构层配合比设计

(1)取实际使用的集料,分别进行筛分,按颗粒组成进行计算,组成混合集料的级配应符合表1-5-6的规定。为保证配制出的混合料具有较好的抗裂性能以及施工时减少离析的产生,建议配合比设计时级配曲线按正"S"形调整。4.75mm以上(含4.75mm)筛孔通过率宜处于级配中值与上限之间,2.36mm以下(含2.36mm)筛孔通过率宜处于级配中值与下限之间,0.075mm筛孔通过率宜在2.5%左右。

(2)使用的粉煤灰和消石灰,石灰粉煤灰与级配集料的比例为20:80,石灰与粉煤灰比例控制在1:3~1:4。制备不同比例(石灰剂量可按4.0%、4.5%、5.0%进行试验)的混合料(每组试件个数为:偏差系数10%~15%时9个,偏差系数15%~20%时13个),用重型击实法确定各组混合料的最佳含水率和最大干密度。

(3)在最佳含水率状况,按要求压实度(重型击实标准,98%)制备混合料试件,在采用生石灰粉时,必须和粉煤灰及碎石拌和后一起进行浸润,且浸润时间不应少于3h,使生石灰粉能充分消解。在标准条件下养护6d,浸水一天后取出测定无侧限抗压强度。

(4)石灰粉煤灰碎石7d浸水无侧限抗压强度代表值宜控制在0.8~1.1MPa,建议设计值取0.8MPa。在进行无侧限抗压强度试验时应测定混合料的体积膨胀率,且不大于2%。

(5)试件室内试验结果抗压强度的代表值按式(1-5-3)计算。

(6)石灰粉煤灰稳定碎石试件的标准养护条件是:将制好的试件脱模称重后,应立即放到相对湿度95%的养护室内养生,养护温度为20℃±2℃,养生期的最后一天(第七天)将试件浸泡在水中,水的深度应使水面在试件顶上约2.5cm,浸水的水温应与养护温度相同。在浸泡水之前,应再次称试件的质量,前六天养生期间试件质量损失(指含水率的减少)应不超过

10g,质量损失超过此规定的试件,应该作废。将已浸水一昼夜的试件从水中取出,用软的旧布吸去试件表面的可见自由水,并称试件的质量。

### 复习思考题

**一、填空题**

1. 常用的无机结合料稳定类材料有_____、_____和_____。

2. 石灰质量主要是由石灰中的_____和_____的含量决定的。

3. 石灰土强度随时间而变化,初期强度_____,后期强度_____。

4. 石灰土中石灰的剂量一般指_____和_____的百分比。

5. 在石灰土中,石灰等级要求在_____以上,储藏时间不得超过_____。

6. 水泥加入土中后,发生了_____、_____、_____、_____作用,使得土的性质得以改善,主要表现在_____和_____提高,并成为_____性材料。

**二、名词解释**

二灰    二渣    水稳层    石灰稳定类材料    水泥稳定类材料

**三、简答题**

1. 简述石灰稳定类材料的强度形成原理。影响其强度的因素有哪些?

2. 简述水泥稳定类材料的强度形成原理。影响其强度的因素有哪些?

3. 简述水泥稳定类材料配合比设计步骤和方法。

4. 简述二灰稳定类结构层配合比设计步骤和方法。

# 第六章 沥青及沥青混合料

## 教学目标

1. 熟悉沥青的分类和各项指标、沥青混合料的组成和技术性质。
2. 熟悉 CA 砂浆的配合比设计及性能指标。
3. 熟悉不同轨道类型 CA 砂浆的性能及其检测内容。
4. 了解 CA 砂浆的应用。

## 第一节 石油沥青

石油沥青是原油加工过程的一种产品,在常温下是黑色或黑褐色的黏稠的液体、半固体或固体,主要含有可溶于三氯乙烯的烃类及非烃类衍生物,其性质和组成随原油来源和生产方法的不同而变化。

石油沥青是原油蒸馏后的残渣。根据提炼程度的不同,在常温下成液体、半固体或固体。石油沥青色黑而有光泽,具有较高的感温性。

对石油沥青可以按表 1-6-1 所示体系加以分类。

石油沥青分类体系                                    表 1-6-1

| 按生产方法 | 直馏沥青、溶剂脱油沥青、氧化沥青、调和沥青、乳化沥青、改性沥青等 |
| --- | --- |
| 按外观形态 | 液体沥青、固体沥青、稀释液、乳化液、改性体等 |
| 按用途 | 道路沥青、建筑沥青、防水防潮沥青、以用途或功能命名的各种专用沥青等 |

石油沥青具有以下技术性质:

(1)黏性。黏性是表示沥青抵抗变形或阻滞塑性流动的能力。

(2)塑性。塑性是指沥青受到外力作用时,产生变形而不破坏,当外力撤销,能保持所获得的变形能力。

(3)温度敏感性。温度敏感性是指沥青的黏性和塑性随温度变化而改变的程度。沥青没有固定的熔点,当温度升高时,沥青塑性增大,黏性减小,由固体或半固体逐渐软化,变成黏性液体;当温度降低时,沥青的黏性增大,塑性减小,由黏流态变为固态。

沥青软化点是反映沥青温度敏感性的重要指标,它表示沥青由固态变为黏流态的温度,此温度越高,说明温度敏感性越小,既环境温度较高时才会发生这种状态转变。

(4)大气稳定性。大气稳定性是指石油沥青在温度、阳光、空气和水的长期综合作用下,保持性能稳定的能力。

## 一、石油沥青生产工艺

### 1.石油的基属分类

石油是炼制石油沥青的原料,石油沥青的性质首先与石油的基属有关。我国目前的原油分类是按照"关键馏分特性"和"含硫量"进行分类的。

(1)关键馏分特性分类。石油在半精馏装置中,于常压下蒸得250~275℃的馏分称为"第一关键馏分";于5.33kPa的压力下减压蒸馏,取得275~300℃的馏分称为"第二关键馏分"。测定以上两个关键馏分的相对密度,并对照表1-6-2所列相对密度范围或特性因素,决定两个关键馏分的基属,如石蜡基、中间基或环烷基。根据原油两个关键馏分的相对密度(或特性因数)由表1-6-3决定其所隶属的基属,原油可分为表1-6-3所列七类。

**关键馏分的基属分类指标**　　　　　　　　　　　　　表1-6-2

| 关键馏分 | 石蜡基(P) | 中间基(M) | 环烷基(N) |
|---|---|---|---|
| 第一关键馏分 | 相对密度$\rho_4^w$0.8207<br>($K^* > 11.9$) | 相对密度$\rho_4^w = 0.8207 \sim 0.8506$<br>($K = 11.5 \sim 11.9$) | 相对密度$\rho_4^w > 0.8506$<br>($K < 11.5$) |
| 第二关键馏分 | $\rho_4^w < 0.8207$<br>($K > 12.2$) | $\rho_4^w = 0.8721 \sim 0.9302$<br>($K = 11.5 \sim 12.2$) | $\rho_4^w 0.9302$<br>($K < 11.5$) |

注:*$K$为特性因素,根据关键馏分的沸点和密度指数查有关诺模图而求得。

**原油按关键馏分基属的分类**　　　　　　　　　　　　　表1-6-3

| 第二关键馏分基属 | 石蜡基(P) | 中间基(M) | 环烷基(N) |
|---|---|---|---|
| — | 石蜡基(P) | 中间—石蜡基(M－P) | — |
| 中间基(M) | 石蜡—中间基(P－M) | 中间基(M) | 环烷—中间基(N－M) |
| 环烷基(N) | — | 中间—环烷基(M－N) | 环烷基(N) |

(2)含硫量的分类。含硫量低于0.5%者为低硫原油;含硫量高于0.5%者为含硫原油。如含硫为0.22%的石蜡基原油称为低硫石蜡基原油,含硫量为0.85%的中间基原油称为含硫中间基原油。按现行常规工艺,作为生产沥青原料的原油基属的选择,最好是选用环烷基原油,其次是中间基原油,最好不选用石蜡基原油,因为石蜡含量的存在将给沥青性能带来不良的影响。但是石蜡基原油通过现代工艺亦能生产出优质沥青。

### 2.石油沥青生产工艺概述

石油沥青是石油原油经蒸馏提炼出各种轻质油(如汽油、柴油等)及润滑油以后的残留物,再经加工而得的产品。原油经常压蒸馏后得到常压渣油,再经减压蒸馏后,得到减压渣油。

渣油经过再减蒸工艺,进一步深拔出各种重质油品,可得到不同稠度的直馏沥青;渣油经不同深度的氧化后,可以得到不同稠度的氧化沥青或半氧化沥青;渣油经不同程度地脱出脱沥青油,可得到不同稠度的溶剂沥青。除轻度蒸馏和轻度氧化的沥青属于高标号慢凝沥青外,这些沥青都属于黏稠沥青。在黏稠沥青中掺加煤油或汽油等挥发速度较快的溶剂,称为中凝液体沥青或快凝液体沥青。为得到不同稠度的沥青,也可以采用硬的沥青与软的沥青(黏稠沥青或慢凝液体沥青)以适当比例调配,称为调配沥青。按照比例不同所得成品可以是黏稠沥青,亦可以是慢凝液体沥青。

快凝液体沥青需要耗费高价的有机稀释剂,同时要求石料必须是干燥的。为节约溶剂和扩大使用范围,可将沥青分散于有乳化剂的水中而形成沥青乳液,这种乳液亦称为乳化沥青。

为更好地发挥石油沥青和煤沥青的优点,选择适当比例的煤沥青与石油沥青混合而成一种稳定的胶体,这种胶体称为混合沥青。

沥青的制造方法不同,其性状有很大的差异,简述如下:

(1)蒸馏法:与氧化沥青相比,通常直馏沥青具有较好的低温变形能力,但温度感应性大。

(2)氧化法:与直馏沥青相比,通常氧化沥青具有较低的温度感应性,高温时抗变形能力较好,但低温时变形能力较差。

(3)半氧化法:所得沥青兼具高温性和低温性。

(4)溶剂脱沥青法:溶剂脱沥青法的优点是,可以使石蜡基渣油原料中的蜡,随脱沥青油萃取出,而得到的溶剂脱沥青的含蜡量大大降低,使沥青的性能得到改善。

## 二、石油沥青的分类

### 1. 按原油成分分类

原油是生产石油沥青的原料,原油按其含烃类成分或硫含量不同可划分为几种类别(称为基属)。由不同基属原油炼制的石油沥青分别为:

(1)石蜡基沥青:这种沥青在原油中含有大量烷烃,沥青中含蜡量,一般大于5%,有的高达10%以上。蜡在常温下往往以结晶体存在,降低了沥青的黏结性和塑性。

(2)环烷基沥青:也称沥青基沥青,含有较多的环烷烃和芳香烃,所以此种沥青的芳香性高,含蜡量一般小于2%,沥青的黏结性和塑性均较高。

(3)中间基沥青:也称混合基沥青,所含烃类成分和沥青的性质一般均介于石蜡基和环烷基沥青之间。

### 2. 按加工方法分类

(1)直馏沥青:原油经过常压蒸馏、减压蒸馏或深拔装置提取各种轻质及中质石油产品所余后可用作沥青的残渣,称为直馏沥青。

(2)氧化沥青:将常压或减压重油,或低稠度直馏沥青在250～300℃的高温下吹入空气,经数小时氧化可获得常温下为半固体或固体状的沥青,称氧化沥青。

(3)溶剂沥青:这种沥青是对含蜡量较高的重油采用溶剂萃取工艺,提炼出润滑油原料后所余残渣。

### 3. 按沥青在常温下的稠度分类

根据石油沥青稠度,一般可分为黏稠沥青和液体沥青两大类。黏稠沥青常温下为半固体或固体状态。液体沥青在常温下多呈黏稠液体或液体状态,可按标准黏度划分为慢凝、中凝和快凝液体沥青。

## 三、石油沥青的组成和结构

### 1. 元素组成

石油沥青是由多种碳氢化合物及其非金属(氧、硫、氮)的衍生物组成的混合物。它的组成主要是碳(80%～87%)、氢(10%～15%),其次是非烃元素,如氧、硫、氮等(<3%)。此外,还含有一些微量的金属元素,如镍、钒、铁、锰、钙、镁、钠等,但含量都很少,约为几个至几十个ppm(百万分之一)。典型的石油沥青元素组成见表1-6-4。

| 序号 | 沥青标号 | 油源工艺 | | 分子量 MW | 元素组成(质量,%) | | | | | 碳氢原子比 C/H | 平均分子式 |
|---|---|---|---|---|---|---|---|---|---|---|---|
| | | 油源基属 | 加工工艺 | | 碳(C) | 氢(H) | 氧(O) | 硫(S) | 氮(N) | | |
| 1 | A-60 | 低硫石蜡基 | 丙烷脱 | 955 | 86.10 | 11.00 | 1.78 | 0.38 | 0.74 | 0.657 | C68.5H104. 201.1S0.1NO.5 |
| 2 | A-60 | 含硫中间基 | 氧化 | 1020 | 84.50 | 10.60 | 1.68 | 2.51 | 0.71 | 0.669 | C71.8H107.301. 1S0.8NO.5 |
| 3 | A-60 | 含硫中间环烷基 | 氧化 | 1142 | 84.10 | 10.50 | 1.24 | 3.12 | 1.04 | 0.672 | C80..0H119.000. 9S1.1NO.8 |
| 4 | A-60 | 含硫环烷基 | 氧化 | 1300 | 81.90 | 9.60 | 1.50 | 6.47 | 0.53 | 0.716 | C88..6H123. 801.2NO.5 |

由于沥青化学组成结构的复杂性,虽然多年来许多化学家致力于这方面的研究,但是目前仍不能直接得到沥青元素含量与性能之间的关系。

元素组成与分子量配合可以计算出沥青的平均分子式(见表1-6-4);如与相对密度、分子量、红外光谱和核磁共振波谱等数据配合可以计算出沥青的平均化学结构。因此,沥青的元素组成是研究沥青化学结构的重要参数。

微量元素在沥青中的作用,目前还研究不够。一般认为,他们的含量与沥青的加工工艺(如与催化剂的匹配)和性能改善(如与改性剂的协同作用)有较密切的关系。

2. 化学组分

石油沥青是由多种化合物所组成的混合物,由于它的结构复杂性,将其分离为纯粹的化合物单体,目前分析技术还有一定困难。实际上,在生产应用中没有必要。因此,许多研究者就致力于沥青"化学组分"分析的研究。化学组分分析就是将沥青分离为化学性质相近,而且与其性质有一定联系的几个组,这些组就称为"组分"。

石油沥青的化学组分,许多研究者曾提出不同的分析方法,而且还在不断修正和发展中。我国现行《公路工程沥青及沥青混合料试验规程》(JTG E20—2011)中规定有三组分和四组分两种分析法。

(1)三组分分析法。石油沥青的三组分分析法是将石油沥青分离为油分、树脂和沥青质3个组分。因我国富产石蜡基中间基沥青,在油分中往往含有蜡,故在分析时还应将油蜡分离。由于这一组分分析方法,是兼用了选择性溶解和选择性吸附的方法,所以又称为溶解—吸附法。

该方法分析流程是用正庚烷沉淀沥青质,将溶于正庚烷中的可溶分用硅胶吸附,装于抽提仪中抽提油蜡,再用苯—乙醇抽出树脂。最后将抽出的油蜡用丁酮—苯为脱蜡溶剂。在-20℃的条件下,冷冻过滤分离油、蜡。按三组分分析法所得各组分的性状见表1-6-5。

(2)四组分分析法。四组分分析法是将沥青试样先用正庚烷沉淀"沥青质(At)",再将可溶分(即软沥青质)吸附于氧化铝谱柱上,先用正庚烷冲洗,所得的组分称为"饱和分(S)";再用甲苯冲洗,所得的组分称为"芳香分(Ar)";最后用甲苯—乙醇、甲苯、乙醇冲洗,所得组分称为"胶质(R)"。对于含蜡沥青,可将所分离的饱和分与芳香分,以丁酮—苯为脱蜡溶剂,在

－20℃下冷冻分离固态烷烃,确定含蜡量。按四组分分析法所得各组分的性状见表1-6-6。

石油沥青三组分分析法的各组分性状　　　　　表1-6-5

| 组分 | 外观特征 | 平均分子量 $M_w$ | 碳氢比(原子比)C/H | 物化特征 |
|---|---|---|---|---|
| 油分 | 淡黄透明液体 | 200~700 | 0.5~0.7 | 几乎可溶于大部分有机溶剂,具有光学活性,常发现有荧光,相对密度约0.910~0.925 |
| 树脂 | 红褐色黏稠半固体 | 800~3000 | 0.7~0.8 | 温度敏感性高,溶点低于100℃,相对密度大于1.000 |
| 沥青质 | 深褐色固体末状微粒 | 1000~5000 | 0.8~1.0 | 加热不熔化,分解为硬焦炭,使沥青呈黑色 |

石油沥青四组分分析法的各组分性状　　　　　表1-6-6

| 性状组分 | 外观特征 | 相对密度 $\rho$(平均) | 平均分子量 $M_w$ | 芳烃指数 $f_u$ | 环数/分子(平均) 环烷环 | 环数/分子(平均) 芳香环 | 化学结构 |
|---|---|---|---|---|---|---|---|
| 饱和分 | 无色液体 | 0.89 | 625 | 0.00 | 3.0 | 0.0 | [纯链烷烃]+[纯环烷]+[混合链烷－环烷烃] |
| 芳香分 | 黄色至红色液体 | 0.99 | 730 | 0.25 | 3.5 | 2.0 | [混合链烷－环烷－芳香烃]+[芳香烃]+[含S化合物] |
| 胶质 | 棕色黏稠液体 | 1.09 | 970 | 0.42 | 3.6 | 7.4 | [(链烷－环烷－芳香烃)多环结构]+[含S,O,N化合物] |
| 沥青质 | 深棕色至黑色固态 | 1.15 | 3400 | 0.50 | — | — | [(链烷－环烷－芳香烃)缩合环结构]+[含S,O,N化合物] |

按照石油沥青四组分分析法,各组分对沥青性质的影响,根据L. W. 科尔贝特的研究认为:饱和分含量增加,可使沥青稠度降低(针入度增大);树脂含量增大,可使沥青的延性增加;在有饱和分存在的条件下,沥青质含量增加,可使沥青获得低的感温性;树脂和沥青质的含量增加,可使沥青的黏度提高。

沥青的含蜡量:蜡组分的存在对沥青性能的影响,是沥青性能研究的一个重要课题。特别是我国富产石蜡基原油的情况下,更为众所关注。蜡对沥青性能的影响,现有研究认为:沥青中蜡的存在,在高温时会使沥青容易发软,导致沥青高温稳定性降低,出现车辙或流淌;相反,在低温时会使沥青变得脆硬,导致低温抗裂性降低;此外,蜡会使沥青与石料黏附性降低,在有水的条件下,会使路面石子产生剥落现象,造成路面破坏;更严重的是,含蜡沥青会使沥青路面的抗滑性降低,影响路面的行车安全。对于沥青含蜡量的限制,由于世界各国测定方法不同,所以限制值也不一致,其范围为2%~4%。我国标准规定,重交通量道路石油沥青的含蜡量(蒸馏法)不大于3%。

3. 胶体结构

沥青的技术性质,不仅取决于它的化学组分及其化学结构,而且取决于它的胶体结构。

(1)胶体结构的形式。现代胶体理论认为:沥青的胶体结构是以固态超细微粒的沥青质为分散相。通常是若干个沥青质聚集在一起,它们吸附了极性半固态的胶质,而形成"胶团"。由于胶溶剂——胶质的胶溶作用,而使胶团胶溶、分散于液态的芳香分和饱和分组成的分散介质中,形成稳定的胶体。

在沥青中,分子量很高的沥青质不能直接胶溶于分子量很低的芳香分和饱和分的介质中,特别是饱和分为胶凝剂,它会阻碍沥青质的胶溶。沥青之所以能形成稳定的胶体,是因为强极性的沥青质吸附了极性较强的胶质,胶质中极性最强的部分吸附在沥青质表面,然后逐步向外扩散,极性逐渐减小,芳香度也逐渐减弱,距离沥青质越远,则极性越小,直至与芳香分接近,直至到几乎没有极性的饱和分。这样,在沥青胶体结构中,从沥青质到胶质,再从芳香分到饱和分,它们的极性是逐步递减的,没有明显的分界线。

(2)胶体结构的分类。根据沥青中各组分的化学组成和相对含量的不同,可以形成不同的胶体结构。沥青的胶体结构可分以下3种类型:

①溶胶型结构:当沥青中沥青质分子量较小,并且含量很少(例如在10%以下),同时有一定数量的芳香度较高的胶质,这样使胶团能够完全胶溶而分散在芳香分和饱和分的介质中。在此情况下,胶团相距较远,它们之间吸引力很小(甚至没有吸引力),胶团可以在分散介质黏度许可范围之内自由运动,这种胶体结构的沥青,称为溶胶型沥青[如图1-6-1a)所示]。

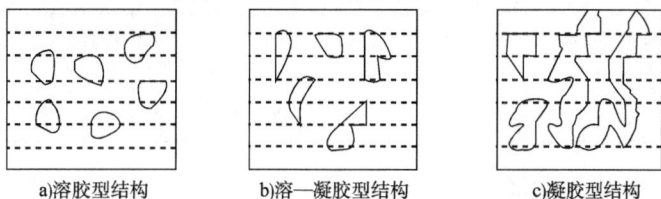

a)溶胶型结构      b)溶—凝胶型结构      c)凝胶型结构

图1-6-1 沥青的胶体结构示意图

这类沥青的特点是,当对其施加荷载时,几乎没有弹性效应,剪应力($\tau$)与剪变率($\dot{r}$)成直线关系(似宾汉姆体),呈牛顿流型流动,所以这类沥青也称为"牛顿流沥青"。通常,大部分直馏沥青都属于溶胶型沥青。这类沥青在性能上,具有较好的自愈性和低温时变形能力,但温度感应性较大。

②溶—凝胶型结构:沥青中沥青质含量适当(例如在15%~25%之间),并有较多数量芳香度较高的胶质。这样形成的胶团数量增多,胶体中胶团的浓度增加,胶团距离相对靠近[如图1-6-1b)所示],它们之间有一定的吸引力。这是一种介乎溶胶与凝胶之间的结构,称为溶—凝胶结构。这种结构的沥青称为溶—凝胶型沥青。这类沥青的特点是,在变形的最初阶段,表现出一定程度的弹性效应,但变形增加至一定数值后,则又表现出一定程度的黏性流动,是一种具有黏—弹特性的伪塑性体。它的剪应力($\tau$)和剪变率($\dot{r}$)关系(似宾汉姆体)。这类具有黏—弹特性的沥青,称为黏—弹性沥青。这类沥青,有时还有触变性。修筑现代高等级沥青路面用的沥青,都应属于这类胶体结构类型。通常,环烷基稠油的直馏沥青或半氧化沥青,以及按要求组分重(新)组(配)的溶剂沥青等,往往能符合这类胶体结构。这类沥青的性能,在高温时具有较小的感温性,低温时又具有较好的形变能力。

③凝胶型结构:沥青中沥青质含量很高(例如大于30%),并有相当数量芳香度高的胶质来形成胶团。这样,沥青中胶团浓度很大程度的增加,它们之间相互的吸引力增加,使胶团靠得很近,形成空间网络结构。此时,液态的芳香分和饱和分在胶团的网络中成为"分散相",连续的胶团成为"分散介质"[如图1-6-1c)所示]。这种胶体结构的沥青,称为凝胶型沥青。这类沥青的特点是,当施加荷载很小时,或在荷载时间很短时,具有明显的弹性变形。

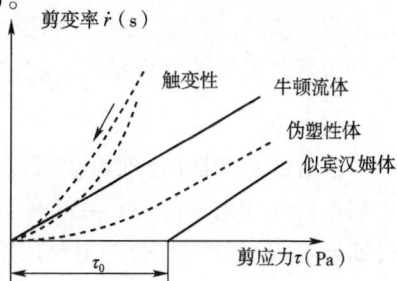

图1-6-2 沥青的剪应力与剪应变关系图

当应力超过屈服值($\tau_0$)之后,则表现为黏—弹性变形,为一种似宾汉姆体,有时还具有明显的触变性,这类沥青称为弹性沥青。通常深度氧化的沥青多属于凝胶型沥青。这类沥青在性能上,虽具有较小的温度感应性,但低温变形能力较差。

(3)蜡对沥青胶体结构的影响。蜡组分在沥青胶体结构中,可溶于分散介质芳香分和饱和分中,在高温时,它的黏度很低,会降低分散介质的黏度,使沥青胶体结构向溶胶方向发展;在低温时,它能析出晶体,形成网络结构,使沥青胶体结构向凝胶方向发展。

4. 结构类型的判定

沥青的胶体结构与其性能有密切的关系。胶体结构类型的确定,可以根据流变学的方法(如流变曲线测定法)和物理化学的方法(如容积度法、絮凝比—稀释度法)等。为了工程使用方便,通常采用针入度指数法。该法是根据沥青的针入度指数(PI)值,按表1-6-7来划分其胶体结构类型(沥青针入度指数的确定方法,参见本节沥青的感温性)。

沥青的针入度指数和胶体结构类型 表1-6-7

| 沥青的针入度指数<br>(PI) | 沥青的胶体<br>结构类型 | 沥青的针入度指数<br>(PI) | 沥青的胶体<br>结构类型 | 沥青的针入度指数<br>(PI) | 沥青的胶体<br>结构类型 |
|---|---|---|---|---|---|
| < -2 | 溶胶 | -2 ~ +2 | 溶—凝胶 | > +2 | 凝胶 |

### 四、石油沥青材料的技术性质

用于现代沥青路面等的沥青材料,应具备下列主要技术性质。

1. 物理特征常数

现代沥青路面的研究,对沥青材料的下列物理特征常数极为重视。

(1)密度。沥青的密度是沥青在规定温度条件下、单位体积的质量。我国《公路工程沥青及沥青混合料试验规程》(JTJ E20—2011)规定温度为15℃。也可用相对密度表示,相对密度是指在规定温度下,沥青质量与同体积水质量之比。

沥青的密度与其化学组成有密切的关系,通过沥青的密度测定,可以概略地了解沥青的化学组成。通常黏稠沥青的密度波动在0.96~1.04范围。我国富产石蜡基沥青,其特征为含硫量低、含蜡量高、沥青质含量少,所以密度常在1.00以下。

(2)热胀系数。沥青在温度上升1℃时的长度或体积的变化,分别称为线胀系数或体胀系数,统称热胀系数。沥青混合料的热胀系数主要取决于沥青热学性质。特别是含蜡沥青,当温度降低时,蜡由液态转变为固态,比容突然增大,沥青的热胀系数发生突变,因而易导致路面产生开裂。

(3)介电常数。沥青的介电常数与沥青使用的耐久性有关,这是早年就为人们所知的。现代高速交通的发展,要求沥青路面具有高的抗滑性,根据英国道路研究所研究认为,沥青的介电常数与沥青路面抗滑性也有很好的相关性。

2. 黏滞性

沥青的黏滞性(简称黏性)是反映沥青材料内部阻碍其相对流动的一种特性,是技术性质中与沥青路面力学行为联系最密切的一种性质。沥青的黏性通常用黏度表示,所以黏度是现代沥青等级(标号)划分的主要依据。

1)沥青黏度的表达方式

(1)牛顿流型沥青的黏度:溶胶型沥青或沥青在高温条件下,可视为牛顿液体。设在两金

属板中夹一层沥青,按牛顿内摩擦定律可推导出牛顿流型沥青的黏度:

$$\eta = \frac{\tau}{\gamma} \tag{1-6-1}$$

式中:$\eta$——动力黏度(简称黏度),Pa·s;

  $\tau$——剪应力,Pa;

  $\gamma$——剪应变速率(简称剪变率),1/s。

由式(1-6-1)可知,流体层间速度梯度(即剪变率)为一单位时,每单位面积所受到的内摩擦力称为"动力黏度"。如此采用长度、质量和时间等绝对单位表示的黏度称为"绝对黏度"。

动力黏度计量单位,按 SI 单位制为"帕·秒"(Pa·s)。

在运动状态下,测定沥青黏度时,考虑到密度的影响,动力黏度还可采用另一种量描述,即沥青在某一温度下的动力黏度与同温下沥青密度之比,称为"运动黏度"(或称"动比密度")。运动黏度($\upsilon$)表示如下:

$$\upsilon = \frac{\eta}{\rho} \tag{1-6-2}$$

式中:$\upsilon$——运动黏度,$10^{-4}$ $m^2/s$;

  $\eta$——动力黏度,Pa·s;

  $\rho$——密度,$g/cm^3$。

运动黏度的计量单位,按 SI 单位制为"米²/秒",$m^2/s$。

(2)非牛顿流型沥青的黏度:沥青是一种复杂的胶体物质,只有当其在高温时(例如加热至施工温度时)才接近于牛顿液体。而当其在路面的使用温度时,沥青均表现为黏弹性体,故其在不同剪变率时,表现为不同的黏度。因此沥青的剪应力与剪变率并非线性关系,通常以表观黏度(或称视黏度)表达如下:

$$\eta_a = \frac{\tau}{\gamma C} \tag{1-6-3}$$

式中:$\eta_a$——沥青的表观黏度,Pa·s;

  $C$——沥青的复合流动度系数;

  $\tau$、$\gamma$ 意义同前。

沥青的复合流动系数 $C$ 是评价沥青流变性质的重要指标。$C = 1.0$ 表示牛顿流型沥青,$C < 1.0$ 表示非牛顿流型沥青,$C$ 值越小表示非牛顿性越强。

2)沥青黏度的测定方法

沥青黏度的测定方法可分为两类,一类为"绝度黏度"法,另一类为"相对黏度"(或称"条件黏度")法。前者是由基本单位导出而得,通常采用仪器为"绝对单位黏度计",如毛细管黏度计等。后者是由一些经验方法确定,常用的仪器为"经验单位黏度计",各种流出型的黏度计如道路标准黏度计、赛氏黏度计和恩氏黏度计等。此外,针入度亦属这类。软化点,通常作为测定温度稳定性的一种方法,实质上,它也属于条件黏度的范畴。工程中一般测定条件黏度。

(1)绝对黏度测定方法

沥青绝对黏度的测定方法,我国《公路工程沥青及沥青混合料试验规程》(JTG E20—2011)规定,沥青运动黏度采用毛细管法;沥青动力黏度采用真空减压毛细管法。

①毛细管法:是测定沥青运动黏度的一种方法。该法是测定沥青试样在严格控温条件下,

于规定温度(黏稠石油沥青为135℃、液体石油沥青为60℃),通过坎芬式逆流毛细管黏度计(亦可采用其他符合规程要求的黏度计),流经规定体积所需的时间,按式(1-6-4)计算运动黏度:

$$\nu_t = ct \tag{1-6-4}$$

式中:$\nu_t$——在温度 $T$℃时的运动黏度,$mm^2/s$;

$c$——黏度计标定常数,$mm^2/s^2$;

$t$——流经时间,s。

②真空减压毛细管法:是测定沥青动力黏度的一种方法。该法是沥青试样在严密控制的真空装置内,保持一定的温度(通常为60℃),通过规定型号的毛细管黏度计(通常采用的有美国沥青学会式,即 AI 式),流经规定的体积所需要的时间(以 s 计)。按式(1-6-5)计算动力黏度。

$$\eta = kt \tag{1-6-5}$$

式中:$\eta$——在温度 $T$℃测定的动力黏度,$Pa \cdot s$;

$k$——黏度计常数,$Pa \cdot s/s$;

$t$——流经规定体积的时间,s。

(2)条件黏度测定方法

①标准黏度计法。我国现行试验法《公路工程沥青及沥青混合料试验规程》(JTG E20—2011)T 0621 规定,测定液体石油沥青、煤沥青和乳化沥青等的黏度,采用道路标准黏度计法。该试验方法是:液体状态的沥青材料,在标准黏度计中,于规定的温度条件下,通过规定的流孔直径,流出 50mL 体积所需的时间(见图1-6-3)。试验条件以 $C_{T,d}$ 表示。其中 $C$ 为黏度,$T$ 为试验温度,$d$ 为流孔直径。试验温度和流孔直径根据液体状态沥青的黏度选择,常用的流孔有 3mm、4mm、5mm 和 10mm 等 4 种。按上述方法,在相同温度和相同流孔条件下,流出时间越长,表示沥青黏度越大。

②针入度法。针入度试验是国际上经常用来测定黏稠(固体、半固体)沥青稠度的一种方法(见图1-6-4)。该法是沥青材料在规定温度条件下,以规定质量的标准针经过规定时间贯入沥青试样的深度(以 1/10mm 为单位计)。我国现行试验法《公路工程沥青及沥青混合料试验规程》(JTG E20—2011)T 0604 规定:常用的试验条件为 $P_{25℃,100g,5s}$。此外,为确定针入度指数(PI)时,针入度试验常用条件为5℃、15℃、25℃和35℃等,但标准针质量和贯入时间均为100g 和5s。

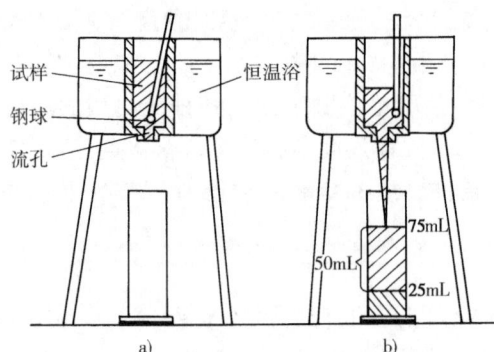

图1-6-3 沥青标准黏度试验示意图

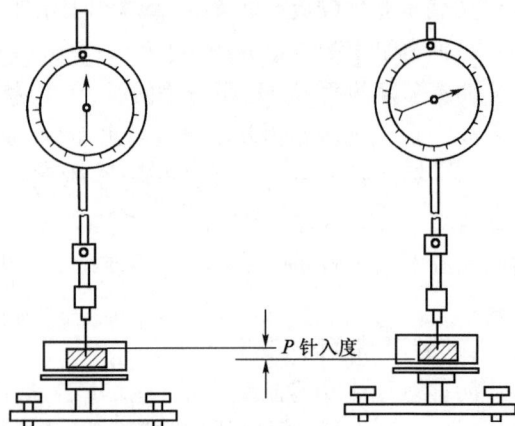

图1-6-4 沥青针入度试验示意图

按上述方法测定的针入度值越大，表示沥青越软(稠度越小)。

实质上，针入度是测定沥青稠度的一种指标。通常稠度高的沥青，其黏度亦高。但是，由于沥青结构的复杂性，将针入度换算为黏度的一些方法，均不能获得满意结果，所以近年美国及欧洲某些国家已将沥青针入度分级改为黏度分级。

③软化点。沥青材料是一种非晶质高分子材料，它由液态凝结为固态，或由固态熔化为液态时，没有敏锐的固化点或液化点，通常采用条件的硬化点和滴落点来表示，沥青材料在硬化点至滴落点之间的温度阶段，是一种黏滞流动状态，在工程实用中为保证沥青不致由于温度升高而产生流动的状态，因此取液化点与固化点之间温度间隔的87.21%作为软化点。

软化点的数值随采用的仪器不同而异。我国现行试验法《沥青软化点试验(环球法)》(T 0606—2000)是采用环球法软化点。该法(见图1-6-5)是沥青试样注于内径为19.8mm的铜环中，环上置一质量为3.5g的钢球，在规定的加热速度(5℃/min)下进行加热，沥青试样逐渐软化，直至在钢球荷重作用下，使沥青产生25.4mm挠度时测定其温度，此温度称为软化点。软化点越高，表明沥青的耐热性越好，即温度稳定性越好。

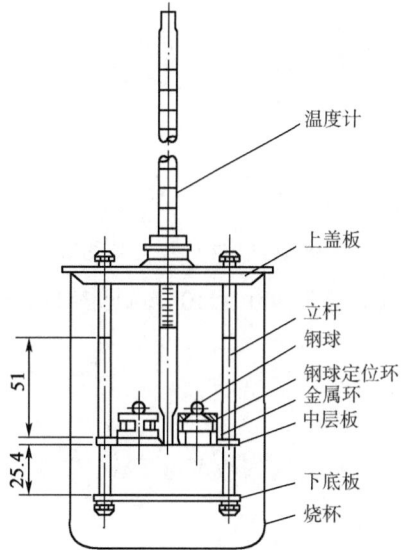

图1-6-5　软化点测定示意图
(尺寸单位:mm)

根据已有研究认为:沥青在软化点时的黏度约为1200Pa·s，或相当于针入度值800(1/10mm)。据此，可以认为软化点是一种人为的"等黏温度"。

由此可见，针入度是在规定温度下测定沥青的条件黏度，而软化点则是沥青达到条件黏度时的温度，所以软化点既是反映沥青材料热稳定性的一个指标，也是沥青黏度的一种量度。

3. 塑性

沥青的塑性是当其受到外力的拉伸作用时，所能承受的塑性变形的总能力，通常是用延度表示，用延度仪测定。沥青延度是将沥青试样制成8字形标准试件(最小断面1cm$^2$)，在规定拉伸速度$v = 5 \pm 0.25$cm/min和规定温度下($T$为10℃、25℃等)拉断时的长度(以cm计)称为延度。

以上所论及的针入度、软化点和延度是评价黏稠石油沥青路用性能最常用的经验指标，所以通称为"三大指标"。

4. 流变特性

流变学是根据应力、应变和时间来研究物质流动和变形的构成与发展的一般规律的科学。沥青材料是一种具有流变特性的典型材料，它的流动和变形不仅与应力有关，而且与时间和温度有关。所以我们在研究沥青的路用性质时，必须考察它的流变特性。沥青材料流变特性包括很宽广的内容，下面仅简述感温性。

沥青材料的温度感应性(简称感温性)与沥青路面的施工(如拌和、摊铺、碾压)和使用性能(如高温稳定性和低温抗裂性)都有密切关系，所以它是评价沥青技术性质的一个重要指标。沥青的感温性是采用"黏度"随"温度"而变化的行为(黏—温关系)来表达。目前最常用的有针入度指数法和劲度模量法。

(1)针入度指数法:针入度指数简称 PI,是普费等人经过大量试验,提出的一种评价沥青感温性的指标。沥青在不同温度下的针入度值,若以对数为纵坐标表示针入度,以横坐标表示温度,可得如图 1-6-6 所示直线关系,以下式表示:

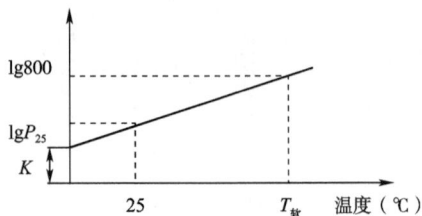

图 1-6-6　针入度—温度关系图

$$\lg P = AT + K \qquad (1\text{-}6\text{-}6)$$

式中:$A$——针入度温度感应性系数,由针入度和软化点确定;

$K$——截距(常数)。

据试验研究认为,沥青达到软化点时,此时的针入度约等于800(1/10mm)见图 1-6-6,故

$$A = \frac{\lg 800 - \lg P_{(25\text{℃},100g,5s)}}{T_{软} - 25} \qquad (1\text{-}6\text{-}7)$$

针入度指数可由下式计算:

$$PI = \frac{30}{1 + 50A} - 10 \qquad (1\text{-}6\text{-}8)$$

按针入度指数可将沥青划分为三种胶体结构。

(2)劲度模量:劲度模量是表示沥青的黏性和弹性联合效应的指标,大多数沥青在变形时呈现黏弹性。当形变量较小,荷载作用时间较短时,以弹性形变为主,反之,以黏性形变为主。

**5.黏附性**

沥青与集料的黏附性直接影响沥青路面的使用质量和耐久性,所以黏附性是评价沥青技术性能的一个重要指标。沥青裹覆集料后的抗水性(即抗剥性)不仅与沥青的性质有密切关系,而且亦与集料性质有关。当采用一种固定的沥青时,不同矿物成分的石料的剥落度也有所不同。从碱性、中性直至酸性石料,随着 $SiO_2$ 含量的增加,剥落度也随之增加,为保证沥青混合料的强度,在选择石料时应优先考虑利用碱性石料,当地缺乏碱性石料必须采用酸性石料时,可掺加各种抗剥剂以提高沥青与石料黏附性。

对沥青与石料的黏附性的试验方法,我国《公路工程沥青及沥青混合料试验规程》(JTG E20—2011)规定采用水煮法和水浸法。

**6.老化**

沥青在自然因素(热、氧化、光和水)的作用下,产生不可逆的化学变化,导致路用性能劣化,这种变化过程称为老化。

其组分变化规律为:

油分——树脂——沥青质——沥青碳、似碳物。

饱和分——芳香分——胶质分——沥青质。

随着沥青组分转化,化学性质也发生变化。表现为针入度减小,延度降低,软化点升高、黏结力下降、脆性增大、塑性减小。

## 7. 安全性

沥青材料在使用时必须加热,当加热至一定温度时,沥青材料中挥发的油分蒸汽与周围空气组成混合气体,此混合气体遇火焰则易发生闪火。若继续加热,油分蒸汽的饱和度增加,由于此种蒸汽与空气组成的混合气体遇火焰极易燃烧,而易引起溶油车间发生火灾或使沥青烧坏造成损失。为此,必须测定沥青加热闪火和燃烧的温度,即所谓闪点和燃点。

闪点和燃点是保证沥青加热质量和施工安全的一项重要指标。对黏稠石油沥青采用克利夫兰开口杯法,简称 COC 法《公路工程沥青及沥青混合料试验规程》(JTG E20—2011)T 0611 测定闪、燃点;对液体石油沥青,采用泰格式开口杯法,简称 TOC 法《公路工程沥青及沥青混合料试验规程》(JTG E20—2011)T 0633 测定闪、燃点。闪、燃点试验方法是,将沥青试样盛于标准杯中,按规定加热速度进行加热。当加热到某一温度时,点火器扫拂过沥青试样任何一部分表面,出现一瞬即灭的蓝色火焰状闪光时,此时温度即为闪火点。按规定加热速度继续加热,到达点火器扫拂过沥青试样表面发生燃烧火焰,并持续 5s 以上,此时的温度即为燃烧点。

## 五、石油沥青的技术要求

### 1. 道路石油沥青的技术要求

按我国现行《公路沥青路面施工技术规范》(JTG F40—2004)规定。道路石油沥青的质量应符合表 1-6-8 要求。

### 2. 液体石油沥青的技术要求

液体石油沥青适用于透层、黏层及拌制冷拌沥青混合料。按《公路沥青路面施工技术规范》(JTG F40—2004)规定,液体石油沥青,按凝结速度分为快凝 AL(R)、中凝 AL(M)和慢凝 AL(S)三个等级。快凝液体沥青按黏度分为 AL(R)-1 和 AL(R)-2 两个标号;中凝液体沥青按黏度分为 AL(M)-1、…、AL(M)-6 六个标号,慢凝液体沥青按黏度分为 AL(S)-1、…、AL(S)-6 六个标号。详见表 1-6-9。

### 3. 石油沥青的保管

(1)沥青必须按品种、标号分开存放。除长期不使用的沥青可放在自然温度下贮存外,沥青在储罐中的贮存温度不宜低于130℃,并不得高于170℃,桶装沥青应直立堆放,加盖苫布。

(2)道路石油沥青在贮运、使用及存放过程中应有良好的防水措施,避免雨水或加热管道蒸汽进入沥青中。

(3)液体石油沥青在制作、贮存、使用的全过程中必须通风良好,并有专人负责,确保安全。基质沥青的加热温度严禁超过140℃,液体石油沥青的贮存温度不得高于50℃。

(4)乳化沥青宜存放在立式罐中,并保持适当搅拌。贮存期以不离析、不冻结、不破乳为度。

(5)现场制造改性沥青宜随配随用,需作短时间保存,或运送到附近的工地时,使用前必须拌均匀,在不发生离析的状态下使用。改性沥青制作设备必须设有随机采集样品的取样口,采集试样宜立即在现场灌模。

(6)工厂制作的成品改性沥青到达施工现场后贮存在改性沥青罐中,改性沥青罐中必须加设搅拌设备并进行搅拌,使用前改性沥青必须搅拌均匀。在施工过程中应定期取样检验产品质量,发现离析等质量不符合要求的改性沥青不得使用。

## 道路石油沥青技术要求

表 1-6-8

| 指　标 | 单位 | 等级 | 160号[4] | 130号 | 110号 | 90号 | 70号[3] | 50号[3] | 30号[4] | 试验方法 |
|---|---|---|---|---|---|---|---|---|---|---|
| 针入度(25℃,5s,100g) | 0.1mm | | 140~200 | 120~140 | 100~120 | 80~100 | 60~80 | 40~60 | 20~40 | T 0604 |
| 适用气候分区[6] | | | 注[4] | 注[4] | 2-1　2-2　3-2 | 1-1　1-2　1-3　2-2　2-3 | 1-3　1-4　2-2　2-3　2-4 | 1-4 | 注[4] | |
| 针入度指数 PI[2] | | A | −1.5 ~ +1.0 | | | | | | | T 0604 |
| | | B | −1.8 ~ +1.0 | | | | | | | |
| 软化点不小于 | ℃ | A | 38 | 40 | 43 | 45　44 | 46　45 | 49 | 55 | T 0606 |
| | | B | 36 | 39 | 42 | 43　42 | 44　43 | 46 | 53 | |
| | | C | 35 | 37 | 41 | 42 | 43 | 45 | 50 | |
| 60℃动力黏度不小于 | Pa·s | A | — | 60 | 120 | 160　140　160 | 180　160 | 200 | 260 | T 0620 |
| 10℃延度不小于 | cm | A | 50 | 50 | 40 | 30　20 | 25　20 | 15 | 10 | T 0605 |
| | | B | 30 | 30 | 30 | 20　15 | 20　15 | 10 | 8 | |
| 15℃延度不小于 | cm | A、B | 100 | | | | | | | |
| | | C | 80 | 80 | 60 | 50 | 40 | 30 | 20 | |
| 蜡含量不大于 | % | A | 2.2 | | | | | | | T 0615 |
| | | B | 3.0 | | | | | | | |
| | | C | 4.5 | | | | | | | |

续上表

| 指标 | 单位 | 等级 | 160号[4] | 130号 | 110号 | 90号 | 70号[3] | 50号[3] | 30号[4] | 试验方法 |
|---|---|---|---|---|---|---|---|---|---|---|
| 闪点不小于 | ℃ | | 230 | 230 | 230 | 245 | 260 | 260 | 260 | T 0611 |
| 溶解度不小于 | % | | 99.5 | | | | | | | T 0607 |
| 密度(15℃) | | | 实测记录 | | | | | | | T 0603 |
| TFOT(或RTFOT)后[5] | | | | | | | | | | |
| 质量变化不大于 | % | | ±0.8 | | | | | | | T 0610 |
| 残留针入度(25℃)比不小于 | % | A | 48 | 54 | 55 | 57 | 61 | 63 | 65 | T 0604 |
| | | B | 45 | 50 | 52 | 54 | 58 | 60 | 62 | |
| | | C | 40 | 45 | 48 | 50 | 54 | 58 | 60 | |
| 残留延度10℃不小于 | cm | A | 12 | 12 | 10 | 8 | 6 | 4 | — | T 0605 |
| | | B | 10 | 10 | 8 | 6 | 4 | 2 | — | |
| 残留延度15℃不小于 | cm | C | 40 | 35 | 30 | 20 | 15 | 10 | — | |

注:1. 试验方法按照现行《公路工程沥青及沥青混合料试验规程》(JTG E20-2011)规定的方法执行。

2. 经建设单位同意,表中沥青的PI、60℃动力黏度、10℃延度可作为选择性指标,也可不作为施工质量检验指标。

3. 70号沥青可根据需要求应商提供针入度范围为60~70或70~80的沥青,50号沥青可根据需要求提供针入度范围为40~50或50~60的沥青。

4. 30号沥青仅适用于沥青稳定基层。130号及160号沥青除用在中低等级公路上直接应用外,通常用作乳化沥青、稀释沥青、改性沥青的基质沥青。

5. 老化试验以TFOT为准,也可以RTFOT代替。

6. 气候分区的确定:按照设计高温分区指标,一级区划分为3个区(1区夏炎热区,2区为夏热区,3区为夏凉区),按照设计低温指标,二级区划分为4个区(1区冬严寒区,2区冬寒区,3区冬冷区,4区冬温区)。1-1为夏炎热冬严寒区,1-2为夏炎热冬寒,1-3为夏炎热冬冷,1-4为夏炎热冬温,2-1为夏热冬严寒,2-2为夏热冬寒,2-3为夏热冬冷,2-4为夏热冬温,3-1为夏凉冬严寒,3-2为夏凉冬寒,3-3为夏凉冬冷,3-4为夏凉冬温。

表 1-6-9

道路用液体石油沥青技术要求

| 试验项目 | | 单位 | 快凝 | | 中凝 | | | | | | 慢凝 | | | | | |
|---|---|---|---|---|---|---|---|---|---|---|---|---|---|---|---|---|
| | | | AL(R)-1 | AL(R)-2 | AL(M)-1 | AL(M)-2 | AL(M)-3 | AL(M)-4 | AL(M)-5 | AL(M)-6 | AL(S)-1 | AL(S)-2 | AL(S)-3 | AL(S)-4 | AL(S)-5 | AL(S)-6 |
| 黏度 | $C_{25.5}$ | — | <20 | — | <20 | — | — | — | — | — | <20 | — | — | — | — | — |
| | $C_{60.5}$ | s | — | 5~15 | — | 5~15 | 16~25 | 26~40 | 41~100 | 101~200 | — | 5~15 | 16~25 | 26~40 | 41~100 | 101~200 |
| 蒸馏体积 | 225℃前 | % | >20 | >15 | <10 | <7 | <3 | <2 | 0 | 0 | — | — | — | — | — | — |
| | 315℃前 | % | >35 | >30 | <30 | <25 | <17 | <14 | <8 | <5 | — | — | — | — | — | — |
| | 360℃前 | % | >45 | >35 | <35 | <35 | <30 | <25 | <20 | <15 | <40 | <35 | <25 | <20 | <15 | <5 |
| 蒸馏后残留物 | 针入度(25℃) | 0.1mm | 60~200 | 60~200 | 100~300 | 100~300 | 100~300 | 100~300 | 100~300 | 100~300 | — | — | — | — | — | — |
| | 延度(25℃) | cm | >60 | >60 | >60 | — | >60 | >60 | >60 | >60 | — | — | — | — | — | — |
| | 浮漂度(5℃) | s | — | — | — | — | — | — | — | — | — | <20 | <30 | <40 | <45 | <50 |
| | 闪点(TOC) | ℃ | >30 | >30 | >65 | >65 | >65 | >65 | >65 | >65 | >70 | >70 | >100 | >100 | >120 | >120 |
| | 含水率不大于 | % | 0.2 | 0.2 | 0.2 | 0.2 | 0.2 | 0.2 | 0.2 | 0.2 | 2.0 | 2.0 | 2.0 | 2.0 | 2.0 | 2.0 |

# 第二节　其　他　沥　青

## 一、煤沥青

煤沥青是由煤干馏的产品——煤焦油再加工获得的。根据煤干馏的温度不同,分为高温煤焦油(700℃以上)和低温煤焦油(450~700℃)两类。路用煤沥青主要是由炼焦或制造煤气得到的高温焦油加工而得。以高温焦油为原料可获得数量较多且质量较佳的煤沥青。而低温焦油则相反,获得的煤沥青数量较少,且往往质量亦不稳定。

### 1. 化学组成和结构

(1)元素组成。煤沥青的组成主要是芳香族碳氢化合物及其氧、硫和碳的衍生物的混合物。其元素组成主要为 C、H、O、S 和 N。它的元素组成与石油沥青相比较如表 1-6-10 所示。煤沥青元素组成的特点是"碳氢比"较石油沥青大得多,它的化学结构主要是由高度缩聚的芳核及其含氧、氮和硫的衍生物,在环结构上带有侧链,但侧链很短。石油沥青是原油加工过程的一种产品,在常温下是黑色或黑褐色的黏稠液体、半固体或固体,主要含有可溶于三氯乙烯的烃类及非烃类衍生物,其性质和组成随原油来源和生产方法的不同而变化。

石油沥青和煤沥青元素组成比较

表 1-6-10

| 沥青名称 | 元素组成(%) | | | | | 碳氢比(原子比)C/H | 沥青名称 | 元素组成(%) | | | | | 碳氢比(原子比)C/H |
|---|---|---|---|---|---|---|---|---|---|---|---|---|---|
| | C | H | O | S | N | | | C | H | O | S | N | |
| 石油沥青 | 86.7 | 9.7 | 1.0 | 2.0 | 0.6 | 0.8 | 煤沥青 | 93.0 | 4.5 | 1.0 | 0.6 | 0.9 | 1.7 |

(2)化学组分。煤沥青化学组分的分析方法,与石油沥青的方法相似,是采用选择性溶解将煤沥青分离为几个化学性质相近,且与路用性能有一定联系的组。目前煤沥青化学组分分析的方法很多,最常采用的有 E. J. 狄金松(Dickinson)法与 B. O. 葛列米尔德方法。E. J. 狄金松法将煤沥青分离为油分、树脂 A、树脂 B、游离碳 $C_1$ 和游离碳 $C_2$ 等 5 个组分。

煤沥青中各组分的性质简述如下:

①游离碳:又称自由碳,是高分子的有机化合物的固态碳质微粒,不溶于苯。加热不熔,但高温分解。煤沥青的游离碳含量增加,可提高其黏度和温度稳定性。但随着游离碳含量增加低温脆性亦增加。

②树脂:树脂为环心含氧碳氢化合物。分为:硬树脂,类似石油沥青中的沥青质;软树脂,赤褐色黏－塑性物质,溶于氯仿,类似石油沥青中的树脂。

③油分:是液态碳氢化合物。与其他组分比较,为最简单结构的物质。

除了上述的基本组分外,煤沥青的油分中还含有萘、蒽和酚等。萘和蒽能溶解于油分中,在含量较高或低温时能呈固态晶态析出,影响煤沥青的低温变形能力。酚为苯环中含羟物质,能溶于水,且易被氧化。煤沥青中酚、萘和水均为有害物质,对其含量必须加以限制。

(3)胶体结构。煤沥青和石油沥青相类似,也是一种复杂胶体分散系,游离碳和硬树脂组成的胶体微粒为分散相,油分为分散介质,而软树脂为保护物质,它吸附于固态分散胶粒周围,逐渐向外扩散,并溶解于油分中,使分散系形成稳定的胶体物质。

2.技术性质与技术标准

(1)技术性质。煤沥青与石油沥青相比,在技术性质上有下列差异:

①温度稳定性较低:煤沥青是一种较粗的分散系,同时树脂的可溶性较高,所以表现为热稳定性较低。当在一定温度下,随着煤沥青的黏度降低,减少了热稳定性不好的可溶性树脂,而增加了热稳定性好的油分含量。当煤沥青黏度升高时,粗分散相的游离碳含量增加,但不足以补偿由于同时发生的可溶树脂数量的变化带来的热稳定性损失。

②与矿质集料的黏附性较好:在煤沥青组成中含有较多数量的极性物质,它赋予煤沥青高的表面活性,所以它与矿质集料具有较好的黏附性。

③气候稳定性较差:煤沥青化学组成中含有较高含量的不饱和芳香烃,这些化合物有相当大的化学潜能,它在周围介质(空气中的氧、日光、温度和紫外线以及大气降水)的作用下,老化进程(黏度增加、塑性降低)较石油沥青快。

(2)煤沥青的技术指标。煤沥青的技术指标主要有下列各项:

①黏度:黏度是评价煤沥青质量最主要的指标,它表示煤沥青的黏结性。煤沥青的黏度取决于液相组分和固相组分在其组成中的数量比例,当煤沥青中油分含量减少、固态树脂及游离碳含量增加时,则煤沥青的黏度增高。由于煤沥青的温度稳定性和大气稳定性均较差,故当温度变化或"老化"后其黏度即显著地变化。煤沥青的黏度测定方法与液体沥青相同,亦是用标准黏度计测定。黏度是确定煤沥青标号的主要指标。根据标号不同,常用的温度和流孔有 $C_{30,5}$、$C_{30,10}$、$C_{50,10}$ 和 $C_{60,10}$ 等四种。

②蒸馏试验:煤沥青中含有各种沸点的油分,这些油分的蒸发将影响其性质,因而煤沥青的起始黏滞度并不能完全表达其在使用过程中黏结性的特征。为了预估煤沥青在路面中使用过程的性质变化,在测定其起始黏度的同时,还必须测定煤沥青在各馏程中所含馏分及其蒸馏后残留物的性质。

根据煤沥青化学组成特征,将其物理化学性质较接近的化合物分为:170℃以前的轻油,270℃以前的中油,300℃以前的重油等 3 个馏程。其中 300℃以后的馏分为煤沥青中最有价值的油质部分(主要为蒽油)。煤沥青蒸馏试验是用煤沥青分馏仪,按我国交通行业标准《公路工程沥青及沥青混合料试验规程》(JTG E20—2011)T 0641 规定采用短颈蒸馏瓶。

煤沥青在分馏出 300℃前的油质组分后其残渣,需测软化点(环球法)以表示其性质。煤沥青各馏分含量的规定,是为了控制其由于蒸发而老化。煤沥青残渣性质试验,是为了保证其残渣具有适宜的黏结性。

③含水率:煤沥青中含有水分,在施工加热时易产生泡沫或爆沸现象,不易控制。同时,煤沥青作为路面结合料,如含有水分会影响煤沥青与集料的黏附,降低路面强度,因此对其在煤沥青中的含量,必须要加以限制。

含水率的测定,按《焦化产品水分测定方法》(GB/T 2288—2008)的方法,是煤沥青样品在水分测定器中,用甲苯为溶剂,使水分抽提而截留于接受管中,根据水分体积,计算含水率。

④甲苯不溶物含量:甲苯不溶物含量是煤沥青中不溶于热甲苯的物质的含量。这些不溶物主要为游离碳,并含有氧、氮和硫等结构复杂的大分子有机物,以及少量的灰分。这些物质含量过多会降低煤沥青黏结性,因此必须要加以限制。

甲苯不溶物测定,采用抽提法。按《焦化沥青类产品喹啉不溶物试验方法》(GB/T 2293—2008)的测定方法,是将煤沥青试样在滤纸筒内,放于脂肪抽提仪中,用热苯连续洗涤,直至透明无色,最后烘干称出残渣质量,计算甲苯不溶物含量。

⑤萘含量:萘在煤沥青中,低温时易结晶析出,使煤沥青失去塑性,导致路面冬季易产生裂缝。在常温条件下,萘易挥发、升华,加速煤沥青"老化",并且挥发出的气体,对人体有毒害。因此,煤沥青中的萘含量,必须加以限制。

萘含量的测定方法,按《煤沥青筑路油》(YB/T 030—2012)规定,是采用气相色谱法测定,该法是以纯萘用二甲苯溶解,制成标样。然后将煤沥青蒸馏试验得到的170~270℃和270~300℃馏分用二甲苯稀释,制成样品用气相色谱仪测定谱图后,量出标样和样品的萘峰高。计算出煤沥青中萘含量。

⑥酚含量:酚能溶解于水,易导致路面的强度降低;同时酚水溶物有毒,污染环境,对人类和牲畜有害,因此对其在煤沥青中的含量必须加以限制。

煤沥青酚含量的测定方法,按《煤沥青筑路油》(YB/T 030—2012)规定,采用国际碱液萃取双球计量的方法。该法是将酚馏试验所得300℃前的馏分,用纯苯稀释并用氧化钠饱和后,在双球分液漏斗中,用氢氧化钠使其与酚及其同系物作用生成酚盐,酚盐溶于碱液,不溶于油,可根据碱液的体积增量,计算酚含量。

采用本方法测得的酚含量包括酚及其同系物的含量,所以称为"焦油酸含量"。

3. 技术标准

煤沥青按其在工程中的应用要求不同,首先是按其稠度分为:软煤沥青(液体、半固体的)和硬煤沥青(固体的)两大类。道路工程主要是应用软煤沥青。软煤沥青又按其黏度和有关技术性质分为 9 个标号如表1-6-11。

道路用煤沥青技术要求　　　　　　　　　　　表1-6-11

| 序号 | 项　　目 | | 标　　号 | | | | | | | | |
|------|---------|------|------|------|------|------|------|------|------|------|------|
| | | | T-1 | T-2 | T-3 | T-4 | T-5 | T-6 | T-7 | T-8 | T-9 |
| 1 | 黏度(s) | $C_{30,5}$ | 5~25 | 26~70 | | | | | | | |
| | | $C_{30,10}$ | | | 5~20 | 21~50 | 51~120 | 121~200 | | | |
| | | $C_{50,10}$ | | | | | | | 10~75 | 76~200 | |
| | | $C_{60,10}$ | | | | | | | | | 25~65 |
| 2 | 蒸馏试验馏出量(%) | 170℃前 | <3 | <3 | <3 | <2 | <1.5 | <1.5 | <1.0 | <1.0 | <1.0 |
| | | 270℃前 | <20 | <20 | <20 | <15 | <15 | <15 | <10 | <10 | <10 |
| | | 300℃前 | 15~25 | 15~35 | <30 | <30 | <25 | <25 | <20 | <20 | <15 |
| 3 | 300℃蒸馏残渣软化点(环球法)(℃) | | 30~45 | 30~45 | 35~65 | 35~65 | 35~65 | 35~65 | 35~70 | 35~70 | 35~70 |
| 4 | 水分(%) | | <3.0 | <3.0 | <1.0 | <1.0 | <1.0 | <0.5 | <0.5 | <0.5 | <0.5 |
| 5 | 甲苯不溶物(%) | | <20 | <20 | <20 | <20 | <20 | <20 | <20 | <20 | <20 |
| 6 | 含萘量(%) | | <5 | <5 | <5 | <4 | <4 | <3.5 | <3 | <2 | <2 |
| 7 | 焦油酸含量(%) | | <4 | <4 | <3 | <3 | <1.5 | <2.5 | <1.5 | <1.5 | <1.5 |
| 相当《煤沥青筑路油标号》(YB/T 030—92) | | | — | — | — | — | ML-1 | ML-2 | ML-3 | ML-4 | ML-5 |

## 二、乳化沥青

乳化沥青又称沥青乳液,简称乳液,是将黏稠沥青加热至流动态,经机械力的作用,而形成微滴(粒径约为 2~5mm)分散在有乳化剂—稳定剂的水中,由于乳化剂—稳定剂的作用而形成均匀稳定的乳状液。

乳化沥青具有许多优越性,其主要优点如下:

(1)冷态施工、节约能源。乳化沥青可以冷态施工,现场无须加热设备和能源消耗,扣除制备乳化沥青所消耗的能源后,仍然可以节约大量能源。

(2)方便施工、节约沥青。由于乳化沥青黏度低、和易性好,施工方便,可节约劳力。此外,由于乳化沥青在集料表面形成的沥青膜较薄,不仅提高了沥青与集料的黏附性,而且可以节约沥青用量。

(3)保护环境,保障健康。乳化沥青施工不需加热,故不污染环境;同时,避免了劳动操作人员受沥青挥发物的毒害。

1.乳化沥青组成材料

乳化沥青主要是由沥青、乳化剂、稳定剂和水等组分组成。

(1)沥青。沥青是乳化沥青组成的主要原料,沥青的质量直接关系到乳化沥青的性能。在选择作为乳化沥青用的沥青时,首先要考虑它的易乳化性。沥青的易乳化性与其化学结构有密切关系。以工程适用为目的,可认为易乳化性与沥青中的沥青酸含量有关。通常认为沥青酸总量大于1%的沥青,采用通用乳化剂和一般工艺易形成乳化沥青。一般说来,相同油源和工艺的沥青,针入度较大者易于形成乳液。但是针入度的选择,应根据乳化沥青在路面工程中的用途而决定。

(2)乳化剂。乳化剂是乳化沥青形成的关键材料。沥青乳化剂是一种表面活性剂,从化学结构上考察,它是一种"两亲性"分子。分子的一部分具有亲水性质,而另一部分具有亲油性质。亲油部分一般由碳氢原子团,特别是由长链烷基构成,结构差别较小。亲水部分原子团则种类繁多,结构差异较大。因此乳化剂的分类,是以亲水基的结构为依据。

沥青乳化剂按其亲水基在水中是否电离而分为离子型和非离子型两大类。离子型乳化剂按其离子电性,又衍生为阴(或负)离子型、阳(或正)离子型和两性离子型三类。

(3)稳定剂。为使乳液具有良好的贮存稳定性,以及在施工中喷洒或拌和的机械作用下的稳定性,必要时可加入适量的稳定剂。稳定剂可分为以下两类:

①有机稳定剂:常用的有聚乙烯醇、聚丙烯酰胺、羧甲基纤维素纳、糊精、MF 废液等。这类稳定剂可提高乳液的贮存稳定性和施工稳定性。

②无机稳定剂:常用的氯化钙、氯化镁、氯化铵和氯化铬等。这类稳定剂可提高乳液的贮存稳定性。

与它们之间的性质有关,有的稳定剂可在生产乳液时同时加入乳化剂溶液中,但有的稳定剂会影响乳化剂的乳化作用,而须后加入乳液中。因此必须通过试验来确定它们的匹配作用。

(4)水。水是乳化沥青的主要组成部分,不可忽视水对乳化沥青性能的影响。水常含有各种矿物质或其他影响乳化沥青形成的物质。自然界的水可溶融或悬浮各种物质,影响水的pH 值,或者含有钙或镁的离子等,这些因素都可能影响某些乳化沥青的形成或引起乳化沥青的过早分裂。因此,生产乳化沥青的水应不含其他杂质。

2.乳化沥青的制备

沥青乳液的制备可以采用各种设备,但其主要流程基本相同,如图 1-6-7 所示。一般由下列几个主要工序组成:

（1）乳化沥青水溶液的调制：在水中加入需要数量的乳化剂和稳定剂。根据乳化剂和稳定剂溶解所需的水温，使其在水中充分溶解。一般控制在 60～80℃。

（2）沥青加热：沥青加热温度根据其品种、牌号、施工季节和地区而定。一般温度为 120～150℃。

（3）沥青与水比例控制：沥青与乳化液通过流量计，严格控制加入比例。

（4）乳化常用设备：胶体磨或其他同类设备。

（5）乳液成品贮存：贮运过程注意乳液稳定性，避免产生破乳。

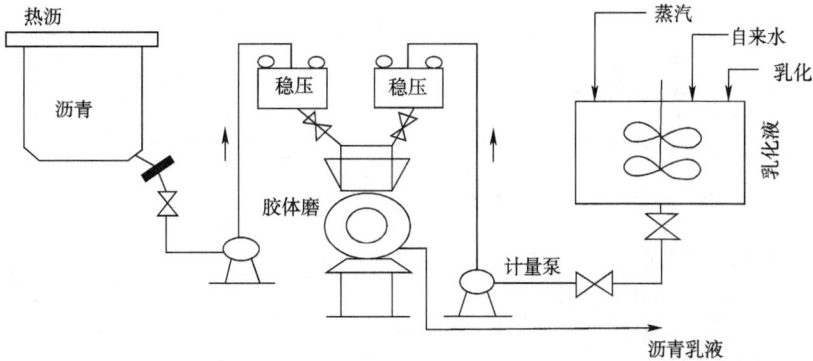

图 1-6-7　制备乳化沥青的工艺流程示意图

目前，使用机械分散制造乳化沥青的设备很多，归纳起来主要有胶体磨、高速搅拌机、齿轮泵、匀化机三大类。

3. 乳化沥青分裂的原因

乳化沥青在路面施工时，为发挥其黏结的功能，沥青液滴必须从乳化液中分裂出来，聚集在集料的表面而形成连续的沥青薄膜，这一过程称为"分裂"。乳化沥青的分裂主要取决于下列因素：

（1）水的蒸发作用：由于路面施工环境气温、相对湿度和风速等因素的影响，乳液中水的蒸发，破坏了乳化沥青的稳定性而造成分裂。

（2）集料的吸收作用：由于集料的矿物构造孔隙对水分的吸收，能破坏乳液的稳定性而造成分裂。

（3）集料物理—化学作用：乳化沥青中带电荷的微滴与不同化学性质的集料接触后产生复杂的物理—化学作用，而使乳化沥青分裂并在集料表面形成薄膜。

（4）机械的激波作用：在施工过程中压路机的碾压和开放交通后汽车的行驶，各种机械力对路面的震颤而产生激波的作用，也能促进乳化沥青的稳定性的破坏和沥青薄膜结构的形成。

4. 乳化沥青的应用

乳化沥青用于修筑路面，不论是阳离子型乳化沥青（代号 C）或阴离子型乳化沥青（代号 A）有两种施工方法：洒布法（代号 P），如透层、黏层、表面处治或贯入式沥青碎石路面；拌和法（代号 B），如沥青碎石或沥青混合料路面。道路用乳化石油沥青技术要求见表 1-6-12。乳化沥青按其分裂速度可分为快裂、中裂和慢裂三种类型。各种牌号乳化沥青的用途见表 1-6-13。

道路用乳化石油沥青技术要求 表 1-6-12

| 序号 | 种　　类 | PC－1 | PC－2 | PC－3 | BC－1 | BC－2 | BC－3 |
|---|---|---|---|---|---|---|---|
| | 项目 | PA－1 | PA－2 | PA－3 | BA－1 | BA－2 | BA－3 |
| 1 | 筛上剩余量（%） | <0.3 | | | | | |
| 2 | 电荷 | 阳离子带正电（+），阴离子带负电（－） | | | | | |

147

| 序号 | 种 类 | | PC–1 | PC–2 | PC–3 | BC–1 | BC–2 | BC–3 |
|---|---|---|---|---|---|---|---|---|
| | 项 目 | | PA–1 | PA–2 | PA–3 | BA–1 | BA–2 | BA–3 |
| 3 | 破乳速度试验 | | 快裂 | 慢裂 | 快裂 | 中或慢裂 | | 慢裂 |
| 4 | 黏度 | 沥青标准黏度计 $C_{25,3(s)}$ | 12~45 | 8~20 | | 12~100 | | 40~100 |
| | | 恩格拉黏度 $E_{25}$ | 3~15 | 1~6 | | 3~40 | | 15~40 |
| 5 | 蒸发残留物含量(%) | | >60 | >50 | | >55 | | 60~62 |
| 6 | 蒸发残留物性质 | 针入度(100g,25℃,s)(0.1mm) | 80~200 | 80~300 | 60~160 | 60~200 | 60~300 | 80~200 |
| | | 与原沥青的延度比(%)25℃ | >80 | | | | | |
| | | 溶解度(三氯乙烯)(%) | >97.5 | | | | | |
| 7 | 贮存稳定性(%) | 5d | <5 | | | | | |
| | | 1d | <1 | | | | | |
| 8 | 与矿料的黏附性试验,裹覆面积 | | >2/3 | | | | | |
| 9 | 粗粒式集料拌和试验 | | — | | | 均匀 | | — |
| 10 | 细粒式集料拌和试验 | | — | | | | | 均匀 |
| 11 | 水泥拌和试验,筛上剩余量(%) | | — | | | | | <5 |
| 12 | 低温贮存稳定度(–5℃) | | 无粗颗粒或结块 | | | | | |

各种牌号乳化沥青的用途 　　　　　　　　　　　　表 1-6-13

| 类 型 | 阳离子乳化沥青(C) | 阴离子乳化沥青(A) | 用 途 |
|---|---|---|---|
| 洒布型(P) | PC—1 | PA—1 | 路面养护用、透层油用于黏结层 |
| | PC—2 | PA—2 | |
| | PC—3 | PA—3 | |
| 拌和型(B) | BC—1 | BA—1 | 拌制沥青混凝土或沥青碎石拌制加固土 |
| | BC—2 | BA—2 | |
| | BC—3 | BA—3 | |

### 三、改性沥青

改性沥青是采用各种措施使沥青的性能得到改善的沥青。现代高等级公路的交通特点是:交通密度大,车辆轴载重,荷载作用间歇时间短,以及高速和渠化。由于这些特点造成沥青路面高温出现车辙,低温产生裂缝,抗滑性很快衰降,使用年限不长。为使沥青路面高温不推、低温不裂、保证安全快速行车、延长使用年限,在沥青材料的技术方面,必须提高沥青的流变性能、改善沥青与集料的黏附性、延长沥青的耐久性,才能适应现代交通的要求。

同时,建筑上使用的沥青必须具有一定的物理性质和黏附性;在低温条件下应有良好的弹性和塑性;在高温条件下要有足够的强度和稳定性;在加工使用条件下具有抗"老化"能力;与各种矿料和结构表面有较强的黏附力;对构件变形的适应性和耐疲劳性等。通常,石油加工厂制备的沥青不一定能全面满足这些要求,致使目前沥青防水屋面渗漏现象严重,使用寿命短。为此,常用橡胶、树脂和矿物填料等对沥青进行改性。橡胶、树脂和矿物填料等通称为石油沥青改性材料。

1.提高沥青流变性的途径

提高沥青流变性质的途径很多,目前认为改性效果好的有下列几类改性剂:

（1）橡胶类改性剂。橡胶是沥青的重要改性材料,它和沥青有较好的混溶性,并能使沥青具有橡胶的很多优点。如高温变形性小,低温柔性好。由于橡胶的品种不同,掺入的方法也有所不同,因而各种橡胶沥青的性能也有差异。现将常用的几种分述如下:

①氯丁橡胶改性沥青。石油沥青中掺入氯丁橡胶后,可使其气密性、低温柔性、耐化学腐蚀性、耐光、耐臭氧性、耐候性和耐燃性等得到大大改善。氯丁橡胶掺入的方法有溶剂法和水乳法。溶剂法是先将氯丁橡胶溶于一定的溶剂(如甲苯)中形成溶液,然后掺入液态沥青,混合均匀即可。水乳法是将橡胶和石油沥青分别制成乳液,然后混合均匀即可使用。

②丁基橡胶改性沥青。丁基橡胶沥青的配制方法与氯丁橡胶沥青类似,而且较简单一些。将丁基橡胶碾切成小片,在搅拌条件下把小片加到100℃的溶剂中,制成浓溶液,同时将沥青加热脱水熔化成液体状沥青。通常在100℃左右把两种液体按比例混合搅拌均匀进行浓缩15~20min。丁基橡胶在混合物中的含量一般为2%~4%。同样也可以分别将丁基橡胶和沥青制备成乳液,然后再按比例把两种乳液混合即可。丁基橡胶沥青具有优异的耐分解性,并有较好的低温抗裂性能和耐热性能,多用于道路路面工程、制作密封材料和涂料。

③再生橡胶改性沥青。再生橡胶掺入沥青之中以后,同样可大大提高沥青的气密性、低温柔性、耐光、热、臭氧性、耐气候性。再生橡胶沥青材料的制备,是先将废旧橡胶加工成1.5mm以下的颗粒,然后与沥青混合,经加热搅拌脱硫,就能得到具有一定弹性、塑性和黏结力良好的再生橡胶沥青材料。废旧橡胶的掺量视需要而定,一般为3%~15%。再生橡胶沥青可以制成卷材、片材、密封材料、胶黏剂和涂料等。

④热塑性丁苯胶(SBS)改性沥青。SBS热塑性橡胶兼有橡胶和塑料的特性,常温下具有橡胶的弹性,在高温下又能像塑料那样熔融流动,成为可塑的材料。所以采用SBS橡胶改性沥青,其耐高、低温性能均有较明显提高,制成的卷材弹性和耐疲劳性也大大提高,是目前应用最成功和用量最大的一种改性沥青。SBS的掺入量一般为5%~10%。主要用于制作防水卷材,此外也可用于制作防水涂料等。

各类聚合物改性沥青的质量应符合表1-6-14的技术要求,其中PI值可作为选择性指标。当使用表列以外的聚合物及复合改性沥青时,可通过试验研究制定相应的技术要求。

（2）树脂类改性剂。用树脂改性石油沥青可以改进沥青的耐寒性、耐热性、黏结性和不透气性。由于石油沥青中含芳香性化合物很少,故树脂和石油沥青的相溶性较差,而且可用的树脂品种也较少,常用的树脂有古马隆脂、聚乙烯、聚丙烯、酚醛树脂及天然松香等。树脂加入沥青的方法常用热熔法。先将沥青加热熔化脱水,加入树脂,并不断搅拌、保温,即可得到均匀的树脂沥青。

（3）橡胶和树脂共混类改性剂。同时用橡胶和树脂来改善石油沥青的性质,可使沥青兼具橡胶和树脂的特性。由于树脂比橡胶便宜,橡胶和树脂又有较好的混溶性,故能取得满意的效果。橡胶、树脂和石油沥青在加热熔融状态下,沥青与高分子聚合物之间发生相互侵入的扩散,沥青分子填充在聚合物大分子的间隙内,同时聚合物分子的某些链节扩散进入沥青分子中,从而形成凝聚网状混合结构,由此而获得较优良的性能。

（4）微填料类改性剂。随着"非水悬浮"研究的发展,许多研究者致力于研究微填料的颗粒级配(例如以0.080mm为最大粒径的级配曲线)、表面性质和孔隙状态(沥青组分在微填料表面和孔隙中的分布)等。研究认为:沥青混合料的性状(例如高温流变特性和低温变形能力等)与微填料的颗粒级配、表面性质和孔隙状态等有密切关系。可以用作沥青微填料的物质,首先是炭黑,其次是高钙粉煤灰,其他还有火山灰和页岩粉等。采用的微填料应经预处理(例如活化、芳化等),方能达到改善沥青性能的效果。否则反而会劣化沥青性能。

## 聚合物改性沥青技术要求

表 1-6-14

| 指　标 | 单位 | SBS(I-类) | | | | SBR(II类) | | | EVA、PE类(III类) | | | | 试验方法 |
|---|---|---|---|---|---|---|---|---|---|---|---|---|---|
| | | I-A | I-B | I-C | I-D | II-A | II-B | II-C | III-A | III-B | III-C | III-D | |
| 针入度(25℃,5s,100g) | 0.1mm | >100 | 80~100 | 60~80 | 30~60 | >100 | 80~100 | 60~80 | >80 | 60~80 | 40~60 | 30~40 | T 0604 |
| 针入度指数 PI,不小于 | | -1.2 | -0.8 | -0.4 | 0 | -1.0 | -0.8 | -0.6 | -1.0 | -0.8 | -0.6 | -0.4 | T 0604 |
| 延度 5℃,不小于 | cm | 50 | 40 | 30 | 20 | 60 | 50 | 40 | — | — | — | — | T 0605 |
| 软化点,不小于 | ℃ | 45 | 50 | 55 | 60 | 45 | 48 | 50 | 48 | 52 | 56 | 60 | T 0606 |
| 运动黏度135℃,不大于 | Pa·s | | | | | | 3 | | | | | | T 0625 |
| 闪点,不小于 | ℃ | | 230 | | | | 230 | | | | 230 | | T 0611 |
| 溶解度,不小于 | % | | 99 | | | | 99 | | | | — | | T 0607 |
| 弹性恢复25℃不小于 | % | 55 | 60 | 65 | 75 | | | | | | | | T 0606 |
| 黏韧性,不小于 | N·m | | | — | | | 5 | | | | | | T 0662 |
| 韧性,不小于 | N·m | | | 2.5 | | | 2.5 | | | | | | T 0664 |
| 贮存稳定性离析,48h软化点差,不大于 | N·m | | | 2.5 | | | — | | | 无改性剂明显析出,凝聚 | | | T 0661 |
| **TFOT(或 RTFOT)后残留物** | | | | | | | | | | | | | |
| 质量变化,不大于 | % | | | | | | ±1.0 | | | | | | T 0610 |
| 针入度比25℃,不小于 | % | 50 | 55 | 60 | 65 | 50 | 55 | 60 | 50 | 55 | 58 | 60 | T 0604 |
| 延度 5℃,不小于 | cm | 30 | 25 | 20 | 15 | 30 | 20 | 10 | | | — | | T 0605 |

(5)纤维类改性剂。在沥青中掺加各种纤维类型物质作为改性剂,这是早年就积累了许多经验的技术。常用的纤维物质有:各种人工合成纤维(如聚乙烯纤维、聚酯纤维)和矿质石棉纤维等。这类纤维类物质加入沥青中,可显著提高沥青的高温稳定性,同时可增加低温抗拉强度,但能否达到预期的效果,取决于纤维的性能和掺配工艺。此外,这类物质往往对人体健康有影响,必须在具备符合规定的防护条件下,方能采用这项改性措施。

(6)硫磷类改性剂。硫在沥青中的"硫桥"作用,能提高沥青的高温抗变形能力,特别是某些组分不协调(例如沥青质含量极低的沥青),掺加低剂量(0.5%~1.0%)即有明显效果。但应采用"预熔法",否则高温稳定性虽得到改善,但低温抗裂性则明显降低。此外,磷同样能使芳香环侧链成为链桥存在,而改善沥青流变性质。

**2.改善沥青与集料黏附性的途径**

现代高等级路面为保证高速行车的安全,对抗滑性提出了更高的要求。为保持抗滑层经行车后,摩擦系数不致很快衰降,必须采用高强耐磨的岩石轧制的集料,这类岩石中多为酸性或基性石料,因此提高石油沥青与酸性石料的黏附性,就成为当前一个更为突出的问题。

(1)改善沥青与集料黏附性的一般方法。

①掺加无机类材料、活化集料表面:采用水泥、石灰或电石渣等预处理集料表面,以提高沥青与其黏附性。此外,亦有将这类无机材料直接加入沥青中,也能取得一定效果。

②掺加有机酸类、提高沥青活性:沥青中最具有活性的组分为沥青酸及其酸酐,各类合成高分子有机酸类掺入沥青,也能起到相同的效果。此外,可掺加适量焦油沥青亦能起到相似的作用。

③掺加重金属皂类、降低沥青与集料的界面张力:最常用的有:皂脚铁、环烷酸铝皂等,掺入沥青中均能起到改善黏附性的效果。此外,还有直接采用各种合成表面活性剂,但是需要油溶性和耐高温的表面活性剂才能使用。

以上这些方法,在正确使用下,都能获得一定的改性效果,但是只能应用于轻、中交通量路面。由于这些措施可以利用工业废料或地方材料,故可节约投资。

(2)改善沥青与集料黏附性的高效抗剥剂。对于高等级路面,在黏附性要求很高的情况下,应该采用高效能、低剂量的人工合成化学抗剥剂,即所谓"高效抗剥剂"。这类抗剥剂的专利商品不下千种,常见的有醚胺类、醇胺类、烷基类、酰胺类等,但是必须通过道路修筑的实践才能检验其实际效果。

**3.延长沥青耐久性的途径**

由前述老化机理可知,沥青在路面中受到各种自然因素(氧、热、光和水)的作用,由于组分移行,而逐渐老化,最后导致路用性能随之衰降。产生老化的原因按已有研究认为主要是沥青受到空气中氧的氧化作用,同时在日光紫外线作用下,加之在一定温度条件下加速了反应的进行,并且水又起着催化的作用。在诸多作用因素中,似乎氧化为首要原因,因此许多研究者都曾试图掺加各种抗氧化剂来延缓老化的进程,但是都未得到预期效果。R·M·杰纳茨克(Januszke)曾进行多种添加剂对沥青进行抗老化效果的考察,认为二乙基二硫代氨基甲酸锌(ZDC)及二乙基二硫代氨基甲酸铅(LDC)效果较好,并认为ZDC(或LDC)与炭黑同时掺加效果更佳。

目前,国内外已公布的许多关于提高沥青耐久性的专利,主要是一些较为昂贵的化学添加剂,例如各种抗氧剂等。通过实践表明,它对于不同化学组成与结构的沥青,表现为不同的效果。有的沥青掺加抗氧剂后,不仅不能起到抗氧化的作用,反而促进沥青的氧化,因此对抗氧剂的作用必须通过薄膜烘箱试验或加速老化试验,以检验其在技术性能上的有效性,必要时还应对试验路段进行检验。

当前对提高沥青耐久性有实际效果的添加剂为专用炭黑。炭黑粒径细微、表面积大,它弥散于沥青中,易于被热和氧作用产生的游离基吸附,从而阻止沥青老化的链式反应,使老化进程受到抑制。同时,炭黑是一种屏蔽剂,它能阻止紫外线的进入,减少光对沥青的老化作用。由于炭黑与沥青溶度参数差较大,不能直接加入沥青中,必须先用助剂进行预处理,然后才能配制成"炭黑改性沥青"。

### 四、沥青的再生

#### 1. 沥青再生机理

目前,沥青再生的机理有两种理论:一种理论是"相容性理论",该理论从化学热力学出发,认为沥青产生老化的原因是沥青胶体物系中各组分相容性的降低,导致组分间溶度参数差增大。如能掺入一定的再生剂使其溶度参数差减小,则沥青即能恢复到(甚至超过)原来的性质。另一种理论是"组分调节理论"。该理论是从化学组分移行出发,认为由于组分的移行,沥青老化后,某些组分偏多,而某些组分偏少,各组分间比例不协调,所以导致沥青路用性能降低,如能通过掺加再生剂调节其组分,则沥青将恢复原来的性质。实际上,这两个理论是一致的,前者是从沥青内部结构的化学能来解释,后者是从宏观化学组成量来解释。

#### 2. 沥青化学组分调节

从表1-6-15 沥青老化后化学组分移行可以看出,由于第一酸性分转变为氮基的数量不足以补偿氮基转变为沥青质的数量,所以氮基数量的显著减少是沥青老化的主要特征。由此可知,为调节沥青的化学组分,再生剂必须以氮基为主的物剂。前例的沥青经掺加再生剂和改性剂后,其化学组分和物理性质见表1-6-15 和表1-6-16。再生沥青的技术性质与原有沥青相近。

**老化沥青和再生沥青的化学组分示例**　　　　　　　　表 1-6-15

| 沥青名称 | 化学组分(%) | | | | |
|---|---|---|---|---|---|
| | 链烷分 P | 第二酸性分 $A_2$ | 第一酸性分 $A_1$ | 氮基 N | 沥青质 $A_t$ |
| 原始沥青 | 21.9 | 29.1 | 13.1 | 24.9 | 11.0 |
| 老化沥青 | 20.6 | 21.1 | 12.4 | 15.4 | 30.5 |
| 再生沥青 | 16.5 | 22.4 | 7.0 | 25.1 | 29.0 |

**老化沥青和再生沥青的技术性质示例**　　　　　　　　表 1-6-16

| 沥青名称 | 技 术 性 质 | | | |
|---|---|---|---|---|
| | 针入度 $P_{25℃,100g,5s}$ (1/10mm) | 延度 $D_{25℃,5s}$ (cm) | 软化点 $T_{R\&B}$ (℃) | 脆点 $F_{raass}$ (℃) |
| 原始沥青 | 106 | 73 | 48 | −6 |
| 老化沥青 | 39 | 23 | 55 | −4 |
| 再生沥青 | 80 | 78 | 49 | −10 |

# 第三节　热拌沥青混合料

沥青混合料是矿质混合料(简称矿料)与沥青结合料经拌制而成的混合料的总称。其中

矿料起骨架作用,沥青与填料起胶结和填充作用。沥青混合料是现代道路路面结构的主要材料之一,它备以下特点:

(1)具有良好的力学性质和路用性能,减振吸声,行车舒适。路面具有一定的粗糙度,黑色不眩光,有利于行车安全。

(2)沥青路面可全部采用机械化施工,有利于施工质量控制,施工后能及时开放交通。

(3)便于分期修建和再生利用。

由于上述特点,沥青混合料广泛应用于各类道路路面和轨道道床调层中。

## 一、沥青混合料的分类

**1.按结合料分类**

(1)石油沥青混合料:以石油沥青为结合料的沥青混合料。

(2)煤沥青混合料:以煤沥青为结合料的沥青混合料。

**2.按施工温度分类**

(1)热拌热铺沥青混合料:简称热拌沥青混合料。沥青与矿料在热态拌和、热态铺筑的混合料。

(2)常温沥青混合料:以乳化沥青或稀释沥青与矿料在常温状态下拌制、铺筑的混合料。

(3)温拌沥青混合料:通过一定的技术措施,使沥青能在相对较低的温度下拌和及施工的混合料。

**3.按矿质混合料级配类型分类**

(1)连续级配沥青混合料:沥青混合料中的矿料是按级配原则,从大到小各级粒径都有,按比例相互搭配组成的混合料,称为连续级配沥青混合料。

(2)间断级配沥青混合料:连续级配沥青混合料矿料中缺少一个或两个档次粒径的沥青混合料称为间断级配沥青混合料。

**4.按混合料密实度分类**

(1)密级配沥青混凝土混合料:按密实级配原则设计的连续型密级配沥青混合料,但其粒径递减系数较小,剩余空隙率小于10%。

(2)开级配沥青混凝土混合料:按级配原则设计的连续型级配混合料,但其粒径递减系数较大,剩余空隙率大于15%。

将剩余空隙率介于密级配和开级配之间(即剩余空隙率10%~15%)的混合料称为半开级配沥青混合料。

**5.按最大粒径分类**

按沥青混凝土混合料的集料最大粒径可分为下列四类:

(1)粗粒式沥青混合料。集料最大粒径大于或等于26.5mm(圆孔筛30mm)的沥青混合料。

(2)中粒式沥青混合料。集料最大粒径为16mm或19mm(圆孔筛20mm或25mm)的沥青混合料。

(3)细粒式沥青混合料。集料最大粒径为9.5mm或13.2mm(圆孔筛10mm或15mm)的沥青混合料。

(4)砂粒式沥青混合料。集料最大粒径小于或等于 4.75mm(圆孔筛 5mm)的沥青混合料,也称为沥青石屑或沥青砂。

沥青碎石混合料除上述四类外尚有特粗式沥青碎石混合料,其集料最大粒径为 37.5mm(圆孔筛 40mm)以上。见表 1-6-17。热拌沥青混合料是沥青混合料中最典型的品种,其他各种沥青混合料均为由其发展而来的品种。本节主要详述热拌沥青混合料的组成结构、技术性质、组成材料和设计方法。

热拌沥青混合料种类

表 1-6-17

| 混合料类型 | 密级配 | | | 开级配 | | 半开级配 | 公称最大粒径 (mm) | 最大粒径 (mm) |
|---|---|---|---|---|---|---|---|---|
| | 连续级配 | | 间断级配 | 间断级配 | | 沥青碎石 | | |
| | 沥青混凝土 | 沥青稳定碎石 | 沥青玛蹄脂碎石 | 排水式沥青磨耗层 | 排水式沥青碎石基层 | | | |
| 特粗式 | — | ATB—40 | — | — | ATPB—40 | | 37.5 | 53.0 |
| 粗粒式 | — | ATB—30 | — | — | ATPB—30 | | 31.5 | 37.5 |
| | AC - 25 | ATB—40 | — | — | ATPB—25 | | 26.5 | 31.5 |
| 中粒式 | AC - 20 | — | SMA - 20 | — | — | AM - 20 | 19.0 | 26.5 |
| | AC - 16 | — | SMA - 16 | OGFC - 16 | — | AM - 16 | 16.0 | 19.0 |
| 细粒式 | AC - 13 | — | SMA - 13 | OGFC - 13 | — | AM - 13 | 13.2 | 16.0 |
| | AC - 10 | — | SMA - 10 | OGFC - 10 | — | AM - 10 | 9.5 | 13.2 |
| 砂粒式 | AC - 5 | — | — | — | — | AM - 5 | 4.75 | 9.5 |
| 设计空隙率 (%) | 3 ~ 5 | 3 ~ 6 | 3 ~ 4 | >18 | >18 | 6 ~ 12 | — | — |

注:设计空隙率可按配合比设计要求适当调整。

## 二、沥青混合料的组成结构及强度原理

### 1. 沥青混合料的组成结构

沥青混合料是一种复杂的多种成分的材料,其"结构"概念同样也是极其复杂的。因为这种材料的各种不同特点的概念,都与结构概念联系在一起。这些特点是:矿物颗粒的大小及其不同粒径的分布;颗粒的相互位置;沥青在沥青混合料中的特征和矿物颗粒上沥青层的性质;空隙量及其分布;闭合空隙量与连通空隙量的比值等。"沥青混合料结构"这个综合性的术语,是这种材料单一结构和相互联系结构的概念的总和。其中包括:沥青结构、矿物骨架结构及沥青 – 矿粉分散系统结构等。上述每种单一结构中的每种性质,都对沥青混合料的性质产生很大的影响。随着混合料组成结构研究的深入,对沥青混合料的组成结构有下列两种互相对立的理论。

(1)表面理论。按传统的理解,沥青混合料是由粗集料、细集料和填料经人工组配成密实的级配矿质骨架,此矿质骨架由稠度较稀的沥青分布其表面,而将它们胶结成为一个具有强度的整体。如图 1-6-8 所示。

(2)胶浆理论。近代某些研究从胶浆理论出发,认为沥青混合料是一种多级空间网状胶凝结构的分散

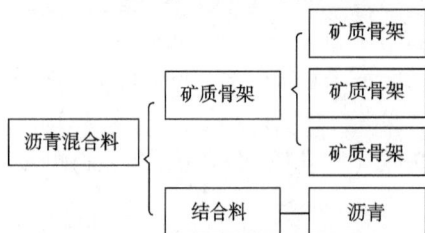
图 1-6-8　表面理论图

系。它是以粗集料为分散相而分散在沥青砂浆的介质中的一种粗分散系;同样,砂浆是以细集料为分散相而分散在沥青浆介质中的一种细分散系;而胶浆又是以填料为分散相而分散在高稠度的沥青介质中的一种微分散系。如图1-6-9所示。

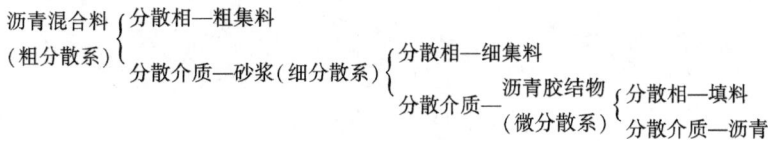

沥青混合料
(粗分散系) { 分散相—粗集料 分散介质—砂浆(细分散系) { 分散相—细集料 分散介质—沥青胶结物 (微分散系) { 分散相—填料 分散介质—沥青

图1-6-9 胶浆理论

这3级分散系以沥青胶浆(沥青—矿粉系统)最为重要,典型的沥青混合料的弹—黏—塑性,主要取决于起黏结料作用的沥青—矿粉系统的结构特点。这种多级空间网状胶凝结构的特点是,结构单元(固体颗粒)通过液相的薄层(沥青)而黏结在一起。胶凝结构的强度取决于结构单元产生的分子力。胶凝结构具有力学破坏后结构触变性复原自发可逆的特点。

沥青混合料的结构取决于下列因素:矿物骨架结构、沥青的结构、矿物材料与沥青相互作用的特点、沥青混合料的密实度及其毛细—孔隙结构的特点。

沥青混合料是由矿质骨架和沥青胶结物所构成的、具有空间网络结构的一种多相分散体系。沥青混合料的力学强度,主要由矿质颗粒之间的内摩阻力和嵌挤力,以及沥青胶结料及其与矿料之间的黏结力所构成。

沥青混合料按其强度构成原则的不同,可分为按嵌挤原则构成的结构和按密实级配原则构成的结构两大类。

按嵌挤原则构成的沥青混合料的结构强度,是以矿质颗粒之间的嵌挤力和内摩阻力为主、沥青结合料的黏结作用为辅而构成的。沥青贯入式路面、沥青表面处治及沥青碎石路面均属此类结构。这类路面是以较粗的、颗粒尺寸均匀的矿料构成骨架,沥青结合料填充其空隙,并把矿料黏结成一个整体。这类沥青混合料结构强度受自然因素(温度)的影响较小。

按密实级配原则构成的沥青混合料的结构强度,是以沥青与矿料之间的黏结力为主,矿质颗粒间的嵌挤力和内摩阻力为辅而构成的。沥青混凝土路面和沥青碎石混合料路面属于此类。这类沥青混合料的结构强度受温度的影响较大。

按级配原则构成的沥青混合料,其结构通常可按下列三种方式组成:

①悬浮—密实结构:是指矿质集料由大至小组成连续密级配的混合料结构,混合料中粗集料数量较少,不能形成骨架。如图1-6-10a)所示,这种沥青混合料黏聚力 $c$ 较大,内摩阻角 $\varphi$ 较小,因此高温稳定性较差。按照连续密级配原理设计的 AC 型沥青混合料是典型的悬浮—密实结构。

②骨架—空隙结构:是指矿质集料属于连续型开级配的混合料结构,矿质集料中粗集料较多,可形成矿质骨架,细集料较少,不足以填满空隙,如图1-6-10b)所示,所以此结构沥青混合料空隙率大,耐久性差,沥青与矿料的黏聚力差,热稳定性较好,这种结构沥青混合料的强度主要取决于内摩阻角。沥青碎石混合料 AM 和开级配磨耗层沥青混合料 OGFC 是典型的骨架-空隙结构。

③骨架—密实结构:是指此结构具有较多数量的粗集料形成空间骨架,同时又有足够的细集料可填满骨架的空隙,如图1-6-10c)所示。这种结构的沥青混合料具有较高的黏聚力和较高的内摩阻角,是沥青混合料中最理想的一种结构类型。沥青玛蹄脂碎石混合料 SMA 是典型的骨架-密实结构。

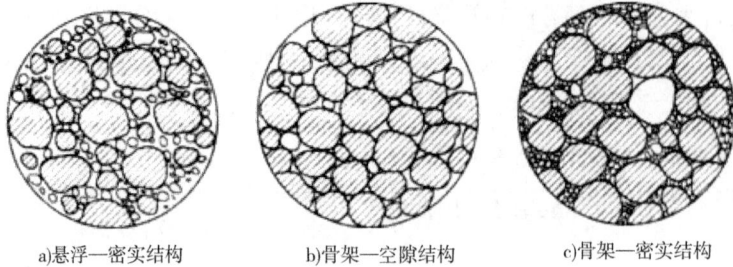

| a)悬浮—密实结构 | b)骨架—空隙结构 | c)骨架—密实结构 |

图 1-6-10　沥青混合料的典型组成结构

2. 沥青混合料强度理论与强度参数

沥青混合料属于分散体系,是由强度很高的粒料与黏结力较弱的沥青材料所构成的混合体。根据沥青混合料的颗粒性特征,可以认为沥青混合料的强度构成起源于以下两个方面:

(1)由于沥青的存在而产生的黏结力;

(2)由于集料的存在而产生的内摩阻力。

目前,对沥青混合料强度构成特性开展研究时,许多学者普遍采用了摩尔—库仑理论作为分析沥青混合料的强度理论,并引出两个强度参数——黏结力 $c$ 和内摩阻角 $\varphi$ ,作为其强度理论的分析指标。摩尔—库仑理论的一般表达式为:

$$f(\sigma_{ij}) = \sigma_1 - \sigma_3 - (\sigma_1 + \sigma_3)\sin\varphi - 2c \cdot \cos\varphi = 0 \qquad (1\text{-}6\text{-}9)$$

式中:$\sigma_1$——最大主应力;

　　$\sigma_3$——最小主应力;

　　$\sigma_{ij}$——应力状态张量。

对于组成沥青混合料的两种原始材料——沥青和集料,通过试验研究和强度理论分析,可以认为:纯沥青材料的 $c \neq 0$,$\varphi = 0$;干燥集料的 $c = 0$,$\varphi \neq 0$。但由此形成的沥青混合料,其 $c \neq 0$ 且 $\varphi \neq 0$,沥青混合料在参数 $c$、$\varphi$ 值的确定上需要把理论准则与试验结果结合起来。理论准则采用摩尔—库仑理论,而试验结果则可通过三轴试验、简单拉压试验或直剪试验获得。

对于三轴试验来说,其摩尔—库仑的理论表达式为:

$$\sigma_1 = \frac{1 + \sin\varphi}{1 - \sin\varphi}\sigma_3 + 2c\frac{\cos\varphi}{1 - \sin\varphi} \qquad (1\text{-}6\text{-}10)$$

显然,在一定的力学加载条件下,如果材料是给定的,那么内在参数 $c$、$\varphi$ 值应为常数,$\sigma_1$ 与 $\sigma_3$ 之间便具有线性关系。同时,众多试验研究结果也表明,在给定试验条件下,$\sigma_1$ 与 $\sigma_3$ 之间具有如下形式的线性关系:

$$\sigma_1 = k\sigma_3 + b \qquad (1\text{-}6\text{-}11)$$

式中,$k$ 与 $b$ 均大于零。

$$\sin\varphi = \frac{k - 1}{k + 1} \qquad (1\text{-}6\text{-}12)$$

$$c = \frac{b}{2} \times \frac{1 - \sin\varphi}{\cos\varphi} = \frac{b}{2\sqrt{k}} \qquad (1\text{-}6\text{-}13)$$

将以上两式对等,则可得到内在参数 $c$、$\varphi$ 值的计算公式:

目前,国内外研究者主要是通过三轴试验来确定沥青混合料的 $c$、$\varphi$ 值。但是,由于三轴试验在仪器设备方面比较复杂,要求较高,试验所需人力物力较多,在操作上难度大,因此,尽管三轴试验能够很好地模拟真实的应力应变状态,但它的实际应用受到一定程度的限制,在工程

156

上难以普及使用。

（1）简单拉压试验确定

沥青混合料的 $c$、$\varphi$ 值亦可通过测定无侧限抗压强度 $R$ 和抗拉强度 $r$ 予以换算。其换算关系可通过推导获得，也可以直接利用摩尔圆求得。

当无侧限抗压时，相当于 $\sigma_3 = 0$ 及 $\sigma_1 = R$，得：

$$R = \sigma_1 = \frac{2c \cdot \cos\varphi}{1 - \sin\varphi} = 2c \cdot \tan\left(\frac{\pi}{4} + \frac{\varphi}{2}\right) \tag{1-6-14}$$

当抗拉时，相当于 $\sigma_1 = 0$ 及 $-\sigma_3 = r$，则：

$$r = -\sigma_3 = \frac{2c \cdot \cos\varphi}{1 + \sin\varphi} = 2c \cdot \cot\left(\frac{\pi}{4} + \frac{\varphi}{2}\right) \tag{1-6-15}$$

联立解得：

$$c = \frac{1}{2}\sqrt{Rr} \tag{1-6-16}$$

$$\sin\varphi = \frac{R - r}{R + r} \tag{1-6-17}$$

简单拉压试验确定沥青混合料的内在参数 $c$、$\varphi$ 值，是以一项基本假定为前提的。即：在试验变量（材料组成变量、力学激励变量）相同的条件下，假定沥青混合料在压缩和拉伸两种加载方式下的内在参数值是相同的。

这种试验方法相对于三轴试验来说，在操作上要容易得多，且在一般试验机上均可以实施，易于推广应用。但其试验结果的准确性要依赖于试验技术的完善与提高，特别是拉伸试验。在拉伸试验中，有两个试验技术难关需要克服，即：沥青混合料的拉伸试验技术（拉头问题）；试件的偏心受拉问题。通过改进试验技术，这两个困难目前都可以克服。

（2）直剪试验确定

内在参数 $c$、$\varphi$ 值的确定，还可以通过沥青混合料的直剪试验来实现。这种试验方法与土的直剪试验非常类似，主要是通过测定不同正压力水平 $\sigma_i$ 下的抗剪强度 $\tau_{fi}$，在 $\tau$—$\sigma$ 坐标系中绘制库仑直线，从而获得材料的 $c$、$\varphi$ 值。

沥青混合料的直剪试验相对于三轴试验、简单拉压试验，在 $c$、$\varphi$ 值的原理上更为直观明了，但在操作上可能更不容易实现，比如因剪切挤压而引起的破坏面不均匀问题。就现有资料来看，目前还没有见到关于沥青混合料直剪试验方面的研究报告。关于这种试验方法可行性、准确性，以及它的试验结果与三轴试验和简单拉压试验结果之间的可比性等三方面的研究工作，还有待进一步探讨，以便确定一种较为有效和简便的方法来获得内在参数 $c$、$\varphi$ 值。

### 三、沥青与矿料之间的相互作用

沥青与矿料之间的相互作用是沥青混合料结构形成的决定性因素。它直接关系到沥青混合料的强度、温度稳定性、水稳定性及老化速度等一系列重要性能。因此，深入研究沥青与矿料之间相互作用的原理，充分认识并积极地利用与改善这个作用过程具有十分重要的意义。

研究表明，沥青与矿料相互作用时，所发生的效应是各种各样和特殊的，主要与表面效应有关。

#### 1. 矿料对沥青的吸附作用

矿料对沥青的选择性吸附作用，主要产生于表面具有微孔（孔隙直径小于 0.02mm）的矿料，如石灰岩、泥灰岩、矿渣等。此时沥青中活性较高的沥青质吸附在矿料表面，树脂吸附在矿料表层小孔中,而油分则沿着毛细管被吸收到矿料内部。因此,矿料表面的树脂和油分相对减少,沥青质增多,结果沥青性质发生变化——稠度提高、黏结力增加,从而在一定程度上改善了沥青混合料的热稳性与水稳性。

沥青与多孔的材料相互作用的特点,一方面取决于表面性质和吸附物的结构(孔隙的大小及其位置),另一方面与沥青的特性有关(主要是活性和基团组成)。矿料表面上如有微孔,就会大大改变其与沥青相互作用的条件,微孔具有极大的吸附势能,因而孔中吸附大部分的沥青表面活性组分。当沥青与结构致密的矿料(如石英岩)相互作用时,上述过程就失去了必要的条件,因而其对沥青的选择性吸附不显著。

沥青在矿料表面上的吸附强度,很大程度上取决于这些材料之间发生的黏结性质。当存在化学键时(即产生化学吸附时),沥青与矿料的黏结最为牢固。当碳酸盐或碱性岩石与含有足够数量酸性表面活性物质的活化沥青黏结时,会发生化学吸附过程。这种表面活性物质能在沥青与矿料的接触面上形成新的化合物。因为这些化合物不溶于水,所以矿料表面上形成的沥青层具有较高的抗水能力,而当沥青与酸性岩石($SiO_2$ 含量大于 65% 的岩石)黏结时,不会形成化学吸附化合物,故其间的黏结强度较低,遇水易剥离。

2. 沥青与初生矿物表面的相互作用

沥青与初生矿物表面的相互作用是一种特殊的作用形式,因为它决定于化学－力学过程,并与上面叙述的化学吸附同时发生。

在沥青与矿料一起磨碎的过程中,沥青与矿料表面的相互作用,与沥青和早先磨细的矿料拌和时的相互作用,有着明显的差别,前者化学吸附的沥青量及其随磨碎时间的增长速率均明显高于后者。

### 四、影响沥青混合料强度的因素

如前所述,沥青混合料的强度由两部分组成:矿料之间的嵌挤力与内摩阻力和沥青与矿料之间的黏聚力。下面从内因、外因两方面分析沥青混合料强度的影响因素。

1. 影响沥青混合料强度的内因

(1)沥青黏度的影响

沥青混凝土作为一个具有多级网络结构的分散系来看待,从最细一级网络结构来看,它是各种矿质集料分散在沥青中的分散系,因此它的强度与分散相的浓度和分散介质黏度有着密切的关系。在其他因素固定的条件下,沥青混合料的黏聚力是随着沥青黏度的提高而增大的。因为沥青的黏度即沥青内部沥青胶团相互位移时,其分散介质抵抗剪切作用的抗力,所以沥青混合料受到剪切作用时,特别是受到短暂的瞬时荷载时,具有高黏度的沥青能赋予沥青混合料较大的黏滞阻力,因而具有较高抗剪强度。在相同的矿料性质和组成条件下,随着沥青黏度的提高,沥青混合料黏聚力有明显的提高,同时内摩擦角亦稍有提高。

(2)沥青与矿料化学性质的影响

在沥青混合料中,如果矿粉颗粒之间接触处是由结构沥青膜所连接,这样促成沥青具有更高的黏度和更大的扩散溶化膜的接触面积,因而可以获得更大的黏聚力。反之,如颗粒之间接触处是自由沥青所连接,则具有较小的黏聚力。

沥青与矿料相互作用不仅与沥青的化学性质有关,而且与矿粉的性质有关。研究认为,在不同性质矿粉表面形成的吸附溶化膜组成结构和厚度的吸附溶化膜 ,所以在沥青混合料中,当采用石灰石矿粉时,矿粉之间更有可能通过结构沥青来连接,因而具有较高的黏聚力。

(3)矿料比表面积的影响

由前述沥青与矿粉交互作用的原理可知,结构沥青的形成主要是由于矿料与沥青的交互作用,而引起沥青化学组分在矿料表面的重分布。所以在相同的沥青用量条件下,与沥青产生交互作用的矿料表面积越大,则形成的沥青膜越薄,则在沥青中结构沥青所占的比率越大,因而沥青混合料的黏聚力也越高。通常在工程应用上,以单位质量集料的总表面积来表示表面积的大小,称为"比表面积"(简称"比面")。例如,1kg 的粗集料的表面积约为 $0.5 \sim 3m^2$,它的比面即为 $0.5 \sim 3m^2/kg$,而矿粉用量虽只占7% 左右,而其表面积却占矿质混合料的总表面积的80% 以上,所以矿粉的性质和用量对沥青混合料的强度影响很大。为增加沥青与矿料物理-化学作用的表面,在沥青混合料配料时,必须含有适量的矿粉。提高矿粉细度可增加矿粉比面,所以对矿粉细度也有一定的要求。希望小于 0.075mm 粒径的含量不要过少,但是小于 0.0075mm 部分的含量亦不宜过多,否则将使沥青混合料结成团块,不易施工。

(4)沥青用量的影响

在固定质量的沥青和矿料的条件下,沥青与矿料的比例(即沥青用量)是影响沥青混合料抗剪强度的重要因素。在沥青用量很少时,沥青不足以形成结构沥青的薄膜来黏结矿料颗粒。随着沥青用量的增加,结构沥青逐渐形成。沥青更为完满地包裹在矿料表面,使沥青与矿料间的黏附力随着沥青的用量增加而增加。当沥青用量足以形成薄膜并充分黏附矿料颗粒表面时,沥青胶浆具有最优的黏聚力。随后,如沥青用量继续增加,则由于沥青用量过多,逐渐将矿料颗粒推开,在颗粒间形成未与矿料交互作用的"自由沥青",则沥青胶浆的黏聚力随着自由沥青的增加而降低。当沥青用量增加至某一用量后,沥青混合料的黏聚力主要取决于自由沥青,所以抗剪强度几乎不变。随着沥青用量的增加,沥青不仅起着黏结剂的作用,而且起着润滑剂的作用,降低了粗集料的相互密排作用,因而降低了沥青混合料的内摩擦角。

沥青用量不仅影响沥青混合料的黏聚力,同时也影响沥青混合料的内摩擦角。通常当沥青薄膜达最佳厚度(即主要以结构沥青黏结)时,具有最大的黏聚力;随着沥青用量的增加,沥青混合料的内摩擦角逐渐降低。

(5)矿质集料的级配类型、粒度、表面性质的影响

沥青混合料的强度与矿质集料在沥青混合料中的分布情况有密切关系。沥青混合料有密级配、开级配和间断级配等不同组成结构类型已如前述,因此矿料级配类型是影响沥青混合料强度的因素之一。

此外,沥青混合料中,矿质集料的粗度、形状和表面粗糙度对沥青混合料的强度都具有极为明显的影响。因为颗粒形状及其粗糙度,在很大程度上将决定混合料压实后颗粒间相互位置的特性和颗粒接触有效面积的大小。通常具有显著的面和棱角,各方向尺寸相差不大,近似正方体,以及具有明显细微凸出的粗糙表面的矿质集料,在碾压后能相互嵌挤锁结而具有很大的内摩擦角。在其他条件相同的情况下,这种矿料所组成的沥青混合料较之圆形而表面平滑的颗粒具有较高的抗剪强度。

许多试验证明,要想获得具有较大内摩擦角的矿质混合料,必须采用粗大、均匀的颗粒。在其他条件相同的情况条件下,矿质集料颗粒愈粗,所配制的沥青混合料愈具有较大的内摩擦角。相同粒径组成的集料,卵石的内摩擦角较碎石小。

2.影响沥青混合料强度的外因

(1)温度的影响

沥青混合料是一种热塑性材料,它的抗剪强度随着温度的升高而降低。在材料参数中,黏聚力随温度升高而显著降低,但是内摩擦角受温度变化的影响较少。

(2)形变速率的影响

沥青混合料是一种黏弹性材料,它的抗剪强度与形变速率有密切关系。在其他条件相同的情况下,变形速率对沥青混合料的内摩擦角影响较小,而对沥青混合料的黏聚力影响较为显著。试验资料表明,黏聚力随变形速率的减小而显著提高,而内摩擦角随变形速率的变化很小。

综上所述,得到高强度沥青混合料的基本条件是:密实的矿物骨架,这可以通过适当地选择级配和使矿物颗粒最大限度地相互接近来取得;对所用的混合料、拌制和压实条件都适合的最佳沥青用量;能与沥青起化学吸附的活性矿料。

为使沥青混合料产生最高的强度,应设法使自由沥青含量尽可能地少或完全没有。但是,必须有某种数量的自由沥青,以保证应有的耐侵蚀性,以及沥青混合料具有最佳的塑性。

上面已经指出,选择空隙率最低的沥青混合料的矿料级配,能降低自由沥青量,因此许多国家都规定了矿料最大空隙率。此外,自由沥青量也取决于空隙的填满程度。配比正确的沥青混合料中,被沥青所充满的颗粒之间的空隙容积,应不超过总空隙的 80% ~85% ,以免在温度升高时沥青溢出。

沥青混合料的拌制与压实工艺的进一步完善,也能大大减少自由沥青量,并大大提高沥青混合料的结构强度。

### 五、沥青混合料的技术性质及技术标准

1. 沥青混合料的技术性质

(1)高温稳定性

沥青混合料的高温稳定性是指在高温季节,在车辆荷载长期作用下,路面不产生车辙和波浪等病害的性能。沥青混合料的特点是强度和抗变形能力随温度升降而产生变化。温度升高时,沥青的黏滞度降低,矿料之间的黏结力削弱,导致强度降低。温度降低时情况正好相反。影响沥青混合料高温稳定性的主要因素,一是沥青和矿料的性质及相互作用的特性,二是矿料的级配组成。

(2)低温抗裂性

在气候寒冷的地区,冬季气温下降,特别是急骤降温时,沥青混合料发生收缩,如果收缩受阻就会产生拉应力,该应力超过沥青混合料的抗拉强度,路面就会产生开裂。因此沥青混合料不仅应具备高温稳定性,同时还要具有低温抗裂性,以保证路面在低温季节不产生裂缝。影响低温开裂的因素很多,从沥青混合料本身讲,与沥青的性质、沥青含量、矿质混合料的级配等有关。沥青黏滞度大,或沥青含量较大,沥青混合料则具有较高的低温抗裂性。密级配沥青混合料低温抗裂性较开级配沥青混合料高。采用测定沥青混合料在低温时的纯拉强度和温度收缩系数来评价沥青混合料的低温抗裂性。

(3)水稳性

由水引起的沥青路面损坏称为水损坏。在沥青混合料配合比设计试验阶段,对抗水损坏能力应给予充分的考虑。沥青混合料的水稳性从原材料和沥青混合料两个方面进行评价。评价指标主要有:沥青与石料的黏附性、残留稳定度、冻融劈裂强度比和饱水率。

①黏附性。粗集料表面被沥青膜裹覆后,抵抗受水侵蚀造成剥落的能力称为沥青与粗集料的黏附性。

②残留稳定度。残留稳定度是验证性试验指标。马歇尔试验按浸水条件不同,分为标准马歇尔试验、浸水马歇尔试验和真空饱水马歇尔试验。浸水马歇尔稳定度与标准马歇尔稳定度的比值称为残留稳定度,真空饱水马歇尔稳定度与标准马歇尔稳定度的比值称为真空饱水残留稳定度。二者均用百分数表示。

③冻融劈裂强度比。对年最低平均气温低于 $-21.5℃$ 的寒冷地区,还要用冻融劈裂强度比检验沥青混合料的水稳性。冻融劈裂强度比是按规定的试验方法对试件进行冻融循环后测定的劈裂强度与未进行冻融循环测定的劈裂强度之比,用百分数表示。

④饱水率。饱水率是试件在真空条件下吸水的能力,用吸水的质量与试件干质量之比表示。饱水率不单独作为沥青混合料的性能指标,只针对其他试验有需要对试件进行饱水处理(如冻融劈裂)而设立的方法。另外,当试件的矿料配合比例和沥青含量未知,测定孔隙率有困难时,用饱水率可大体上反映其孔隙率,常用于旧路调查时。饱水率也可用于沥青混合料生产质量的控制。

(4)耐久性

沥青混凝土结构长期受自然因素的作用,为保证路面具有较长的使用年限,要求沥青混合料必须具有较好的耐久性。我国现行规范采用黏附性、空隙率、饱和度(即沥青填隙率)和残留稳定度等指标来表征沥青混合料的耐久性。

空隙率是指压实的沥青混合料试件中,空隙体积占试件总体积的百分数,由试件的表干相对密度和最大相对密度计算求得。就沥青混合料的组成结构而言,耐久性首先取决于沥青混合料的空隙率。空隙率的大小与矿质集料的级配、沥青材料的用量以及压实程度有关。从耐久性角度出发,希望沥青混合料的空隙率尽量小,以防止水的渗入和日光紫外线对沥青的老化作用等。但是,一般沥青混合料中均应留有一定的空隙率,以备夏季沥青材料膨胀,防止引起路面热稳定方面的问题。沥青混合料的空隙率与水稳定性有关,空隙率大,且沥青与矿料黏附性差的混合料,在饱水后石料与沥青黏附性降低,易发生剥落,同时颗粒相互推移产生体积膨胀以及出现力学强度显著降低等现象,引起路面早期破坏。

饱和度是压实沥青混合料中,沥青体积占矿料骨架以外的空隙体积的百分率,亦称沥青填隙率。饱和度和空隙率是沥青混合料配合比设计中要平衡的一对矛盾,饱和度越大,混合料的空隙率则越小,热稳定性相对较差,但低温稳定性较好,反之亦然。

沥青路面的使用寿命还与混合料中的沥青含量有很大的关系。当沥青用量较正常用量小时,则沥青膜变薄,混合料的延伸能力降低,脆性增加;沥青用量偏少还将使混合料的空隙率增大,饱和度降低,沥青膜暴露面积较大,加速了老化作用;同时增加了渗水率,加强了水对沥青的剥落作用。有研究认为,实际沥青用量较最佳沥青用量少 0.5% 的混合料能使路面使用寿命减少一半以上。

(5)抗滑性

沥青混合料路面的抗滑性与矿质集料的微表面性质、混合料的级配组成以及沥青含量等因素有关。从原材料的角度讲,用石料的磨光值、沥青的蜡含量来评价;从沥青混合料的角度讲,用沥青含量来评价;从路面结构讲,用路面的摩擦系数来评价。为了使沥青路面有足够的抗滑性,用于沥青混合料的粗集料要特别注意耐磨光性,应选择硬质有棱角的集料,但硬质集料往往属于酸性集料,与沥青的黏附性较差,可以通过掺加抗剥落剂改善。沥青用量对抗滑性的影响非常敏感,沥青用量超过最佳用量的 0.5% 即可使抗滑系数明显降低。

(6)抗老化性

老化试验分为短期老化和长期老化。短期老化采用松散试样,其效果相当于沥青混合料在施工拌和和铺筑过程中的老化;长期老化采用压实的混合料试样,其效果相当于压实的沥青混合料路面在 5~7 年的使用年限内的全部老化过程。

短期老化的混合料可以用来评价混合料的高温稳定性;长期老化的混合料可以用来评价混合料的低温抗裂、疲劳、水害等在使用过程中逐渐发生的破坏性性能指标。老化试验也适用于与未进行老化试验的混合料的性能比较,以评价混合料的老化性能。现阶段,老化试验主要用于添加抗剥落剂的沥青混合料的试验,以评价抗剥落剂的效果。试验证明,一些抗剥落剂在刚加入混合料后效果很明显,但经老化后黏附性等级显著下降,因此用老化后的沥青混合料评价抗剥落剂的效果不失为一种好方法。

(7)施工和易性

要保证室内配料在现场施工条件下顺利的实现,沥青混合料除了应具备前述的技术要求外,还应具备适宜的施工和易性。影响沥青混合料施工和易性的因素很多,如当地气温、施工条件及混合料性质等。

单纯从混合料材料性质而言,影响沥青混合料施工和易性的首先是混合料的级配情况,如粗、细集料的颗粒大小相差过大,缺乏中间尺寸,混合料容易分层沉积(粗粒集中表面,细粒集中底部);如细集料太少,沥青层就不容易均匀地分布在粗颗粒表面;细集料过多,则使拌和困难。此外当沥青用量过少,或矿粉用量过多时,混合料容易产生疏松不易压实。反之,如沥青用量过多,或矿粉质量不好,则容易使混合料黏结成团块,不易摊铺。

2.热拌沥青混合料的技术标准

按《公路沥青路面施工技术规范》(JTG F40—2004)规定,沥青混合料技术要求应符合表1-6-18 的规定,并具有良好的施工性能。当采用其他方法设计沥青混合料时,应按规范规定进行马歇尔试验及各项配合比设计检验(见表1-6-19)。

**密级配沥青混凝土混合料马歇尔试验技术标准**　　　　　　表 1-6-18

(本表适用于公称最大粒径≤26.5mm 的密级配沥青混凝土混合料)

| 试验指标 | | 单位 | 高速公路、一级公路 | | | | 其他等级公路 | 行人道路 |
|---|---|---|---|---|---|---|---|---|
| | | | 夏炎热区(1-1、1-2、1-3、1-4区) | | 夏热区及夏凉区(2-1、2-2、2-3、2-4、3-2区) | | | |
| | | | 中轻交通 | 重载交通 | 中轻交通 | 重载交通 | | |
| 击实次数(双面) | | 次 | 75 | | | | 50 | 50 |
| 试件尺寸 | | mm | φ101.6mm×63.5mm | | | | | |
| 空隙率 VV | 深约90mm 以内 | % | 3~5 | 4~6 | 2~4 | 3~5 | 3~6 | 2~4 |
| | 深约90mm 以下 | % | 3~6 | | 2~4 | 3~6 | 3~6 | — |
| 稳定度 MS 不小于 | | kN | 8 | | | | 5 | 3 |
| 流值 FL | | mm | 2~4 | 1.5~4 | 2~4.5 | 2~4 | 2~4.5 | 2~5 |
| 矿料间隙 VMA,%,不小于 | 设计空隙率(%) | | 相应于以下公称最大粒径(mm)最小 VMA 及 VFA 技术要求(%) | | | | | |
| | | | 26.5 | 19 | 16 | 13.2 | 9.5 | 4.75 |
| | 2 | | 10 | 11 | 11.5 | 12 | 13 | 15 |
| | 3 | | 11 | 12 | 12.5 | 13 | 14 | 16 |
| | 4 | | 12 | 13 | 13.5 | 14 | 15 | 17 |

| 试验指标 | 单位 | 高速公路、一级公路 | | | | 其他等级公路 | 行人道路 |
|---|---|---|---|---|---|---|---|
| | | 夏炎热区(1-1、1-2、1-3、1-4区) | | 夏热区及夏凉区(2-1、2-2、2-3、2-4、3-2区) | | | |
| | | 中轻交通 | 重载交通 | 中轻交通 | 重载交通 | | |
| 矿料间隙 VMA,%,不小于 | 5 | 13 | 14 | 14.5 | 15 | 16 | 18 |
| | 6 | 14 | 15 | 15.5 | 16 | 17 | 19 |
| 沥青饱和度 VFA(%) | | 55~70 | | 65~75 | | 70~85 | |

注:①对空隙率大于5%的夏炎热区重载交通路段,施工时应至少提高压实度1%。

②当设计的空隙率不是整数时,由内插确定要求的 VMA 最小值。

③对改性沥青混合料,马歇尔试验的流值可适当放宽。

沥青稳定碎石混合料马歇尔试验配合比设计技术标准　　　　表 1-6-19

| 试验指标 | 单位 | 密级配基层 | | 半开级配面层 | 排水式开级配磨耗层（OGFC） | 排水式开级配基层（ATPB） |
|---|---|---|---|---|---|---|
| 公称最大粒径 | mm | 26.5mm | 等于或大于 31.5mm | 等于或小于 26.5mm | 等于或小于 26.5mm | 所有尺寸 |
| 马歇尔试件尺寸 | mm | $\phi$101.6mm× 63.5mm | $\phi$152.4mm× 95.3mm | $\phi$101.6mm× 63.5mm | $\phi$101.6mm× 63.5mm | $\phi$152.4mm× 95.3mm |
| 击实次数(双面) | 次 | 75 | 112 | 50 | 50 | 75 |
| 空隙率 VV | % | 3~6 | | 6~10 | 不小于18 | 不小于18 |
| 稳定度 MS,不小于 | kN | 7.5 | 15 | 3.5 | 3.5 | — |
| 流值 FL | mm | 1.5~4 | 实测 | — | — | — |
| 沥青饱和度 VFA | % | 55~70 | | 40~70 | — | — |
| 密级配基层 ATB 矿料间隙率 VMA 不小于(%) | | 设计空隙率 | | ATB—40 | ATB—30 | ATB—25 |
| | | 4 | | 11 | 11.5 | 12 |
| | | 5 | | 12 | 12.5 | 13 |
| | | 6 | | 13 | 13.5 | 14 |

注:在干旱地区,可将密级配沥青稳定碎石基层的空隙率适当放宽到8%。

### 六、普通热拌沥青混合料的材料组成

沥青混合料主要是由沥青、粗集料、细集料和矿粉以及外加剂所组成的一种复合材料,因此混合料的技术性质决定于组成材料的性质、配合比例和混合料的制备工艺等因素。为保证沥青混合料的技术性质,首先应正确选择符合质量要求的组成材料。

#### 1.沥青

(1)沥青种类选择:按现行《公路沥青路面施工技术规范》(JTG F40—2004)规定,道路石油沥青分为 A 级、B 级、C 级三个等级,各自的适用范围应符合表1-6-20 的规定。其质量应符合表1-6-8 规定的技术要求。

(2)沥青路面采用的沥青标号:宜按照公路等级、气候条件、交通条件、路面类型及在结构

层中的层位及受力特点、施工方法等，结合当地的使用经验，经技术论证后确定。

道路石油沥青的适用范围 表 1-6-20

| 沥青等级 | 适 用 范 围 |
|---|---|
| A 级沥青 | 各个等级的公路，适用于任何场合和层次 |
| B 级沥青 | 1. 高速公路、一级公路沥青下面层及以下的层次，二级及二级以下公路的各个层次；<br>2. 用做改性沥青、乳化沥青、改性乳化沥青、稀释沥青的基质沥青 |
| C 级沥青 | 三级及三级以下公路的各个层次 |

①对高速公路、一级公路，夏季温度高、高温持续时间长、重载交通、山区及丘陵区上坡路段、服务区、停车场等行车速度慢的路段，尤其是汽车荷载剪应力大的层次，宜采用稠度大、60℃黏度大的沥青，也可提高高温气候分区的温度水平选用沥青等级；对冬季寒冷的地区或交通量小的公路、旅游公路宜选用稠度小、低温延度大的沥青；对温度日温差、年温差大的地区，应注意选用针入度指数大的沥青。当高温要求与低温要求发生矛盾时应优先满足高温性能的要求。

②当缺乏所需标号沥青时，可采用不同标号掺配的调和沥青，其掺配比例由试验决定。掺配后的沥青质量应符合表 1-4-1 的要求。

2. 粗集料

由我国现行《公路沥青路面施工技术规范》(JTG F40—2004)规定，沥青混合料用粗集料，可以采用碎石、破碎砾石、筛选砾石、钢渣、矿渣等。但高速公路和一级公路不得使用筛选砾石和钢渣。粗集料必须由具有生产许可证的采石场生产或施工单位自行加工。

沥青混合料用粗集料应该洁净、干燥、无风化、不含杂质。在力学性质方面，压碎值和洛杉矶磨耗率应符合规范要求(见表 1-6-21)。经检验属于酸性岩石的石料，用于高速公路、一级公路、城市快速路、主干路时，宜使用针入度较小的沥青；为保证与沥青的黏附性符合规范要求，应采用下列抗剥离措施：

沥青混合料用粗集料质量技术要求 表 1-6-21

| 指　标 | 单位 | 高速公路及一级公路 | | 其他等级公路 |
|---|---|---|---|---|
| | | 表面层 | 其他层次 | |
| 石料压碎值，不大于 | % | 26 | 28 | 30 |
| 洛杉矶磨耗损失，不大于 | % | 28 | 30 | 35 |
| 表观相对密度，不小于 | — | 2.60 | 2.50 | 2.45 |
| 吸水率，不大于 | % | 2.0 | 3.0 | 3.0 |
| 坚固性，不大于 | % | 12 | 12 | — |
| 针片状颗粒含量混合料，不大于 | % | 15 | 18 | 20 |
| 其中粒径大于 9.5mm，不大于 | % | 12 | 15 | — |
| 其中粒径小于 9.5mm，不大于 | % | 18 | 20 | — |
| 水洗法 <0.075mm 颗粒含量，不大于 | % | 1 | 1 | 1 |
| 软石含量，不大于 | % | 3 | 5 | 5 |

①用干燥的磨细消石灰或生石灰粉、水泥作为填料的一部分，其用量宜为矿料总量的1%~2%。

②在沥青中掺加抗剥离剂。

③粗集料用石灰浆处理后使用。

3. 细集料

沥青混合料用细集料可采用天然砂、机制砂及石屑。细集料应该洁净、干燥、无风化、无杂质,并有适当的颗粒组成,其质量应符合规范要求(见表1-6-22)。细集料应与沥青有良好的黏结能力。与沥青黏结性能很差的天然砂及用花岗岩、石英岩等酸性石料破碎的机制砂或石屑不宜用于高速公路、一级公路、城市快速路、主干路沥青面层。必须使用时,应采用抗剥离措施。

沥青混合料用细集料质量要求　　　　　　　　　　表1-6-22

| 项　目 | 单位 | 高速公路及一级公路 | 其他等级公路 |
|---|---|---|---|
| 表观相对密度,不小于 | — | 2.5 | 2.45 |
| 坚固性(>0.3mm),不大于 | % | 12 | — |
| 含泥量(小于0.075mm的含量)不大于 | % | 3 | 5 |
| 砂当量,不小于 | % | 60 | 50 |
| 亚甲蓝值,不大于 | g/kg | 25 | — |
| 棱角性(流动时间),不小于 | s | 30 | — |

注:坚固性试验可根据需要进行。

4. 填料

在沥青混合料中起填充作用的粒径小于0.075mm的矿质粉末称为填料。填料宜采用石灰岩或岩浆岩中的强基性岩石(憎水性石料)经磨细得到的矿粉,原石料中的泥土杂质应除净。矿粉要求干燥、洁净,其质量应符合规范要求(见表1-6-23)。当采用水泥、石灰、粉煤灰作填料时,其用量不宜超过矿料总量的2%。

沥青混合料用矿粉质量要求　　　　　　　　　　表1-6-23

| 项　目 | 单位 | 高速公路及一级公路 | 其他等级公路 |
|---|---|---|---|
| 表观密度,不小于 | t/m³ | 2.5 | 2.45 |
| 含水率,不大于 | % | 1 | 1 |
| 粒度范围<0.6mm | | 100 | 100 |
| 粒度范围<0.15mm | % | 90~100 | 90~100 |
| 粒度范围<0.075mm | | 75~100 | 70~100 |
| 外观 | — | 无团粒结块 | |
| 亲水性系数 | — | <1 | |
| 塑性指数 | — | <4 | |
| 加热安定性 | — | 实测记录 | |

粉煤灰作为填料使用时,烧失量应小于12%,其余质量要求与矿粉相同。粉煤灰的用量不宜超过填料总量的50%,高速公路、一级公路的沥青路面不宜采用粉煤灰做填料。

拌和机采用的石粉尘可作为矿粉的一部分回收使用,但每盘用量不得超过填料总量的25%,掺有粉尘填料的塑性指数不得大于4%。

# 第四节　CRTS I 型板式无砟轨道中的 CA 砂浆

水泥乳化沥青砂浆(简称CA砂浆)由乳化沥青、水泥、细集料、水和外加剂经特定工艺搅拌制得的具有特定性能的砂浆。

## 一、水泥乳化沥青砂浆的作用

水泥乳化沥青砂浆的强度和刚度与水泥和沥青显著不同,具有较强的水密性、耐油性和耐热性,用于板式无砟轨道填充层主要有以下三个目的:

①为轨道提供部分弹性,提高乘坐舒适性;

②能够完全填满轨道板和底座之间的空隙,形成全面的支撑结构;

③可以对下部结构在一定限度范围内的变形进行修补。

## 二、水泥乳化沥青砂浆的技术要求

水泥乳化沥青砂浆的配合比应适当选取原材料,通过计算、试配、调整等步骤选定。选定水泥乳化沥青砂浆配合比应遵循如下基本规定:

(1)水泥用量宜在 $250 \sim 300 \text{kg/m}^3$ 之间。

(2)水灰比宜不大于 0.90。

(3)乳化沥青(含聚合物乳液)与水泥的比值应不小于 1.40。

(4)配合比设计时,应考虑施工环境温度条件变化对砂浆拌和性能的影响。

水泥乳化沥青砂浆的性能应满足表 1-6-24 的技术要求。

水泥乳化沥青砂浆的技术要求　　　　　　　　　　　表 1-6-24

| 序　号 | 项　　目 | | 单　位 | 指标要求 |
|---|---|---|---|---|
| 1 | 砂浆温度 | | ℃ | 5 ~ 40 |
| 2 | 流动度 | | s | 18 ~ 26 |
| 3 | 可工作时间 | | min | ≥30 |
| 4 | 含气量 | | % | 8 ~ 12 |
| 5 | 表观密度 | | kg/m³ | > 1300 |
| 6 | 抗压强度 | 1d | MPa | > 0.10 |
| | | 7d | | > 0.70 |
| | | 28d | | > 1.80 |
| 7 | 弹性模量(28d) | | MPa | 100 ~ 300 |
| 8 | 材料分离度 | | % | < 1.0 |
| 9 | 膨胀率 | | % | 1.0 ~ 3.0 |
| 10 | 泛浆率 | | % | 0 |
| 11 | 抗冻性 | | | 300 次冻融循环试验后,相对动弹模量不得小于60%,质量损失率不得大于5% |
| 12 | 耐候性 | | | 无剥落、无开裂、相对抗压强度不低于70% |

## 三、水泥乳化沥青砂浆配合比设计

为了适应不同气候,可以根据区域将水泥乳化沥青砂浆划分为两种配合比(表 1-6-25),分别适用于寒冷地区和温暖地区(表 1-6-26),其中 B 配合比是将部分沥青乳化剂替换成聚合物乳化剂,用以改善寒冷地区水泥乳化沥青硬化后在低温时的耐冲性和抗冻性。

水泥乳化沥青砂浆配合比一览表（1m³）　　　　表 1-6-25

| 配合比 | 材料用量 | | | | | | | | |
|---|---|---|---|---|---|---|---|---|---|
| | A 乳剂（kg） | P 乳剂（kg） | 水（kg） | 砂（kg） | 水泥（kg） | 铝粉（kg） | 消泡剂（kg） | 膨胀剂（kg） | AE 剂（kg） |
| A | 496 | — | ≤78 | 620 | 279 | 40 | 155 | 31 | 7.8 |
| B | 441 | 63 | ≤62 | 630 | 284 | 41 | 158 | 32 | 7.9 |

各配合比适用情况一览表　　　　表 1-6-26

| 轨道板类型<br>地区 | 露 天 地 区<br>（包括隧道洞口向内 200m 的范围） | | 隧 道 区 间<br>（不包括隧道洞口向内 200m 的范围） | |
|---|---|---|---|---|
| | 平板型轨道板 | 框架型轨道板 | 平板型轨道板 | 框架型轨道板 |
| 温暖地区 | A 配合比 | B 配合比 | A 配合比 | A 配合比 |
| 寒冷地区 | B 配合比 | B 配合比 | A 配合比 | A 配合比 |

说明：寒冷地区是指一年内冻融次数超过 80 次的地区。

## 四、原材料

### 1. 原材料的主要作用

水泥乳化沥青砂浆由水泥、乳化沥青、聚合物乳液、细集料（砂）、混合料、水、铝粉、各种外加剂等原材料组成，如表 1-6-27 所示。

水泥乳化沥青砂浆各组成材料及作用　　　　表 1-6-27

| 序 号 | 原 材 料 | 作 用 |
|---|---|---|
| 1 | A 乳剂 | 改善砂浆的抗裂性能，提高韧性，具有一定缓冲作用 |
| 2 | P 乳剂 | 使砂浆更加细密，提高水密性，改善抗裂性能，具有一定抗冲击作用 |
| 3 | 铝粉 | 使砂浆在凝固之前发生膨胀，提高其填充性能 |
| 4 | 膨胀剂 | 补偿水泥乳化沥青砂浆硬化后的收缩 |
| 5 | 消泡剂 | 消除水泥乳化沥青砂浆搅拌时裹入的粒径较大的气泡，起到气泡微化的作用 |
| 6 | AE 剂 | 具有引入微小气泡的作用，提高抗冻性，有利于降低成本 |
| 7 | 水泥 | 提高早期强度，加快作业循环，并确保砂浆强度 |
| 8 | 水 | 调节砂浆的流动度，提高工作效率 |

### 2. 各种原材料的技术要求

水泥乳化沥青砂浆应按国家现行检验标准及技术要求进行检验，水泥乳化沥青砂浆所用原材料应符合下列规定：

（1）沥青。应选用重交通道路石油沥青，其性能应符合表 1-6-28 的要求，用于生产沥青的原油宜固定。

（2）改性沥青。沥青可采用 SBS 或 SBR 进行改性，其主要性能应分别符合表 1-6-29、表 1-6-30 的要求。

（3）乳化沥青。应采用满足要求的沥青或改性沥青进行生产，其主要性能除应满足表 1-6-31 的指标要求外，还必须满足水泥沥青砂浆的最终性能。

表 1-6-28

| 序 号 | 项 目 | | 单 位 | 指 标 | 试验方法 |
|---|---|---|---|---|---|
| 1 | 针入度(25℃,100g,5s) | | 0.1mm | 60 ~ 100 | JTG E20—2011 |
| 2 | 延度(5cm/min,15℃) | | cm | >100 | |
| 3 | 软化点(环球法) | | ℃ | 42 ~ 54 | |
| 4 | 闪点(COC) | | ℃ | ≥230 | |
| 5 | 含蜡量(蒸馏法) | | % | ≤2.2 | |
| 6 | 密度 | | g/cm³ | ≥1.0 | |
| 7 | 溶解度(三氯乙烯) | | % | ≥99.0 | |
| 8 | 薄膜加热试验后的残留物(163℃,5h) | 质量损失 | % | ≤0.6 | |
| | | 针入度比(25℃) | % | ≥50 | |
| | | 延度(15℃) | cm | ≥50 | |

**SBS 改性沥青技术要求**  表 1-6-29

| 序号 | 项 目 | 单 位 | 指 标 要 求 | | | | 试验方法 |
|---|---|---|---|---|---|---|---|
| | | | I – A | I – B | I – C | I – D | |
| 1 | 针入度(25℃,100g,5s) | 0.1mm | ≥100 | ≥80 | ≥60 | ≥40 | JTG E20—2011 |
| 2 | 针入度指数 PI | | ≥ – 1.0 | ≥ – 0.6 | ≥ – 0.2 | ≥ +0.2 | |
| 3 | 延度(5℃,5cm/min) | cm | ≥50 | ≥40 | ≥30 | ≥20 | |
| 4 | 软化点($T_{R\&B}$) | ℃ | ≥45 | ≥50 | ≥55 | ≥60 | |
| 5 | 运动黏度(135℃) | Pa.s | ≤3 | | | | |
| 6 | 闪点(COC) | ℃ | ≥230 | | | | |
| 7 | 溶解度 | % | ≥99 | | | | |
| 8 | 离析,软化点差(℃) | ℃ | ≤2.5 | | | | |
| 9 | 弹性恢复(25℃) | % | ≥55 | ≥60 | ≥65 | ≥70 | |
| 10 | 薄膜加热试验后的残留物(163℃,5h) | 质量损失 | % | ≤1.0 | | | | |
| | | 针入度比(25℃) | % | ≥50 | ≥55 | ≥60 | ≥65 | |
| | | 延度(5℃,5cm/min) | cm | ≥30 | ≥25 | ≥20 | ≥15 | |

**SBR 改性沥青技术要求表**  表 1-6-30

| 序 号 | 项 目 | 单 位 | 指 标 要 求 | | | 试验方法 |
|---|---|---|---|---|---|---|
| | | | II – A | II – B | II – C | |
| 1 | 针入度(25℃,100g,5s) | 0.1mm | >100 | 80 ~ 100 | 60 ~ 80 | JTG E20—2011 |
| 2 | 针入度指数 PI | | ≥ – 1.0 | ≥ – 0.8 | ≥ – 0.6 | |
| 3 | 延度(5℃,5cm/min) | cm | ≥60 | ≥50 | ≥40 | |
| 4 | 软化点($T_{R\&B}$) | ℃ | ≥45 | ≥48 | ≥50 | |
| 5 | 运动黏度(135℃) | Pa.s | ≤3 | | | |
| 6 | 闪点(COC) | ℃ | ≥230 | | | |
| 7 | 溶解度 | % | ≥99 | | | |

| 序 号 | 项 目 | | 单 位 | 指标要求 | | | 试验方法 |
|---|---|---|---|---|---|---|---|
| | | | | Ⅱ-A | Ⅱ-B | Ⅱ-C | |
| 8 | 黏韧性 | | N·m | ≥5 | | | JTG E20—2011 |
| 9 | 韧性 | | N·m | ≥2.5 | | | |
| 10 | 薄膜加热试验后的残留物(163℃,5h) | 质量损失 | % | ≤1.0 | | | |
| | | 针入度比(25℃) | % | ≥50 | ≥55 | ≥60 | |
| | | 延度(5℃,5cm/min) | cm | ≥30 | ≥20 | ≥10 | |

**乳化沥青的主要性能指标要求** 表 1-6-31

| 序 号 | 项 目 | | 单 位 | 指标要求 | 试验方法 |
|---|---|---|---|---|---|
| 1 | 外观 | | | 浅褐色液体、均匀、无机械杂质 | |
| 2 | 颗粒极性 | | | 阳 | |
| 3 | 恩氏黏度(25℃) | | | 5~15 | |
| 4 | 筛上剩余量(1.18mm) | | % | <0.1 | |
| 5 | 贮存稳定性(1天,25℃) | | % | <1.0 | |
| 6 | 贮存稳定性(5天,25℃) | | % | <5.0 | |
| 7 | 低温贮存稳定性(-5℃)① | | | 无粗颗粒或块状物 | JTG E20—2011 |
| 8 | 水泥混合性 | | % | <1.0 | |
| 9 | 蒸发残留物 | 残留物含量 | % | 58~63 | |
| | | 针入度(25℃,100g 5s) | 0.1mm | 60~120 | |
| | | 溶解度(三氯乙烯) | % | >97 | |
| | | 延度(5℃)② | cm | ≥20 | |
| | | 延度(15℃) | cm | ≥50 | |

注:①当乳化沥青实际使用中经过低温贮存和运输时,进行此项检测。
　　②当采用改性沥青制备乳化沥青时,进行此项检测。

(4)聚合物乳液。采用高分子聚合物乳液,其主要性能应符合表1-6-32的指标要求。与乳化沥青混合时,应具有良好的相容性,不得产生凝聚、破乳等现象。

**聚合物乳液的主要性能指标要求** 表 1-6-32

| 序 号 | 项 目 | 单 位 | 指标要求 | 试验方法 |
|---|---|---|---|---|
| 1 | 密度 | g/cm³ | 1.0±0.1 | GB 4472—84 |
| 2 | 不挥发物 | % | 45±3 | GB/T 20623—2006 |
| 3 | 水泥混合性 | % | <1.0 | JTG E20—2011 |

(5)水泥。采用强度等级不低于42.5的硅酸盐水泥或快硬硫铝酸盐水泥,其技术要求应符合《通用硅酸盐水泥》(GB 175—2007)或《快硬硫铝酸盐水泥》(JC 933—2003)的规定。

(6)细集料(砂)。应采用河砂、山砂或机制砂,不得使用海砂。细集料应为最大粒径小于2.50mm的岩石颗粒,不得包含软质岩、风化岩石的颗粒,其他技术要求应符合表1-6-33的规定。细集料宜烘干后使用,颗粒级配宜符合表1-6-34的要求。在贮存和运输过程中,应采取措施防止雨淋、杂物混入。

细集料的性能指标要求 表 1-6-33

| 序 号 | 项 目 | 单 位 | 指标要求 | 试验方法 |
|---|---|---|---|---|
| 1 | 细度模数 | | 1.4 ~ 1.8 | |
| 2 | 表观密度 | g/cm³ | ≥2.55 | |
| 3 | 吸水率 | % | <3.0 | |
| 4 | 泥块含量 | % | <1.0 | JGJ 52—2006 |
| 5 | 含泥量 | % | <2.0 | |
| 6 | 有机物(比色法) | | 比标准色浅 | |
| 7 | 氯化物含量 | % | <0.01 | |

细集料的颗粒级配要求 表 1-6-34

| 序 号 | 筛孔尺寸(mm) | 过筛物的质量百分比(%) | 筛余物的质量百分比(%) |
|---|---|---|---|
| 1 | 2.36 | 100 | 0 |
| 2 | 1.18 | 90 ~ 100 | 0 ~ 10 |
| 3 | 0.60 | 60 ~ 85 | 15 ~ 40 |
| 4 | 0.30 | 20 ~ 50 | 50 ~ 80 |
| 5 | 0.15 | 5 ~ 30 | 70 ~ 95 |

(7)膨胀剂。宜采用硫铝酸钙类膨胀剂,除初凝时间应大于60min外,其他性能应符合《混凝土膨胀剂》(JC 476—2001)的规定。

(8)水。拌和水应符合《混凝土用水标准》(JGJ 63—2006)的规定。

(9)铝粉。宜采用鳞片状铝粉,其性能应符合《铝粉第1部分:空气雾化铝粉》(GB/T 2085.1—2007)的规定。

(10)消泡剂。宜采用有机硅类消泡剂。

(11)引气剂。宜采用松香类引气剂。

(12)干料。主要组成成分应分别满足上述原材料的规定要求。

3. 原材料存放要求

原材料的贮存和使用过程中,应严格控制在限界温度范围内。其适宜的贮存和使用温度应满足表1-6-35的要求。低于5℃时,应对原材料及CA砂浆的配制过程中所用容器、机具采取必要的保温措施。

CA砂浆原材料及所用容器、机具的温度管理 表 1-6-35

| 原材料与器具 | | 贮存温度 | 使 用 时 | |
|---|---|---|---|---|
| | | | 限界温度 | 适宜温度 |
| 粉体 | 水泥、混合料、细集料(砂)、铝粉 | 5 ~ 25℃ | 5 ~ 30℃ | 10 ~ 25℃ |
| 液体 | 乳化沥青、P乳液、水、消泡剂、引气剂、其他外加剂 | 5 ~ 25℃ | 5 ~ 30℃ | 10 ~ 25℃ |
| 机具 | 搅拌机、泵、软管 | — | — | 10 ~ 25℃ |

### 五、CA砂浆的性能指标及试验方法

CA砂浆主要性能指标及试验内容包括:抗压强度、弹性模量、流动度、可工作时间、膨胀率、材料分离度、空气含量、耐久性(冻融循环试验)等。在此基础上,进行了CA砂浆各种配方

的试制,达到了预期目标。

1. 抗压强度

(1)CA 砂浆不同龄期的强度要求

1d 龄期:应达到 0.1MPa 以上,以满足拆模、取出轨道板支撑螺栓的要求;

7d 龄期:应达到 0.7MPa 以上,以满足轨道铺设时搁置重物的要求;

28d 龄期:应达到 1.8 ~ 2.5MPa 范围内,以满足铁路通车的基本要求。

(2)试验方法

CA 砂浆抗压强度试验采用"单轴压缩法"进行。试样为 70.7mm × 70.7mm × 70.7mm 的立方体,在试样达到上述各龄期后,利用压力试验机以每分钟试件变形 0.5mm 加载速率均匀加载,当压力不再上升的时候停止加载,其压力最大值即为试件在各龄期时的抗压强度。

每次试验取三个试样,三个试件强度的算术平均值作为该组试件的强度。

2. 弹性模量

(1)性能指标

板式轨道 CA 砂浆由乳化沥青、水、水泥、细集料、各种外加剂等组成,是具有混凝土的刚性和沥青的弹性的一种半刚性砂浆,其主要功能是作为调整层,填充轨道板与混凝土基础之间的空隙,满足预制轨道板现场施工铺设的需要,另一方面,该调整层应能起到提供板式轨道一定的弹性缓冲作用。与普通混凝土一样,CA 砂浆的弹性模量与强度存在一定的对应关系。一般情况下,抗压强度高,相应地弹性模量大,砂浆 28d 的弹性模量范围为 200 ~ 600MPa。

(2)试验方法

CA 砂浆弹性模量试验方法与抗压强度基本相同,试件为 70.7mm × 70.7mm × 70.7mm 的棱柱体,利用压力试验机以每分钟试件变形 0.5mm 加载速率,匀速加载,加载最大值为抗压强度的 1/3,然后立即卸载,卸载速度与加载速度相同。继续按上述过程重复三次试验,以第四次加载曲线的数据计算弹性模量。

由于 CA 砂浆具有一定的塑性,弹性模量试验曲线实际上为一螺旋线。试验中取第四次加载曲线起始点的割线斜率为该试件的弹性模量。

每次试验取三个试样,三个试件弹性模量的算术平均值作为该组试件的弹性模量值。

3. 流动性与可工作时间

(1)性能指标

CA 砂浆流动度与可工作时间是保证板式轨道 CA 砂浆现场灌注施工质量的重要指标。从乳化沥青与水泥砂浆掺和到一起后,CA 砂浆的固化作用就开始了,砂浆的黏性逐渐增加,流动性逐渐丧失而最终固化。

CA 砂浆的可工作时间是指 CA 砂浆处于规定的流动度范围内所经历的时间。这个时间应该较长而不至影响现场砂浆的灌注施工。考虑到现场从砂浆拌和站配制好的运输过程、灌注作业所需要的时间,规定 CA 砂浆的可工作时间不少于 30min。

(2)试验方法

CA 砂浆流动度的试验采用"漏斗法"进行,漏斗容积为 640mL,上口径为 $\phi70mm$,下口径为 $\phi10mm$,高度为 450mm,将配制好的砂浆注入漏斗内,打开出口阀门,同时开始计时,砂浆从漏斗全部流出所经历的时间,即为砂浆的流动度 $t$( 以 s 计)。

可工作时间的试验方法与流动度相同,但同一试样每隔 5min 做一次,并绘出流动度曲线,即流动度与累计时间的对应关系。砂浆在流动度设计范围内所经历的时间,即为砂浆的可工作时间 $T$(以 min 计)。

4. 膨胀率

(1)性能指标

CA 砂浆灌注后固化,一般会产生 2% ~ 3% 的收缩,直接影响板底砂浆的填充效果,为此设计中必须考虑在原材料中添加适量的膨胀剂(如铝粉等)使砂浆产生膨胀。膨胀率的大小应严格控制,膨胀率过小,轨道板与砂浆层之间会产生空隙;膨胀率过大,会将状态调整好的轨道板抬起,直接影响轨道的高低、轨向等线路几何状态。考虑砂浆灌注后伸缩,设计中要求 CA 砂浆膨胀率应控制在 1% ~ 3% 之内。

(2)试验方法

CA 砂浆膨胀率采用量筒、游标卡尺进行测定。将配制好的 CA 砂浆注入容积为 250mL 带刻度的量筒内,其上加上一块玻璃板,用游标卡尺测量玻璃板至砂浆表面的高度。膨胀率的计算如下式:

$$膨胀率(\%) = 0.000314 \times (H_0 - H_{24}) \times D^2 \tag{1-6-18}$$

式中:$D$——量筒内径,mm;

$H_0$——初始深度,mm;

$H_{24}$——24h 后的深度,mm。

5. 材料分离度

(1)性能指标

在流动度较小或砂的粒径偏大的情况下,CA 砂浆原材料之间会出现分离、泛浆或沉淀现象,砂浆的强度和耐久性会相应降低,为保证 CA 砂浆固化体的匀质性,采用材料分离度作为匀质性评价的指标,借鉴日本板式轨道 CA 砂浆与我国前期试验的结果,确定 CA 砂浆的材料分离度在 3% 以下。

(2)试验方法

材料分离试验采用"等分法"进行测定。制作 $\phi 50 \times 50mm$ 的圆柱体砂浆试件,在砂浆龄期达 28d 后,将其分成上、下两等分分别称重,计算出其单位容积的质量。材料分离度的计算如下式:

$$材料分离度(\%) = \frac{(下部单位容积质量 - 上部单位容积质量) \times 0.5}{上下部平均单位容积质量} \times 100 \tag{1-6-19}$$

6. 空气含量

(1)性能指标

在 CA 砂浆的配制过程中导入适量的微小气泡,可提高在寒冷、积雪地区 CA 砂浆的抗冻性,这种气泡可缓和 CA 砂浆层内的自由水等受冻害膨胀时产生的冻晶压力。根据日本铁路的研究结果,空气量达 8% 以上时,抗冻害性有显著的提高,但若超过 16%,砂浆层的密实度降低,影响其抗压强度。在 CA 砂浆内导入空气后,相应地要采取添加适量的消泡剂以及特殊的拌和方法等措施,以提高 CA 砂浆的质量。

(2)试验方法

如上述空气量的计算式可以看出,空气量的试验主要是实测砂浆试件的单位容积的质量,而要得出空气量的大小,在砂浆配制前,必须称量砂浆所用原材料的质量,了解原材料的比重,从而计算出砂浆理论单位容积质量。

## 7. 耐久性(抗冻性能)

### (1)性能指标

根据研究结果,提高 CA 砂浆抗冻性的对策主要有以下三种:

①改进沥青乳化剂和减少砂的用量来减少搅拌水;

②使用消泡剂或聚合物使结构致密化,提高防水性;

③采用 AE 剂用微小气泡来缓冲冰晶压力。

### (2)试验方法

参照混凝土抗冻性试验方法,CA 砂浆抗冻性试验采用 $100\text{mm} \times 100\text{mm} \times 400\text{mm}$ 的棱柱体试件,每组 3 块,试件应在 28d 龄期时开始冻融试验,试验前在温度 $15 \sim 20℃$ 的水中浸泡,浸泡 4d 后进行试验。参照混凝土冻融试验标准,CA 砂浆的冻融循环试验评定标准如下:

冻融循环 300 次后,相对动弹模量 $P$ 下降到冻融前的百分比不超过 60% 。

相对动弹模量用动弹模量测定,以三个试件平均值的计算结果作为该组试件的相对动弹模量。

# 第五节 CRTS Ⅱ型板式无砟轨道中的 CA 砂浆

为了确保高速行车的舒适性和安全性,轨道结构中需要一种既能提供竖向支撑,同时还能提供道床板的纵横向阻力的结构层。水泥乳化沥青砂浆是目前能够满足这些要求的最佳选择。CRTS Ⅱ型板式无砟轨道和 CRTS Ⅰ型板式无砟轨道的 CA 砂浆在原材料、性能以及检验方法有一定的区别与联系。

## 一、原材料及试验方法

### 1. 原材料

#### (1)沥青

CRTS Ⅱ型板式无砟轨道的 CA 砂浆垫层应选用重交通道路石油沥青或道路石油沥青(B级以上),其主要性能应满足表 1-6-36 的要求,用于生产沥青的原油宜固定。

沥青的性能指标要求

表 1-6-36

| 序 号 | 项 目 | | 单 位 | 性能指标要求 | 试验方法 |
|---|---|---|---|---|---|
| 1 | 针入度(25℃,100g,5s) | | 0.1mm | 60 ~ 100 | |
| 2 | 延度(5cm/min,10℃) | | cm | ≥15 | |
| 3 | 软化点(环球法) | | ℃ | 42 ~ 52 | |
| 4 | 闪点(COC) | | ℃ | ≥230 | |
| 5 | 含蜡量(蒸馏法) | | % | ≤2.2 | |
| 6 | 密度 | | g/cm³ | ≥1.0 | JTG E20—2011 |
| 7 | 溶解度(三氯乙烯) | | % | ≥99.0 | |
| 8 | 薄膜加热试验后的残留物(163℃,5h) | 质量损失 | % | ≤0.6 | |
| | | 针入度比 | % | ≥50 | |
| | | 延度(10℃) | cm | ≥6 | |
| | | 脆点 | ℃ | ≤ -10 | |

（2）改性沥青

沥青可采用 SBS 或 SBR 进行改性,其主要性能应分别符合表 1-6-37、表 1-6-38 的要求,其中 PI 值可作为选择性指标。用于生产改性沥青的沥青性能应满足表 1-6-36 的要求。

SBS 改性沥青的性能指标要求　　　　　　　　　　　　表 1-6-37

| 序号 | 项　目 | | 单位 | 性能指标要求 | | | | 试验方法 |
|---|---|---|---|---|---|---|---|---|
| | | | | Ⅰ－A | Ⅰ－B | Ⅰ－C | Ⅰ－D | |
| 1 | 针入度(25℃,100g,5s) | | 0.1mm | >100 | 80－100 | 60－80 | 30－60 | |
| 2 | 针入度指数 PI | | | ≥－1.2 | ≥－0.8 | ≥－0.4 | ≥0 | |
| 3 | 延度(5℃,5cm/min) | | cm | ≥50 | ≥40 | ≥30 | ≥20 | |
| 4 | 软化点($T_{R\&B}$) | | ℃ | ≥45 | ≥50 | ≥55 | ≥60 | |
| 5 | 运动黏度(135℃) | | Pa·s | ≤3 | | | | |
| 6 | 闪点(COC) | | ℃ | ≥230 | | | | JTG E20—2011 |
| 7 | 溶解度 | | % | ≥99 | | | | |
| 8 | 离析,软化点差(℃) | | ℃ | ≤2.5 | | | | |
| 9 | 弹性恢复(25℃) | | % | ≥55 | ≥60 | ≥65 | ≥75 | |
| 10 | 薄膜加热试验后的残留物(163℃,5h) | 质量损失 | % | ≤1.0 | | | | |
| | | 针入度比(25℃) | % | ≥50 | ≥55 | ≥60 | ≥65 | |
| | | 延度(5℃,5cm/min) | cm | ≥30 | ≥25 | ≥20 | ≥15 | |

SBR 改性沥青的性能指标要求　　　　　　　　　　　　表 1-6-38

| 序号 | 项　目 | | 单位 | 性能指标要求 | | | 试验方法 |
|---|---|---|---|---|---|---|---|
| | | | | Ⅱ－A | Ⅱ－B | Ⅱ－C | |
| 1 | 针入度(25℃,100g,5s) | | 0.1mm | >100 | 80－100 | 60－80 | |
| 2 | 针入度指数 PI | | | ≥－1.0 | ≥－0.8 | ≥－0.6 | |
| 3 | 延度(5℃,5cm/min) | | cm | ≥60 | ≥50 | ≥40 | |
| 4 | 软化点($T_{R\&B}$) | | ℃ | ≥45 | ≥48 | ≥50 | |
| 5 | 运动黏度(135℃) | | Pa·s | ≤3 | | | |
| 6 | 闪点(COC) | | ℃ | ≥230 | | | JTG E20—2011 |
| 7 | 溶解度 | | % | ≥99 | | | |
| 8 | 黏韧性 | | N·m | ≥5 | | | |
| 9 | 韧性 | | N·m | ≥2.5 | | | |
| 10 | 薄膜加热试验后的残留物(163℃,5h) | 质量损失 | % | ≤1.0 | | | |
| | | 针入度比(25℃) | % | ≥50 | ≥55 | ≥60 | |
| | | 延度(5℃,5cm/min) | cm | ≥30 | ≥20 | ≥10 | |

（3）乳化沥青

应采用满足要求的沥青或改性沥青进行生产,其主要性能除应满足表 1-6-39 的要求外,还必须满足水泥沥青砂浆的最终性能。

（4）干料

①干料的主要性能应满足表 1-6-40 的要求。

②用于配制干料的水泥应采用硅酸盐水泥,其性能应符合《通用硅酸盐水泥》(GB 175—

2007)的相关规定。

③用于配制干料的细集料应采用河砂或机制砂,不得使用海砂,最大粒径为 1.18mm,其他主要性能应满足表 1-6-41 的要求。

④用于配制干料的铝粉、膨胀剂的性能应分别符合《铝粉第 1 部分:空气雾化铝粉》(GB/T 2085.1—2007)、《混凝土膨胀剂》(JC 476—2001)的相关规定。

乳化沥青的性能指标要求                表 1-6-39

| 序号 | 项　目 | 单位 | 性能指标要求 | 试验方法 |
|---|---|---|---|---|
| 1 | 筛上剩余物(1.18mm) | % | <0.1 | JTG E20—2011 |
| 2 | 颗粒极性 | — | 阴 | |
| 3 | 粒径 | μm | 平均粒径≤7;模数粒径≤5 | GB/T 19627—2005 |
| 4 | 水泥适应性 | — | 20s 内至少流出 70mL 样 | 科技基【2008】74 号 |
| 5 | 贮存稳定性(1d,25℃) | % | <1.0 | JTG E20—2011 |
| 6 | 贮存稳定性(5d,25℃) | % | <5.0 | |
| 7 | 低温贮存稳定性(−5℃)① | — | 无粗颗粒或块状物 | |
| 8 | 蒸发残留物 | 残留物含量 | % | ≥60 |
| 9 | | 针入度(25℃,100g,5s) | 0.1mm | 40~120 |
| 10 | | 软化点(环球法) | ℃ | ≥42 |
| 11 | | 溶解度(三氯乙烯) | % | ≥99 |
| 12 | | 延度(25℃) | cm | ≥100 |
| 13 | | 延度(5℃)② | cm | ≥20 |

注:①当乳化沥青实际使用中经过低温贮存和运输时,进行此项检测。
②当采用改性沥青制备乳化沥青时,按此项进行蒸发残留物延度检测。

干料的性能指标要求                表 1-6-40

| 序号 | 项　目 | | 单位 | 性能指标要求 | 试验方法 |
|---|---|---|---|---|---|
| 1 | 级配 | 筛孔尺寸(mm) | % | 通过率 | JTG E20—2011 |
| | | 1.18 | | 100 | |
| | | 0.6 | | 90~100 | |
| | | 0.3 | | 55~70 | |
| | | 0.15 | | 45~55 | |
| | | 0.075 | | 35~45 | |
| 2 | 扩展度① | | mm | 水灰比≤0.58;$D_5$≥160;$D_{30}$≥150 | 科技基【2008】74 号 |
| 3 | 膨胀率② | | % | 0~3 | |
| 4 | 抗压强度 | 1d | MPa | ≥12 | |
| | | 7d | | ≥30 | |
| | | 28d | | ≥35 | |

注:①$D_5$表示出机扩展度;$D_{30}$表示 30min 扩展度。
②当干料膨胀率不满足要求而水泥沥青砂浆膨胀率满足要求时,可对此值不作要求。

（5）减水剂

减水剂应符合《混凝土外加剂》(GB 8076—2008)或《聚羧酸系高性能减水剂》(JG/T 223—2007)的规定。

细集料的性能指标                                  表 1-6-41

| 序号 | 项　　目 | 单位 | 指标要求 | | 试验方法 |
|---|---|---|---|---|---|
| | | | 河砂 | 机制砂 | |
| 1 | 表观密度 | g/cm³ | ≥2.55 | | JGJ E20—2011 |
| 2 | 含水率 | % | <0.1 | | |
| 3 | 吸水率 | % | <3.0 | | |
| 4 | 泥块含量 | % | <1.0 | — | |
| 5 | 含泥量 | % | <2.0 | — | |
| 6 | 石粉含量 | % | — | <5.0 | |
| 7 | 坚固性 | % | ≤8 | | |
| 8 | 有机物(比色法) | — | 合格 | | |
| 9 | 氯化物含量 | % | <0.02 | | |
| 10 | 硫化物及硫酸盐含量(折算成 SO₃) | % | ≤0.5 | | |
| 11 | 碱活性(快速砂浆棒法) | % | ≤0.10 | | TB/T 2922.5—2002 |

(6)水。拌和水应符合《混凝土用水标准》(JGJ 63—2006)的规定。

(7)消泡剂

宜采用有机硅类消泡剂产品。

2.原材料试验方法

1)干料扩展度试验

(1)主要仪具和设备。

①水泥胶砂搅拌机;

②水泥胶砂流动度测定仪(跳桌);

③水泥胶砂流动度试模;

④振捣棒;

⑤游标卡尺:量程不小于 300mm,分度值不大于 0.5mm;

⑥天平:量程不小于 1000g,分度值 0.1g;

⑦刮平尺。

(2)试验条件。应符合《水泥胶砂强度检验方法》(GB/T 17671—1999)中第 4 条相关规定。

(3)试验步骤。

①准确称取干料 1500g,称取适量的水。

②先将水加入搅拌锅中,再加入干料,加完料后按《水泥胶砂强度检验方法》(GB/T 17671—1999)中的搅拌程序搅拌。在搅拌的同时,用潮湿棉布擦拭跳桌台面、试模内壁、捣棒,并将试模放在跳桌台面中央用潮湿棉布覆盖。按《水泥胶砂流动度测定方法》(GB/T 2419—2005)中第 6.3 条装模和捣压。捣压完毕后,取下套模,用刮平尺从中间向边缘分两次以近水平的角度抹去高出圆模的砂浆,并擦去落在桌面上的砂浆。30s 后将圆模垂直向上轻轻提起。立刻开动跳桌,以每秒钟一次的频率,跳动 15 次。如跳桌在 24h 内未被使用,先空跳一个周期 15 次。

用卡尺测量砂浆底面互相垂直的两个方向的直径。两个方向的直径相差应不大于 10mm,如大于 10mm,则试验无效。扩展度以两个方向直径的平均值表示,如扩展度不满足要求,则应调整用水量,重复试验。

(4)结果与计算。试验结果以水灰比及扩展度表示。水灰比精确至0.01,扩展度精确至1.0mm。

2)乳化沥青与水泥适应性试验

(1)主要仪具设备。

①烧杯:1000mL;

②电子天平:量程1kg,分度值0.1g;

③试验室搅拌装置;

④流动度测定仪;

⑤烘箱:可恒温40℃及其他等。

(2)试验步骤:

①用1000mL烧杯称取125g乳化沥青,加水75g,搅拌10s,均匀加入水泥150g(与工程水泥相同)此过程应在1min内完成,随水泥加入,将搅拌机转速慢慢提高到300r/min,加完水泥后,再搅拌1分钟;

②将烧杯密封好,和流动度仪一起放入40℃恒温水浴或烘箱中放置4h;

③取出烧杯,观察乳化沥青是否破乳。如破乳,结束试验,结果判定为不合格;如没破乳,将试样在搅拌机上搅拌1分钟,使其均匀;

④取出流动度测定仪,用手指堵住出料口,将搅拌均匀的全部试样迅速倒入40℃的流动度测定仪中,放开手指,让试样流入量筒中,同时按下秒表,20s后用手指将出料口封住,读取流入量筒内的试样体积。

(3)结果与计算。试验结果以两次试验的平均值表示,精确至2mL。

3.原材料的贮存与管理

(1)原材料进厂(场)后,应及时建立原材料管理台账。台账内容应包括进货日期、材料名称、品种、规格、数量、生产单位、生产日期、质量证明书编号、复验报告编号、使用区段里程等。管理台账应填写正确、真实、项目齐全。

(2)原材料的贮存应按品种、生产厂家分别贮存,不同品种、不同生产厂家的原材料不得混装、混堆。

(3)乳化沥青、干料、减水剂等应遮光贮存,避免阳光直射,袋装材料的贮存要采取相应的防水、防潮措施。乳化沥青储罐应配有搅拌设备,定期对乳化沥青进行搅拌,使其均匀。使用前,应将乳化沥青搅拌均匀。

(4)原材料在贮存和使用过程中,其温度应严格控制在限界温度范围内。乳化沥青、干料的进场、贮存、使用温度宜控制在5~30℃;未作明确要求的,材料的适宜贮存和使用温度以保证砂浆的温度要求为前提。环境温度低于5℃时,应对原材料采取必要的保温措施。乳化沥青的贮存时间不宜大于3个月,干料的贮存时间不宜大于一个半月。对于检验不合格的原材料,应按有关规定清除出厂(场)。

## 二、乳化沥青砂浆的配合比设计及性能检测

### 1.配合比设计

CRTSⅡ型板式无砟轨道的CA砂浆配合比确定方法可以参考CRTSⅠ型板式无砟轨道的

CA 砂浆配合比设计方法。选定水泥乳化沥青砂浆配合比应遵循如下规定：水泥用量宜不小于 400kg/m³；乳化沥青与水泥的比值宜不小于 0.35；水灰比宜不大于 0.58；配合比设计时应考虑施工环境温度条件变化对砂浆拌和性能的影响。当乳化沥青、干料的生产原材料、生产配合比发生改变时，应重新选定配合比。水泥沥青砂浆性能应该满足表 1-6-42 的要求。

水泥沥青砂浆的性能指标要求                                表 1-6-42

| 序号 | 项　　目 | | 单位 | 性能指标要求 | 试验方法 |
|---|---|---|---|---|---|
| 1 | 拌和物温度 | | ℃ | 5 ~ 35 | 温度计 |
| 2 | 扩展度 * | | — | $D_5 \geq 280$mm 和 $t_{280} \leq 16$s<br>$D_{30} \geq 280$mm 和 $t_{280} \leq 22$s | 科技基〔2008〕74 号 |
| 3 | 流动度 | | s | 80 ~ 120 | |
| 4 | 分离度 | | % | ≤ 3.0 | |
| 5 | 含气量 | | % | ≤ 10.0 | |
| 6 | 单位容积质量 | | kg/m³ | ≥1800 | 锥形瓶 |
| 7 | 膨胀率 | | % | 0 ~ 2.0 | |
| 8 | 抗折强度 | 1d | MPa | ≥1.0 | 科技基【2008】74 号 |
| | | 7d | | ≥2.0 | |
| | | 28d | | ≥3.0 | |
| 9 | 抗压强度 | 1d | MPa | ≥ 2.0 | |
| | | 7d | | ≥10.0 | |
| | | 28d | | ≥15.0 | |
| 10 | 弹性模量(28d) | | MPa | 7000 ~ 10000 | |
| 11 | 抗冻性(28d) | | — | 外观无异常，剥落量≤2000g/m²，相对动<br>弹模量≥60% | 科技基【2008】74 号 |
| 12 | 抗疲劳性(28d) | | | 10000 次不断裂 | |

注：* $D_5$ 表示砂浆出机扩展度；$D_{30}$ 表示砂浆出机 30min 时的扩展度；$t_{280}$ 表示砂浆扩展度达 280mm 时所需的时间。

　　水泥乳化沥青砂浆原材料应严格按照施工配合比要求进行准确称量。称量最大允许偏差应符合下列要求：乳化沥青 ±1%，干料 ±1%，外加剂 ±0.5%，拌和用水量 ±1%，消泡剂为 ±0.5%。

　　2. 配合比性能检测

　　水泥乳化沥青砂浆质量检测的内容有流动度试验、含气量试验、扩展度试验、材料分离度试验、膨胀率试验、冻融试验、力学性能试验、疲劳试验等。

　　(1)水泥沥青砂浆流动度试验

　　流动度是反映乳化沥青砂浆工作性能的指标之一，其试验方法如图 1-6-11 所示。流动度试验是将漏斗润湿后放置在漏斗架上，漏斗的轴线垂直地面，将容器桶放于漏斗下方，然后用手指堵住漏斗口，将 1L 水泥沥青砂浆缓慢而均匀地倒入漏斗，松开手指，同时启动秒表，测量漏斗中水泥沥青砂浆流完所需的时间(精确至 1s)。

　　(2)水泥沥青砂浆含气量试验方法

　　研究表明，随着含气量的增大，砂浆的膨胀率逐渐降低，吸水率逐渐增大，其中当含气量 12% 时，砂浆吸水率增大幅度明显；随着含气量的增大，砂浆的抗压强度、弹性模量略有降低、超声波传播时间变长;砂浆的抗冻性能随含气量的增大先增强后降低。所以需要控制砂浆中的含气量,测定砂浆中含气量的方法如图 1-6-12 所示。

图 1-6-11　流动度试验

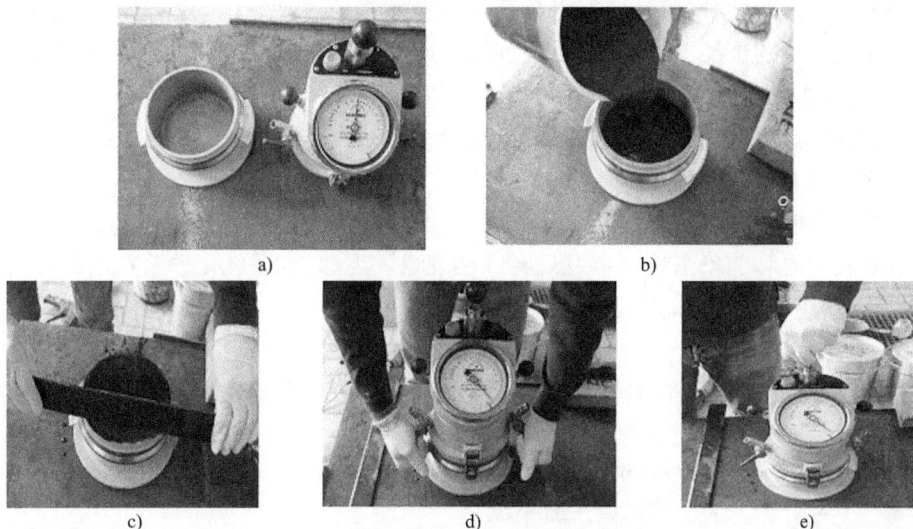

图 1-6-12　含气量试验

含气量试验首先要将含气量桶的内侧擦拭干净并使之微湿润,注入水泥沥青砂浆,用刮平尺刮平,盖上容器盖;然后打开加水阀和排水阀,通过加水阀向容器内注水。当排水阀流出的水流不含气泡时,关闭加水阀和排水阀。注水时可将容器稍微倾斜,有利于空气的排出;再通过加气阀向气室加气,使指针指向红线位置;最后打开操作阀,待示值仪示值稳定后,读取含气量。取两次试验的平均值作为测试结果,精确至 0.1%。若两次测量的误差大于其平均值的10%,则需重新试验。

(3)水泥沥青砂浆扩展度试验

水泥乳化沥青砂浆的扩展度是一个重要指标,反映了砂浆的流动能力和坍塌滚动程度,直接影响砂浆的灌板成功和灌板质量。因此对水泥乳化沥青砂浆的扩展度作了如下的规定:$D_5 \geqslant 280$mm 和 $t_{280} \leqslant 16$s;$D_{30} \geqslant 280$mm 和 $t_{280} \leqslant 22$s。

扩展度过小,水泥沥青砂浆在板下缝隙中很难流开,造成无法灌满板或在边角处不充盈,降低了工作效率。扩展度过大,水泥乳化沥青砂浆流速将会加快,有可能会出现分层流动现象,砂浆极易产生离析。灌板后砂浆会出现粗集料集聚在下层,细集料集聚在砂浆的上层。

水泥乳化沥青砂浆的扩展度影响因素如下:

①干料,水泥乳化沥青砂浆中所占的比重也是最大的接近 75%,它的性质将决定水泥乳化沥青砂浆的基本属性。在干料中,对水泥乳化沥青砂浆扩展度影响最大的是水泥的品种和用量及水泥的需水量。

②乳化沥青乳化,扩展度的变化,从某种角度来说,主要是乳化沥青的性能决定的。乳化沥青的内聚力小,才能使砂浆有一个大的扩展度,但同时,由于内聚力小,砂浆中的各种成分就不能在砂浆内部达到相对稳定,粗颗粒会下沉、粉状颗粒会上升,引起砂浆中的成分产生砂浆颗粒梯度,发生离析和分层。选择合适的产品是水泥乳化沥青砂浆流动扩展度和流动度的保证。对于乳化沥青来说,所用的乳化剂和稳定剂不同,将对其性质发生质的变化。我们要求乳化沥青要具有一定的黏度,同时还要保证乳化沥青具有稳定的体系。

③水。水也是影响水泥乳化沥青砂浆扩展度的一个重要因素,只有达到一定的用量后才能使水泥乳化沥青砂浆具有流动性,同时控制水的用量也是保证水泥乳化沥青砂浆不产生离析的主要措施。

④外加剂。外加剂的用量是调整水泥乳化沥青砂浆的主要手段。在施工过程中,在材料保持稳定、环境变化的情况下,我们可以仅仅通过调整外加剂的用量使水泥乳化沥青砂浆的扩展度达到我们要求的状况。

水泥乳化沥青砂浆扩展度试验如图1-6-13所示,具体步骤与干料扩展度试验方法类似。

(4)水泥沥青砂浆冻融试验

我国地域广阔,环境各异,除了在东北、华北、西北等严寒地区,建筑物普遍发现冻融破坏现象外,地处较为温和的华东地区也发现有冻融现象。因此,水泥乳化砂浆垫层的冻融破坏是我国板式无砟轨道老化病害的主要问题之一,严重影响了轨道结构的长期使用和安全运行,所以非常有必要对水泥沥青砂浆进行冻融试验。试验的主要设备如下:冻融试验机:每小时最大可升/降温度不小于10℃,运转时冻融箱内各点之间的最大温差不得超过1℃试件冻融温度-20℃~+20℃,温度循环控制如图1-6-14所示。

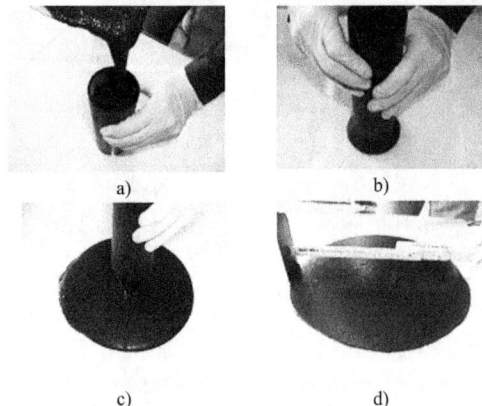

图1-6-13 扩展度试验

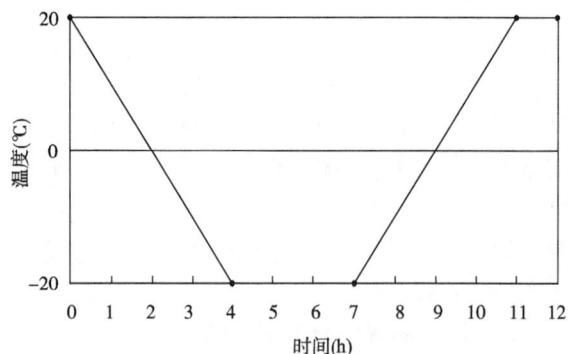

图1-6-14 温度循环控制

超声洗浴设备:功率250W,频率35kHz。

超声波测试仪:频率范围在10~100kHz之间。超声传播时间测量装置:有机玻璃制成,超声传感器安置在该装置两侧相对的位置上,离测试面35mm。

烘箱:温度能恒定在110±5℃。

天平:量程10kg,分度值0.1g。

水泥沥青砂浆冻融试验的主要步骤如下:

①在规定的试验龄期前2~4d,称取试件初始质量($W_0$),用硅橡胶或树脂密封试件的4个侧面,测试面(贴PTFE片面)及对应面不密封。

180

②规定的试验龄期到达后,将试件放置于试验容器中,测试面向下。向容器中加水,使试件浸水高度为10mm±1mm,盖上试验容器的盖子,进行试件饱水,饱水时间为7d,环境温度为20℃±2℃。饱水期间应始终保持水面高度满足要求。

③试件饱水完成后,进行试件的超声传播时间初始值$t_{cs}$测试,精确至0.1μs。

④将称重、测试后的试件放入试验容器中,测试面向下。按步骤②进行水面调整。将装有试件的试验容器放置在冻融试验箱的托架上。

⑤试件每隔4次循环做一次试件剥落量、试件吸水量和超声传播时间。

(5)水泥沥青砂浆疲劳试验方法

CA砂浆作为板式无砟轨道中的弹性垫层,主要承受的竖向荷载(列车荷载和冲击荷载)通过轨道板传递到砂浆上。服役期间经受这种高频荷载的反复作用,长期处于应力应变交叠变化状态,致使砂浆累积变形增加,进而导致基本体结构逐渐劣化。在一定周期性应力作用下,考察砂浆的累积变形量,以此表征水泥乳化沥青砂浆的抗疲劳性能。

水泥沥青砂浆疲劳试验的主要步骤如下:

①将试件的上下表面均匀涂上润滑油;

②用0.2~0.3g的硅树脂均匀涂在传力压板表面,再在其上加涂一层石墨片;

③将试件放在20℃下最少2.5h,然后对中置于施荷设备上。

④开启试验机,进行试件疲劳试验,记录疲劳次数及试件残余变形值。

荷载:应力下限$P_u = 0.025N/mm^2$;应力上限$P_o = 0.35N/mm^2$。

脉冲持续时间:0.2s。

两次脉冲的间隔:1.5s。

试验应在20±2℃环境中进行。

达到以下几种情况之一,即可停止试验:

a.循环次数大于10000次。

b.试件残余变形超过0.04mm。

试验结果以三块试件的试验结果表示,如有一块不满足要求,应加倍试验;如仍有一块试件不满足要求,则判定不合格。

### 复习思考题

一、填空题

1.石油沥青按分类体系分为_____、_____和_____三大类。

2.石油沥青具有_____、_____、_____和_____的技术性质。

3._____是现代沥青等级划分的主要依据。

4.沥青黏度的测定方法可分为两类,一类为_____法,另一类为_____(或称"_____")法。

5._____试验是国际上经常用来测定黏稠(固体、半固体)沥青稠度的一种方法。

6._____越高,表明沥青的耐热性越好,即温度稳定性越好。

7._____和_____是保证沥青加热质量和施工安全的一项重要指标。

8._____是由矿质骨架和沥青胶结物所构成的、具有空间网络结构的一种多相分散体系。沥青混合料的力学强度,主要由矿质颗粒之间的_____和_____,以及沥青胶结料及其与矿料之间的_____所构成。

二、简答题

1. 石油沥青胶体结构分为哪几类？试简要概述。

2. 简述沥青组转化相关情况。

3. 乳化沥青优越性有哪些？

4. 沥青混合料的特点有哪些？

5. 水泥乳化沥青的作用有哪些？

7. 简述计算水泥乳化沥青砂浆配合比的过程。

8. 分别试述 CRTS I 型和 CRTS II 型无砟轨道 CA 砂浆质量检测的方法有哪些？

# 第七章 钢 材

✎ 教学目标

1. 掌握钢材的冶炼与分类,了解钢材如何按用途分类。
2. 熟悉钢材的技术性能,掌握力学性能和工艺性能。
3. 了解桥梁建筑主要用钢有哪些,掌握钢筋混凝土和预应力混凝土用钢要求。
4. 熟悉轨道钢材及其性能。

本章主要讲述钢材的冶炼、分类、技术性能、技术标准、常用钢材制品及钢材防锈防火等内容。通过对本章的学习,要能够对钢材的技术性能进行检验和评定;掌握钢材冷加工和时效的原理、目的及应用;熟悉钢材常用品种、牌号、技术性能、选用和防护等方面的知识,并能够根据工程实际情况合理选材。

## 第一节 钢材的冶炼与分类

### 一、钢材的冶炼

钢和铁的主要成分都是铁和碳,用含碳量的多少加以区分,钢的含碳量为 0.06% ~ 2.06%,并含有某些其他元素的铁碳合金。含碳量超过 2.11% 且杂质含量较多的铁碳合金称为生铁(生铁脆硬,建筑上难以应用)。含碳量小于 0.04% 的铁碳合金称为工业纯铁。

钢的生产分为炼铁和炼钢两步。

1. 炼铁

炼铁就是将由铁矿石和助溶剂(石灰石)在高炉中经高温冶炼,使生铁从铁矿石中还原出来,即

$$铁矿石 \xrightarrow{冶炼} 铁水 + 矿渣$$

2. 炼钢

炼钢就是将生铁通过平炉、转炉进行精炼,使熔融的铁水氧化,将碳的含量降低到规范规定范围(小于 2.11%);并清除有害杂质,添加必要的合金元素,以便得到性能理想的钢材,即

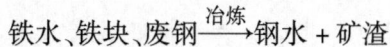

$$铁水、铁块、废钢 \xrightarrow{冶炼} 钢水 + 矿渣$$

钢的冶炼方法主要有氧气转炉法、电炉法和平炉法三种,不同的冶炼方法对钢材的价格和质量有不同的影响见表 1-7-1。目前,氧气转炉法已成为现代炼钢的主要方法,而平炉法则已

基本被淘汰。

炼钢方法的特点和应用                                              表 1-7-1

| 炉种 | 原料 | 燃料 | 特　点 | 生产钢种 |
|------|------|------|--------|----------|
| 氧气转炉 | 铁水、废钢 | 不需要燃料 | 冶炼速度快,生产效率高,钢质较好 | 碳素钢、低合金钢 |
| 电炉 | 废钢 | 煤油或重油 | 容积小,耗电大,控制严格,钢质好,但成本高 | 合金钢、优质碳素钢 |
| 平炉 | 生铁、废钢 | 电 | 容量大,冶炼时间长,钢质较好且稳定,成本较高 | 碳素钢、低合金钢 |

## 二、钢材的分类

钢的分类方法很多,通常有以下几种分类方法。

### 1. 按脱氧程度分类

在炼钢过程中,精炼的最后阶段要向炼钢炉内加入适量的锰铁、硅铁或铝等脱氧剂还原钢中残留的氧化铁,达到去氧的目的,此过程称为脱氧。根据脱氧程度的不同,将钢分为沸腾钢、镇静钢、半镇静钢和特殊镇静钢四种。

(1)沸腾钢(代号 F):在炼钢炉内加入锰铁进行部分脱氧,因脱氧不完全,钢中残留的氧化铁与碳化合,生成一氧化碳气泡逸出,使钢液呈沸腾状,故称为沸腾钢。沸腾钢组织不够致密,成分不太均匀,硫、磷等杂质偏析较严重,质量较差。但其成本低、产量高被广泛用于一般工程。

(2)镇静钢(代号 Z):它是除加入锰铁和硅铁外,还加入铝,使钢脱氧完全。铸锭时钢水很平静,无沸腾现象,故称镇静钢。镇静钢组织致密,成分均匀,含硫量较少,性能稳定,质量较好,但成本较高。适用于预应力混凝土等重要结构工程。

(3)半镇静钢(代号 b):脱氧程度介于沸腾钢和镇静钢之间,其性能与质量也介于两者之间。建筑钢材中多采用镇静钢或半镇静钢。

(4)特殊镇静钢(代号 TZ):脱氧更彻底,性能比镇静钢更好,适用于特别重要的结构工程。

### 2. 按化学成分分类

传统的按化学成分分类将钢材分为碳素钢和合金钢两大类。

(1)碳素钢的主要化学成分是铁,其次是碳,故也称碳钢合金,其含碳量为 0.02% ~ 2.06%。碳素钢除了含铁、碳外,还含有极少量的硅、锰和微量的硫、磷等元素。碳素钢按含碳量多少进行分类,包括低碳钢(含碳量 <0.25%)、中碳钢(含碳量为 0.25% ~0.6%)和高碳钢(含碳量 >0.6%)三种。

(2)合金钢是在炼钢过程中,为改善钢材的性能,特别加入某些合金元素而制成的一种钢。常加入的合金元素有硅、锰、钛、钒铌、铬等。合金钢按合金元素含量多少进行分类,包括低合金钢(合金含量 <5%)、中合金钢(合金含量为 5% ~10%)和高合金钢(合金含量 >10%)。

根据国家标准《钢分类 第 1 部分:按化学成分分类》(GB/T 13304.1—2008)将钢材按化学成分分类分为非合金钢、低合金钢和合金钢三类。

### 3. 按钢的主要质量分类

根据国家标准《钢分类 第 2 部分:按主要质量等级和主要性能或使用特性的分类》(GB/T 13304.2—2008),按钢材主要质量等级将非合金钢分为普通质量非合金钢、优质非合金钢、特殊质量非合金钢;将低合金钢分为普通质量低合金钢、优质低合金钢、特殊质量低合金钢;将合金钢分为优质合金钢和特殊质量合金钢。

4.按用途分类

(1)结构钢:主要用作工程结构构件及机械零件的钢。土木工程中最常用的是结构钢。

(2)工具钢:主要用作各种量具、刀具及模具的钢。

(3)特殊钢:具有特殊物理、化学或机械性能的钢。如不锈钢、耐酸钢、耐碱钢等。

# 第二节　钢材的技术性能

在土木工程中,掌握钢材的性能是合理选用钢材的基础。钢材的性能主要包括力学性能(抗拉性能、冲击韧性、疲劳强度和硬度等)和工艺性能(冷弯性能、焊接性能和热处理性能等)两个方面。

## 一、力学性能

### 1.拉伸性能

钢材的强度可分为拉伸强度、压缩强度、弯曲强度和剪切强度等几种。通常以拉伸强度作为最基本的强度值。拉伸强度由拉伸试验测出,而低碳钢是广泛使用的一种材料,它在拉伸试验中的应力—应变曲线有典型意义。

拉伸试样有非标准试件和标准试件两种。非标准试件是不经过加工,直接在钢材上切取的试件。标准试件是按照一定的要求,对表面进行车削加工后的试件,其形状如图 1-7-1 所示。其中 $d_0$ 为试件的初始有效直径,$A_0$ 为试件的初始有效断面面积,试验的标距长度 $L_0 = 10d_0$ 为细长试件,$L_0 = 5d_0$ 为粗短试件。

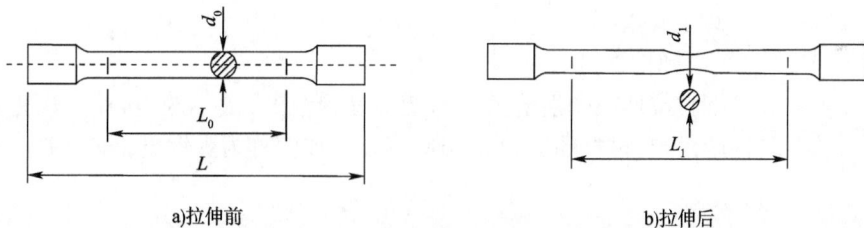

a)拉伸前　　　　　　　　　　　　　　b)拉伸后

图 1-7-1　钢材拉伸试件

使用万能试验机在试件两端施加一对缓慢增加的拉伸荷载,观察试件内的受力与变形过程,直至被拉断。在加载过程中,测定并记录各个荷载 F 作用下试件标距内的变形(伸长量)$\Delta L$。将拉伸荷载 F 除以试件的初始横截面面积 $A_0$,得到单位面积上的应力 $\sigma = F/A_0$,把横坐标 $\Delta L$ 除以试件的标距 $L_0$,得到单位长度的应变 $\varepsilon = \Delta L/L_0$,即得钢材试件的应力—应变关系曲线($\sigma - \varepsilon$ 曲线),如图 1-7-2 所示。

1)钢材的应力—应变关系曲线

低碳钢受拉时,其应力—应变关系曲线可分为四个阶段,即弹性阶段、屈服阶段、强化阶段和颈缩破坏阶段。

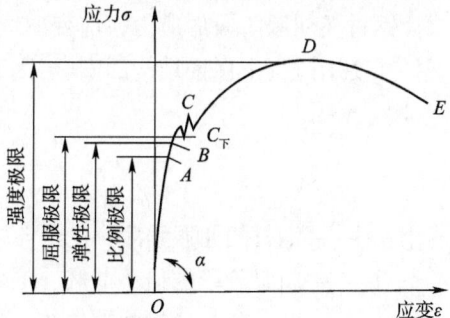

图 1-7-2　低碳钢单轴拉伸应力—应变曲线示意图

185

(1)弹性阶段—OB 段

从图中可以看出,钢材受拉开始的一段,荷载较小,应力与应变成正比,形成直线段 OA,A 点的应力叫做比例极限。当应力超过比例极限后,应力与应变开始失去比例关系,在 $\sigma - \varepsilon$ 图中是由直线 OA 过渡到微弯的曲线 AB。若在 OAB 范围内卸去荷载,试件将恢复到原来的长度,即在 OAB 范围内的变形是弹性变形;若超过 B 点就将出现塑性变形,所以 B 点对应的应力叫做弹性极限,OAB 阶段叫做弹性阶段,OA 是线性弹性变形,AB 是非线性弹性变形。由于比例极限和弹性极限非常接近,通常认为两者是相等的。

(2)屈服阶段—BC 段

当应力超过弹性极限后,应力与应变不再成正比关系。由于钢材内部晶粒滑移,使荷载在一个较小的范围内波动,而塑性变形却急剧增加,好像钢材试件对于外力已经屈服了一样,这个现象叫做屈服,这一波动阶段(BC)叫做屈服阶段。钢材在屈服阶段虽未断裂,但已经产生较大的塑性变形,使结构不能满足正常使用的要求而处于危险状态,甚至导致结构的破坏。

(3)强化阶段—CD 段

试件从弹性阶段到屈服阶段,其变形从弹性变形转化为塑性变形,发生了质的变化,反映出试件内部组织起了变化(产生晶格滑移)。屈服阶段过后,由于钢材内部组织产生晶格扭曲、晶粒破碎等原因,阻止塑性变形的进一步发展,需要继续增加荷载,试件才能继续发生变形,说明试件又恢复了抵抗外力作用的能力,应力与应变的关系表现为上升的曲线,直至到达最高点 D,这个阶段(CD 段)称为强化阶段。

(4)颈缩破坏阶段—DE 段

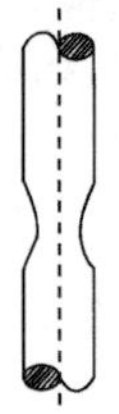

当荷载增加至拉伸图顶点以后,试件变形急剧加大,钢材抵抗变形能力明显下降,在试件最薄弱处的横断面显著缩小,出现颈缩现象,如图 1-7-3 所示;最后在曲线的 E 点处断裂。这一阶段(DE 段)称为颈缩破坏阶段。

2)主要指标

(1)弹性模量 E

钢材拉伸在弹性阶段内的变形是弹性的、微小的、与外力成正比的。在弹性阶段内,钢材的应力 $\sigma$ 与应变 $\varepsilon$ 的比值称为弹性模量 E,即

图 1-7-3 颈缩现象示意图

$$E = \sigma / \varepsilon = \tan\alpha \qquad (1-7-1)$$

弹性模量 E 值的大小反映钢材抵抗变形能力的大小。E 值越大,使其产生同样弹性变形的应力值也越大。钢材的弹性模量值 $E = 0.2 \times 10^6 \text{MPa}$。

(2)屈服强度 $\sigma_s$

钢材在屈服阶段的应力—应变曲线是波动的,由于 $C_下$ 点对应的应力值比较稳定,且要使钢材在使用过程中保证结构的安全,因此以 $C_下$ 点作为材料抗力的指标,称为屈服强度或屈服点,用 $\sigma_s$ 表示。

$$\sigma_s = \frac{F_s}{A_0} \qquad (1-7-2)$$

式中:$\sigma_s$——钢材的屈服强度,MPa;

$F_s$——屈服阶段的最小荷载,N;

$A_0$——试件的初始横截面面积,$\text{mm}^2$。

钢材在结构中的受力不得进入屈服阶段,否则将产生较大的塑性变形而使结构不能正常

工作,并可能导致结构的破坏。因此在结构设计中,以屈服强度作为钢材设计强度取值的依据,施工选材验收也以屈服强度作为重要的技术指标。

对于硬钢(如高碳钢),其强度高、变形小,应力—应变关系图显得高而窄,如图1-7-4所示。由于没有明显的屈服现象,其屈服强度是以试件在拉伸过程中产生0.2%塑性变形时的应力$\sigma_{0.2}$代替,称为硬钢的条件屈服强度。

(3)抗拉强度 $\sigma_b$

抗拉强度是钢材所能承受的最大应力值,又称强度极限,用$\sigma_b$表示。它反映了钢材在均匀变形状态下的最大抵抗能力。

$$\sigma_b = \frac{F_b}{A_0} \qquad (1\text{-}7\text{-}3)$$

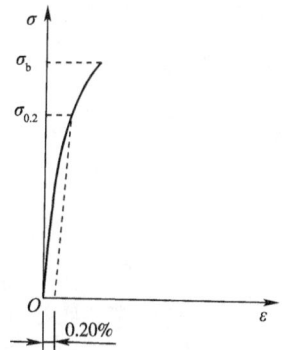

图1-7-4 硬钢的应力—应变图

式中:$\sigma_b$——钢材的抗拉强度,MPa;

  $F_b$——钢材所能承受的最大荷载,N;

  $A_0$——试件的初始横截面面积,mm²。

(4)屈强比 $\sigma_s/\sigma_b$

钢材的屈服强度与抗拉强度之比$\sigma_s/\sigma_b$称为屈强比。屈强比是反映钢材利用率和安全可靠度的一个指标。屈强比越大,钢材的利用率越高;屈强比越小,结构的安全性提高。如果由于超载、材质不匀、受力偏心等多方面原因,使钢材进入了屈服阶段,但因其抗拉强度远高于屈服强度,而不至于立刻断裂,其明显的塑性变形就会被人们发现并采取补救措施,从而保证了结构安全。但钢材屈强比过小,钢材强度的有效利用率就很低,造成钢材的浪费,因此应两者兼顾,即在保证安全可靠的前提下,尽量提高钢材的利用率。合理的屈强比一般应为0.6~0.75。

(5)伸长率

反映钢材拉伸断裂时所能承受的塑性变形能力,是衡量钢材塑性大小的重要指标。伸长率可按下式计算:

$$\delta = \frac{L_1 - L_0}{L_0} \times 100\% \qquad (1\text{-}7\text{-}4)$$

式中:$\delta$——钢材的伸长率,%;

  $L_0$——试件的原始标距长度,$L_0 = 10d_0$或$L_0 = 5d_0$,mm;

  $L_1$——试件拉断后的标距长度,mm;

  $d_0$——试件的直径,mm。

伸长率越大,说明钢材断裂时产生的塑性变形越大,钢材塑性越好。凡用于结构的钢材,必须满足规范规定的屈服强度、抗拉强度和伸长率指标的要求。

**2. 冲击韧性**

钢材抵抗冲击荷载而不被破坏的能力称为冲击韧性。

钢材冲击韧性试验是将带有V形缺口的试件放在摆锤式试验机上进行的,如图1-7-5所示。将具有一定重量的摆锤扬起标准高度$H$后,令其自由下落冲击放在试台上的试件,使试件从缺口处

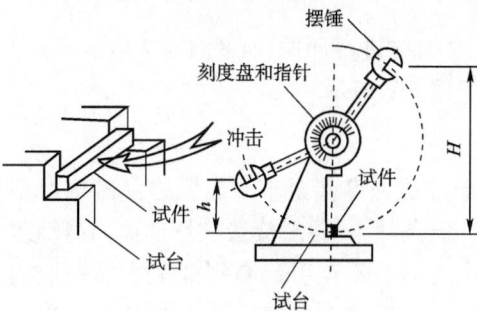

图1-7-5 钢材的冲击试验

187

撕开断裂,摆锤冲断试件后继续向前摆动至高度 $h$。钢材冲击韧性的好与差,可用冲击功或冲击韧性值两种方法来表示。用标准试件作冲击试验时,在冲断过程中,试件所吸收的功称为冲击功(可直接从试验机上读取);而折断后试件单位截面积所吸收的功,称为钢材的冲击韧性值,用 $\alpha_k$ 表示,计算公式如下:

$$\alpha_k = \frac{A_k}{A} = \frac{mg(H-h)}{A} \tag{1-7-5}$$

式中:$\alpha_k$——冲击韧性值,$J/cm^2$;

    $A_k$——试件冲断时所吸收的冲击功,$J$;

    $A$——标准试件缺口处的横截面面积,$cm^2$;

    $m$——摆锤质量,$kg$;

    $g$——重力加速度,数值为 $9.8m/s^2$;

    $H$、$h$——摆锤冲击前后的高度,$m$。

显然,$A_k$ 或 $\alpha_k$ 越大,表示冲断试件消耗的能量越大,钢材的冲击韧性越好,抵抗冲击作用的能力越强,脆性破坏的危险性越小。对于承受冲击荷载作用的钢材,必须满足规范规定的冲击韧性指标要求。

影响钢材冲击韧性的主要因素有:化学成分、冶炼质量、加工工艺和环境温度等。温度对冲击韧性有重大影响。当温度降低到一定负温条件下时,冲击韧性大幅度下降而使钢材呈脆性,这一现象称为冷脆。对于高质量等级的铁路桥梁用钢,要求在 $-40℃$ 时做冲击韧性试验,以防止钢材在使用中突然发生脆性断裂。

### 3. 硬度

钢材的硬度是指钢材抵抗硬物压入表面的能力。是衡量钢材软硬程度的一个指标,一般可以用布氏硬度、洛氏硬度或维氏硬度表示。

1)布氏硬度(HB)

布氏法是用一定压力把淬火钢球压入钢材表面,如图 1-7-6 所示,将压力除以压痕面积即得到布氏硬度值,用符号 HB 表示,HB 越大表示钢材越硬。该方法的特点是压痕较大,试验数据准确、稳定。

2)洛氏硬度(HR)

在洛氏硬度试验机上,用 $120°$ 的金刚石圆锥压头或淬火钢球对钢材进行压陷,通过测量压痕深度来计算硬度值,用 HR 表示。洛氏法操作简单迅速、压痕小,可测较薄材料的硬度,但试验精确性较差。

3)维氏硬度(HV)

在维氏硬度试验机上,用 $136°$ 的金刚石棱锥压头对钢材进行压陷,如图 1-7-7 所示,以单位凹陷面积上所承受的压力表示的硬度作为维氏硬度,用 HV 表示。

### 4. 疲劳强度

钢材在交变荷载的反复作用下,往往在应力远小于抗拉强度甚至小于屈服强度的情况下就突然发生破坏,这种现象称为钢材的疲劳破坏。在一定条件下,钢材疲劳破坏的应力值随应力循环次数的增加而降低。钢材在无穷次交变荷载作用下而不至引起断裂的最大循环应力值,称为疲劳极限强度,实际测量常以应力循环 $2 \times 10^6$ 次后钢材破坏时所能承受的最大应力作为确定疲劳强度的依据。当制作承受反复交变荷载作用的结构或构件时,应对所用钢材进行疲劳测试。

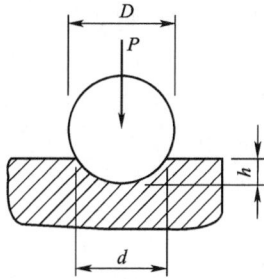

图 1-7-6　布氏硬度试验　　　　　图 1-7-7　维氏硬度试验

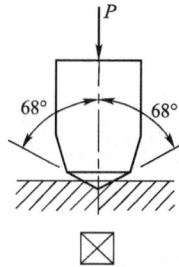

## 二、工艺性能

钢材应具有良好的工艺性能,以满足施工加工工艺的要求。冷弯性能和焊接性能是钢材重要的工艺性能。

### 1.冷弯性能

冷弯性能是指钢材在常温下承受弯曲变形的能力。钢材的冷弯性能大小是以试验时的弯曲角度 $\alpha$、弯心直径 $d$ 与试件厚度(直径) $a$ 的比值来表示。如图 1-7-8 所示。若弯曲角度 $\alpha$ 越大,弯心直径 $d$ 与试件厚度(直径) $a$ 的比值越小,则表明冷弯性越好。钢材试件绕着指定弯心弯曲至指定角度后,如试件弯曲处的外拱面和两侧面不出现裂纹、断裂和起层现象,则认为冷弯合格。

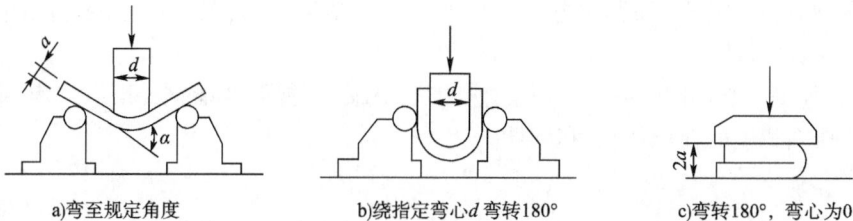

a)弯至规定角度　　　　b)绕指定弯心 $d$ 弯转180°　　　　c)弯转180°,弯心为0

图 1-7-8　钢材的冷弯试验

通过冷弯试验,更有助于暴露钢材的某些内在缺陷,它能揭示钢材是否存在内部组织不均匀、内应力和夹杂物等缺陷。钢材的冷弯指标是工艺性能的要求,也是衡量钢材质量的重要指标。

钢材的伸长率和冷弯都可以反映钢材的塑性大小,但伸长率是反映钢材在均匀变形下的塑性,而冷弯却反映钢材局部产生的不均匀塑性。伸长率合格的钢材,其冷弯性能不一定合格。因此,凡是建筑结构所用钢材,拉伸性能和冷弯性能都必须满足要求。

### 2.焊接性能

在土木工程中,无论是钢结构,还是钢筋骨架、接头及预埋件的连接等,大部分都是采用焊接方式连接的,这就要求钢材应具有良好的可焊性。

钢材在焊接过程中,由于局部高温的作用,焊缝及其附近的过热区将发生晶体结构的变化,使焊缝周围的钢材产生硬脆倾向,并由于温度急剧下降,存在残余应力,而降低焊件的使用质量。钢材的可焊性就是指钢材在焊接后,所焊部位的牢固程度和硬脆倾向大小的性能。可焊性良好的钢材,焊头连接牢固可靠,硬脆倾向小,在焊缝及其附近过热区仍能保持与母材相近的性能。

钢材的化学成分、冶炼质量及冷加工等,对钢材的可焊性影响很大。试验表明,含碳量小于0.25%的碳素钢具有良好的可焊性,随着含碳量的增加,可焊性下降。硫、磷以及其他杂质均会显著降低可焊性;加入过多的合金元素,也会不同程度降低其可焊性。因此,焊接结构应选择含碳量较低、杂质含量较少的平炉镇静钢。当采用高碳钢及合金钢时,为了改善焊接后的硬脆性,焊接时一般要采用焊前预热及焊后热处理等措施。

### 三、化学成分对钢材性能的影响

钢中除含主体元素铁和碳外,还含有锰、硅、钒、钛等有益元素及磷、硫、氮、氧、氢等有害元素,这些元素对钢材的性能都有不同程度的影响。

1. 碳(C)

碳是决定钢材性能的主要元素,因为含碳量的变化直接引起晶体组织的变化。随着含碳量的增加,钢材的强度增加(含碳量大于1%则相反),硬度提高,塑性、韧性下降,冷脆性增大,可焊性变差,抵抗大气腐蚀的能力也下降。

2. 有益元素

(1)硅(Si)。硅是炼钢时作为脱氧剂加入的。当含硅1%以内时,能显著提高钢材的强度,而对塑性、韧性没有显著影响。但含硅过高(>1%)时,钢材的塑性、韧性有所降低,冷脆性增大,可焊性变差。

(2)锰(Mn)。锰是炼钢时为脱硫、脱氧加入的。当锰的含量在0.8%~1%时,可显著提高钢材的强度和硬度,而对塑性、韧性没有显著影响。但锰含量过高(>1%)时,钢材的塑性、韧性、可焊性则有所下降。铁路道岔上使用的高锰钢整铸辙叉,是用硬度较高的高锰钢铸造的,具有很高的耐磨性。

(3)钒(V)、钛(Ti)、铌(Nb)。加入适量的钒、钛或铌,能够改善钢的组织结构,细化晶粒,提高钢材的强度和硬度,改善塑性和韧性。

3. 有害杂质

(1)硫(S)。硫是由铁矿石和燃料带入钢中的。硫与铁化合形成低熔点的夹杂物硫化亚铁(FeS),钢材在进行热轧加工或焊接加工时硫化亚铁熔化,致使钢内晶粒脱开,形成细微裂缝,钢材受力发生脆性断裂,这种现象称为热脆性。硫在钢中造成的这种热脆性,不仅降低了钢材的热加工性能和可焊性,而且使钢材的冲击韧性、疲劳强度和抗腐蚀性能也降低。因此,要尽可能减少钢材中的含硫量。

(2)磷(P)。磷是由铁矿石和燃料带入钢中的。磷虽然能提高钢材的耐磨性和耐腐蚀性,但也显著地提高了钢材的脆性转变温度,增加钢材的冷脆性,降低钢材的塑性、韧性、冷弯性和可焊性。因此钢中对磷的含量必须严格控制,普通碳素结构钢的含磷量要求小于0.035%。

(3)氮(N)。氮对钢材性质的影响与碳、磷相似,使钢材的强度提高,塑性、韧性显著下降。氮可加剧钢材的时效敏感性和冷脆性,降低可焊性。

(4)氧(O)。氧主要存在于非金属夹杂物内,可降低钢的机械性能,特别是韧性。氧有促进时效倾向的作用,氧化物造成的低熔点可使钢的可焊性变差。

### 四、热处理对钢材性能的影响

热处理是将钢材在固态范围内进行加热、保温和冷却,从而改变某些金相组织和显微结构组织,获得需要性能的一种综合工艺。

(1)退火。退火是将钢材加热到一定的温度,并保持一定的时间后,随炉缓慢冷却的热处理工艺。退火可以降低钢材的硬度,提高钢材的塑性和韧性,并能消除冷加工、热加工或热处理所形成的内应力。

(2)正火。正火是退火的一种特例,正火在空气中冷却,显然冷却速度较退火更快。正火能提高钢材的塑性和韧性,消除钢材在热轧过程中造成的组织不均匀和内应力。

(3)淬火。淬火是将钢材加热到相变临界点以上,保温后放入水、油或其他介质中快速冷却的热处理工艺。淬火能显著提高钢材的硬度和耐磨性,但塑性和韧性显著降低,脆性很大,因此,常常在淬火后进行回火处理,以改善钢材的塑性和韧性。

(4)回火。回火是将钢材加热到相变温度以下,保温后在空气中冷却的处理工艺。对淬火后的钢材进行回火处理,可以消除钢材的内应力,降低其硬度和脆性。

(5)调质处理。通常把淬火 + 高温回火称为调质处理。调质处理可以使钢材具有很高的强度,又具有一定的塑性和韧性,从而获得良好的综合性能,是目前用来强化钢材的有效措施。

### 五、钢材冷加工对钢材性能影响

在常温下对钢材进行冷拉、冷拔或冷轧,使其产生塑性变形的加工称为冷加工。冷加工可以改善钢材的性能。常用的冷加工方法有冷拉、冷拔、冷轧、冷扭等。

冷拉是将钢筋用拉伸设备在常温下拉长,使之产生一定的塑性变形。通过冷拉,能使钢筋的强度提高10% ~ 20%,长度增加6% ~ 10%,并达到矫直、除锈、节约钢材的目的。

冷拔是将钢筋通过硬质合金制成的拔细模孔强行拉拔,如图1-7-9所示。由于模孔直径略小于钢筋直径,从而在使钢筋受到拉拔的同时,钢筋与模孔接触处受到强力挤压,钢筋内部组织更加紧密,使钢筋的强度和硬度大为提高,但塑性、韧性下降很多,具有硬钢性能。

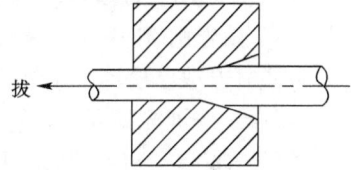

图1-7-9　钢筋冷拔

钢材的冷加工包括冷加工强化和冷加工时效。

将热轧钢筋或低碳钢进行拉伸试验,应得到图1-7-10中 OABCKDE 的应力—应变关系曲线。如果在荷载加至强化阶段中的某一点 K 处时将荷载卸去,则在荷载下降的同时,弹性变形回缩,应力—应变关系沿斜线 $KO_1$ 落到 $O_1$ 点,试件留下 $OO_1$ 的塑性变形。如果对钢材进行了冷加工,若立即再拉伸,试件的应力与应变关系先沿 $O_1K$ 上升至 K 点,然后沿原来的规律 KDE 发展至断裂。可见原来的屈服点不再出现,在 K 点处发生较大的塑性变形,比例阶段和弹性阶段扩大至 $O_1K$ 段,这就说明,经冷加工后的钢材,其屈服强度、硬度提高,而塑性、韧性下降(塑性变形减少了 $OO_1$ 段),这一效果称为钢材的冷加工强化。

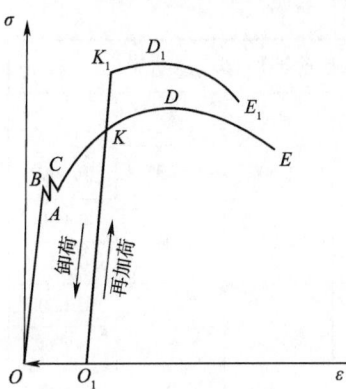

图1-7-10　钢材冷拉应力—应变曲线

若不立即拉伸,将卸荷后的试件在常温下放置15 ~ 20d,再继续拉伸;这时发现,试件的应力—应变曲线沿 $O_1KK_1D_1E_1$ 发展。这说明,经过冷加工强化后的钢材,由于放置一段时间,不但其屈服强度提高,抗拉强度也提高了,而塑性、韧性则进一步下降。这一现象称为钢材的冷加工时效。

时效分为自然时效和人工时效两种。自然时效是将其冷

加工后,在常温下放置 15 ～20d;人工时效是将冷加工后的钢材加热至 100 ～200℃保持 2h
以上。

钢材经过冷加工之后产生强化和时效,使钢材强度、硬度提高,而塑性和韧性降低。利用
这一性质,可以提高钢材的利用率,达到节省钢材、提高经济效益的目的。但应兼顾强度和塑
性两方面的合理程度,不可过分提高钢材强度而使其塑性、韧性下降过多,以免降低钢材质量,
影响使用。经过冷加工的钢材,不得用于承受动荷载作用的结构,也不得用于焊接施工。

# 第三节　常用钢材的技术标准及应用

目前,我国建筑工程和铁道工程使用的钢材主要有碳素结构钢、优质碳素结构钢和低合金
结构钢三大类,它们广泛用于钢结构、钢筋混凝土结构、轨道和桥梁等工程中。

## 一、碳素结构钢

碳素结构钢指一般结构钢和工程用热轧板、管、带、型、棒材等,其产品可供焊接、铆接、螺
栓连接构件使用。

1. 碳素结构钢的牌号

碳素结构钢的牌号由代表屈服点的字母 Q、屈服点数值、质量等级符号、脱氧方法符号等四
个部分按顺序组成。其中质量等级是以所含硫、磷的数量来控制的,对冲击韧性各有不同的要
求, A、B、C 级均为普通钢, D 级为优质钢。脱氧方法符号的意义为:F——沸腾钢、b——半镇静
钢、Z——镇静钢、TZ——特殊镇静钢, Z 与 TZ 符号可以省略。注:《碳素结构钢》(GB/T 700—
2006)脱氧方法已取消半镇静钢。

碳素结构钢按其力学性能和化学成分含量可分为 Q195、Q215、Q235、Q275 四个牌号。

例如:Q235 – AF 表示为屈服强度为 235MPa 的 A 级沸腾钢。

2. 碳素结构钢的技术标准

各牌号的碳素结构钢化学成分、力学性能、冷弯性能均应符合《碳素结构钢》(GB/T 700—
2006)的规定。各性能要求见表 1-7-2、表 1-7-3 和表 1-7-4。

对于不同牌号而相同质量等级的碳素结构钢,牌号越大,含碳量越高,其强度越高,硬度越
大,塑性、韧性越低。

碳素结构钢的化学成分(GB/T 700—2006)　　　　　表 1-7-2

| 牌号 | 统一数字代号[①] | 等级 | 厚度或直径(mm) | 脱氧方法 | 化学成分(质量分数)(%),不大于 | | | | |
|---|---|---|---|---|---|---|---|---|---|
| | | | | | C | Si | Mn | P | S |
| Q195 | U11952 | — | — | F、Z | 0.12 | 0.30 | 0.50 | 0.035 | 0.040 |
| Q215 | U12152 | A | — | F、Z | 0.15 | 0.35 | 1.20 | 0.045 | 0.050 |
| | U12155 | B | | | | | | | 0.045 |
| Q235 | U12352 | A | — | F、Z | 0.22 | 0.35 | 1.40 | 0.045 | 0.050 |
| | U12355 | B | | | 0.20[②] | | | | 0.045 |
| | U12358 | C | | Z | 0.17 | | | 0.040 | 0.040 |
| | U12359 | D | | T、Z | | | | 0.035 | 0.035 |

| 牌号 | 统一数字代号① | 等级 | 厚度或直径(mm) | 脱氧方法 | 化学成分(质量分数)(5),不大于 | | | | |
|---|---|---|---|---|---|---|---|---|---|
| | | | | | C | Si | Mn | P | S |
| Q275 | U12351 | A | — | F、Z | 0.24 | | | 0.045 | 0.050 |
| | U12755 | B | ≤40 | Z | 0.21 | 0.35 | 1.50 | 0.045 | 0.045 |
| | | | >40 | | 0.22 | | | | |
| | U12758 | C | — | Z | 0.20 | | | 0.040 | 0.040 |
| | U12759 | D | — | T、Z | | | | 0.035 | 0.035 |
| Q195 | U11952 | — | — | F、Z | 0.12 | 0.30 | 0.50 | 0.035 | 0.040 |

注:①表中镇静钢、特殊镇静钢牌号的统一数字,沸腾钢的牌号的统一数字代号如下:Q195F—U11950;Q215AF—U12150,Q215BF—U12153;Q235AF—U12350,Q235BF—U12353;Q275AF—U12750。

②经需方同意,Q235B 的含碳量可不大于0.22%。

## 碳素结构钢的力学性能(GB/T 700—2006)   表 1-7-3

| 牌号 | 等级 | 拉 伸 试 验 | | | | | | | | | | | | | 温度(℃) | 冲击试验(V 形缺口) |
|---|---|---|---|---|---|---|---|---|---|---|---|---|---|---|---|---|
| | | 屈服强度①$R_{eH}$(N/mm²)≥ | | | | | | 抗拉强度②$R_m$(N/mm²) | 断后伸长率 A(%)≥ | | | | | | | 冲击吸收功(纵向)(J),不小于 |
| | | 厚度(或直径)(mm) | | | | | | | 厚度(或直径)(mm) | | | | | | | |
| | | ≤16 | >16~40 | >40~60 | >60~100 | >100~150 | >150~200 | | ≤40 | >40~60 | <60~100 | >100~150 | >150 | | | |
| Q195 | — | 195 | 185 | — | — | — | — | 315~430 | 33 | — | — | — | — | — | — | |
| Q215 | A | 215 | 205 | 195 | 185 | 175 | 165 | 335~450 | 31 | 30 | 29 | 27 | 26 | — | — |
| | B | | | | | | | | | | | | | +20 | 27° |
| Q235③ | A | 235 | 225 | 215 | 215 | 195 | 185 | 370~500 | 26 | 25 | 24 | 22 | 21 | — | — |
| | B | | | | | | | | | | | | | +20 | 27° |
| | C | | | | | | | | | | | | | — | |
| | D | | | | | | | | | | | | | −20 | |
| Q275 | A | 275 | 265 | 255 | 245 | 225 | 215 | 410~540 | 22 | 21 | 20 | 18 | 17 | — | — |
| | B | | | | | | | | | | | | | +20 | 27° |
| | C | | | | | | | | | | | | | — | |
| | D | | | | | | | | | | | | | −20 | |

注:①Q195 的屈服强度值仅供参考,不作交货条件。

②厚度大于 100mm 的钢材,抗拉强度下限允许降低 20N/mm²。宽带钢(包括剪切钢板)抗拉强度上限不作交货条件。

③厚度小于 25mm 的 Q235B 级钢材,如供方能保证冲击吸收功值合格,经需方同意,可不做检验。

从表 1-7-2 中可知钢材的厚度或直径越小,其屈服强度的指标越高。这是由于它在热轧时所轧的次数多一些,内部组织更加紧密,晶粒变小的缘故。

| 牌　号 | 试样方向 | 冷弯试验 180° $B = 2a$ [1] | | |
|---|---|---|---|---|
| | | 钢材厚度（或直径）[2]（mm） | | |
| | | ≤60 | >60～100 | |
| | | 弯心直径 $d$ | | |
| Q195 | 纵 | 0 | — | |
| | 横 | 0.5a | | |
| Q215 | 纵 | 0.5a | 1.5a | |
| | 横 | a | 2a | |
| Q235 | 纵 | a | 2a | |
| | 横 | 1.5a | 2.5a | |
| Q275 | 纵 | 1.5a | 2.5a | |
| | 横 | 2a | 3a | |

碳素结构钢的弯心直径（GB/T 700—2006）　　　　表 1-7-4

注：①$B$ 为试样宽度，$a$ 为试样厚度（或直径）。

　　②钢材厚度（或直径）大于 100mm 时，弯曲试验由双方协商确定。

3. 碳素结构钢的应用

Q195 和 Q215 钢的含碳量低，强度低，塑性、韧性、加工性能和可焊性好，主要用于轧制薄板和盘条、制造铆钉、螺栓等。

Q235 的含碳适中，综合性能好，强度、塑性和焊接等性能得到很好配合，能较好满足一般钢结构和钢筋混凝土结构的用钢要求，故用途广泛。如各种型钢和钢板，钢筋混凝土结构中的光圆钢筋，各种供水、供气、供油的管道，铁路轨道中用的垫板、道钉、轨距杆、防爬器等配件，大多数是由 Q235 制作而成的。其中 Q235 – C 和 Q235 – D 质量优良，适用于重要的焊接结构。

Q275 的强度、硬度虽高，但塑性和可焊性较差，加工难度增大，可用于结构中的配件、制造螺栓、预应力锚具等。

## 二、优质碳素结构钢

优质碳素结构钢简称为优质碳素钢，它是含硫、磷均不大于 0.035% 的碳素钢。其钢材有经热处理或不经热处理两种交货状态。

根据《优质碳素结构钢》（GB/T 699—1999）的规定，优质碳素结构钢的牌号用平均含碳量的万分数表示，分 31 个牌号。含锰量较高（0.8%～1%），应在牌号的后面加注锰（Mn）字，如果是沸腾钢，则在数字后面加注"F"。如 45 号钢，表示平均含碳为 0.45% 的优质碳素结构钢；60Mn 钢，表示平均含碳量为 0.60%、含锰量较高的优质碳素钢。优质碳素结构钢的技术指标，见表 1-7-5。

几种常见优质碳素结构的技术性能指标（GB/T 699—1999）　　表 1-7-5

| 牌　号 | 抗拉强度 $\sigma_b$<br>（MPa，不小于） | 屈服强度 $\sigma_s$<br>（MPa，不小于） | 伸长率 $\delta_s$<br>（%，不小于） | 冲击功 $A_k$<br>（J，不小于） |
|---|---|---|---|---|
| 25 | 450 | 275 | 23 | 71 |
| 45 | 600 | 355 | 16 | 39 |
| 45Mn | 620 | 375 | 15 | 39 |
| 60 | 675 | 400 | 12 | — |
| 75 | 1080 | 880 | 7 | — |
| 85 | 1130 | 980 | 3 | — |

表 1-7-6

## 低合金高强度结构钢的化学成分（GB/T1591—2008）

| 牌号 | 质量等级 | 化学成分①,②（质量分数）（%） | | | | | | | | | | | | | | |
| --- | --- | --- | --- | --- | --- | --- | --- | --- | --- | --- | --- | --- | --- | --- | --- | --- |
| | | C≤ | Si | Ma | P | S | Nb | V | Ti | Cr | Ni | Cu | n | Mo | b | AIS |
| | | | | 不大于 | | | | | | | | | | | | 不小于 |
| Q345 | A | ≤0.20 | ≤0.50 | ≤1.70 | 0.035 | 0.035 | 0.07 | 0.15 | 0.20 | 0.30 | 0.50 | 0.30 | 0.012 | 0.10 | — | — |
| | B | | | | 0.035 | 0.035 | | | | | | | | | | |
| | C | | | | 0.030 | 0.030 | | | | | | | | | | 0.015 |
| | D | ≤0.18 | | | 0.030 | 0.025 | | | | | | | | | | |
| | E | | | | 0.025 | 0.020 | | | | | | | | | | |
| Q390 | A | ≤0.20 | ≤0.50 | ≤1.70 | 0.035 | 0.035 | 0.07 | 0.20 | 0.20 | 0.30 | 0.50 | 0.30 | 0.015 | 0.20 | — | — |
| | B | | | | 0.035 | 0.035 | | | | | | | | | | |
| | C | | | | 0.030 | 0.030 | | | | | | | | | | 0.015 |
| | D | | | | 0.030 | 0.025 | | | | | | | | | | |
| | E | | | | 0.025 | 0.020 | | | | | | | | | | |
| Q420 | A | ≤0.20 | ≤0.50 | ≤1.70 | 0.035 | 0.035 | 0.07 | 0.20 | 0.20 | 0.30 | 0.80 | 0.30 | 0.015 | 0.20 | — | — |
| | B | | | | 0.035 | 0.035 | | | | | | | | | | |
| | C | | | | 0.030 | 0.030 | | | | | | | | | | 0.015 |
| | D | | | | 0.030 | 0.025 | | | | | | | | | | |
| | E | | | | 0.025 | 0.020 | | | | | | | | | | |
| Q460 | C | ≤0.20 | ≤0.60 | ≤1.80 | 0.030 | 0.030 | 0.11 | 0.20 | 0.20 | 0.30 | 0.80 | 0.55 | 0.015 | 0.20 | 0.004 | 0.015 |
| | D | | | | 0.030 | 0.025 | | | | | | | | | | 0.015 |
| | E | | | | 0.025 | 0.020 | | | | | | | | | | 0.015 |
| Q500 | C | ≤0.18 | ≤0.60 | ≤1.80 | 0.030 | 0.030 | 0.11 | 0.20 | 0.20 | 0.30 | 0.80 | 0.55 | 0.015 | 0.20 | 0.004 | 0.015 |
| | D | | | | 0.030 | 0.025 | | | | | | | | | | 0.015 |
| | E | | | | 0.025 | 0.020 | | | | | | | | | | 0.015 |
| Q550 | C | ≤0.18 | ≤0.60 | ≤1.80 | 0.030 | 0.030 | 0.11 | 0.12 | 0.20 | 0.60 | 0.80 | 0.80 | 0.015 | 0.30 | 0.004 | 0.015 |
| | D | | | | 0.030 | 0.025 | | | | | | | | | | 0.015 |
| | E | | | | 0.025 | 0.020 | | | | | | | | | | 0.015 |
| Q620 | C | ≤0.18 | ≤0.60 | ≤2.00 | 0.030 | 0.030 | 0.11 | 0.12 | 0.20 | 0.80 | 0.80 | 0.80 | 0.015 | 0.30 | 0.004 | 0.015 |
| | D | | | | 0.030 | 0.025 | | | | | | | | | | 0.015 |
| | E | | | | 0.025 | 0.020 | | | | | | | | | | 0.015 |
| Q690 | C | ≤0.18 | ≤0.60 | ≤2.00 | 0.030 | 0.030 | 0.11 | 0.12 | 0.20 | 1.00 | 0.80 | 0.80 | 0.015 | 0.30 | 0.004 | 0.015 |
| | D | | | | 0.030 | 0.025 | | | | | | | | | | 0.015 |
| | E | | | | 0.025 | 0.020 | | | | | | | | | | 0.015 |

注：①型材及棒材 P、S 含量提高 0.005%，其中 A 级钢上限为 0.045%。
②当细化晶粒元素组合加入时，20(Nb+V+Ti)≤0.22%，20(Mo+Cr)≤0.30%。

表 1-7-7

**低合金高强度结构钢的力学性能（GB/T 1591—2008）**

拉 伸 试 验 ①、②、③

| 牌号 | 质量等级 | 下屈服强度 $R_{eL}$（MPa）以下公称厚度（直径，边长） | | | | | | | | | 抗拉强度 $R_m$（MPa）以下公称厚度（直径，边长） | | | | | | | | 断后伸长率 $A$（%）公称长度（直径，边长） | | | | | |
|---|---|---|---|---|---|---|---|---|---|---|---|---|---|---|---|---|---|---|---|---|---|---|---|---|
| | | ≤16mm | >16~40mm | >40~63mm | >63~80mm | >80~100mm | >100~150mm | >150~200mm | >200~250mm | >250~400mm | ≤40mm | >40~63mm | >63~80mm | >80~100mm | >100~150mm | >150~200mm | >200~250mm | >250~400mm | ≤40mm | >40~63mm | >63~100mm | >100~150mm | >150~250mm | >250~400mm |
| Q345 | A | ≥345 | ≥335 | ≥325 | ≥315 | ≥305 | ≥285 | ≥275 | ≥265 | — | 470~630 | 470~630 | 470~630 | 470~630 | 450~600 | 450~600 | 450~600 | — | ≥20 | ≥19 | ≥19 | ≥18 | ≥17 | — |
| | B | ≥345 | ≥335 | ≥325 | ≥315 | ≥305 | ≥285 | ≥275 | ≥265 | — | 470~630 | 470~630 | 470~630 | 470~630 | 450~600 | 450~600 | 450~600 | — | ≥20 | ≥19 | ≥19 | ≥18 | ≥17 | — |
| | C | ≥345 | ≥335 | ≥325 | ≥315 | ≥305 | ≥285 | ≥275 | ≥265 | — | 470~630 | 470~630 | 470~630 | 470~630 | 450~600 | 450~600 | 450~600 | — | ≥20 | ≥19 | ≥19 | ≥18 | ≥17 | — |
| | D | ≥345 | ≥335 | ≥325 | ≥315 | ≥305 | ≥285 | ≥275 | ≥265 | ≥265 | 470~630 | 470~630 | 470~630 | 470~630 | 450~600 | 450~600 | 450~600 | 450~600 | ≥20 | ≥19 | ≥19 | ≥18 | ≥17 | ≥17 |
| | E | ≥345 | ≥335 | ≥325 | ≥315 | ≥305 | ≥285 | ≥275 | ≥265 | ≥265 | 470~630 | 470~630 | 470~630 | 470~630 | 450~600 | 450~600 | 450~600 | 450~600 | ≥20 | ≥19 | ≥19 | ≥18 | ≥17 | ≥17 |
| Q390 | A | ≥390 | ≥370 | ≥350 | ≥330 | ≥330 | ≥310 | — | — | — | 490~650 | 490~650 | 490~650 | 490~650 | 470~620 | — | — | — | ≥21 | ≥20 | ≥20 | ≥19 | ≥18 | — |
| | B | ≥390 | ≥370 | ≥350 | ≥330 | ≥330 | ≥310 | — | — | — | 490~650 | 490~650 | 490~650 | 490~650 | 470~620 | — | — | — | ≥21 | ≥20 | ≥20 | ≥19 | ≥18 | — |
| | C | ≥390 | ≥370 | ≥350 | ≥330 | ≥330 | ≥310 | — | — | — | 490~650 | 490~650 | 490~650 | 490~650 | 470~620 | — | — | — | ≥21 | ≥20 | ≥20 | ≥19 | ≥18 | — |
| | D | ≥390 | ≥370 | ≥350 | ≥330 | ≥330 | ≥310 | — | — | — | 490~650 | 490~650 | 490~650 | 490~650 | 470~620 | — | — | — | ≥21 | ≥20 | ≥20 | ≥19 | ≥18 | — |
| | E | ≥390 | ≥370 | ≥350 | ≥330 | ≥330 | ≥310 | — | — | — | 490~650 | 490~650 | 490~650 | 490~650 | 470~620 | — | — | — | ≥21 | ≥20 | ≥20 | ≥19 | ≥18 | — |
| Q420 | A | ≥420 | ≥400 | ≥380 | ≥360 | ≥360 | ≥340 | — | — | — | 520~680 | 520~680 | 520~680 | 520~680 | 500~650 | — | — | — | ≥19 | ≥18 | ≥18 | ≥18 | — | — |
| | B | ≥420 | ≥400 | ≥380 | ≥360 | ≥360 | ≥340 | — | — | — | 520~680 | 520~680 | 520~680 | 520~680 | 500~650 | — | — | — | ≥19 | ≥18 | ≥18 | ≥18 | — | — |
| | C | ≥420 | ≥400 | ≥380 | ≥360 | ≥360 | ≥340 | — | — | — | 520~680 | 520~680 | 520~680 | 520~680 | 500~650 | — | — | — | ≥19 | ≥18 | ≥18 | ≥18 | — | — |
| | D | ≥420 | ≥400 | ≥380 | ≥360 | ≥360 | ≥340 | — | — | — | 520~680 | 520~680 | 520~680 | 520~680 | 500~650 | — | — | — | ≥19 | ≥18 | ≥18 | ≥18 | — | — |
| | E | ≥420 | ≥400 | ≥380 | ≥360 | ≥360 | ≥340 | — | — | — | 520~680 | 520~680 | 520~680 | 520~680 | 500~650 | — | — | — | ≥19 | ≥18 | ≥18 | ≥18 | — | — |

拉 伸 试 验①、②、③

| 牌号 | 质量等级 | 以下公称厚度（直径，边长）下屈服强度 $R_{eL}$（MPa） ≤16mm | >16~40mm | >40~63mm | >63~100mm | >100~150mm | >150~200mm | >200~250mm | >250~400mm | 以下公称厚度（直径，边长）下屈服强度 $R_m$（MPa） ≤40mm | >40~63mm | >63~80mm | >80~100mm | >100~150mm | >150~250mm | >250~400mm | 断后伸长率 $A$（%） 公称长度（直径，边长） ≤40mm | >40~63mm | >63~100mm | >100~150mm | >150~200mm | >250~400mm |
|---|---|---|---|---|---|---|---|---|---|---|---|---|---|---|---|---|---|---|---|---|---|---|
| Q460 | C | ≥460 | ≥440 | ≥420 | ≥400 | ≥380 | — | — | — | 550~720 | 550~720 | 550~720 | 550~720 | 530~700 | — | — | ≥17 | ≥16 | ≥16 | ≥16 | — | — |
| | D | | | | | | | | | | | | | | | | | | | | | |
| | E | | | | | | | | | | | | | | | | | | | | | |
| Q500 | C | ≥500 | ≥480 | ≥470 | ≥440 | — | — | — | — | 610~770 | 600~760 | 590~750 | 540~730 | — | — | — | ≥17 | ≥17 | ≥17 | — | — | — |
| | D | | | | | | | | | | | | | | | | | | | | | |
| | E | | | | | | | | | | | | | | | | | | | | | |
| Q550 | C | ≥550 | ≥400 | ≥380 | ≥360 | — | — | — | — | 670~830 | 620~810 | 600~790 | 590~780 | — | — | — | ≥16 | ≥16 | ≥16 | — | — | — |
| | D | | | | | | | | | | | | | | | | | | | | | |
| | E | | | | | | | | | | | | | | | | | | | | | |
| Q620 | C | ≥620 | ≥400 | ≥380 | ≥360 | — | — | — | — | 710~880 | 690~880 | 670~860 | — | — | — | — | ≥15 | ≥15 | ≥15 | — | — | — |
| | D | | | | | | | | | | | | | | | | | | | | | |
| | E | | | | | | | | | | | | | | | | | | | | | |
| Q690 | C | ≥690 | ≥670 | ≥660 | ≥640 | — | — | — | — | 770~940 | 750~920 | 730~900 | — | — | — | — | ≥14 | ≥14 | ≥14 | — | — | — |
| | D | | | | | | | | | | | | | | | | | | | | | |
| | E | | | | | | | | | | | | | | | | | | | | | |

注：①当屈服不明显时，可测量 $R_{p0.2}$ 代替。

②当宽度不小于600mm扁平材，拉伸试验取纵向试样；宽度小于600mm的扁平材，型材及棒材取横向试样，断后伸长率最小值相应提高1%（绝对值）。

③厚度大于250~400mm的适应于扁平材。

优质碳素结构钢的特点在于其强度高,塑性、冲击韧性好。因此优质碳素结构钢在工程中适用于高强度、高硬度、受强烈冲击荷载作用的部位和作冷拔坯料等。如45号优质碳素钢,主要用于制作钢结构用的高强度螺栓、预应力锚具;70~75号优质碳素钢,主要用于制作各种型号的钢轨。

### 三、低合金高强度结构钢

低合金结构钢是在碳素结构钢的基础上,加入总量不超过钢质量5%的锰、硅、钒、钛、铌、铬、镍、铜等合金元素或稀土元素而成。

**1.低合金高强度结构钢的牌号**

根据《低合金高强度结构钢》(GB/T 1591—2008)的规定,低合金高强度结构钢的牌号由代表屈服点的字母Q、屈服点数值和质量等级符号三部分组成。分为Q345、Q390、Q420、Q460、Q500、Q550、Q620和Q690,共八个牌号。质量等级是以硫、磷含量的由多到少来控制,对不同温度下的冲击韧性还各有所要求,分为A、B、C、D、E五个等级。如Q345C表示屈服点为345MPa的C级低合金高强度结构钢。

**2.低合金高强度结构钢的技术标准**

各牌号的低合金高强度结构钢的技术标准见表1-7-6和表1-7-7。

**3.低合金高强度结构钢的应用**

低合金高强度结构钢与碳素结构钢相比,具有较高的强度,综合性能好,节省材料,成本低,所以在相同使用条件下,可比碳素结构钢节省用钢20%以上,对减轻结构自重有利。同时低合金高强度结构钢还具有良好的塑性、韧性、可焊性、耐磨性、耐蚀性、耐低温性等性能,有利于延长钢结构的使用寿命。

# 第四节 常用钢材制品

目前,钢材制品已广泛使用于建筑、铁道和桥梁等工程中。这些钢材制品主要分为钢结构用钢和混凝土用钢两类,前者主要有型钢、钢板和钢管等,后者主要有钢筋、钢丝和钢绞线等。

### 一、钢筋混凝土和预应力混凝土用钢筋及钢丝

钢筋和钢丝在建筑工程中使用广泛,钢筋的主要品种有热轧钢筋、冷拉钢筋、冷轧带肋钢筋、热处理钢筋等。钢丝的主要品种有冷拔低碳钢丝、预应力混凝土用钢丝、钢绞线等。

**1.热轧钢筋**

采用钢锭经加热轧制自然冷却而制成的钢筋称为热轧钢筋。根据钢筋的表面特征将热轧钢筋分为光圆钢筋和带肋钢筋。

**1)热轧光圆钢筋**

根据《钢筋混凝土用钢 第1部分:热轧光圆钢筋》(GB 1499.1—2008)规定:热轧光圆钢筋分为HPB235和HPB300两个牌号,力学性能和冷弯性能应符合表1-7-8的规定。其中H、P、B分别为热轧(Hot rolled)、光圆(Plain)、钢筋(Bars)三个词的英文首位字母,后面的数值表示钢筋的最小屈服强度。

| 牌　号 | 屈服强度 $R_{eL}$ （MPa） | 抗拉强度 $R_m$ （MPa） | 伸长率 $A$ （%） | 总伸长率 $A_{gt}$ （%） | 冷弯试验 180° $d$——弯心直径 $a$——钢筋公称直径 |
|---|---|---|---|---|---|
| | 不小于 | | | | |
| HPB235 | 235 | 370 | 25.0 | 10.0 | $d = a$ |
| HPB300 | 300 | 420 | | | |

## 2）热轧带肋钢筋

热轧带肋钢筋可分为等高肋钢筋和月牙肋钢筋,如图 1-7-11 所示。等高肋钢筋包括螺旋纹和人字纹钢筋,由于基圆面积率小、锚固延性差、疲劳性能差,已被逐渐淘汰。目前常用的是月牙肋钢筋,它与同样公称直径的等高肋钢筋相比,强度稍有提高,凸缘处应力集中也得到改善;它与混凝土之间的黏结力略低于等高肋钢筋,但仍具有良好的黏结性能。

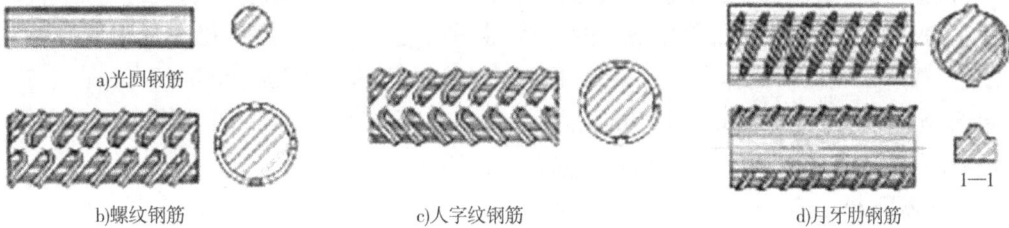

a)光圆钢筋

b)螺纹钢筋　　　c)人字纹钢筋　　　d)月牙肋钢筋

图 1-7-11　钢筋表面及截面形状

根据《钢筋混凝土用钢　第 2 部分:热轧带肋钢筋》（GB 1499.2—2007）的规定:热轧带肋钢筋分为 HRB335、HRB400、HRB500、HRBF335、HRBF400、HRBF500 六个牌号,力学性能和冷弯性能应符合表 1-7-9 和表 1-7-10 的规定。其中 H、R、B、F 分别为热轧（Hot rolled）、带肋（Ribbed）、钢筋（Bars）、细（Fine）四个词的英文首位字母,后面的数值表示钢筋的最小屈服强度。

热轧带肋钢筋的力学性能（GB 1499.2—2007） 表 1-7-9

| 牌　号 | $R_{eL}$（MPa） | $R_m$（MPa） | $A$（%） | $A_{gt}$（%） |
|---|---|---|---|---|
| | 不　小　于 | | | |
| HRB35 HRBF335 | 335 | 455 | 17 | 7.5 |
| HRB400 HRBF400 | 400 | 540 | 16 | |
| HRB500 HRBF500 | 500 | 630 | 15 | |

热轧带肋钢筋的冷弯性能（GB 1499.2—2007） 表 1-7-10

| 牌　　号 | 公称直径 $d$（mm） | 弯曲直径 |
|---|---|---|
| HRB35 HRBF335 | 6 ~ 25 | $3d$ |
| | 28 ~ 40 | $4d$ |
| | >40 ~ 50 | $5d$ |
| HRB400 HRBF400 | 6 ~ 25 | $4d$ |
| | 28 ~ 40 | $5d$ |
| | >40 ~ 50 | $6d$ |

**续上表**

| 牌　号 | 公称直径 $d$(mm) | 弯曲直径 |
|---|---|---|
| HRB500<br>HRBF500 | 6～25 | 6$d$ |
| | 28～40 | 7$d$ |
| | >40～50 | 8$d$ |

3）热轧钢筋的选用

光圆钢筋的强度较低,但塑性及焊接性好,便于冷加工,广泛用于普通钢筋混凝土结构;HRB335 和 HRB400 带肋钢筋的强度较高,塑性及焊接性也较好,广泛用作大中型钢筋混凝土结构的受力钢筋;HRB500 带肋钢筋强度高,但塑性和焊接性较差,适宜用作预应力钢筋。

**2.低碳钢热轧圆盘条**

低碳钢热轧圆盘条是由屈服强度较低的碳素结构钢轧制的盘条。可用作拉丝、建筑、包装及其他用途,是目前用量最大、使用最广的线材,也称普通线材。普通线材大量用作建筑混凝土的配筋、拉制普通低碳钢丝和镀锌低碳钢丝。盘条的公称直径为 5.5mm、6.0mm、6.5mm、7.0mm、8.0mm、9.0mm、10.0mm、11.0mm、12.0mm、13.0mm、14.0mm。盘条的性能应符合《低碳钢热轧圆盘条》(GB/T 701—2008)的规定。

**3.冷轧带肋钢筋**

冷轧带肋钢筋由热轧圆盘条经冷轧或冷拔减径后,在表面冷轧成两面或三面有肋的钢筋。根据《冷轧带肋钢筋》(GB 13788—2008)规定,冷轧带肋钢筋分为 CRB550、CRB650、CRB800、CRB970 共四个牌号。其中 C、R、B 分别为冷轧(Cold rolled)、带肋(Ribbed)、钢筋(Bars)三个词的英文首位字母,后面的数值表示钢筋抗拉强度的最小值。CRB550 钢筋的公称直径范围为 4～12mm,CRB650 及以上牌号钢筋的公称直径为 4mm、5mm 和 6mm。制造钢筋的热轧圆盘条应符合《低碳钢热轧圆盘条》(GB/T 701—2008)和《优质碳素钢热轧盘条》(GB/T 4354—2008)或其他有关标准的规定。

冷轧带肋钢筋既具有冷拉钢筋强度高的特点,同时又具有很强的握裹力,大大提高了构件的整体强度和抗震能力,可作为中、小型预应力混凝土结构构件和普通钢筋混凝土结构构件中的受力钢筋、构造钢筋等。冷轧带肋钢筋的力学性能和工艺性能应符合《冷轧带肋钢筋》(GB 13788—2008)的规定,如表 1-7-11 所示。

**冷拉带肋钢筋的力学和工艺性能**(GB 13788—2008)　　　表 1-7-11

| 牌号 | $R_{p0.2}$(MPa)<br>不小于 | $R_m$(MPa)<br>不小于 | 伸长率(%),不小于 | | 弯曲<br>试验180° | 反复弯曲<br>次数 | 应力松弛率初始应力<br>相当于公称抗拉强度70%<br>1000h(%)不大于 |
|---|---|---|---|---|---|---|---|
| | | | A10 | A100 | | | |
| CRB550 | 500 | 550 | 8.0 | — | $D=3d$ | — | — |
| CRB650 | 585 | 650 | — | 4.0 | | 3 | 8 |
| CRB800 | 720 | 800 | — | 4.0 | | 3 | 8 |
| CRB970 | 875 | 570 | — | 4.0 | | 3 | 8 |

注:$D$ 为弯心直径,$d$ 为钢筋公称直径。

**4.预应力混凝土用热处理钢筋**

预应力混凝土用热处理钢筋是将热轧带肋钢筋经过淬火和回火调质处理制成的螺纹钢

200

筋。按其螺纹外形分为无纵肋(公称直径6mm、8.2mm)和有纵肋(公称直径8.2mm、10mm)两种。牌号有40Si2Mn、48Si2Mn和45Si2Cr三种牌号。牌号的含义依次为:平均含碳量的万分数、合金元素符号、合金元素平均含量("2"表示含量为1.5%~2.5%,无数字表示含量小于1.5%)和脱氧程度(镇静钢无该项)。如40Si2Mn表示平均含碳量为0.40%、硅含量为1.5%~2.5%、锰含量为小于1.5%的镇静钢。

热处理钢筋除具有强度高、韧性好,并且与混凝土黏结性好,应力松弛低、塑性降低小等优点外,还具有施工方便、节约钢筋的优点,主要用于预应力混凝土轨枕、预应力梁、板及吊车梁等构件。由于热处理钢筋对应力腐蚀剂缺陷敏感性强,使用时不宜被硬物划伤、并采取必要的技术措施防止锈蚀。

5. 预应力混凝土用钢丝

预应力混凝土用钢丝是以优质碳素结构钢盘条为原料,经冷拉或消除应力等处理后制成的高强度钢丝。

预应力混凝土用钢丝按加工状态可分为冷拉钢丝和消除应力钢丝两种。冷拉钢丝是用盘条通过拔丝模或轧辊经冷加工而成产品,以盘卷供货的钢丝。消除应力钢丝按松弛性能又可分为低松弛钢丝和普通松弛钢丝。低松弛钢丝是指钢丝在塑性变形下(轴应变)进行短时热处理而得到的,普通松弛钢丝是指钢丝通过矫直工序后在适当温度下进行短时热处理而得到的。

预应力混凝土用钢丝按外形可分为光圆钢丝、螺旋肋钢丝和刻痕钢丝三种。螺旋肋钢丝表面沿着长度方向上有规则间隔的肋条。刻痕钢丝表面沿着长度方向上有规则间隔的压痕。

预应力混凝土用钢丝质量稳定、安全可靠、强度高、无接头、施工方便,主要用于大跨度的屋架、薄腹架、吊车梁或桥梁等大型预应力混凝土构件,还可用于轨枕、压力管道等预应力混凝土构件。

6. 预应力混凝土用钢绞线

预应力混凝土用钢绞线,是以数根优质碳素结构钢钢丝经绞捻和消除内应力的热处理而制成。钢绞线按结构分为五类,其代号为1×2(用两根钢丝捻制)、1×3(用三根钢丝捻制)、1×3I(用三根刻痕钢丝捻制)、1×7(用七根钢丝捻制的标准型)、1×7C(用七根钢丝捻制又经模拔)。

预应力混凝土用钢绞线具有强度高、柔韧性好、无接头、质量稳定,与混凝土黏结性好,易于锚固和施工方便等优点,使用时按要求的长度切割,主要用于大跨度、大负荷的后张法预应力屋架、桥梁和薄腹板等结构的预应力筋。

## 二、钢结构用钢材的类型和规格

### 1. 钢板

根据钢板的尺寸,分为薄钢板和厚钢板。用符号"□"表示,例如:□200×12×1000,表示板宽200mm,厚12mm,长1000mm。这些是光面钢板,此外,人行道面板等要用到花纹钢板,它是在光面钢板的一面压制出菱形或扁豆形花纹。

### 2. 型钢

常用的型钢有工字钢、H型钢、L型钢、槽钢、角钢等,如图1-7-12所示。

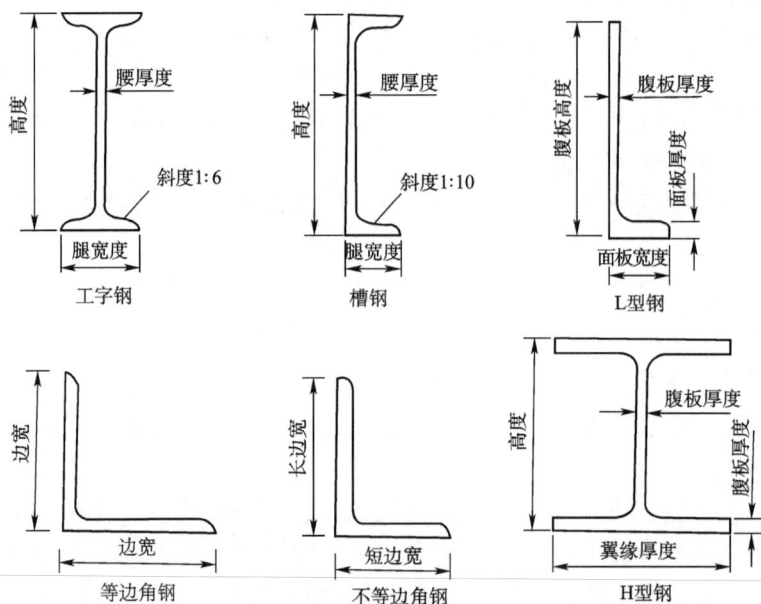

图 1-7-12　型钢断面示意图

（1）工字钢。工字钢是截面为工字形的长条钢材。其规格以"腰高×腿宽×腰厚"（mm）或"腰高"（cm）表示。同一腰高的工字钢若有几种不同的腿宽和腰厚，则在其后标注 a、b、c 表示相应规格（字母代表的尺寸可查相应规范）。例如：I25a 表示工字钢高度为 25cm，腿宽为 116mm，腰厚为 8mm。工字钢主要用来做承受横向腹板平面内的弯曲杆件。

（2）H 型钢和 T 型钢。H 型钢是由工字钢发展而来，优化了截面分布。与工字钢相比，H 型钢具有翼缘宽、侧向刚度大、抗弯能力强、翼缘两表面相互平行、连接构造方便、省劳力、自重轻、节省钢材等优点。H 型钢分为宽翼缘 H 型钢（HW）、中翼缘 H 型钢（HM）、窄翼缘 H 型钢（HN）、薄壁 H 型钢（HT）四种。宽翼缘和中翼缘适用于钢柱等轴心受压构件，窄翼缘适用于钢梁等受弯构件。H 型钢的规格型号用"代号腹板高×翼缘宽×翼缘厚"（mm）或"代号腹板高×翼缘宽"表示。例如：HM150×100 表示中翼缘 H 型钢的腹板高 150mm，翼缘宽为 100mm。H 型钢截面形状经济合理，力学性能好，常用于要求承载力大、截面稳定性好的大型建筑物。T 型钢由 H 型钢剖分而成，分为宽翼缘 T 型钢（TW）、中翼缘 T 型钢（TM）和窄翼缘 T 型钢（TN）三种。

（3）槽钢。槽钢是截面为凹槽形的长条钢材。规格以"腰高×腿宽×腰厚"（mm）或"腰高"（cm）表示。同一腰高的槽钢若有几种不同的腿宽和腰厚，则在其后标注 a、b、c 表示相应规格（字母代表的尺寸可查相应规范）。例如：[40a 表示槽钢高度为 40cm，腿宽为 100mm，腰厚为 10.5mm。槽钢可用作承受轴向力的杆件、承受横向弯曲的梁以及连系杆件。

（4）L 型钢。L 型钢是一种新型热轧型钢，截面为 L 型。规格以"L 腹板高×面板宽×腹板厚×面板厚"（mm）表示，型号从 L250×90×9×13 到 L500×120×13.5×35。

（5）角钢。角钢是两边互相垂直成直角形的长条钢材，主要用做承受轴向力的杆件和支撑杆件，也可用作受力杆件之间的连接零件。角钢分为等边角钢和不等边角钢。等边角钢的两个边宽相等，规格用"边宽×厚度"（mm）或"边宽"（cm）表示，例如：∟100×12 表示边宽100mm、厚度12mm 的等边角钢。不等边角钢的两个边宽不相等，规格用"长边宽×短边宽×

厚度"(mm)或"长边宽/短边宽"(cm)表示,例如:∟ 100 × 80 × 10 表示长边宽 100mm、短边宽 80mm、厚度 10mm 的不等边角钢。

### 三、桥梁结构钢

铁路与公路的桥梁除了承受静载外,还要直接承受动载,其中某些部位还承受交变应力的作用。桥梁全部暴露在大气中,要长期在受力状态下经受气候变化和腐蚀介质的严峻考验。因此与一般的结构钢相比,桥梁结构钢除了必须有较高的强度外,还要求有良好的塑性、韧性、可焊性及较高的疲劳强度和耐腐蚀性能,还要求具有较小的冷脆性和时效敏感性。

1. 桥梁结构钢的牌号

根据《桥梁用结构钢》(GB/T 714—2008)的规定,桥梁结构钢的牌号由代表屈服点的字母、屈服点数值、桥的汉语拼音字母和质量等级符号四部分组成。分为 Q235q、Q345q、Q370q、Q420q、Q460q、Q500q、Q550q、Q620q、Q690q,共九个牌号。按照硫、磷杂质含量由多到少分为 C、D、E 三个等级,对不同温度下的冲击韧性还有所要求。例如:Q345qC 表示屈服点为 345MPa 的 C 级桥梁结构钢。

桥梁钢各牌号化学成分、力学性能应符合《桥梁用结构钢》(GB/T 714—2008)的规定,其力学性能和工艺性能的要求见表 1-7-12。

桥梁结构钢钢板表面不应有裂纹、气泡、结疤、夹杂、折叠,钢材不应有分层。对厚度大于 6mm 或直径大于 12mm 的钢材应做冲击试验。根据需要,对厚度大于 20mm 的钢板应进行超声波探伤检验。

桥梁结构钢的力学和工艺性能(GB/T 714—2008)      表 1-7-12

| 牌号 | 质量等级 | 厚度(mm) | $\sigma_s$(MPa) | $\sigma_b$(MPa) | 伸长率 $\delta_s$(%) | V 型冲击功(纵向) | | 180℃弯曲试验钢材厚度 (mm) | |
|---|---|---|---|---|---|---|---|---|---|
| | | | | | | 温度(℃) | 时效(J) | ≤16 | >16 |
| Q235q | C | ≤16 | 235 | 390 | 26 | 0 | 27 | $D=1.5a$ | $D=2.5a$ |
| | | >16~35 | 225 | 380 | | | | | |
| | | >35~50 | 215 | 375 | | | | | |
| | | >50~100 | 205 | 375 | | | | | |
| | D | ≤16 | 235 | 390 | 26 | −20 | | | |
| | | >16~35 | 225 | 380 | | | | | |
| | | >35~50 | 215 | 375 | | | | | |
| | | >50~100 | 205 | 375 | | | | | |
| Q345q | C | ≤16 | 345 | 510 | 21 | 0 | 34 | $D=2a$ | $D=a$ |
| | | >16~35 | 325 | 490 | 20 | | | | |
| | | >35~50 | 315 | 470 | 20 | | | | |
| | | >50~100 | 305 | 470 | 20 | | | | |
| | D | ≤16 | 345 | 510 | 21 | −20 | | | |
| | | >16~35 | 325 | 490 | 20 | | | | |
| | | >35~50 | 315 | 470 | 20 | | | | |
| | | >50~100 | 305 | 470 | 20 | | | | |

| 牌号 | 质量等级 | 厚度(mm) | $\sigma_s$(MPa) | $\sigma_b$(MPa) | 伸长率 $\delta_s$(%) | V型冲击功(纵向) | | 180℃弯曲试验钢材厚度(mm) | |
|---|---|---|---|---|---|---|---|---|---|
| | | | | | | 温度(℃) | 时效(J) | ≤16 | >16 |
| Q345q | E | ≤16 | 345 | 510 | 21 | −40 | 34 | D = 2a | D = 3a |
| | | >16~35 | 325 | 490 | 20 | | | | |
| | | >35~50 | 315 | 470 | 20 | | | | |
| | | >50~100 | 305 | 470 | 20 | | | | |
| Q370q | C | ≤16 | 370 | 530 | 21 | 0 | 41 | | |
| | | >16~35 | 355 | 510 | 20 | | | | |
| | | >35~50 | 330 | 490 | 20 | | | | |
| | | >50~100 | 330 | 490 | 20 | | | | |
| | D | ≤16 | 370 | 530 | 21 | −20 | 41 | D = 2a | D = 3a |
| | | >16~35 | 355 | 510 | 20 | | | | |
| | | >35~50 | 330 | 490 | 20 | | | | |
| | | >50~100 | 330 | 490 | 20 | | | | |
| | E | ≤16 | 370 | 530 | 21 | −40 | | | |
| | | >16~35 | 355 | 510 | 20 | | | | |
| | | >35~50 | 330 | 490 | 20 | | | | |
| | | >50~100 | 330 | 490 | 20 | | | | |

**2. 桥梁结构钢的特点及应用**

Q235q 是优质碳素结构钢,含碳量低,硫、磷含量比普通碳素钢低,可焊性好,是专用于焊接桥梁的钢。

Q345q 和 Q370q 是低合金钢,经过完全脱氧,杂质含量在严格控制下生产的,具有良好的综合机械性能,不仅强度较高,而且塑性、韧性、可焊性等都较好,是建造钢梁主体结构的基本钢材。例如我国南京长江大桥就是用 Q345q 钢建筑的。

Q420q 钢的强度、塑性、韧性和可焊性均很好,并具有较小的冷脆性和时效敏感性。

例如,九江长江大桥正桥钢梁中的受拉及疲劳控制构件和箱型截面的部件。

## 四、钢轨钢

在铁道工程、矿山工程、工业生产中,都涉及轨道,如工业厂房中的吊车轨道,铁道工程中的铁路轨道等。钢轨是轨道的主要组成部件。它的功用在于引导机车车辆的车轮前进,承受车轮的巨大压力,并传递到轨枕上。钢轨必须为车轮提供连续、平顺和阻力最小的滚动表面。

随着重载铁路和高速铁路的发展,对钢轨的要求可以归纳为高的安全性、高的平直度以及高的几何尺寸精度等方面。高的安全性不仅反映在要求钢质洁净、表面无缺陷、低的轨底残余拉应力、优良的韧塑性及焊接性能等方面,还反映在便于生产、质量稳定和高可靠等方面。

**1. 钢轨的类型**

钢轨的类型,以每米钢轨大致质量千克数表示,钢轨每米长质量越大,则抗冲击、弯曲、振动的能力越强,承载力也越大。

2007 年我国颁布了标准《铁路用热轧钢轨》（GB 2585—2007）中规定了除 38kg/m、43kg/m、50kg/m 三种以外，新增加了 60kg/m 和 75kg/m 两种型号的钢轨。标准轨定尺长度为 12.5m、25m、50m 和 100m 四种。对于 38kg/m 钢轨目前生产量很少，而随着重载高速铁路的迅速发展，钢轨趋于重型化，我国目前大量使用的是 60kg/m 钢轨。对于重载铁路和特别繁忙区段铁路，逐步铺设 75 kg/m 钢轨。

此外，为了适应道岔、特大桥和无缝线路等结构的需要，我国铁路还采用了特种断面（与中轴线不对称工字型）钢轨。现采用较多的为矮型特种断面钢轨，简称 AT 轨。

2. 钢轨组成及技术性能

（1）钢轨的组成。钢轨主要由轨头、轨腰及轨底三部分组成，其标准断面形状如图 1-7-13 所示。钢轨断面采用工字形，这个看似简单的工字，受力好、省材料，具有最佳抗弯性能。

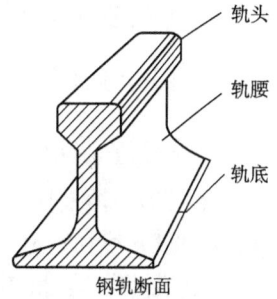

图 1-7-13　钢轨断面图

（2）钢轨的技术性能。根据《铁路用热轧钢轨》（GB 2585—2007）的规定，轨道钢的牌号及钢材的化学成分和力学性能，应符合表 1-7-13 和表 1-7-14 的要求。若在热锯样轨上取样检验力学性能时，断后伸长率 A 的试验结果允许比规定值降低 1%（绝对值）。钢轨应进行落锤试验，试样经落锤打击一次后不得有断裂现象。应在质量证明书中记录挠度值供参考。钢轨接头处轮轨的冲击力很大，为提高接头处的耐磨性，应对钢轨两端进行轨顶淬火处理，淬火层形状应呈帽形，无淬火裂纹。轧制后的钢轨应尽量避免弯曲，钢轨表面不得有裂纹、线纹、折叠、横向划痕及缩孔残余、分层等缺陷。

钢轨的牌号及化学成分（GB 2585—2007）　　　　表 1-7-13

| 牌号 | 化学成分（质量分数）（%） | | | | | | | |
|---|---|---|---|---|---|---|---|---|
| | C | Si | Mn | S | P | V① | Nb① | RE（加入量） |
| U74 | 0.68 ~ 0.79 | 0.13 ~ 0.28 | 0.70 ~ 1.00 | ≤0.030 | ≤0.030 | ≤0.030 | ≤0.010 | — |
| U71Mn | 0.65 ~ 0.76 | 0.15 ~ 0.35 | 1.10 ~ 1.40 | ≤0.030 | ≤0.030 | | | |
| U70MnSi | 0.66 ~ 0.74 | 0.85 ~ 1.15 | 0.85 ~ 1.15 | ≤0.030 | ≤0.030 | | | |
| 71MnSiCu | 0.64 ~ 0.76 | 0.70 ~ 1.10 | 0.80 ~ 1.20 | ≤0.030 | ≤0.030 | | | — |
| U75V | 0.71 ~ 0.80 | 0.50 ~ 0.80 | 0.70 ~ 1.05 | ≤0.030 | ≤0.030 | 0.04 ~ 0.12 | | |
| U76NbNRE | 0.72 ~ 0.80 | 0.60 ~ 0.90 | 1.00 ~ 1.30 | ≤0.030 | ≤0.030 | ≤3.030 | 0.02 ~ 0.05 | 0.02 ~ 0.05 |
| U70Mn | 0.61 ~ 0.79 | 0.10 ~ 0.79 | 0.85 ~ 1.25 | ≤0.030 | ≤0.030 | | ≤0.010 | |

注：①除 U75V 牌号中的 V，U76NbRe 牌号中的 Nb 诶加入元素外，其他牌号中的 Nb、V 为残留元素。

钢轨的力学性能（GB 2585—2007）　　　　表 1-7-14

| 牌　　号 | 抗拉强度 $R_m$（N/mm²），不小于 | 断后伸长率 A（%），不小于 |
|---|---|---|
| U74 | 780 | 10 |
| U71Mn | 880 | 9 |
| U70MnSi | | |
| 71MnSiCu | | |
| U75V | 980 | 9 |
| U76NbNRE | | |
| U70Mn | 880 | |

# 第五节　钢材的锈蚀、防锈与防火

钢材表面与周围介质发生反应而引起破坏的现象称为锈蚀或腐蚀。钢材锈蚀可发生在许多引起锈蚀的介质中,比如湿润空气、土壤、工业废气等。由于钢材的锈蚀所造成的经济损失是很严重的,随着钢材使用量的增加,如何防止锈蚀,减少损失,是一个很值得研究的课题。

## 一、钢材的锈蚀

### 1.钢材锈蚀的类型

钢材的锈蚀是指钢材表面与周围介质发生作用而引起破坏的现象。根据钢材与环境介质作用的机理,腐蚀可分为化学锈蚀和电化学锈蚀。

(1)化学锈蚀:指钢材直接与周围介质(如氧气、二氧化碳、二氧化硫和水等)发生化学反应而产生的锈蚀。如经过氧化作用,可在钢铁表面形成疏松的氧化物。在温度和湿度较大的条件下,这种锈蚀进行的很快,在干燥环境下则进行比较缓慢。

(2)电化学锈蚀:指钢材与电解质溶液接触后,由于形成许多微电池,进而产生电化学作用,引起锈蚀。这种锈蚀比化学锈蚀进行得更快。

通常所说钢铁在大气中的锈蚀,实际上是化学锈蚀和电化学锈蚀两者的综合,其中以电化学锈蚀为主。由于受到锈蚀,在钢材表面会形成疏松的氧化物,降低了钢筋与混凝土之间的黏结力,从而使钢结构截面面积减小,从而使结构性能降低,甚至产生破坏。

### 2.防止钢材锈蚀的措施

钢材的腐蚀既有内因(材质),也有外因(环境介质的作用),因此要防止或减少钢材的锈蚀可以从改变钢材本身的易锈蚀性,隔离环境中的侵蚀性介质或改变钢材表面的电化学过程三方面入手。

(1)合金法:在碳素钢中加入所需的合金元素,制成抗腐蚀性能较好的合金钢。如不锈耐酸钢就是在钢中加入铬元素(还可以加入钛、钼、镍等合金元素)的合金钢;在钢轨中加入适量铜,制成铜钢轨,可以显著提高钢材的抗锈蚀能力。

(2)金属覆盖:用电镀或喷镀的方法,将其他耐锈蚀金属覆盖在钢材表面,以提高其抗锈蚀能力,如镀锌、镀锡、镀铬、镀银等。这种方法适用于小尺寸的构件,对于大尺寸的构件则不易施工。

(3)油漆覆盖:是最常用的一种方法,简单易行,比较经济,但耐久性差,需要经常翻修。油漆包括底漆和面漆。底漆对钢材的吸附力要大,并且漆膜致密,能隔离水蒸气、氧气等,使之不易渗入。底漆内掺有防锈颜料,如红丹、锌粉、锌黄等。面漆是防止钢材锈蚀的第一道防线,对底漆起着保护作用。面漆应该具有耐候性好、光敏感性弱、耐湿、耐热性好、不易粉化和龟裂等性能。

## 二、混凝土用钢筋的防锈

在正常的混凝土中 pH 值约为 12,这时在钢材表面能形成碱性氧化膜,对钢筋起保护作用。若混凝土碳化后,由于碱度降低(中性化)会失去对钢筋的保护作用。此外,混凝土中氯离子达到一定浓度,也会严重破坏钢筋表面的钝化膜。我国大部分钢筋混凝土结构物使用年限都要求 5~100 年以上。为防止钢筋锈蚀,应限制原材料中氯的含量,保证混凝土的密实度以及钢筋外侧混凝土保护层的厚度。此外,采用环氧树脂涂层钢筋或镀锌钢筋也是一种有效的防锈措施。

### 三、钢材的防火

钢是不燃性材料,但并不表明钢材能够抵抗火灾。建筑火灾发生的次数最多、损失最大,约占全部火灾的80%左右。

耐火试验与火灾案例调查表明:以失去支持能力为标准,无保护层时钢柱和钢屋架的耐火极限只有0.25h,而裸露钢梁的耐火极限仅为0.15h。温度在200℃以内,可以认为钢材的性能基本不变;当温度超过300℃以后,钢材的弹性模量、屈服点和极限强度均开始显著下降,而塑性伸长率急剧增大,钢材产生徐变;温度超过400℃时,强度和弹性模量都急剧下降;到达6200℃时,弹性模量、屈服点和极限强度均接近于零,已失去承载能力。所以没有防护保护层的钢结构是不耐火的。

钢结构防火保护的基本原理是采用绝热或吸热材料,阻隔火焰或热量,推迟钢结构的升温速率。防火方法以包覆法为主,即以防护涂料、不燃性板材或混凝土和砂浆将钢构件包裹起来。

1. 防火涂料

防火涂料按受热时的变化分为膨胀型(薄型)和非膨胀型(厚型)两种。

膨胀型防火涂料的涂层厚度一般为2~7mm,其附着力较强,有一定的装饰效果。由于其内含膨胀组分,遇火后会膨胀增厚5~10倍,形成多孔结构。从而起到良好的隔热防火作用,根据涂层厚度可使构件的耐火极限达到0.5~1.5h。

非膨胀型防火涂料的涂层厚度一般为8~50mm,呈粒状面。密度小、强度低,喷涂后需再用装饰面层隔护,耐火极限可达0.5~3.0h。为使防火涂料牢固的包裹钢构件,可在涂层内埋设钢丝网,并使钢丝网与构件表面的净距离保持在6mm左右。

2. 不燃性板材

常用的不燃性板材有石膏板、硅酸钙板、蛭石板、珍珠岩板、矿棉板、岩棉板等,可通过黏结剂或钢钉、钢箍等固定在钢构件上。

**复习思考题**

一、填空题

1. 按照用途分类,钢材分为_____、_____和_____三大类。

2. 钢材的性能主要包括_____(抗拉性能、冲击韧性、疲劳强度和硬度等)和_____(冷弯性能、焊接性能和热处理性能等)两个方面。

3. _____是反映钢材利用率和安全可靠度的一个指标。

4. _____越大,说明钢材断裂时产生的_____越大,钢材_____越好。

5. 钢材在交变荷载的反复作用下,往往在应力远小于抗拉强度甚至小于屈服强度的情况下就突然发生破坏,这种现象称为钢材的_____。

6. 对于不同牌号而相同质量等级的碳素结构钢,_____越大,_____越高,其强度_____,_____越大,塑性、韧性_____。

7. 预应力混凝土用钢绞线具有_____、_____、_____、_____、与混凝土黏结性好,易于_____和施工方便等优点。

207

8. 钢材的锈蚀是指_____与_____发生作用而引起破坏的现象。

二、简答题

1. 目前冶炼钢的方法有哪些？它们各自的特点有哪些？

2. 简述钢材应力—应变关系曲线形成原理。

3. 影响钢材冲击韧性的主要因素有哪些？

4. 热处理对钢材性能的影响有哪些？

# 第八章 防水和吸声材料

**教学目标**

1. 了解防水材料种类,掌握防水材料性能指标。
2. 熟悉吸声材料,了解其性能。

## 第一节 防水材料种类及技术性能

### 一、概述

防水材料是工程结构中的一个重要组成部分,是保证工程建设中不受水侵蚀,内部空间不受危害的功能材料。防水工程的质量,在很大程度上取决于防水材料的性能和质量。防水材料的质量和合理使用是防止工程结构在建造中浸水和渗水的发生,确保其使用功能和使用寿命的重要因素。

防水材料是指应用于工程中起防潮、防渗、防漏、保护结构不受水侵蚀破坏的一类防水材料。防水材料的防潮作用是指防止地下水或基础中盐分等腐蚀性物质渗透到轨道基层内部;防漏作用是指防止雨水、雪水从结构物表面向基层渗透或通过路基裂缝向内渗透造成路基下沉。防水材料在工程建设中是不可缺少的一类功能材料,目前已广泛应用于各类轨道、桥梁、隧道涵洞等领域。

**1. 防水材料的共性要求**

防水是依靠具有防水性能的材料来实现的,防水材料质量的优劣直接关系到防水层的耐久年限。防水材料的共性要求如下:

(1)具有良好的耐候性,对光、热、臭氧等应具有一定的耐受能力;

(2)具有抗水渗透和耐酸碱性能;

(3)对外界温度和外力具有一定的适应性,即材料的拉伸强度要高,断裂伸长率要大,能承受温差变化以及各种外力与基层伸缩、开裂所引起的变形;

(4)整体性好,既能保持自身的黏结性,又能与基层牢固黏结,同时在外力作用下,有较高的剥离强度,形成稳定不透水整体。

**2. 防水材料的类别**

随着现代科学技术的发展,防水材料的品种、数量越来越多,性能各异。防水材料从性能上一般可分为柔性防水材料和刚性防水材料两大类。柔性防水材料主要有防水卷材、防水涂料等;刚性防水材料主要有防水混凝土、防水砂浆等。

根据防水材料的外观形态,一般可将铁路防水材料分为防水卷材、防水涂料、防水密封材料、刚性防水和堵漏材料等五大系列,这五大类材料又根据其组成的不同可分为上百个品种。本章重点介绍防水卷材和防水涂料。

## 二、防水卷材

防水卷材是一种可卷曲的片状柔性防水材料,品种很多,常用于铁路防水工程中。防水卷材必须具有优良的耐水性、温度稳定性、大气稳定性、柔韧性、延伸性、抗断裂性及机械强度。

根据其主要防水组成材料可分为高聚物改性沥青防水卷材、合成高分子防水卷材、自黏防水卷材等多种防水卷材。

### 1.高聚物改性沥青防水卷材

高聚物改性沥青防水卷材是以合成高分子聚合物改性沥青为涂盖层,以纤维织物或纤维毡为胎体,以粉状、粒状、片状或薄膜材料为覆面材料制成的可卷曲的防水材料。它克服了普通沥青油毡的耐老化不足,具有高温不流淌、低温不脆裂、拉伸强度高、延伸率大等优异性能,一般包括 SBS、APP 等防水卷材,单层厚度为 3mm 和 4mm,价格不等。产品适用于铁路、高速铁路、桥梁、隧道、一般工业与民用建筑工程防水;还适用于高层建筑的屋面和地下工程的防水防潮以及停车场、游泳池、蓄水池等建筑工程的防水。其中 3mm 厚及其以下的品种适用于多叠层防水;4mm 厚及其以上的品种适用于单层防水或高级建筑工程多叠防水中的面层,并可采用热熔法施工。常用高聚物改性沥青防水卷材的特点及适用范围见表 1-8-1。

常用高聚物改性沥青防水卷材的特点及适用范围

表 1-8-1

| 卷材名称 | 特点 | 适用范围 | 施工工艺 |
|---|---|---|---|
| SBS 改性沥青防水卷材 | 耐高、低温性能有明显提高,弹性和耐疲劳性明显改善 | 单层铺设或复合使用,适用于寒冷地区和结构变形频繁的建筑 | 冷施工或热熔铺贴 |
| APP 改性沥青防水卷材 | 具有良好的强度、延伸性、耐热性、耐紫外线照射及耐老化性能 | 单层铺设,适合于紫外线辐射强烈及炎热地区屋面使用 | 冷施工或热熔铺贴 |

### 2.合成高分子类防水卷材

合成高分子防水卷材是以合成橡胶、合成树脂或两者的共混体为基料,加入适量的化学助剂和填充料等,经不同工序(混炼、压延或挤出等)加工而成的。分为橡胶系列(聚氨酯、三元乙丙橡胶、丁基橡胶等)防水卷材、塑料系列(聚乙烯、聚氯乙烯等)和橡胶塑料共混系列防水卷材三大类。

此类卷材按厚度分为 1mm、1.2mm、1.5mm、2.0mm 等规格,具有拉伸强度和抗撕裂强度高、断裂伸长率大、耐热性和低温柔性好、耐腐蚀、耐老化等一系列优异的性能,是新型高档防水卷材。合成高分子防水卷材适用于铁路桥涵、隧道及各种工业、民用建筑物、水坝、蓄水池等建设工程及各种地下工程的防水、隔潮。一般单层铺设,可采用冷黏法施工。

常见的合成高分子防水卷材的特点和适用范围见表 1-8-2。

常见合成高分子防水卷材的特点和适用范围 表1-8-2

| 卷材名称 | 特点 | 适用范围 | 施工工艺 |
|---|---|---|---|
| 三元乙丙橡胶防水卷材 | 防水性能优异,耐候性好,耐臭氧性、耐化学腐蚀性好,弹性和抗拉强度大,对基层变形开裂的适应性强,重量轻,使用温度范围宽,寿命长,但价格高,黏结材料尚需配套完善 | 防水要求较高、防水层耐用年限要求长的工业与民用建筑,单层或复合使用 | 冷黏法施工 |
| 丁基橡胶防水卷材 | 有较好的耐候性、耐油性、抗拉强度和延伸率,耐低温性能稍低于三元乙丙防水卷材 | 单层或复合使用,适用于要求较高的防水工程 | 冷黏法施工 |
| 氯化聚乙烯防水卷材 | 具有良好的耐候、耐臭氧、耐热老化、耐油、耐化学腐蚀及抗撕裂的性能 | 单层或复合使用,适用于紫外线强的炎热地区 | 冷黏法施工 |
| 氯磺化聚乙烯防水卷材 | 延伸率较大,弹性较好,对基层变形开裂的适应性较强,耐高温、低温性能好,耐腐蚀性能优良,难燃性好 | 适用于有腐蚀介质影响及在寒冷地区的防水工程 | 冷黏法施工 |
| 聚氯乙烯防水卷材 | 具有较高的拉伸和撕裂强度,延伸率较大,耐老化性能好,原料丰富,价格便宜,容易黏结 | 单层或复合使用,适用于外露或有保护层的防水工程 | 冷黏法或热风焊接法施工 |
| 聚氯乙烯—橡胶共混防水卷材 | 不但具有氯化聚乙烯特有的高强度和优异的耐臭氧、耐老化性能,而且具有橡胶所特有的高弹性、高延伸性以及良好的低温柔性 | 单层或复合使用,尤其用于寒冷地区或变形较大的防水工程 | 冷黏法施工 |
| 三元乙丙橡胶—聚乙烯铬镍钢混防水卷材 | 是热塑性弹性材料,有良好的耐臭氧和耐老化性能,使用寿命长,低温柔性好,可在负温条件施工 | 单层或复合使用,外露防水层面,宜在寒冷地区使用 | 冷黏法施工 |

3. 自黏防水卷材

自黏改性沥青防水卷材是以沥青、SBS和SBR等弹性体材料为基料,并掺入增塑、增黏材料和填充材料,以聚乙烯膜、铝箔为上表面材料或无上表面覆盖层(双面自黏),底表面或上下表面覆涂硅隔离防黏材料制成的自行黏结的防水卷材。

其性能特点是:自黏改性沥青防水卷材采用SBS、SBR等弹性体与沥青为基料制成的冷胶黏剂材料制成,具有良好的柔韧性和耐热性、延展性,适应基层因应力产生的变形能力强,施工时不需再涂胶黏剂即可自行与基层之间或与卷材之间黏结,施工方便、安全,对环境不造成污染。

自黏防水卷材主要适用于铁路、地铁、隧道、桥面及各种地下工程的非外露的防水防渗工程。

### 三、防水涂料

防水涂料(胶黏剂)是以高分子合成材料、沥青等为主体,在常温下呈流态或半流态物质,主要组成材料一般包括:成膜物质、溶剂及催干剂,有时也加入增塑剂及硬化剂等。该涂料涂刷在铁路路面、桥面、建筑物的屋顶、地下室、卫生间、浴室和外墙等需要进行防水处理的基层表面上,可在常温条件下形成连续的、整体的、具有一定厚度的涂料防水层,使基材与水隔绝,起到防水、防潮的作用。防水涂料特别适合于结构复杂、不规则部位的防水,大多采用冷施工,可人工涂刷或喷涂施工,操作简单、进度快、便于维修,减少了环境污染,改善了劳动条件。

防水涂料的性能,防水涂料要满足防水工程的要求,必须具备以下性能:

(1)柔性,指防水涂料成膜后的膜层在低温下保持柔韧的性能。它反映了防水涂料在低温下的施工和使用性能。

(2)固体含量,指防水涂料中所含有固体的比例。因为涂料涂刷后涂料中的固体成分形成涂膜,所以,固体含量的多少与成膜及涂膜质量紧密相关。

(3)延伸性,指防水涂料适应基层变形的能力。由于温差、干湿等因素致使建筑的基层一般都有一定的变形,因此,防水涂料成膜后必须具有一定的延伸性,以便保证防水效果。

(4)耐热度,指防水涂料成膜后的防水薄膜在高温下不发生流淌、软化变形的性能。它反映防水涂膜的耐高温性能。

(5)不透水性,指防水涂料成膜后,其涂膜在一定水压(静水压或动水压)和一定时间内不出现渗漏的性能。它是防水涂料满足防水功能要求的主要质量指标。

目前防水涂料一般按涂料的类型和成膜物质的主要成分进行分类。根据涂料的液态类型,可把防水涂料分为溶剂型、水乳型、反应型三种。

#### 1. 溶剂型防水涂料

在这类涂料中,作为主要成膜物质的高分子材料溶解于有机溶剂中,成为溶液。高分子材料以分子状态存在溶液(涂料)中。

该类涂料具有以下特点:通过溶剂挥发,经过高分子物质分子链接触、搭接等过程而结膜;涂料干燥快,结膜较薄而致密;生产工艺较简易,涂料贮存稳定性较好;易燃、易爆、有毒,生产、贮存及使用时要注意安全;由于溶剂挥发快,施工时对环境有污染。

#### 2. 水乳型防水涂料

这类防水涂料作为主要成膜物质的高分子材料以极微小的颗粒(而不是呈分子状态)稳定悬浮(而不是溶解)在水中,成为乳液状涂料。

该类涂料具有以下特性:通过水分蒸发,经过固体微粒接近、接触、变形等过程而结膜;涂料干燥较慢,一次成膜的致密性较溶剂型涂料低,一般不宜在5℃以下施工;贮存期一般不超过半年;可在稍为潮湿的基层上施工;无毒,不燃,生产、储运、使用比较安全;操作简便,不污染环境;生产成本较低。

#### 3. 反应型防水涂料

在这类涂料中,作为主要成膜物质的高分子材料系以预聚物液态形状存在。多以双组分或单组分构成涂料,几乎不含溶剂。

此类涂料具有以下特性:通过液态的高分子预聚物与相应物质发生化学反应,变成固态物(结膜);可一次性结成较厚的涂膜,无收缩,涂膜致密;双组分涂料需现场按配合比准确配料,搅拌均匀,才能确保质量;价格较贵。常见的轨道工程防水涂料特点和适用范围见表1-8-3。

轨道工程常用防水涂料特点和适用范围

表1-8-3

| 涂料名称 | 特 点 | 适用范围 |
|---|---|---|
| 高铁专用聚氨酯防水涂料 | 固化前为无定型黏稠状液态物质,通过化学反应成膜,无接缝,整体性强;涂膜具有橡胶弹性,延伸性好,拉伸强度和撕裂强度均较高 | 适用于有砟、无砟铁路混凝土桥面防水层 |
| 喷涂聚酯防水涂料 | ①快速固化,可在任意曲面喷涂成型不流挂,5s凝胶,10min即可达到步行强度;②对水分、湿度不敏感,属新型环境友好型材料;拉伸强度高、伸长率好,经受冷热交替和应力变化后不易开裂;③涂层连续、致密、无接缝,抗渗透性强,与底材附着力好,不起泡,不空鼓;④耐候性好;⑤施工后不需要维护 | 适用于隧道防水、桥梁防水、屋面和地下工程防水;也适用于防腐工程、耐磨地坪工程 |
| 高渗透改性环氧防水涂料 | ①涂刷渗入后与基底形成厚度2mm以上的防渗层,强度大大提高,耐戳穿力极强,无须再在上面作保护层;②具有优良的耐老化性和抗腐蚀性,对钢筋混凝土有极强的保护作用;③施工方便,可在潮湿面上施工,并且对施工的混凝土结构面干燥度无特殊要求;④固结体无毒,不产生污染,性价比高;⑤能渗入木材中使木材的力学性能大大提高,防水和耐腐蚀性优良 | 适用于铁路桥梁、地铁高架路桥面防水、明挖车站、出入口结构顶板防水、桩头防水、区间大开挖地段主体结构顶板和边墙等防水 |
| 钢桥用涂料 | ①直接用水稀释,漆膜干燥迅速;②不含挥发性有机溶剂,极低的VOC;③漆膜坚韧致密,机械强度高;④干膜含锌量高,防锈性能优异;⑤良好的耐油耐水性 | 适用于铁路桥梁、修造船、海洋钢结构、铁塔等设备的防水防锈底漆 |
| 聚甲基丙烯酸甲酯防水涂料(PMMA) | ①不需要混凝土保护层,通常适用于各种不规则的基面;②耐磨、耐久性能好;③流平性、固化性好;④施工方便,周期较短;⑤便于检查和修补等 | 该产品是城际轨道、高速铁路、客运专线、公路桥梁等交通工程较理想的防水防护材料 |

### 四、防水密封材料

防水密封材料又称嵌缝材料,是为了承受位移且能达到气密、水密目的而嵌入建筑物、构造物缝隙中的防水材料。密封材料按常温下是否具有流动性分为定型密封材料和不定型密封材料两大类。定型密封材料是具有一定形状和尺寸的密封材料,如密封条、止水带等;不定型密封材料通常是黏稠状的材料,如密封胶和嵌缝胶等。

1. 高分子止水带(条)

合成高分子止水带属定型防水密封材料,它是将具有气密和水密双重性能的橡胶或塑料制成一定形状(带状、条状、片状等),嵌入到建筑物施工接缝、伸缩缝、沉降缝等结构缝内的密封防水材料。主要用于隧道防水、闸坝、溢洪道等建筑物变形缝的防漏止水,以及工业与民用建筑工程的地下及屋顶结构缝防水工程,闸门、管道的密封止水等。目前,工程上常用的合成高分子止水材料有橡胶止水带及止水橡皮、遇水膨胀型止水条、塑料止水带等。

2. 橡胶止水带和止水橡皮

橡胶止水带和止水橡皮是以天然橡胶及合成橡胶为主要原料,加入各种助剂和填充料后而制得的具有各种形状和尺寸的止水、密封材料。常用的橡胶材料有天然橡胶、氯丁橡胶、三元乙丙橡胶、再生橡胶等。止水橡皮的断面形状有 P 形、无孔 P 形、L 形、U 形等,埋入型止水带有桥形、哑铃形、锯齿形等,如图 1-8-1 所示。橡胶止水带和止水橡皮可单独使用,也可几种橡胶复合使用。

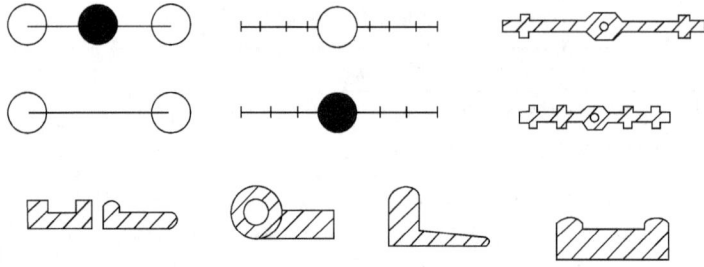

图 1-8-1    止水带及止水橡皮断面形状

(1)遇水膨胀型橡胶止水带

遇水膨胀型橡胶止水带是用改性橡胶制得的一种新型橡胶止水带。由于将无机或有机吸水材料及高黏性树脂等材料作为改性剂,所以掺入合成橡胶后可制得遇水膨胀的改性橡胶。这种橡胶既保留原橡胶的弹性、延展性等,又具有遇水膨胀的特性。遇水膨胀橡胶止水带的工作原理是将遇水膨胀橡胶止水带嵌在地下混凝土管或衬砌的接缝中,通过止水带的遇水膨胀,使管道或衬砌的缝隙更为密封,使其达到完全不漏水。常用的吸水性材料有膨润土(无机)及亲水性聚氨酯树脂等。

(2)塑料止水带

塑料止水带是用聚氯乙烯树脂、增塑剂、防老化剂、填料等原料加工而成的止水密封材料,其断面形状有桥形、哑铃形等(与橡胶止水带相似)。塑料止水带的物理性能见表 1-8-4。

**塑料止水带性能**                                                                表 1-8-4

| 项　　目 | 指　标 | 项　　目 | | 指　标 |
|---|---|---|---|---|
| 硬度(邵氏 A)(度) | 60~75 | 热空气老化<br>(70℃×360h) | 抗拉强度 | >95 |
| 抗拉强度(MPa) | ≥12 | | 相对伸长 | >95 |
| 100% 延伸率定伸强度(MPa) | ≥45 | 耐酸碱性能 1% KOH<br>或 NaOH60~75℃,30d | 抗拉强度 | >95 |
| 相对伸长率(%) | ≥300 | | 相对伸长 | >95 |
| 低温对折(℃) | ≤ -40 | | | |

塑料止水带具有强度高、耐老化、成本低廉、可节约大量橡胶及紫铜片等贵重材料的优点,虽然其各项物理性能较橡胶止水带稍有不足,但均能满足工程要求。塑料止水带采用热熔法连接,施工方便,应用广泛。

(3)聚硫密封胶

该产品是以液态聚硫橡胶为主要基料并添加多种化学助剂经特殊高分子合成工艺制而成,是一种无毒级的防水密封材料。产品具有冷施工、操作简便、成膜后无接头形成、延伸性好、抗渗无毒、无污染、黏结性好,并起到密封、隔声、防水、阻尼、抗振和节能保温等作用。特别适用于水利工程和市政工程的贮水构筑物的伸缩缝和穿墙管件、预埋件及钢模拆模后的螺栓孔洞防水堵漏密封。聚硫密封胶是国际上公认的唯一能长期在水中工程保持原性能并且无毒无污染的理想的防水密封材料。双组分聚硫密封胶已列入中国工程建设标准化协会标准(CECS)《混凝土贮液构筑物变形缝设计规程》。

该产品广泛用于建筑工程中的混凝土伸缩、沉降等变形缝的黏结密封。适用于水泥、胶

214

木、聚氯乙烯、玻璃、各种金属或非金属的黏合,具有良好的耐水、耐油、耐大气老化、密封性。该产品属无毒级产品,特别适用于水厂净配水池接缝和滤池间接缝、钢模螺栓眼的密封防水。同时适用于污水处理厂的污水池伸缩缝密封防水。

(4)聚氨酯密封胶

聚氨酯密封胶是一种高分子化学反应型密封材料。其甲组分是含有异氰酸酯基的预聚体,乙组分是含有活性氰化合物等的复合固化剂,两者混合常温固化后生成伸长率很高的弹性密封材料,是目前性能价格比较高的防水密封材料,适用于混凝土墙板、储水池、游泳池、窗框、水落管等接缝部分的防水密封,混凝土构件裂缝的修补;工业与民用建筑的地下室、伸缩缝、沉降缝的密封处理;混凝土、铝、砖、木、钢材之间的黏结。

(5)其他密封材料

上隧牌STM#盾尾密封油膏,该产品是盾构法施工隧道中盾构掘进机的钢丝型盾尾的主要配套材料之一,主要起密封、防水、润滑、防蚀保护作用。上海隧道工程股份有限公司吸收国内外先进技术,于20世纪80年代中期开发、研制并生产了上隧牌STM#秆尾密封油膏。这是一种新型密封性材料,经上海市建筑科学研究院测试,主要技术性能达到国外同类产品水平,高于国内同类产品水平。

该产品是以半干性油为主剂,加入其他改性剂、防蚀剂、填充剂等添加材料而制得的盾尾专用密封剂。防水密封材料除了应有较高的黏结强度外,还必须具备良好的弹性、柔韧性、耐冻性和一定的抗老化性,以适应各种因素引起的热胀冷缩、结构变形、高温不流淌、低温不脆裂的要求,保证接缝处不渗漏、不透气的密封作用。防水密封材料的合理选用能够使工程中的施工缝、构件连接缝、变形缝等各种接缝保持水密、气密,保证轨道工程的整体抗渗性、防水性能。

## 五、其他防水材料(排水、防水辅助材料)

### 1. 塑料排水管

(1)高密度聚乙烯波纹管,是由聚乙烯添加其他助剂而成的外形呈波纹状的新型渗排水塑料管材,分为单、双臂打孔波纹管,具有重量轻、承受压力强、弯曲性能优良、便于施工等优点。由于该产品的管孔在波谷中为长条形,有效地克服了平面圆孔产品已被堵塞而影响排水效果的弊端。针对不同的排水要求,管孔的大小可为 10mm×1mm～30mm×3mm,并且可在360°、270°、180°、90°等范围内均匀分布,广泛用于公路、铁路路基、地铁工程、废弃物填埋场、隧道、绿化带、运动场及含水率偏高引起的边坡防护等排水领域。

(2)塑料盲沟材料由耐腐蚀维纶制成的滤膜和改性聚乙烯的三维立体网状体组合,可替代传统的碎石、有孔硬管和弹簧透水管,作为反滤、排水、护崖、路基防护等方面的排水新材料,广泛应用于隧道防渗排水、铁路、公路路基排水、软基筑堤、挡土墙反滤、坡面与坡内排水、地下建筑、工民建基础、草坪、运动场、天台花园、垃圾填埋场等各类工程。尤其在要求导水率大的情况下,代替厚型无纺土工织物解决其排水能力不足的关键问题。具有在土中、水中永不降解的性质,添加抗老化配方,可保持永久性材质无变化的特征。由于选择不同的无纺土工布、尼龙网作滤膜,可以根据不同土质、围岩选择最合适的织物滤层,有效防止滤层淤堵。

### 2. 塑料透水管

(1)软式透水管在实际工程应用中,根据工程条件和设计要求,综合考虑排水和过滤的双重关系,可充分体现出渗水导管的独特作用。该管可截取和引走降雨渗水,排除堤坝、防护坡等工程的自重挤压水和基础内的水,以增加工程的稳定性。

(2)加劲纤塑弹簧透水盲管,是以 PVC 防锈弹簧钢圈为加劲骨架,被覆里外两层加强合成纤维,间夹无纺布滤布,以达到坚固管体结构、强化透水效果、增加过滤功能,兼具吸水、透气、排水功能,施工操作简便快捷,且不会产生倒管等不良现象。

# 第二节　轨道吸声材料及性能指标

## 一、铁路噪声的构成及特点

根据国内外铁路噪声理论研究和试验测试结果,铁路噪声主要由牵引噪声、轮轨噪声、空气动力噪声和结构物噪声组成。一般来说,当列车运行速度小于35km/h 时,牵引噪声占主导;运行速度大于250km/h 时,气动噪声占主导;运行速度为 35～250km/h 时,轮轨噪声占主导。

高速铁路列车运行时产生的总噪声级,由以上几种噪声叠加而成,每部分噪声对总噪声水平的贡献量因列车运行速度不同而不同,随着列车速度的提高,空气动力噪声及集电系统噪声的贡献随之增大。不同的列车速度和不同的减振降噪措施条件下,上述几项影响的程度是不一样的。如果不采取切实有效的措施,系统将会对轨道沿线周围环境造成严重的噪声污染。为了降低轨道列车运行噪声对周围环境的影响,日本、德国等国铁路早在 20 世纪 90 年代就开始了轨道用吸声材料的开发和工程应用研究。近年来,为了解决我国铁路和城市所带来的噪声污染问题,轨道用吸声材料的研制和使用也在推进。

目前,国内外解决噪声比较经济和有效的措施是在交通主干线的两侧修建各种吸声材料制成的声屏障。北京、上海、广州、天津等城市在大部分高架道路和即将投入运营的高架轻轨两侧装上了声屏障(如图 1-8-2),并且还在不断延伸。

图 1-8-2　铁路声屏障

声屏障是指在声源与接受者之间,插入一个有足够面密度的板或墙,使声波有一个显著的附加衰减量,从而减弱接收者所在的一定区域内的噪声影响,这种设施就是声屏障。声波在传播过程中,遇到声屏障时,会发生反射、透射和绕射三种现象,阻止直达声的传播,并使绕射声有足够的衰减,而透射声的影响可以忽略不计。在声源和接收点之间插入一个声屏障,设屏障无限长,声波只能从屏障上方绕射过去,而在其后形成一个声影区,就像光线被物体遮挡形成一个阴影那样。在这个声影区内,人们可以感到噪声明显地减弱了,这就是声屏障的减噪效应。

## 二、轨道工程常用声屏障的分类

声屏障可以有不同的分类方法,如按照声屏障形状、结构、屏障材料、声学特性等进行分类。

如按照材料分类可以分为混凝土类、金属类、透明材料类等;按照声学特性可以分为吸声型和反射型两类;按照结构形式可以分为整体型声屏障、砌体式声屏障和插板式声屏障。声屏障按外观形状可以分为直立式、折臂式、倾斜式、封闭式、带有顶部装置的直立式等。折臂式声屏障有倒 L 形、圆弧形等具体形式;倾斜式声屏障有内倾和外倾两种形式;封闭式声屏障有全封闭、半封闭式。我国已建成的道路声屏障和铁路声屏障主要为直立式、折臂式等。

### 三、铁路声屏障材料的性能特点

(1)声学性能。声屏障声学构件的计权隔声量不小于 30dB。具有吸声性能的声屏障声学构件,要符合降噪系数的要求,应用于列车运行速度 200km/h 以下的铁路声屏障声学构件的降噪系数不小于 0.60;应用于列车运行速度 200km/h 及以上的铁路声屏障声学构件的降噪系数不小于 0.70。

(2)抗风压性能。声屏障声学构件抗风压性能,其最大弹性挠度不应超过 LA/100(LA 为声屏障构件最大自由长度),残余变形不应超过 LA/500,不应发生功能障碍、残余变形或损坏。

(3)抗冲击性能。声屏障声学构件应能承受 30J ± 1J 能量的冲击,满足《铁路声屏障声学构件技术要求和测试方法》(TB/T 3122—2010)要求。

(4)防火性能。有机合成材料的声屏障声学构件的防火等级应满足《建筑材料及制品燃烧性能分级》(GB 8624—2006)中 E 级及以上要求。

(5)防腐蚀性能。声屏障声学构件中的铝合金防腐蚀性能以耐盐雾性来表示,耐盐雾性应符合《铝塑板》(GB/T 17748—2008)中的规定。

(6)抗疲劳性能。应用于列车运行速度 200km/h 及以上的铁路线上的声屏障构件应具有良好的抗疲劳性。

(7)外观。声屏障声学构件表面颜色可根据采购方式要求进行选择。涂层或镀层应光洁平整,不应有脱膜、伤痕、皱皮、流坠、气泡、变色及色泽不均等缺陷,内、外层表面均应无油污、毛刺等。

(8)使用寿命。铁路声屏障声学构件的使用寿命为 25 年。

我国在降低噪声的实用措施方面,尚处于起步阶段。20 世纪末,交通部在国内各大城市纷纷修建声屏障来控制城市道路噪声污染,仅上海市的内环线、成都路高架及杨浦大桥接线部分就有 13 个区段约 5.5km 均已修建声屏障,其他城市如北京、郑州、广州和重庆等也已修建了大量声屏障。随着道路噪声污染的加重趋势和国家对居住环境噪声污染标准的提高,我国道路声屏障应用开始得到重视,近几年更得到了快速发展。吸声型声屏障是声屏障未来的发展趋势,研究和发展新型吸声材料,增大声屏障的插入损失是声屏障的发展方向。

复习思考题

一、填空题

1.依据轨道交通防水材料的外观形态,一般可将铁路防水材料分为_____、_____、_____、_____和_____等五大系列。

2.防水卷材必须具有优良_____、_____、_____、_____、_____及机械强度。

3. 密封材料按常温下是否具有_____分为_____密封材料和_____密封材料两大类。

4. 声屏障是指在_____与_____之间,插入一个有足够面密度的板或墙,使声波有一个显著的_____,从而减弱接收者所在的一定区域内的_____,这种设施就是声屏障。

二、简答题

1. 对轨道交通防水材料的共性要求进行简要概述。

2. 防水涂料需要具备哪些性能要求?

3. 塑料止水带具有哪些优点?

4. 简述声屏障的性能特点。

# 第九章 新型轨道材料

### 教学目标

1. 了解各种新型轨道材料的类型。
2. 熟悉各种轨道材料的技术要求,掌握土工合成材料和土体化学加固材料在工程中的应用。
3. 了解轨道板材料的预制和装配工艺。

## 第一节 土工合成材料

土工合成材料是应用于岩土工程和土木工程建设的、以合成材料为原材料制成的各种产品的统称。因为它们主要用于岩土工程,故冠以"土工"两字,称为"土工合成材料",以区别于天然材料。作为一种土木工程材料,它是以人工合成的聚合物(如塑料、化纤、合成橡胶等)为原料制成的各种类型的产品,置于土体内部、表面或各种土体之间,具有加强或保护土体的作用。

土工合成材料在早期曾被称为"土工织物"和"土工膜"。随着工程需要,这类材料不断有新的品种出现,例如土工格栅、土工网和土工模袋、土工网垫、土工带等,原来的名称已不能准确地涵盖全部产品,这样,在其后的一段时期内,就把它们称为"土工织物、土工膜和相关产品"。显然,这样的名称不宜作为一种技术名词或学术名词。为此,1994年在新加坡召开的第五届国际土工合成材料学术会议上,正式确定这类材料的名称为"土工合成材料"。

以天然植物作为岩土工程材料,已经有几千年的历史。如:茅草作为土的加筋材料,在我国北方的大部分地区仍在沿用。远在西方的荷兰,在水利工程上就大量利用柳条加固堤防,防止冲刷,然而天然植物易于腐烂,不能耐久;而金属则容易锈蚀,因此20世纪30年代,塑料、合成纤维和合成橡胶问世后人们开始探索使用土工合成材料。

土工合成材料随化学工业聚合物的发展和工程拓展而兴起,其应用技术则依赖于岩土力学基本原理。创始人之一吉劳德教授(Dr. Giroud. J. P.)曾誉为"可能是岩土工程历史上的一次重要革命"。1968年法国的罗纳·普朗克(Rhone Poulenc)公司首创无纺土工织物,可替代传统的砂砾料用作滤层,使土工织物的应用领域广为拓展;20世纪80年代初英人麦瑟(Mercer)发明了用聚合物制成的至今仍为土加筋的最佳材料的土工格栅。

70年代末有了塑料排水带,替代砂井用于软基排水固结。以有纺织物制成的大直径大长度的土工管袋,可容纳疏浚泥沙、淤泥等物,脱水固结,形成连续大体积土管袋,可作岸边的防冲障墙,也可建成河工丁坝、顺坝,以及围垦造地、兴建人工岛。

1998年在我国抗击特大洪水工程中,土工合成材料在防汛抢险中发挥了显著作用;水利部率先编制土工合成材料应用技术规范《水利水电工程土工合成材料应用技术规范》(SL/T 225—1998)，结束了我国土工合成材料无标准的状况；随后国家标准和铁路、公路、水运的行业技术标准相继发布；产品标准和材料测试标准相继发布。1998 年年底，土工合成材料及技术步入规范化时期。

土工合成材料的原材料是高分子聚合物(Polymer)。它们是由煤、石油、天然气或石灰石中提炼出来的化学物质制成，再进一步加工成纤维或合成材料片材，最后制成各种产品。制造土工合成材料的聚合物主要有聚乙烯(PE)、聚酯(PP)、聚酰胺(PER)、聚丙烯(PP)和聚氯乙烯(PVC)、氯化聚乙烯(CPE)、聚苯乙烯(EPS)等。

## 一、土工合成材料的类型

对于土工合成材料的分类，将土工合成材料归纳为土工织物、土工膜、土工复合材料和土工特种材料四大类。

## 二、土工合成材料技术性质

土工合成材料的性能应该满足轨道工程的使用要求和应用条件。其中土工合成材料的性能指标应包括：

(1)产品形态指标：材质、幅度、每卷的长度等；

(2)物理性能指标：单位面积(或单位长度)质量、厚度、有效孔径(或开孔尺寸)等；

(3)力学性能指标：抗拉强度、延伸率、撕裂强度、顶破强度、与岩土间的摩擦系数等；

(4)水力学性能指标：渗透系数等；

(5)土工织物相互作用指标及耐久性、抗老化指标等。

土工合成材料设计容许抗拉强度 $T_a$ 应按下式计算：

$$T_a = (1/F_{iD} \cdot F_{cR} \cdot F_{cD} \cdot F_{bD}) \cdot T \tag{1-9-1}$$

式中：$T_a$——设计容许抗拉强度；

$F_{iD}$——铺设时机械破坏影响系数；

$F_{cR}$——材料蠕变影响系数；

$F_{cD}$——化学剂破坏影响系数；

$F_{bD}$——生物破坏影响系数；

$T$——由加筋材料拉伸试验测得的极限抗拉强度。

1. 土工织物

土工织物的另一名称为土工布，它是早期用于岩土工程中的一种布状材料。

土工织物的制造过程为：首先把聚合物原料加工成丝、短纤维、纱或条带，然后再制成平面结构的土工织物。土工织物按制造方法可分为有纺(织造)土工织物和无纺(非织造)土工织物。有纺土工织物由两组平行的呈正交或斜交的经线和纬线交织而成。无纺土工织物是把纤维作定向的或随意的排列，再经过加工而成。按照连接纤维的方法不同，可分为化学(黏结剂)联结、热力连接和机械连接三种联结方式。

土工织物突出的优点是重量轻、整体连续性好(可做成较大面积的整体)、施工方便、抗拉强度较高、耐腐蚀和抗微生物侵蚀性好。缺点是未经特殊处理，抗紫外线能力低，如暴露在外，受紫外线直接照射容易老化，但如不直接暴露，则抗老化及耐久性能仍较高。

## 2. 土工膜

土工膜一般可分为沥青和聚合物(合成高聚物)两大类。含沥青的土工膜,目前主要为复合型的(含编织型或无纺型的土工织物),沥青作为浸润黏结剂使用。聚合物土工膜,根据不同的主材料分为塑性土工膜、弹性土工膜和组合型土工膜。

大量工程实践表明,土工膜的不透水性很好,弹性和适应变形的能力很强,能适用于不同的施工条件和工作应力,具有良好的耐老化能力,处于水下和土中的土工膜的耐久性尤为突出。土工膜具有突出的防渗和防水性能。

## 3. 土工格栅

土工格栅是一种主要的土工合成材料,与其他土工合成材料相比具有独特的性能与功效。土工格栅常用作加筋土结构的筋材或复合材料的筋材等。土工格栅分为玻璃纤维类和聚酯纤维类两种类型。

(1)塑料类。此类土工格栅是经过拉伸形成的具有方形或矩形的聚合物网材,按其制造时拉伸方向的不同可分为单向拉伸和双向拉伸两种。它是在经挤压制出的聚合物板材(原料多为聚丙烯或高密度聚乙烯)上冲孔,然后在加热条件下施行定向拉伸。单向拉伸格栅只沿板材长度方向拉伸制成,而双向拉伸格栅则是继续将单向拉伸的格栅再在与其长度垂直的方向拉伸制成的。由于土工格栅在制造中聚合物的高分子会随加热延伸过程而重新定向排列,加强了分子链间的联结力,达到了提高其强度的目的。其延伸率只有原板材的 10% ~ 15% 。如果在土工格栅中加入炭黑等抗老化材料,可使其具有较好的耐酸、耐碱、耐腐蚀和抗老化等耐久性能。

(2)玻璃纤维类。此类土工格栅是以高强度玻璃纤维为材质,有时配合自黏感压胶和表面沥青浸渍处理,使格栅和沥青路面紧密结合成一体。由于土石料在土工格栅网格内互锁力增高,它们之间的摩擦系数显著增大(可达 0.8 ~ 1.0),土工格栅埋入土中的抗拔力,由于格栅与土体间的摩擦咬合力较强而显著增大,因此它是一种很好的加筋材料。同时土工格栅是一种重量轻,具有一定柔性的平面网材,易于现场裁剪和连接,也可重叠搭接,施工简便,不需要特殊的施工机械和专业技术人员。

## 4. 土工特种材料

(1)土工膜袋。土工膜袋是一种由双层聚合化纤织物制成的连续(或单独)袋状材料,利用高压泵把混凝土或砂浆灌入膜袋中,形成板状或其他形状结构,常用于护坡或其他地基处理工程。膜袋根据其材质和加工工艺的不同,分为机制和简易膜袋两大类。机制膜袋按其有无反滤排水点和充胀后的形状又可分为反滤排水点膜袋、无反滤排水点膜袋、无排水点混凝土膜袋、铰链块型膜。

(2)土工网。土工网是由合成材料条带、粗股条编织或合成树脂,或高密度聚乙烯(HDPE)加抗紫外线助剂加工而成压制的具有较大孔眼、刚度较大的网状土工合成材料,具有抗老化、耐腐蚀等特征,用于软基加固垫层、坡面防护、植草以及用作制造组合土工材料的基材。公路、铁路路基中使用可有效地分配荷载,提高地基的承载能力及稳定性,延长寿命。土工网用于路基增强,使粒状填料与网格互相锁合在一起,形成稳定的平面,防止填料下陷,并可将垂直载荷分散;地理条件恶劣地区可采用多层增强。适用于江河堤坝防护、海岸治理、隧道工程及防波堤导流坝的铺设等。

(3)土工网垫和土工格室。土工网垫和土工格室都是用合成材料特制的三维结构。前者多为长丝结合而成的三维透水聚合物网垫;后者是由土工织物、土工格栅或土工膜、条带聚合物构成的蜂窝状或网格状三维结构,常用作防冲蚀和保土工程,刚度大、侧限能力高的土工格室多用于地基加筋垫层、路基基床或道床中。

(4)聚苯乙烯泡沫塑料。聚苯乙烯泡沫塑料(即EPS)是近年来发展起来的超轻型土工合成材料。它是在聚苯乙烯中添加发泡剂,用所规定的密度预先进行发泡,再把发泡的颗粒放在筒仓中干燥后填充到模具内加热形成的。EPS具有重量轻、耐热、抗压性能好、吸水率低、自立性好等优点,常用作铁路路基的填料。

(5)土工复合材料。土工织物、土工膜、土工格栅和某些特种土工合成材料,将其两种或两种以上的材料互相组合起来就成为土工复合材料。土工复合材料可将不同材料的性质结合起来,更好地满足具体工程的需要,能起到多种功能的作用。如复合土工膜,就是将土工膜和土工织物按一定要求制成的一种土工织物组合物。其中,土工膜主要用来防渗,土工织物起加筋、排水和增加土工膜与土面之间的摩擦力的作用。又如土工复合排水材料,它是以无纺土工织物和土工网、土工膜或不同形状的土工合成材料芯材组成的排水材料,用于软基排水固结处理、路基纵横排水、建筑地下排水管道、集水井、支挡建筑物的墙后排水、隧道排水、堤坝排水设施等。路基工程中常用的塑料排水板就是一种土工复合排水材料。

国外大量用于道路的土工复合材料是玻纤聚酯防裂布和经编复合增强防裂布,这种防裂布能延长道路的使用寿命,从而极大地降低修复与养护的成本。从长远经济利益来考虑,这种防裂布是国内应该提倡采用的土工复合材料。

### 三、土工合成材料在工程中的应用

土工合成材料可应用于路基、挡墙、路基防排水、路基防护、路基不均匀沉降防治、路面裂缝防治、特殊土和特殊路基处治、地基处理等工程中。表1-9-1简要列出土工合成材料的适用场合。

土工合成材料的工程应用 表1-9-1

| 应用场合 | 宜采用的土工合成材料 |
| --- | --- |
| 路基加筋 | 土工格栅、土工织物、土工格室 |
| 地基处理 | 土工格栅、土工格室、无纺土工织物、排水带、泡沫聚苯乙烯板块(EPS) |
| 路基防护 | 土工格室、土工模袋、植生袋、平面土工网、三维土工网 |
| 防沙固沙 | 土工格室、土工织物、土工格栅 |
| 路基防排水 | 排水板、排水管、复合土工膜、无纺土工织物、透水软管、透水硬管、土工织物膨润土垫 |
| 路基不均匀沉降防治 | 土工格栅、土工格室、土工织物、泡沫聚苯乙烯板块(EPS) |
| 路面裂缝防治 | 无纺土工织物、玻璃纤维格栅 |
| 膨胀土路基处治 | 土工格栅、复合土工膜、无纺土工织物 |
| 盐渍土路基处治与构筑物表面防腐 | 复合土工膜、土工织物、土工格栅 |

土工合成材料的基本作用包括:

(1)滤层作用。滤层作用是指土工合成材料在让液体(水流)顺畅通过的同时,不允许骨架土颗粒随水流流失的作用。此种功能是保持土体结构稳定性的关键要求。图1-9-1是利用无纺土工织物建造土坝黏土斜墙过渡层反滤的示意图。

(2)排水作用。排水作用是指土工合成材料能让水流沿其内部排走的能力。具有排水作用土工合成材料是传统排水材料砂砾料的替代物,常见的有无纺土工织物、复合排水材料、排水管与塑料排水带。图1-9-2是挡墙背部利用无纺土工织物或复合排水材料将地下水引至排水管,再由排水管排走的示意图。

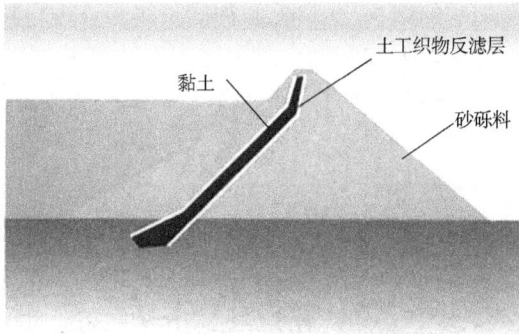

图 1-9-1　黏土心墙反滤示意图

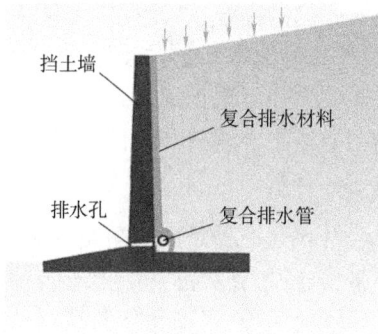

图 1-9-2　挡土墙背后的土工合成
材料排水示意图

（3）隔离作用。隔离作用是指将两种不同的材料分隔使其不混合的功能。例如：将铁路轨道下道砟碎石和地基细粒土隔开，所使用的材料常为土工织物或土工膜。通过隔离可保持介质和结构的完整性和稳定性。图 1-9-3 是地基有无隔离层的比较示意图。

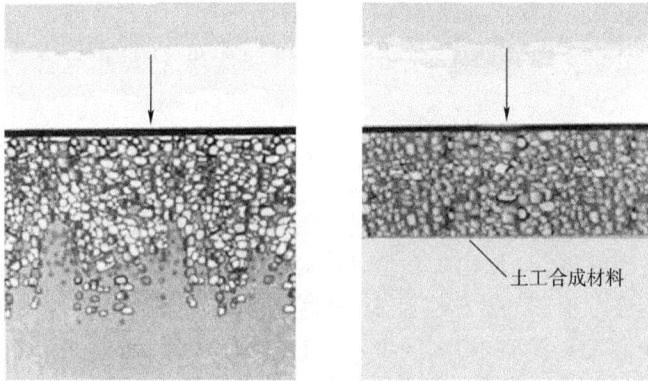

图 1-9-3　软土地基有无隔离层的比较示意图

（4）加筋作用。加筋作用是指将材料按要求置于土内，依靠材料与周围土之间的界面摩阻力限制土体侧向移动，以增加土体承载力的作用。常见的加筋材料有土工格栅、土工织物和土工加筋带等。加筋主要用于软土地基加固、建造陡坡和加筋土挡墙等。

（5）防护作用。防护作用是指利用合适材料防护岩土体免受环境影响导致破坏的作用。例如在堤坝临水岸坡铺上土工织物来抵抗水流冲刷；将材料铺于道路防止路面的反射裂缝；也用于土体防冻和景观绿化等。常用的防护材料有土工织物、土工模袋、土工网和三维植被网垫等。

（6）防渗作用。防渗作用是指利用材料阻隔液（水）体或防止其流失的作用。常用的防渗材料有土工复合膜和 GCL 等。

（7）包裹作用。以高强土工织物缝制成袋或长管袋或大体积包裹体，内填土体或废料，或以土工网等扎成的箱笼，内充石块等功能。

# 第二节　土体化学加固材料

## 一、土体化学加固材料种类

材料是轨道工程建设的物质基础，其性能的优劣对结构的性能起着关键性作用。工程中

223

许多技术问题的突破,一定程度上取决于材料问题的解决,土体化学加固材料是合成材料的一种新型材料,在成本和结构设计以及轨道技术的革新上起到很大的作用。

土体化学加固法加固效果的好坏除与方法本身的针对性及各项工艺参数有关外,更大程度上则主要取决于注浆和粉体加固材料的性质、配比及用量。

1. 注浆材料

注浆材料是一种重要的防堵水和基础加固材料,也是一种裂缝修补材料。目前常用的有注氧树脂、尿醛树脂等品种。由于各种化学注浆材料成本高,更主要是它们具有不同程度的毒性和对环境的污染,目前除特殊场合外,均使用较少。当然普通水泥注浆材料在高压喷射注浆中有着较多的使用,而普通水玻璃浆液,由于凝结体强度低、脆性大、耐久性不好,往往适合用于一些强度要求不高的临时性工程。在土基加固领域,开始大量使用各种改性浆液和复合浆液。广西沿海高速铁路南钦线在 DK93 + 600 ~ DK93 + 900 由于是煤矿采空区,所以采用注浆泵将水泥粉煤灰浆液通过注浆孔注入煤矿采空塌陷区和其上覆的岩层裂隙中,使得上覆岩层裂隙和采空区空隙体积全部充填,使得他们凝结在一起,阻止上覆岩层进一步的塌陷和变形。

2. 改性水泥浆液

普通水泥浆液存在的主要问题是凝结时间长、可灌性差,针对此问题一般采取改性手段是超细水泥浆和早强型水泥浆。

(1)超细水泥浆。当粒状浆液用于土壤注浆时,一般认为:$N = \dfrac{d_{15}(土壤)}{d_{85}(注入浆料)}$,当 $N > 25$ 时,浆料很容易穿过土壤颗粒空隙,当 $N < 9$ 时,就排除了穿过的可能性。普通水泥材料的 $d_{85}$ 一般在 $60 ~ 80\mu m$ 之间,而超细水泥的 $d_{85}$ 则为 $6 ~ 8\mu m$,甚至更小,所以超细水泥浆的可灌性比普通水泥浆要好得多。据国外的研究证实,有些超细水泥浆的可灌性已接近或达到水玻璃浆的水平。同时由于超细水泥浆中,水泥颗粒小、比表面积大,所以浆液稳定性好、反应速度快,有利于早期强度的提高,也有利于与土壤颗粒的结合。不过目前超细水泥浆主要还是用于岩石裂隙注浆,在地基加固中使用较少。

(2)早强型水泥浆。普通水泥的初凝时间一般为 2 ~ 4h,终凝和达到使用强度的时间则更长。而在既有线路路基基床加固过程中,由于线路开天窗时间有限,一般都要求在较短的时间内完成施工并达到规定强度,所以施工中,一般都需要使用促凝剂,但加入一般的促凝剂后往往又会使浆液凝结过快,给施工带来不便,同时也给后期强度的增长带来不利的影响。

3. 复合浆液

复合浆液一般具有两种浆液的优点,在配制中能起到不错的效果,固化快、渗透性好、固结强度高。例如水玻璃、聚异氰脂和超细无机粉末的复合使用,同样使得浆液具有良好的渗透性,固化强度高,还有水泥和水玻璃的复合使用。复合浆液在未来的注浆领域使用有着更广阔的市场前景。

4. 改性水玻璃浆液

水玻璃是硅酸钠的水溶液,硅酸钠溶于水后强烈水解,生成硅酸。没有加入凝胶剂,水玻璃是不会发生聚合作用的,在其中的原硅酸根皆带负电荷,在水玻璃溶液内加入酸后,硅酸根负离子随着溶液中外加酸浓度的增加而逐步与离子结合产生聚合:

硅酸聚合而形成凝胶,其凝胶时间与溶液的 pH 值密切相关,在中性区域凝胶很快,据研究,水玻璃在碱溶液内与浓盐酸溶液内的凝胶机理不同,因此,凝胶剂与凝胶体的性质不同。

过去所采用的水玻璃浆是由水玻璃和酸性反应剂构成的,在强碱性条件下发生胶凝固结。由于胶凝时间不能延长、浸透性差,而且固化反应不完全,会发生较强的碱性影响,使生成的$SiO_2$胶体逐渐溶出,大大降低其耐久性,所以目前工程上使用的主要是各种改性水玻璃。

5. 粉体加固材料

粉体加固材料主要通过一定的设备和工艺,使其与土体均匀混合,在物理和化学反应中,提高土体的强度,增加土体稳定性。

在轨道工程实际应用中,常用的粉体加固材料主要有:水泥、石灰粉煤灰等。

**二、土体化学加固材料的技术要求**

在粉碎的土中,掺入一定剂量的固化剂,经过拌和得到的混合料,其强度会增加。特别是软基处理中,有机和无机结合料在基层、底基层起到很大的作用。

用化学物质加固土体时,要求这些化学物质为强电解质。强电解质能够产生大量离子与土中吸附的离子进行交换,增强土体黏聚性和增强土体的强度以达到改良土的目的。

**三、土体化学加固材料在工程中的应用**

简要介绍在轨道工程中比较常用的土体化学加固材料,这些土体化学加固材料在工程应用中比较广泛。

(1)石灰加固土。石灰加固土具有较高的抗压强度、抗弯强度和抗冻性,稳定性较好,但是干缩和温缩较大。一般较多用于基床底基层。

(2)水泥加固土。水泥加固土是水泥骨架和$Ca(OH)_2$发生化学反应产生作用的结果。水泥加固土的强度高,成本也随之上升,不合适于造价较低简易的部位处理。

(3)沥青加固土。沥青与土掺和产生多种良性作用,特别是用于黏结加固非黏性粒状土,促进土粒颗粒的黏结,造价较高。

(4)工业废渣加固土。工业废渣与土体的结合,一定程度上依靠土体填充其孔隙之中,形成一定强度的水硬性稳定材料,提高土体强度和改善其水稳性。

# 第三节　轨道板材料

**一、轨道板的类型**

轨道板材料主要指 CRTS I 型板式无砟轨道用混凝土轨道板。主要类型分别为预应力混凝土轨道板、预应力混凝土框架板及普通钢筋混凝土框架板。

**二、轨道板技术性质和要求**

轨道要工厂化按正式批准的设计图纸和技术条件进行制造,所选用的所有原材料及预埋件应符合材料规格要求,具有有效合格证明和复验报告单。所选用的原材料满足以下要求:

1. 水泥

采用强度等级不低于 42.5 级的硅酸盐水泥或普通硅酸盐水泥,水泥碱含量应不超过0.60% ,三氧化硫含量应不超过 3% ,氯离子含量应不超过 0.10% (预应力轨道板应不超过

0.06%),熟料中的 $C_3A$ 含量不宜超过8%,其他技术要求应符合《铁路混凝土工程施工质量验收补充标准》(铁建设[2005]160号)的规定。

2.集料

(1)粗集料:应采用材质坚硬、表面清洁的二级或多级单粒级碎石,按最小堆积密度配制而成。各级粗集料应分级贮存、分级运输、分级计量,最大粒径为20mm,含泥量按质量计不大于0.50%、氯化物含量不大于0.02%,其他技术要求应符合《铁路混凝土工程施工质量验收补充标准》(铁建设[2005]160号)的规定。

(2)细集料:应采用材质坚硬、表面清洁、级配合理的天然中粗河砂,含泥量按重量计不大于1.5%,氯化物含量不大于0.02%,其他技术要求应符合《铁路混凝土工程施工质量验收补充标准》(铁建设[2005]160号)的规定。

不应使用具有碱-碳酸盐反应活性或砂浆棒膨胀率大于0.20%的碱-硅酸盐反应活性的集料。当集料的砂浆棒膨胀率为0.10%~0.20%时,混凝土碱含量应不超过3kg/m³。在轨道板投产前及集料来源改变时,应根据 TB/T 2922 和 TB/T 3054 的规定对集料的碱活性进行试验和评价,由具有相应资质的检验单位提出报告。

3.水

应符合《铁路混凝土工程施工质量验收补充标准》(铁建设[2005]160号)的规定。

4.外加剂

应采用减水率不小于25%、收缩率比不大于110%的聚羧酸盐系减水剂,其他技术要求应符合《铁路混凝土工程施工质量验收补充标准》(铁建设[2005]160号)的规定,禁止使用掺入氯盐类外加剂。

5.掺合料

应能够改善混凝土的性能,其性能指标应符合表1-9-2的要求。

掺合料技术要求 表1-9-2

| 序　　号 | 项　　　目 | | 技 术 要 求 |
|---|---|---|---|
| 1 | 氯离子含量(%) | | 不宜大于0.02 |
| 2 | 烧失量(%) | | ≤4.0 |
| 3 | SO₃含量(%) | | ≤3.0 |
| 4 | 含水率(%) | | ≤1.0 |
| 5 | 需水量比(%) | | ≤105 |
| 6 | 活性指数(%) | 1d | ≥125 |
|  |  | 28d | ≥110 |

6.预应力筋和锚具

(1)预应力筋采用低松弛预应力钢筋,其抗拉强度不低于1420MPa,预应力表面不得有划伤或其他瑕疵,其他性能及检验规则应符合《预应力混凝土用钢棒》(GB/T 5223.3—2005)的规定。

(2)预应力筋端部螺纹采用滚轧成型,配套采用锚固螺母,预应力筋—锚固螺母组装件的静力、疲劳和周期荷载性能应符合《预应力筋用锚具、夹具和连接器》(GB/T 14370—2007)的规定。

(3)预应力筋无黏结方式宜采用护套包裹,护套原材料应采用挤塑型高密度聚乙烯树脂,其性能应符合《聚乙烯(PE)树脂》(GB/T 11115)的规定;预应力筋护套长度应与锚垫板外侧齐平。预应力筋与护套间涂敷防腐润滑脂,其用量和性能应符合《无粘结预应力筋专用防腐润滑脂》(JG 3007)的规定。

(4)锚固螺母及锚垫板应采用45号优质碳素钢,锚固螺母应进行调质热处理。

(5)无黏结预应力筋及配套锚具应按不同规格挂牌整齐堆放在通风良好的仓库中。在成品堆放、运输、装卸和施工期间严禁碰撞、踩压、摔掷和拖拉,严禁锋利物品损坏无黏结预应力筋护套。

(6)预应力筋和锚具的其他技术性能尚应符合设计图中的要求。

7. 非预应力钢筋

(1)Ⅱ级热轧带肋钢筋性能应符合《钢筋混凝土用热轧带肋钢筋》(GB 1499)的规定。

(2)环氧树脂涂层钢筋的性能应符合《环氧树脂涂层钢筋》(JG 3042)的规定。

(3)螺旋筋采用低碳钢冷拔钢丝,其性能应符合《一般用途低碳钢丝》(YB/T 5294)的规定。

8. 轨道板内预埋套管

应满足《客运专线扣件系统暂行技术条件》(铁科技函〔2006〕248 号)的相关要求。

9. 其他材料

除特殊要求外,钢材、水泥、掺合料、集料和外加剂等材料的贮存和施工等应符合《铁路混凝土工程施工质量验收补充标准》(铁建设〔2005〕160 号)的规定。

### 三、轨道板的预制和装配工艺

1. 模板

(1)应采用具有足够强度、刚度和稳定性的钢模。模板应能保证轨道板各部形状、尺寸及预埋件的准确位置。

(2)模板的制造允许公差以轨道板成品允许公差的 1/2 为准。

(3)模板支承基础应平整、坚实,不得因其不均匀性下沉引起模板变形。

(4)模板应实行日常检查和定期检查,检查结果应记录在模型检查表中。日常检查应在每天作业前进行,内容包括:外观、平整度;定期检查每月进行一次,内容包括长度、宽度、厚度和平整度。

2. 钢筋编组及预埋件安装

(1)钢筋加工在常温下以不损害其材质的方法进行,并按照设计图检查尺寸。钢筋端部弯折应利用机具一次成形,不得进行回复操作。

(2)环氧树脂涂层钢筋的锚固长度应符合 JG 3042 附录 D 的规定。

(3)钢筋骨架应在专用台架上进行制作,台架每月检查一次。

(4)轨道板内钢筋位置的允许偏差应满足表 1-9-3 的要求。

轨道板内钢筋位置的允许偏差 　　　　　　　　　　　　　　　表 1-9-3

| 序　号 | 项　　目 | 允许偏差(mm) | 序　号 | 项　　目 | 允许偏差(mm) |
|---|---|---|---|---|---|
| 1 | 预应力钢筋 | ±1 | 3 | 箍筋间距 | ±10 |
| 2 | 非预应力钢筋 | ±5 | 4 | 钢筋保护层 | ±5 |

(5)轨道板内所有预埋件应按设计图位置和间距准确安装,并应与模板牢固连接,确保混凝土振捣时不变位。

(6)轨道板内钢筋不得与预埋件相碰。

3.混凝土配制和浇筑

(1)混凝土中应选用聚羧酸盐系减水剂及能够提高混凝土的早期强度和后期耐久性能的掺合料。混凝土胶凝材料用量应不超过 $500kg/m^3$,水胶比不宜大于 0.35,混凝土含气率应不大于 3% 。

(2)混凝土原材料应严格按照施工配合比要求进行称量,材料计量误差应符合《铁路混凝土工程施工质量验收补充标准》(铁建设〔2005〕160 号)的规定。

(3)混凝土浇筑前,应确认钢筋及预埋件的位置和间距,同时用 500V 兆欧表测量确认钢筋骨架的绝缘性能,电阻应不小于 $2M\Omega$ 。

(4)混凝土浇筑前,应确认接地钢筋、接地端子的位置和焊接质量满足设计要求。

(5)混凝土应具有良好的密实性,浇筑时应保证钢筋和预埋件的正确位置。

(6)混凝土浇筑时,模板温度宜在 5~35℃ 。

(7)混凝土拌和物入模温度应控制在 5~30℃;当昼夜平均气温低于 5℃ 或最低气温低于 -3℃ 时,应采取保温措施,并按冬季施工处理。

(8)试生产前应采用所选用的水泥、集料、掺合料、外加剂等原材料制作抗冻性、电通量试件各一组,进行耐久性试验,并确保由不同原材料带入混凝土内的总碱含量和总氯离子含量符合要求。

(9)浇筑混凝土过程中,应随机取样制作混凝土强度、弹性模量试件,试件应与轨道板相同条件下振动成型和养护 28d,试件应在脱模后进行标准养护,试件制作、养护应符合《普通混凝土力学性能试验方法标准》(GB/T 50081—2002)的规定。

4.混凝土养护和轨道板脱模

(1)轨道板采用蒸气养护,分为静置、升温、恒温、降温四个阶段。混凝土浇筑后在 5~30℃ 的环境中静置 3h 以上方可升温。升温速度不应大于 15℃/h;恒温时蒸汽温度不宜超过 45℃,板内芯部混凝土温度不应超过 55℃,最高温度的持续时间不宜超过 6h;降温速度不应大于 15℃/h,脱模时,轨道板表面与环境温差不应大于 15℃ 。

(2)混凝土脱模强度应不低于 40MPa。轨道板脱模应利用其预埋的起吊装置,在确认预埋件与模板的固定装置脱离后,水平缓慢起吊轨道板。

(3)轨道板脱模后,应水中养护 3d 以上,养护的水温不应低于 5℃ 。

5.轨道板的预施应力

(1)混凝土强度和弹性模量达到设计值的 80%,方可施加预应力。

(2)按设计张拉控制应力进行张拉,张拉记录应按规范的要求完整、准确填写。

(3)张拉用千斤顶在使用前应与油压表配套标定,千斤顶的校正系数不得大于 1.05。千斤顶标定的有效期不得超过一个月或张拉 300 块板,油压表不得超过一周。

(4)预施应力值应采用双控,以油压表读数为主,以预应力筋伸长值作校核。实际伸长值与设计伸长值的差值不得超出 1mm,实测伸长值宜以 10% 张拉力作为测量的初始点。

(5)预应力筋张拉顺序应符合设计图纸要求。横向预应力筋采用单端张拉,固定端预应力筋螺纹外露量控制在 8~10mm;纵向预应力钢筋应两端张拉,并控制两端预应力筋螺纹外露量基本一致。

(6)张拉锚固后,严禁采用电弧或气割切断预应力筋。

(7)轨道板张拉完成后,应在板侧面标识"张拉完成"标记。

6.封锚砂浆的填压

(1)封锚砂浆采用42.5强度等级的水泥,筛除5mm以上颗粒的细集料以及能提高砂浆韧性的聚醋酸乙烯类聚合物乳液等配制,水泥用量不宜小于800kg/m³,灰砂比不应小于0.50,水灰比不宜大于0.18,聚合物用量(按折固量计)应不小于胶凝材料的2%。材料计量误差应符合《铁路混凝土工程施工质量验收补充标准》(铁建设〔2005〕160号)的规定。

(2)封锚砂浆采用强制式搅拌机拌制,搅拌机转速不宜小于180r/min。

(3)封锚砂浆填压前,应对锚穴进行清理,不得有油污、浮浆(尘)、杂物和积水,并均匀喷涂能够提高黏结强度的界面剂。

(4)封锚砂浆填压前,应采用所选用水泥、集料、掺合料、聚合物等原材料制作砂浆抗渗性能、收缩性能试件各一组进行性能检测,并确保由不同原材料带入砂浆内的氯离子含量符合规范的要求。

(5)封锚砂浆应分层填压。采用空气锤对砂浆进行振捣,频率不小于1000Hz,振捣力不小于6kg,振捣次数不得少于3次,每次不少于20s。

(6)封锚砂浆填压过程中,可对砂浆进行二次搅拌,但严禁二次加水。

(7)封锚砂浆填压时的环境温度宜为5~35℃。当昼夜平均气温低于5℃或最低气温低于-3℃时,应采取保温措施,保温时间不少于24h。避免在阳光直射、雨、雪和大风环境下进行封锚作业。

(8)封锚砂浆填压过程中,应随机取样制作1d、7d和28d的抗压强度试件,试件应采用与封锚砂浆相同的成型条件,试件脱模后应进行标准养护。

(9)封锚砂浆填压完毕后应立即在砂浆表面喷涂养护剂。

7.减振型轨道板板下垫层的粘贴

(1)按减振型轨道板板底橡胶垫板、泡沫塑料板的设计位置准确粘贴。

(2)橡胶垫层的粘贴应在预应力施加完成后进行,粘贴前应将轨道板粘贴面的浮浆、尘埃、油污等清除,使表面光滑平整。避免在阳光直射、雨、雪天气下作业。

(3)板下橡胶垫层的粘贴应牢固可靠。黏结剂应涂布均匀,粘贴后用木槌、滚筒等压实密贴,在轨道板存放、运输、装卸和施工过程中不得脱离。

8.质量要求

(1)轨道板外形尺寸偏差及外观质量应符合表1-9-4的规定。

轨道板外形尺寸偏差和外观质量要求 表1-9-4

| 序号 | 检查项目 | 允许偏差(mm) | 每批检查数量<br>(出厂检验) | 检查项别 |
|---|---|---|---|---|
| 1 | 长度 | ±3.0 | 10块 | C |
| 2 | 宽度 | ±3.0 | 10块 | C |
| 3 | 厚度 | +3.0<br>0 | 全检 | B2 |

| 序号 | 检查项目 | | 允许偏差(mm) | 每批检查数量<br>(出厂检验) | 检查项别 |
|---|---|---|---|---|---|
| 4 | 预埋套管 | 中心位置距板中心线 | ±1.0 | 全检 | B1 |
| | | 保持轨距的两套管中心距 | ±1.5 | 全检 | B1 |
| | | 保持同一铁垫板位置的两相邻套管中心距 | ±1.0 | 全检 | B1 |
| | | 歪斜(距顶面120mm处偏离中心线距离) | 2.0 | 全检 | B2 |
| | | 凸起高度 | 0<br>−0.5 | 全检 | B2 |
| 5 | 标记线(板中心线)位置 | | ±1.0 | 10块 | B2 |
| 6 | 板顶面<br>平整度 | 轨道板四角的承轨面水平 | ±1.0 | 全检 | B1 |
| | | 单侧承轨面中央翘曲量 | ≤3.0 | 全检 | B1 |
| 7 | 板底面<br>平整度 | 普通型轨道板 | 5.0/m | 10块 | B2 |
| | | 减振型轨道板 | 2.0/m | 全检 | B2 |
| 8 | 其他预埋件位置及垂直歪斜 | | ±3.0 | 全检 | C |
| 9 | 半圆形缺口直径 | | ±3.0 | 10块 | C |
| 外 观 质 量 | | | | | |
| 10 | 肉眼可见裂纹(预应力轨道板) | | 不允许 | 全检 | A |
| 11 | 承轨部位表面缺陷(气孔、粘皮、麻面等) | | 长度≤20、深度≤5 | 全检 | B2 |
| 12 | 锚穴部位表面缺陷(裂纹、脱层、起壳等) | | 不允许 | 全检 | C |
| 13 | 其他部位表面缺陷(气孔、粘皮、麻面等) | | 长度≤80、深度≤8 | 全检 | C |
| 14 | 轨道板四周棱角破损和掉角 | | 长度≤50 | 全检 | C |
| 15 | 预埋套管内混凝土淤块 | | 不允许 | 全检 | A |
| 16 | 减振型轨道板板底垫层的翘起 | | 不允许 | 全检 | A |
| 17 | 轨道板侧面漏筋 | | 不允许 | 全检 | A |

(2)封锚砂浆性能应符合表1-9-5的规定。

**封锚砂浆的性能要求**            表1-9-5

| 序号 | 项目名称 | | 性能要求 |
|---|---|---|---|
| 1 | 抗压强度(MPa) | 1d | ≥40 |
| | | 7d | ≥50 |
| | | 28d | ≥60 |
| 2 | 抗折强度(MPa) | 1d | ≥5 |
| | | 7d | ≥7 |
| | | 28d | ≥9 |
| 3 | 抗渗性能 | | ≥P20 |
| 4 | 收缩率(%) | | ≤0.02 |
| 5 | 氯离子总含量 | | 不应超过胶凝材料总量的0.06% |

9. 标识与制造技术证明书

(1)轨道板顶面应按设计规定的位置压出下列标识:产品型号、制造厂名、制造年份、钢轨中心线、轨道板中心线。

(2)轨道板制造厂应对每块轨道板编号。

10. 存放、运输和装卸

(1)轨道板成品应按型号和批次分别存放,不合格的轨道板应单独存放。

(2)轨道板的存放场地应坚固平整。

(3)轨道板的存放以垂直立放为原则,并采取防倾倒措施。相邻轨道板用木块或橡胶垫块隔离。临时(不大于7d)平放时,堆放层数不超过4层,层间净空不小于20mm,并保证承垫物上下对齐,承垫物的位置符合设计图的要求。

(4)轨道板在存放和运输时,应在预埋套管和起吊套管等处安装相应的防护装置。

(5)轨道板装卸时应利用轨道板上的起吊装置水平吊起,使四角的起吊螺母均匀受力,严禁碰、撞、摔。

(6)轨道板宜采用铁路或公路运输,运输时应采取防止轨道板倾倒和三点支承的相应措施,并保证轨道板不受过大的冲击。

11. 质保期

除下列情况外,预制轨道板的质保期自出厂之日起5年:

(1)自然力作用、不可抗力等造成的;

(2)非正常起吊、运输及铺设造成的;

(3)非正常使用(如超载、下部基础变形、外部破坏等)造成的;

(4)设计存在缺陷的;

(5)技术标准更新,在新标准正式颁布前生产而无法达到新标准要求的;

(6)在质保期内,生产厂家应承担更换由于生产者过失造成的不符合规定的轨道板的责任。

### 复习思考题

一、填空题

1.土工合成材料归纳为_____、_____、_____和_____四大类。

2.注浆材料的主要作用_____、_____和_____。

3.轨道板材料分为_____、_____和_____。

二、简答题

1.土工合成在工程中的基本应用有哪些方面?

2.土体化学加固材料的组成有哪些?

3.简述土体化学加固材料在工程中具体应用的体现。

4.概述轨道板预制和施工工艺。

# 第二篇 试 验 篇

# 第一章 砂石材料试验

## 一、石料毛体积密度试验

### 1.目的和适用范围

（1）本方法是一个间接反映岩石致密程度、孔隙发育程度的参数，也是评价工程岩体稳定性及确定围岩压力等必需的计算指标。根据岩石含水状态，毛体积密度可分为干密度、饱和密度和天然密度。

（2）岩石毛体积密度试验可分为量积法、水中称量法和蜡封法。

（3）量积法适用于能制备成规则试件的各类岩石；水中称量法适用于除遇水崩解、溶解和干缩湿胀外的其他各类岩石；蜡封法适用于不能用量积法或直接在水中称量进行试验的岩石。

### 2.仪器设备

（1）切石机、钻石机、磨石机等岩石试件加工设备；

（2）天平、烘箱、石蜡、水中称量装置。

### 3.试验步骤

1）水中称量法

（1）将试件放入烘箱，在105～110℃下烘至恒量，烘干时间一般为12～24h，取出试件置于干燥器内冷却至室温。称干试件质量。精确至0.01g。量测精确至0.01mm。

（2）将干试件浸入水中进行饱和，饱和方法可按岩石性质选用煮沸法或真空抽气法。

（3）取出浸水试件，用湿纱布擦去试件表面水分，立即称其质量。

（4）将试件放在水中称量装置的丝网上，称取试件在水中的质量。在称量过程中，称量装置的液面应始终保持同一高度，并记下水温。

2）蜡封法

（1）将试件放入烘箱，在105℃±5℃下烘至恒量，烘干时间一般为12～24h，取出试件置于干燥器内冷却至室温。

（2）从干燥器内取出试件，放在天平上称量，精确至0.01g。

（3）将石蜡加热熔化，至稍高于熔点，用软毛刷在石料试件表面涂上一层厚度不大于1mm的石蜡层，冷却后准确称出涂有石蜡试件的质量。

（4）将涂有石蜡的试件系于天平上，称出其在水中的质量。

（5）擦干试件表面的水分，在空气中重新称取蜡封试件的质量，检查此时蜡封试件的质量是否大于浸水前的质量。如果超过0.05g，说明试件蜡封不好，水已浸入试件，应取试件重新测定。

3）量积法

（1）测定试件的直径或边长；

（2）量测试件高度；

（3）测定天然密度；

（4）测定饱和密度；

（5）测定干密度。

4. 试验结果处理

毛体积密度试验结果精确至 $0.01g/cm^3$，3 个试件平行试验。组织均匀的岩石毛体积密度应为 3 个试件的结果之平均值；组织不均匀的岩石，毛体积密度应列出每个试件的试验结果。

## 二、石料单轴抗压强度试验

1. 试验原理

石料的单轴抗压强度是石料力学性质中最重要的一项力学指标，是指石料标准试件经吸水饱和后，在规定试验条件下单轴受压达到极限破坏时，单位承压面积的强度。

2. 试验目的

测定石料在饱水状态下的单轴抗压强度，用于岩石的强度分级和岩性描述。

3. 主要仪具

（1）压力试验机：加载范围为 300~2000kN。

（2）承压板：圆盘形钢板。两个承压板之一应是球面座，球面座应放在试件的上端面，并用矿物油稍加润滑，以使在滑块自重作用仍能闭锁。试件、压板和球面座要精确地彼此对中，并与加载机器设备对中，球面座的曲率中心应与试件端面的中心相重合。

（3）石料加工全套设备：切石机或钻石机、磨平机。

（4）其他：游标卡尺（精度 0.1mm）、角尺及水池等。

4. 试验方法

（1）用切石机（或钻石机）从岩石试样或岩芯中钻取标准试件（即边长 50mm ±0.5mm 的正立方体或直径与高均为 50mm ±0.5mm 的圆柱体试件）6 块。对有显著层理的岩石，应分别沿平行和垂直层理方向各取试件 6 块。试件上下端面应平行和磨平，试件端面的平面度公差应小于 0.05mm，端面对于试件轴线垂直度偏差不应超过 0.25。

（2）用游标卡尺量取试件尺寸（精确至 0.1mm），对于立方体试件在顶面和底面各量取其边长，以各个面上相互平行的两个边长的算术平均值计算其承压面积；对于圆柱体试体在顶面和底面分别量取两个相互正交的直径，以其算术平均值计算顶面和底面的面积，取顶面和底面面积的算术平均值作为计算抗压强度所用的截面积。

（3）按吸水率试验方法对试件进行饱水处理，最后一次加水深度应使水面高出试件至少 20mm。

（4）试件自由浸水 48h 后取出，擦干表面，放在压力机上进行强度试验。施加在试件上的应力速率应在 0.5~1.0MPa/s 的限度内。

5. 结果计算

石料的抗压强度按下式计算，且精确至 1MPa：

$$R = P/A \qquad (2\text{-}1\text{-}1)$$

式中:$R$——石料的抗压强度,MPa;

$P$——试件的极限破坏荷载,N;

$A$——试件的截面积,$mm^2$。

6. 精度要求

取 6 块试件试验结果的算术平均值作为抗压强度测定值,若其中 2 块试件与其他 4 块试件抗压强度的算术平均值相差 3 倍以上时,则取试验结果相近的 4 块试件的算术平均值作为抗压强度的测定值。

## 三、细集料筛分试验

1. 目的与适用范围

测定细集料(天然砂、人工砂、石屑)的颗粒级配及粗细程度。对水泥混凝土用细集料可采用干筛法,如果需要也可采用水洗法筛分;对沥青混合料及基层用细集料必须用水洗法筛分。

注:当细集料中含有粗集料时,可参照此方法用水洗法筛分,但需特别注意保护标准筛筛面不遭损坏。

2. 仪具与材料

(1)标准筛;

(2)天平:称量 1000g,感量不大于 0.5g;

(3)摇筛机;

(4)烘箱:能控温在 105℃ ±5℃;

(5)其他:浅盘和硬、软毛刷等。

3. 试验准备

根据样品中最大粒径的大小,选用适宜的标准筛,通常为 9.5mm 筛(水泥混凝土用天然砂)或 4.75mm 筛(沥青路面及基层用天然砂、石屑、机制砂等)筛除其中的超粒径材料。然后将样品在潮湿状态下充分拌匀,用分料器法或四分法缩分至每份不少于 550g 的试样两份,在 105℃ ±5℃ 的烘箱中烘干至恒重,冷却至室温后备用。

注:本篇中的恒重是指相邻两次称量间隔时间大于 3h(通常不少于 6h)的情况下,前后两次称量之差小于该项试验所要求的称量精密度。

4. 试验步骤

1)干筛法试验步骤

(1)准确称取烘干试样约 500g($m_1$),准确至 0.5g,置于套筛的最上面一只,即 4.75mm 筛上,将套筛装入摇筛机,摇筛约 10min,然后取出套筛,再按筛孔大小顺序,从最大的筛号开始,在清洁的浅盘上逐个进行手筛,直到每分钟的筛出量不超过筛上剩余量的 0.1% 时为止,将筛出通过的颗粒并入下一号筛,和下一号筛中的试样一起过筛,以此顺序进行至各号筛全部筛完为止。

注:①试样如为特细砂时,试样质量可减少到 100g。

②如试样含泥量超过 5%,不宜采用干筛法。

③无摇筛机时,可直接用手筛。

(2)称量各筛筛余试样的质量,精确至 0.5g。所有各筛的分计筛余量和底盘中剩余量的总量与筛分前的试样总量,相差不得超过后者的1%。

2)水洗法试验步骤

(1)准确称取烘干试样约500g($m_1$),准确至0.5g。

(2)将试样置一洁净容器中,加入足够数量的洁净水,将集料全部淹没。

(3)用搅棒充分搅动集料,将集料表面洗涤干净,使细粉悬浮在水中,但不得有集料从水中溅出。

(4)用1.18mm筛及0.075mm筛组成套筛。小心地将容器中混有细粉的悬浮液徐徐倒出,经过套筛流入另一容器中,但不得将集料倒出。

**注**:不可直接倒至0.075mm筛上,以免集料掉出损坏筛面。

(5)重复步骤(1)至步骤(4),直至倒出的水洁净且小于0.075mm的颗粒全部倒出。

(6)将容器中的集料倒入搪瓷盘中,用少量水冲洗,使容器上黏附的集料颗粒全部进入搪瓷盘中。将筛子反扣过来,用少量的水将筛上的集料冲入搪瓷盘中。操作过程中不得有集料散失。

(7)将搪瓷盘连同集料一起置105℃±5℃烘箱中烘干至恒重,称取干燥集料试样的总质量($m_2$),准确至0.1%。$m_1$与$m_2$之差即为通过0.075mm筛部分。

(8)将全部要求筛孔组成套筛(但不需0.075mm筛),将已经洗去小于0.075mm部分的干燥集料置于套筛上(通常为4.75mm筛),将套筛装入摇筛机,摇筛约10min,然后取出套筛,再按筛孔大小顺序,从最大的筛号开始,在清洁的浅盘上逐个进行手筛,直至每分钟的筛出量不超过筛上剩余量的0.1%时为止,将筛出通过的颗粒并入下一号筛,和下一号筛中的试样一起过筛,这样顺序进行,直至各号筛全部筛完为止。

**注**:如为含有粗集料的集料混合料。套筛筛孔根据需要选择。

(9)称量各筛筛余试样的质量,精确至0.5g。所有各筛的分计筛余量和底盘中剩余量的总质量与筛分前后试样总量$m_2$的差值不超过后者的1%。

5. 计算

(1)计算分计筛余百分率:各号筛的分计筛余百分率为各号筛上的筛余量除以试样总量($m_1$)的百分率,精确至0.1%。对沥青路面细集料而言,0.15mm筛下部分即为0.075mm的分计筛余,由上述干筛法试验步骤测得的$m_1$与$m_2$之差即为小于0.075mm的筛底部分。

(2)计算累计筛余百分率:各号筛的累计筛余百分率为该号筛及大于该号筛的各号筛的分计筛余百分率之和,准确至0.1%。

(3)计算质量通过百分率:各号筛的质量通过百分率等于100减去该号筛的累计筛余百分率,准确至0.1%。

(4)根据各筛的累计筛余百分率或通过百分率,绘制级配曲线。

(5)天然砂的细度模数按式(2-1-2)计算,精确至0.01。

$$M_X = \left[ (A_{0.15} + A_{0.3} + A_{0.6} + A_{1.18} + A_{2.36}) - 5A_{4.75} \right] / (100 - A_{4.75}) \tag{2-1-2}$$

式中: $M_X$——砂的细度模数;

$A_{0.15}$、$A_{0.3}$、…、$A_{4.75}$——分别为0.15mm、0.3mm、…、4.75mm各筛上的累计筛余百分率(%)。

(6)应做两次平行试验,以试验结果的算术平均值作为测定值。如两次试验所得的细度模数之差大于0.2,应重新做。

### 四、细集料表观密度试验（容量瓶法）

1. 目的与适用范围

用容量瓶法测定细集料（天然砂、石屑、机制砂）在23℃时对水的表观相对密度和表观密度。本方法适用于含有少量大于2.36mm部分的细集料。

2. 仪具与材料

(1)天平：称量1kg，感量不大于1g。

(2)容量瓶：500mL。

(3)烘箱：能控温在105℃±5℃。

(4)烧杯：500mL。

(5)洁净水。

(6)其他：干燥器、浅盘、铝制料勺、温度计等。

3. 试验准备

将缩分至650g左右的试样在温度为105℃±5℃的烘箱中烘干至恒重，并在干燥器内冷却至室温，分成两份备用。

4. 试验步骤

(1)称取烘干的试样约300g($m_0$)，装入盛有半瓶洁净水的容量瓶中。

(2)摇转容量瓶，使试样在已保温至23℃±1.7℃的水中充分搅动以排除气泡，塞紧瓶塞，在恒温条件下静置24h左右，然后用滴管添水，使水面与瓶颈刻度线平齐，再塞紧瓶塞，擦干瓶外水分，称其总质量($m_2$)。

(3)倒出瓶中的水和试样，将瓶的内外表面洗净，再向瓶内注入同样温度的洁净水（温差不超过2℃）至瓶颈刻度线，塞紧瓶塞，擦干瓶外水分，称其总质量($m_1$)。

**注**：在砂的表观密度试验过程中应测量并控制水的温度，试验期间的温差不得超过1℃。

5. 计算

(1)细集料的表观相对密度按式(2-1-3)计算至小数点后3位。

$$\gamma_a = m_0/(m_0 + m_1 - m_2) \tag{2-1-3}$$

式中：$\gamma_a$——细集料的表观相对密度，无量纲；

$m_0$——试样的烘干质量，g；

$m_1$——水及容量瓶总质量，g；

$m_2$——试样、水及容量瓶总质量，g。

(2)表观密度$\rho_a$。按式(2-1-4)计算，精确至小数点后3位。

$$\rho_a = \gamma_a \cdot \rho_T \quad \text{或} \quad \rho_a = (\gamma_a - \alpha_T) \cdot \rho_w \tag{2-1-4}$$

式中：$\rho_a$——细集料的表观密度，g/cm³；

$\rho_w$——水在4℃时的密度，g/cm³；

$\alpha_T$——试验时水温对水密度影响的修正系数，按表2-1-1取用；

$\rho_T$——试验温度T时水的密度，g/cm³；按表2-1-1取用。

6. 报告

以两次平行试验结果的算术平均值作为测定值，如两次结果之差值大于0.01g/cm³时，应重新取样进行试验。

不同水温时水的密度 $\rho_T$ 及水温修正系数 $\alpha_T$ 表 2-1-1

| 水温(℃) | 15 | 16 | 17 | 18 | 19 | 20 |
|---|---|---|---|---|---|---|
| 水的密度 $\rho_T$(g/cm³) | 0.99913 | 0.99897 | 0.99880 | 0.99862 | 0.99843 | 0.99822 |
| 水温的修正系数 $\alpha_T$ | 0.002 | 0.003 | 0.003 | 0.004 | 0.004 | 0.005 |
| 水温(℃) | 21 | 22 | 23 | 24 | 25 | — |
| 水的密度 $\rho_T$(g/cm³) | 0.99802 | 0.99779 | 0.99756 | 0.99733 | 0.99702 | — |
| 水温的修正系数 $\alpha_T$ | 0.005 | 0.006 | 0.006 | 0.007 | 0.007 | — |

### 五、细集料堆积密度及紧装密度试验

1. 目的与适用范围

测定砂自然状态下堆积密度、紧装密度及空隙率。

2. 仪具与材料

(1)台秤:称量 5kg,感量 5g。

(2)容量筒:金属制,圆筒形,内径 108mm,净高 109mm,筒壁厚 2mm,筒底厚 5mm,容积约为 1L。

(3)标准漏斗。

(4)烘箱:能控温 105℃±5℃。

(5)其他:小勺、直尺、浅盘等。

3. 试验准备

(1)试样制备:用浅盘装来样约 5kg,在温度为 105℃±5℃的烘箱中烘干至恒重,取出并冷却至室温,分成大致相等的两份备用。

注:试样烘干后如有结块,应在试验前先予捏碎。

(2)容量筒容积的校正方法:以温度为 20℃±5℃的洁净水装满容量筒,用玻璃板沿筒口滑移,使其紧贴水面,玻璃板与水面之间不得有空隙。擦干筒外壁水分,然后称量,用式(2-1-5)计算筒的容积 $V$。

$$V = m_2' - m_1' \tag{2-1-5}$$

式中:$V$——容量筒的容积,mL;

$m_1'$——容量筒和玻璃板总质量,g;

$m_2'$——容量筒、玻璃板和水总质量,g。

4. 试验步骤

(1)堆积密度:将试样装入漏斗中,打开底部的活动门,将砂流入容量筒中,也可直接用小勺向容量筒中装试样,但漏斗出料口或料勺距容量筒筒口均应为 50mm 左右,试样装满并超出容量筒筒口后,用直尺将多余的试样沿筒口中心线向两个相反方向刮平,称取质量 $m_1$。

(2)紧装密度:取试样 1 份,分两层装入容量筒。装完一层后,在筒底垫放一根直径为 10mm 的钢筋,将筒按住,左右交替颠击地面各 25 下,然后再装入第二层。第二层装满后用同样方法颠实(但筒底所垫钢筋的方向应与第一层放置方向垂直)。两层装完并颠实后,添加试样超出容量筒筒口,然后用直尺将多余的试样沿筒口中心线向两个相反方向刮平,称取质

量 $m_2$。

5. 计算

(1)堆积密度及紧装密度分别按式(2-1-6)和式(2-1-7)计算,精确至小数点后3位。

$$\rho = (m_1 - m_0)/V \qquad\qquad (2\text{-}1\text{-}6)$$

$$\rho' = (m_2 - m_0)/V \qquad\qquad (2\text{-}1\text{-}7)$$

式中:$\rho$——砂的堆积密度,$g/cm^3$;

$\rho'$——砂的紧装密度,$g/cm^3$;

$m_0$——容量筒的质量,g;

$m_1$——容量筒和堆积砂的总质量,g;

$m_2$——容量筒和紧装砂的总质量,g;

$V$——容量筒容积,mL。

(2)砂的空隙率按式(2-1-8)计算,精确至0.1%。

$$n = 1 - \rho/\rho_a \qquad\qquad (2\text{-}1\text{-}8)$$

式中:$n$——砂的空隙率,%;

$\rho$——砂的堆积或紧装密度,$g/cm^3$;

$\rho_a$——砂的表观密度,$g/cm^3$。

6. 报告

以两次试验结果的算术平均值作为测定值。

## 六、粗集料及集料混合料的筛分试验

1. 目的与适用范围

(1)测定粗集料(碎石、砾石、矿渣等)的颗粒组成。对水泥混凝土用粗集料可采用干筛法筛分,对沥青混合料及基层用粗集料必须采用水洗法试验。

(2)本方法也适用于同时含有粗集料、细集料、矿粉的集料混合料筛分试验,如未筛碎石、级配碎石、天然砂砾、级配砂砾、无机结合料稳定基层材料、沥青拌和楼的冷料混合料、热料仓材料、沥青混合料经溶剂抽提后的矿料等。

2. 仪具与材料

(1)试验筛:根据需要选用规定的标准筛。

(2)摇筛机。

(3)天平或台秤:感量不大于试样质量的0.1%。

(4)其他:盘子、铲子、毛刷等。

3. 试验准备

按规定将来料用分料器或四分法缩分至表2-1-2要求的试样所需量,风干后备用。根据需要可按要求的集料最大粒径的筛孔尺寸过筛,除去超粒径部分颗粒后,再进行筛分。

筛分用的试样质量

表2-1-2

| 公称最大粒径(mm) | 75 | 63 | 37.5 | 31.5 | 26.5 | 19 | 16 | 9.5 | 4.75 |
|---|---|---|---|---|---|---|---|---|---|
| 试样质量不少于(kg) | 10 | 8 | 5 | 4 | 2.5 | 2 | 1 | 1 | 0.5 |

### 4. 水泥混凝土用粗集料干筛法试验步骤

（1）取试样一份置 105℃±5℃ 烘箱中烘干至恒重，称取干燥集料试样的总质量 $m_0$，精确至 0.1%。

（2）用搪瓷盘作筛分容器，按筛孔大小排列顺序逐个将集料过筛。人工筛分时，需使集料在筛面上同时有水平方向及上下方向的不停顿的运动，使小于筛孔的集料通过筛孔，直至 1min 内通过筛孔的质量小于筛上残余量的 0.1% 为止；当采用摇筛机筛分时，应在摇筛机筛分后再逐个由人工补筛。将筛出通过的颗粒并入下一号筛，和下一号筛中的试样一起过筛，顺序进行，直至各号筛全部筛完为止。应确认 1min 内通过筛孔的质量确实小于筛上残余量的 0.1%。

**注**：由于 0.075mm 筛干筛几乎不能把沾在粗集料表面的小于 0.075mm 部分的石粉筛去，而且对水泥混凝土用粗集料而言，0.075mm 通过率的意义不大，所以也可以不筛，且把通过 0.15mm 筛的筛下部分全部作为 0.075mm 的分计筛余，将粗集料的 0.075mm 通过率假设为 0。

（3）如果某个筛上的集料过多，影响筛分作业时，可以分两次筛分。当筛余颗粒的粒径大于 19mm 时，筛分过程中允许用手指轻轻拨动颗粒，但不得逐颗塞过筛孔。

（4）称取每个筛上的筛余量，精确至总质量的 0.1%。各筛分计筛余量及筛底存量的总和与筛分前试样的干燥总质量 $m_0$ 相比，相差不得超过 $m_0$ 的 0.5%。

### 5. 沥青混合料及基层用粗集料水洗法试验步骤

（1）取一份试样，将试样置 105℃±5℃ 烘箱中烘干至恒重，称取干燥集料试样的总质量 $m_3$，精确至 0.1%。

（2）将试样置一洁净容器中，加入足够数量的洁净水，将集料全部淹没，但不得使用任何洗涤剂、分散剂或表面活性剂。

（3）用搅棒充分搅动集料，集料表面洗涤干净，细粉悬浮在水中，但不得破碎集料或有集料从水中溅出。

（4）根据集料粒径大小选择组成一组套筛，其底部为 0.075mm 标准筛，上部为 2.36mm 或 4.75mm 筛。仔细将容器中混有细粉的悬浮液倒出，经过套筛流入另一容器中，尽量不将粗集料倒出，以免损坏标准筛筛面。

**注**：无需将容器中的全部集料都倒出，只倒出悬浮液。且不可直接倒至 0.075mm 筛上，以免集料掉出损坏筛面。

（5）重复步骤（2）至步骤（4），直至倒出的水洁净为止，必要时可采用水流缓慢冲洗。

（6）将套筛每个筛子上的集料及容器中的集料全部回收在一个搪瓷盘中，容器上不得有黏附的集料颗粒。

**注**：沾在 0.075mm 筛面上的细粉很难回收扣入搪瓷盘中，此时需将筛子倒扣在搪瓷盘上用少量的水并辅以毛刷将细粉刷落入搪瓷盘中，并注意不要散失。

（7）在确保细粉不散失的前提下，小心去掉搪瓷盘中的积水，将搪瓷盘连同集料一起置 105℃±5℃ 烘箱中烘干至恒重，称取干燥集料试样的总质量 $m_4$，精确至 0.1%。以 $m_3$ 与 $m_4$ 之差作为 0.075mm 的筛下部分。

（8）将回收的干燥集料按干筛方法筛分出 0.075mm 筛以上各筛的筛余量，此时 0.075mm 筛下部分应为 0，如果尚能筛出，则应将其入水洗得到的 0.075mm 的筛下部分，且表示水洗得不干净。

6. 计算

(1)干筛法筛分结果的计算。

(2)计算各筛分计筛余量及筛底存量的总和与筛分前试样的干燥总质量 $m_0$ 之差，作为筛分时的损耗，并计算损耗率，若损耗率大于 0.3% ,应重新进行试验。

$$m_5 = m_0 - (\sum m_i + m_底) \tag{2-1-9}$$

式中:$m_5$——由于筛分造成的损耗,g;

    $m_0$——用于干筛的干燥集料总质量,g;

    $m_i$——各号筛上的分计筛余,g;

    $i$——依次为 0.075mm、0.15mm……至集料最大粒径的排序;

    $m_底$——筛底(0.075mm 以下部分)集料总质量,g。

(3)干筛分计筛余百分率:干筛后各号筛上的分计筛余百分率,计算精确至 0.1% 。

$$P_i = m_i / (m_0 - m_5) \times 100 \tag{2-1-10}$$

式中:$P_i$——各号筛上的分计筛余百分率,%;

    $m_5$——由于筛分造成的损耗,g;

    $m_0$——用于干筛的干燥集料总质量,g;

    $m_i$——各号筛上的分计筛余,g;

    $i$——依次为 0.075mm、0.15mm……至集料最大粒径的排序。

(4)干筛累计筛余百分率:各号筛的累计筛余百分率为该号筛以上各号筛的分计筛余百分率之和,计算精确至 0.1% 。

(5)干筛各号筛的质量通过百分率:各号筛的质量通过百分率 $P_i$ 等于 100 减去该号筛累计筛余百分率,计算结果精确至 0.1% 。

(6)由筛底存量除以扣除损耗后的干燥集料总质量计算 0.075mm 筛的通过率。

(7)试验结果以两次试验的平均值表示,精确至 0.1% ,当两次试验结果 $P_{0.075}$ 的差值超过 1% 时,试验应重新进行。

7. 报告

(1)筛分结果以各筛孔的质量通过百分率表示。

(2)对用于沥青混合料、基层材料配合比设计用的集料,纵坐标为普通坐标,其横坐标为筛孔尺寸的 0.45 次方。

(3)同一种集料至少取两个试样平行试验两次,取平均值作为每号筛上筛余量的试验结果,报告集料级配组成通过百分率及级配曲线。

## 七、粗集料密度及吸水率试验(网篮法)

1. 目的与适用范围

本方法适用于测定各种粗集料的表观相对密度、表干相对密度、毛体积相对密度、表观密度、表干密度、毛体积密度,以及粗集料的吸水率。

2. 仪具与材料

(1)天平或浸水天平:可悬挂吊篮测定集料的水中质量,称量应满足试样数量称量要求,感量不大于最大称量的 0.05% 。

(2)吊篮:耐锈蚀材料制成,直径和高度为 150mm 左右,四周及底部用 1 ~ 2mm 的筛网编制或具有密集的孔眼。

(3)溢流水槽:在称量水中质量时能保持水面高度一定。

(4)烘箱:能控温在105℃±5℃。

(5)毛巾:纯棉制,洁净,也可用纯棉的汗衫布代替。

(6)温度计。

(7)标准筛。

(8)盛水容器(如搪瓷盘)。

(9)其他:刷子等。

3. 试验准备

(1)将试样用标准筛过筛除去其中的细集料,对较粗的粗集料可用4.75mm筛过筛,对2.36~4.75mm集料,或者混在4.75mm以下石屑中的粗集料,则用2.36mm标准筛过筛,用四分法或分料器法缩分至要求的质量,分两份备用。对沥青路面用粗集料,应对不同规格的集料分别测定,不得混杂,所取的每一份集料试样应基本上保持原有的级配。在测定2.36~4.75mm的粗集料时,试验过程中应特别小心,不得丢失集料。

(2)经缩分后供测定密度和吸水率的粗集料质量应符合表2-1-3的规定。

**测定密度所需要试样的最小质量**                           表2-1-3

| 公称最大粒径(mm) | 4.75 | 9.5 | 16 | 19 | 26.5 | 31.5 | 37.5 | 63 | 75 |
|---|---|---|---|---|---|---|---|---|---|
| 每一份试样的最小质量(kg) | 0.8 | 1 | 1 | 1 | 1.5 | 1.5 | 2 | 3 | 3 |

(3)将每一份集料试样浸泡在水中,并适当搅动,仔细洗去附在集料表面的尘土和石粉,经多次漂洗干净至水完全清澈为止。清洗过程中不得散失集料颗粒。

4. 试验步骤

(1)取试样一份装入干净的搪瓷盘中,注入洁净的水,水面至少应高出试样20mm,轻轻搅动石料,使附着在石料上的气泡完全逸出。在室温下保持浸水24h。

(2)将吊篮挂在天平的吊钩上,浸入溢流水槽中,向溢流水槽中注水,水面高度至水槽的溢流孔,将天平调零。吊篮的筛网应保证集料不会通过筛孔流失,对2.36~4.75mm粗集料应更换小孔筛网,或在网篮中加放入一个浅盘。

(3)调节水温在15~25℃范围内。将试样移入吊篮中。溢流水槽中的水面高度由水槽的溢流孔控制,维持不变。称取集料的水中质量($m_w$)。

(4)提起吊篮,稍稍滴水后,较粗的粗集料可以直接倒在拧干的湿毛巾上。将较细的粗集料(2.36~4.75mm)连同浅盘一起取出,稍稍倾斜搪瓷盘,仔细倒出余水,将粗集料倒在拧干的湿毛巾上,用毛巾吸走从集料中漏出的自由水。此步骤需特别注意不得有颗粒丢失,或有小颗粒附在吊篮上。再用拧干的湿毛巾轻轻擦干集料颗粒的表面水,至表面看不到发亮的水迹,即为饱和面干状态。当粗集料尺寸较大时,宜逐颗擦干。注意对较粗的粗集料,拧湿毛巾时不要太用劲,防止拧得太干,对较细的含水较多的粗集料,毛巾可拧得稍干些。擦颗粒的表面水时,既要将表面水擦掉,又千万不能将颗粒内部的水吸出。整个过程中不得有集料丢失,且已擦干的集料不得继续在空气中放置,以防止集料干燥。

(5)立即在保持表干状态下,称取集料的表干质量($m_f$)。

(6)将集料置于浅盘中,放入105℃±5℃的烘箱中烘干至恒重。取出浅盘,放在带盖的容器中冷却至室温,称取集料的烘干质量($m_a$)。注:恒重是指相邻两次称量间隔时间大于3h的

241

情况下,其前后两次称量之差小于该项试验要求的精密度,即 0.1%。

(7)对同一规格的集料应平行试验两次,取平均值作为试验结果。

5. 计算

(1)表观相对密度 $\gamma_a$、表干相对密度 $\gamma_s$、毛体积相对密度 $\gamma_b$ 分别按式(2-1-11)、式(2-1-12)、式(2-1-13)计算,精确至小数点后 3 位。

$$\gamma_a = m_a/(m_a - m_w) \qquad (2\text{-}1\text{-}11)$$
$$\gamma_s = m_f/(m_f - m_w) \qquad (2\text{-}1\text{-}12)$$
$$\gamma_b = m_a/(m_f - m_w) \qquad (2\text{-}1\text{-}13)$$

式中:$\gamma_a$——集料的表观相对密度,无量纲;

$\gamma_s$——集料的表干相对密度,无量纲;

$\gamma_b$——集料的毛体积相对密度,无量纲;

$m_a$——集料的烘干质量,g;

$m_f$——集料的表干质量,g;

$m_w$——集料的水中质量。

(2)集料的吸水率以烘干试样为基准,按式(2-1-14),精确至 0.1%。

$$w_x = (m_f - m_a)/m_a \times 100 \qquad (2\text{-}1\text{-}14)$$

式中:$w_x$——粗集料的吸水率,%。

(3)粗集料的表观密度 $\rho_a$、表干密度 $\rho_s$、毛体积密度 $\rho_b$ 分别按式(2-1-15)、式(2-1-16)、式(2-1-17)计算,精确至小数点后 3 位。

$$\rho_a = \gamma_a \cdot \rho_T,\text{或}\,\rho_a = (\gamma_a - \alpha_T) \cdot \rho_w \qquad (2\text{-}1\text{-}15)$$
$$\rho_s = \gamma_s \cdot \rho_T,\text{或}\,\rho_s = (\gamma_s - \alpha_T) \cdot \rho_w \qquad (2\text{-}1\text{-}16)$$
$$\rho_b = \gamma_b \cdot \rho_T,\text{或}\,\rho_b = (\gamma_b - \alpha_T) \cdot \rho_w \qquad (2\text{-}1\text{-}17)$$

式中:$\rho_a$——集料的表观密度,g/cm$^3$;

$\rho_s$——集料的表干密度,g/cm$^3$;

$\rho_b$——集料的毛体积密度,g/cm$^3$;

$\rho_T$——试验温度 $T$ 时水的密度,g/cm$^3$;按查表 2-1-1 取用;

$\alpha_T$——试验温度 $T$ 时的水温修正系数;

$\rho_w$——水在 4℃时的密度,1.000g/cm$^3$。

6. 精密度或允许差

重复试验的精密度,对表观相对密度、表干相对密度、毛体积相对密度,两次结果相差不得超过 0.02,对吸水率不得超过 0.2%。

## 八、粗集料密度及吸水率试验(容量瓶法)

1. 目的与适用范围

(1)本方法适用于测定碎石、砾石等各种粗集料的表观相对密度、表干相对密度、毛体积相对密度、表观密度、表干密度、毛体积密度,以及粗集料的吸水率。

(2)本方法测定的结果不适用于仲裁及沥青混合料配合比设计计算理论密度时使用。

2. 仪具与材料

(1)天平或浸水天平:可悬挂吊篮测定集料的水中质量,称量应满足试样数量称量要求,感量不大于最大称量的 0.05%。

(2)容量瓶:1000mL,也可用磨口的广口玻璃瓶代替,并带玻璃片。

(3)烘箱:能控温在 105℃ ±5℃。

(4)标准筛:4.75mm、2.36mm。

(5)其他:刷子、毛巾等。

3. 试验准备

(1)将取来样过筛,对水泥混凝土的集料采用 4.75mm 筛,沥青混合料的集料用 2.36mm 筛,分别筛去筛孔以下的颗粒。然后用四分法或分料器法缩分至表 2-1-4 要求的质量,分两份备用。

(2)将每一份集料试样浸泡在水中,仔细洗去附在集料表面的尘土和石粉,经多次漂洗干净至水清澈为止。清洗过程中不得散失集料颗粒。

测定密度所需的试样最小质量 表 2-1-4

| 公称最大粒径(mm) | 4.75 | 9.5 | 16 | 19 | 26.5 | 31.5 | 37.5 | 63 | 75 |
|---|---|---|---|---|---|---|---|---|---|
| 每一份试样的最小质量(kg) | 0.8 | 1 | 1 | 1 | 1.5 | 1.5 | 2 | 3 | 3 |

4. 试验步骤

(1)取试样一份装入容量瓶(广口瓶)中,注入洁净的水(可滴入数滴洗涤灵),水面高出试样,轻轻摇动容量瓶,使附着在石料上的气泡逸出。盖上玻璃片,在室温下浸水 24h。

注:水温应在 15～25℃范围内,浸水最后 2h 内的水温相差不得超过 2℃。

(2)向瓶中加水至水面凸出瓶口,然后盖上容量瓶塞,或用玻璃片沿广口瓶瓶口迅速滑行,使其紧贴瓶口水面、玻璃片与水面之间不得有空隙。

(3)确认瓶中没有气泡,擦干瓶外的水分后,称取集料试样、水、瓶及玻璃片的总质量 $m_2$。

(4)将试样倒入浅搪瓷盘中,稍稍倾斜搪瓷盘倒掉流动的水,再用毛巾吸干漏出的自由水,需要时可称取带表面水的试样质量 $m_4$。

(5)用拧干的湿毛巾轻轻擦干颗粒的表面水,至表面看不到发亮的水迹,即为饱和面干状态。当粗集料尺寸较大时,可逐颗擦干。注意拧湿毛巾时不要太用力,防止拧得太干。擦颗粒的表面水时,既要将表面水擦掉,又不能将颗粒内部的水吸出。整个过程中不得有集料丢失。

(6)立即称取饱和面干集料的表干质量 $m_3$。

(7)将集料置于浅盘中,放入 105℃ ±5℃的烘箱中烘干至恒重。取出浅盘,放在带盖的容器中冷却至室温,称取集料的烘干质量 $m_0$。

注:恒重是指相邻两次称量间隔时间大于 3h 的情况下,其前后两次称量之差小于该项试验所要求的精密度,即 0.1%。一般在烘箱中烘烤的时间不得少于 4～6h。

(8)将瓶洗净,重新装入洁净水,盖上容量瓶塞,或用玻璃片紧贴广口瓶瓶口水面。玻璃片与水面之间不得有空隙。确认瓶中没有气泡,擦干瓶外水分后称取水、瓶及玻璃片的总质量 $m_1$。

5. 计算

(1)表观相对密度 $\gamma_a$、表干相对密度 $\gamma_s$、毛体积相对密度 $\gamma_b$ 分别按式(2-1-18)、式(2-1-19)、式(2-1-20)计算,精确至小数点后 3 位。

$$\gamma_a = m_0/(m_0 + m_1 - m_2) \qquad (2\text{-}1\text{-}18)$$

$$\gamma_s = m_3/(m_3 + m_1 - m_2) \qquad (2\text{-}1\text{-}19)$$

$$\gamma_b = m_0 / (m_3 + m_1 - m_2) \quad\quad (2\text{-}1\text{-}20)$$

式中：$\gamma_a$——集料的表观相对密度，无量纲；

$\quad\gamma_s$——集料的表干相对密度，无量纲；

$\quad\gamma_b$——集料的毛体积相对密度，无量纲；

$\quad m_0$——集料的烘干质量，g；

$\quad m_1$——水、瓶及玻璃片的总质量，g；

$\quad m_2$——集料试样、水、瓶及玻璃片的总质量，g；

$\quad m_3$——集料的表干质量，g。

（2）集料的吸水率 $w_X$、含水率 $w$ 以烘干试样为基准，按式（2-1-21）、式（2-1-22）计算，且精确至 0.1%。

$$w_X = (m_3 - m_0) / m_0 \times 100 \quad\quad (2\text{-}1\text{-}21)$$
$$w = (m_4 - m_0) / m_0 \times 100 \quad\quad (2\text{-}1\text{-}22)$$

式中：$m_4$——集料饱和状态下含表面水的湿质量，g；

$\quad w_X$——集料的吸水率，%；

$\quad w$——集料的含水率，%。

（3）当水泥混凝土集料需要以饱和面干试样作为基准求取集料的吸水率 $w_X$ 时，按式（2-1-23）计算，且精确至 0.1%，还需在报告中予以说明。

$$w_X = (m_3 - m_0) / m_3 \times 100 \quad\quad (2\text{-}1\text{-}23)$$

式中：$w_X$——集料的吸水率，%。

（4）粗集料的表观密度 $\rho_a$、表干密度 $\rho_s$、毛体积密度 $\rho_b$ 分别按式（2-1-24）、式（2-1-25）、式（2-1-26）计算，精确至小数点后 3 位。

$$\rho_a = \gamma_a \cdot \rho_T，或 \rho_a = (\gamma_a - \alpha_T) \cdot \rho_\Omega \quad\quad (2\text{-}1\text{-}24)$$
$$\rho_s = \gamma_s \cdot \rho_T，或 \rho_s = (\gamma_s - \alpha_T) \cdot \rho_\Omega \quad\quad (2\text{-}1\text{-}25)$$
$$\rho_b = \gamma_b \cdot \rho_T，或 \rho_b = (\gamma_b - \alpha_T) \cdot \rho_\Omega \quad\quad (2\text{-}1\text{-}26)$$

式中：$\rho_a$——集料的表观密度，g/cm$^3$；

$\quad\rho_s$——集料的表干密度，g/cm$^3$；

$\quad\rho_b$——集料的毛体积密度，g/cm$^3$；

$\quad\rho_T$——试验温度 $T$ 时水的密度，g/cm$^3$；

$\quad\alpha_T$——试验温度 $T$ 时的水温修正系数；

$\quad\rho_\Omega$——水在 4℃时的密度，1.000g/cm$^3$。

6. 精密度或允许差

重复试验的精密度，两次结果之差对相对密度不得超过 0.02，对吸水率不得超过 0.2%。

## 九、粗集料堆积密度及空隙率试验

1. 目的与适用范围

测定粗集料的堆积密度，包括自然堆积状态、振实状态、捣实状态下的堆积密度，以及堆积状态下的间隙率。

2. 仪具与材料

（1）天平或台秤：感量不大于称量的 0.1%。

(2)容量筒。

(3)平头铁锹。

(4)烘箱:能控温 105℃±5℃。

(5)振动台:频率为 3000 次/min±200 次/min,负荷下的振幅为 0.35mm,空载时的振幅为 0.5mm。

(6)捣棒:直径 16mm、长 600mm 一端为圆头的钢棒。

3.试验准备

按表 2-1-5 的方法取样、缩分,质量应满足试验要求,在 105℃±5℃ 的烘箱中烘干,也可以摊在清洁的地面上风干,拌匀后分成两份备用。

各试验项目所需粗集料的最小取样质量                                   表 2-1-5

| 试验项目 | 相对于下列公称最大粒径(mm)的最小取样量(kg) | | | | | | | | | | |
|---|---|---|---|---|---|---|---|---|---|---|---|
| | 4.75 | 9.5 | 13.2 | 16 | 19 | 26.5 | 31.5 | 37.5 | 53 | 63 | 75 |
| 筛分 | 8 | 10 | 12.5 | 15 | 20 | 20 | 30 | 40 | 50 | 60 | 80 |
| 表观密度 | 6 | 8 | 8 | 8 | 8 | 8 | 12 | 16 | 20 | 24 | 24 |

4.试验步骤

(1)自然堆积密度。取试样 1 份,置于平整干净的水泥地(或铁板)上,用平头铁锹铲起试样,使石子自由落入容量筒内。此时,从铁锹的齐口至容量筒上口的距离应保持为 50mm 左右,装满容量筒并除去凸出筒口表面的颗粒,并以合适的颗粒填入凹陷空隙,使表面稍凸起部分和凹陷部分的体积大致相等,称取试样和容量筒总质量 $m_2$。

(2)振实密度。按堆积密度试验步骤,将装满试样的容量筒放在振动台上,振动 3min,或者将试样分三层装入容量筒:装完一层后,在筒底垫放一根直径为 25mm 的圆钢筋,将筒按住,左右交替颠击地面各 25 下;然后装入第二层,用同样的方法颠实(但筒底所垫钢筋的方向应与第一层放置方向垂直);然后再装入第三层,如法颠实。待三层试样装填完毕后,加料填到试样超出容量筒口,用钢筋沿筒口边缘滚转,刮下高出筒口的颗粒,用合适的颗粒填平凹处,使表面稍凸起部分和凹陷部分的体积大致相等,称取试样和容量筒总质量 $m_2$。

(3)捣实密度。根据沥青混合料的类型和公称最大粒径,确定起骨架作用的关键性筛孔(通常为 4.75mm 或 2.36mm 等)。将矿料混合料中此筛孔以上颗粒筛出,作为试样装入符合要求规格的容器中达 1/3 的高度,由边至中用捣棒均匀捣实 25 次。再向容器中装入 1/3 高度的试样,用捣棒均匀地捣实 25 次,捣实深度约至下层的表面。然后重复上一步骤,加最后一层,捣实 25 次,使集料与容器口齐平。用合适的集料填充表面的大空隙,用直尺大体刮平,目测估计表面凸起部分与凹陷部分的容积大致相等,称取容量筒与试样的总质量 $m_2$。

(4)容量筒容积的标定。用水装满容量筒,测量水温,擦干筒外壁的水分,称取容量筒与水的总质量 $m_w$,并按水的密度对容量筒的容积作校正。

5.计算

(1)容量筒的容积按式(2-1-27)计算。

$$V = (m_w - m_1)/\rho_T \qquad (2-1-27)$$

式中:$V$——容量筒的容积,L;

$m_1$——容量筒的质量,kg;

$m_w$——容量筒与水的总质量,kg;

$\rho_T$——试验温度 $T$ 时水的密度,g/cm³。

(2)堆积密度(包括自然堆积状态、振实状态、捣实状态下的堆积密度)按式(2-1-28)计算,且精确至小数点后2位。

$$\rho = (m_2 - m_1)/V \qquad (2\text{-}1\text{-}28)$$

式中:$\rho$——与各种状态相对应的堆积密度,t/m³;

$m_1$——容量筒的质量,kg;

$m_2$——容量筒与试样的总质量,kg;

$V$——容量筒的容积,L。

(3)水泥混凝土用粗集料振实状态下的空隙率按式(2-1-29)计算。

$$V_C = (1 - \rho/\rho_b) \times 100 \qquad (2\text{-}1\text{-}29)$$

式中:$V_C$——水泥混凝土用粗集料的空隙率,%;

$\rho_a$——粗集料的表观密度,t/m³;

$\rho$——按振实法测定的粗集料的堆积密度,t/m³。

(4)沥青混合料用粗集料骨架捣实状态下的间隙率按式(2-1-30)计算。

$$VCA_{DRC} = (1 - \rho/\rho_b) \times 100 \qquad (2\text{-}1\text{-}30)$$

式中:$VCA_{DRC}$——捣实状态下粗集料骨架间隙率,%;

$\rho_b$——粗集料的毛体积密度,t/m³;

$\rho$——按捣实法测定的粗集料的自然堆积密度,t/m³。

6.报告

以两次平行试验结果的平均值作为测定值。

### 十、水泥混凝土用粗集料针片状颗粒含量试验(规准仪法)

1.目的与适用范围

测定大于 4.75mm 的碎石或卵石中针、片状颗粒的总含量,用于评价粗集料的形状,推测抗压碎能力,以评定其工程性质。

2.试验仪器设备

(1)水泥混凝土集料针状和片状规准仪;

(2)天平:感量不大于称量值的 0.1%;

(3)台秤:称量 10kg,感量 10g;

(4)标准套筛:孔径分别为 4.75mm、9.5mm、16mm、19mm、26.5mm、31.5mm、37.5mm 的标准筛。

3.试验方法和步骤

(1)将待测风干试样采用四分法缩分成如表 2-1-6 所示规定的检测用量,称重,记作 $m_0$。

**针片状颗粒含量试验规定材料用量**　　　　　　　　　　表 2-1-6

| 公称最大粒径(mm) | 9.5 | 16 | 19 | 26.5 | 31.5 | 37.5 |
|---|---|---|---|---|---|---|
| 试样最小用量(kg) | 0.3 | 1 | 2 | 3 | 5 | 10 |

(2)用标准套筛将试样分成不同的粒级,具体粒级别划分界限及对应的规准仪孔宽和间距如表 2-1-7 所示。

粒级别划分界限及对应的规准仪孔宽和间距                                      表 2-1-7

| 粒级(方孔筛)(mm) | 4.75~9.5 | 9.5~16 | 16~19 | 19~26.5 | 26.5~31.5 | 31.5~37.5 |
|---|---|---|---|---|---|---|
| 针状规准仪上相对应的立柱之间的宽距(mm) | 17.1 (B1) | 30.6 (B2) | 42.0 (B3) | 54.6 (B4) | 69.8 (B5) | 82.8 (B6) |
| 片状规准仪上相对应的孔宽(mm) | 2.8 (A1) | 5.1 (A2) | 7.0 (A3) | 9.1 (A4) | 11.6 (A5) | 13.8 (A6) |

(3)不同粒级的颗粒首先通过目测,将不可能是针状或片状的颗粒挑出,对怀疑为针、片状的颗粒逐一对应于规准仪相应的位置进行鉴定。凡长度大于针状规准仪上相应间距的,判定为针状颗粒;颗粒厚度小于片状规准仪上相应孔宽的,判定为片状颗粒。全部鉴定结束后,称出由各粒级挑出的针状和片状颗粒的总质量,记作 $m_1$。

4. 试验结果计算

水泥混凝土用碎石或卵石中针、片状颗粒含量计算公式为:

$$Q_e = m_1/m_0 \times 100 \qquad (2-1-31)$$

式中: $Q_e$——试样针、片状颗粒含量,%;精确至 0.1%;

$m_1$——试样中针、片状颗粒的总质量,g;

$m_0$——试样总质量,g。

## 十一、粗集料针片状颗粒含量试验(游标卡尺法)

1. 目的与适用范围

(1)本方法适用于测定粗集料的针状及片状的颗粒含量,以百分率计算。

(2)本方法测定的针片状颗粒,是指用游标卡尺测定的粗集料颗粒的最大长度(或宽度)方向与最小厚度(或直径)方向的尺寸之比大于 3 倍的颗粒,有特殊要求采用其他比例时,应在试验报告中注明。

(3)本方法测定的粗集料中针片状颗粒的含量,可用于评价集料的形状和抗压碎能力,以评定生产厂的生产水平及该材料在工程中的适用性。

2. 仪具与材料

标准筛:方孔筛 4.75mm;

游标卡尺:精密度为 0.1mm;

天平:感量不大于 1g。

3. 实验步骤

采集粗集料试样按分料器法或四分法选取 1kg 左右的试样。对每一种规格的粗集料,应按照不同的公称粒径,分别取样检验。

用 4.75mm 标准筛将试样过筛,取筛上部分供试验使用,称取试样的总质量 $m_0$,精确至 1g,试样数量应不小于 800g,并不少于 100 颗。

将试样平摊于桌面上,首先用目测挑出接近立方体的颗粒,剩下可能属于针状(细长)或片状(扁平)的颗粒。

4. 计算针片状颗粒含量

$$Q_e = m_1/m_0 \times 100 \qquad (2-1-32)$$

式中：$Q_e$——针状片状颗粒含量，%；精确至0.1%；

　　　$m_0$——试验用的总质量，g；

　　　$m_1$——针片状颗粒的质量，g。

5. 报告

如果两次结果之差小于平均值的20%，取平均值为试验值，如大于或等于20%，应追加测定一次，取3次结果的平均值为测定值。试验报告应报告集料的种类、产地、岩石名称、用途。

### 十二、粗集料压碎值试验

1. 目的与适用范围

集料压碎值用于衡量石料在逐渐增加的荷载下抵抗压碎的能力，是衡量石料力学性质的指标，以评定其在公路工程中的适用性。

2. 仪具与材料

(1) 石料压碎值试验仪：由内径150mm、两端开口的钢制圆形试筒、压柱和底板组成，其尺寸见表2-1-8。试筒内壁、压柱的底面及底板的上表面等与石料接触的表面都应进行热处理，使表面硬化，达到维氏硬度HV65并保持光滑状态。

试筒、压柱和底板尺寸　　　　　　　　　　　表2-1-8

| 部　　位 | 符　　号 | 名　　称 | 尺寸(mm) |
|---|---|---|---|
| 试筒 | A | 内径 | 15±0.3 |
| | B | 高度 | 125～128 |
| | C | 壁厚 | ≥12 |
| 压柱 | D | 压头直径 | 149±0.2 |
| | E | 压杆直径 | 100～149 |
| | F | 压柱总长 | 100～110 |
| | G | 压头厚度 | ≥25 |
| 底板 | H | 直径 | 200～220 |
| | I | 厚度(中间部分) | 6.4±0.2 |
| | J | 边缘厚度 | 10±0.2 |

(2) 金属棒：直径10mm、长450～600mm，一端加工成半球形。

(3) 天平：称量2～3kg，感量不大于1g。

(4) 标准筛：筛孔尺寸13.2mm、9.5mm、2.36mm方孔筛各一个。

(5) 压力机：500kN，应能在10min内达到400kN。

(6) 金属筒：圆柱形，内径112.0mm，高179.4mm，容积1767cm³。

3. 试验准备

(1) 采用风干石料用13.2mm和9.5mm标准筛过筛，取9.5～13.3mm试样3组各3000g，供试验用。如过于潮湿需加热烘干时，烘箱温度不得超过100℃。烘干时间不得超过4h，试验前，石料应冷却至室温。

(2) 每次试验的石料数量应满足按下述方法夯击后石料在试筒内的深度为100mm。在金属筒中确定石料数量的方法如下：

将试样分 3 次(每次数量大体相同)均匀装入试模中,每次均将试样表面整平,用金属棒的半球面端从石料表面上均匀捣实 25 次。最后用金属棒作为直刮刀将表面仔细整平。称取量筒中试样质量 $m_0$。以相同质量的试样进行压碎值的平行试验。

4. 试验步骤

(1)将试筒安放在底板上。

(2)将要求质量的试样分 3 次(每次数量大体相同)均匀装入试模中,每次均将试样表面整平,用金属棒的半球面端从石料表面上均匀捣实 25 次。最后用金属棒作为直刮刀将表面仔细整平。

(3)将装有试样的试模放到压力机上,同时加压头放入试筒内石料面上,注意使压头摆平,勿楔挤试模侧壁。

(4)开动压力机,均匀地施加荷载,在 10min 左右的时间内达到总荷载 400kN,稳压 5s,然后卸荷。

(5)将试模从压力机上取下,取出试样。

(6)用 2.36mm 标准筛筛分经压碎的全部试样,可分几次筛分,均需筛到在 1min 内无明显的筛出物为止。

(7)称取通过 2.36mm 筛孔的全部细料质量 $m_1$,精确至 1g。

5. 计算

石料压碎值按下式计算,且精确至 0.1%。

$$Q_a = m_1/m_0 \times 100 \tag{2-1-33}$$

式中:$Q_a$——石料压碎值,%;

$m_0$——试验前试样质量,g;

$m_1$——试验后通过 2.36mm 筛孔的细料质量,g。

6. 报告

以 3 个试样平行试验结果的算术平均值作为压碎值的测定值。

## 十三、粗集料磨耗试验(洛杉矶法)

1. 目的与适用范围

(1)测定标准条件下粗集料抵抗摩擦、撞击的能力,以磨耗损失(%)表示。

(2)本方法适用于各种等级规格集料的磨耗试验。

2. 仪具与材料

(1)洛杉矶磨耗试验机:圆筒内径 710mm ± 5mm,内侧长 510mm ± 5mm,两端封闭,投料口的钢盖通过紧固螺栓和橡胶垫与钢筒紧闭密封。钢筒的回转速率为 30 ~ 33r/min。

(2)钢球:直径约 46.8mm,质量为 390g ~ 445g,大小稍有不同,以便按要求组合成符合要求的总质量。

(3)台秤:感量 5g。

(4)标准筛:符合要求的标准筛系列,以及筛孔为 1.7mm 的方孔筛一个。

(5)烘箱:能使温度控制在 105℃ ±5℃ 范围内。

(6)容器:搪瓷盘等。

3. 试验步骤

(1)将不同规格的集料用水冲洗干净,置烘箱中烘干至恒重。

（2）对所使用的集料,根据实际情况按表 2-1-9 选择最接近的粒级类别,确定相应的试验条件,按规定的粒级组成备料、筛分。其中水泥混凝土用集料宜采用 A 级粒度;沥青路面及各种基层、底基层的粗集料表中的 16mm 筛孔也可用 13.2mm 筛孔代替。对非规格材料,应根据材料的实际粒度,从表 2-1-9 中选择最接近的粒级类别及试验条件。

粗集料洛杉矶试验条件　　　　　　　　　　　表 2-1-9

| 粒度类别 | 粒级组成（mm） | 试样质量（g） | 试样总质量（g） | 钢球数量（个） | 钢球总质量（g） | 转动次数（转） | 试用的粗集料 | |
|---|---|---|---|---|---|---|---|---|
| | | | | | | | 规格 | 公称粒径（mm） |
| A | 26.5~37.5 | 1250±25 | 1250±25 | 12 | 5000±25 | 500 | | |
| | 19.0~26.5 | 1250±25 | 1250±25 | | | | | |
| | 16.0~19.0 | 1250±10 | 1250±10 | | | | | |
| | 9.5~16.0 | 1250±10 | 1250±10 | | | | | |
| B | 19.0~26.5 | 2500±10 | 2500±10 | 11 | 4850±25 | 500 | S6 | 15~30 |
| | | | | | | | S7 | 10~30 |
| | 16.0~19.0 | 2500±10 | 2500±10 | | | | S8 | 10~25 |
| C | 9.5~16.0 | 2500±10 | 2500±10 | 8 | 3330±20 | 500 | S9 | 10~20 |
| | | | | | | | S10 | 10~15 |
| | 4.75~9.5 | 2500±10 | 2500±10 | | | | S11 | 5~15 |
| | | | | | | | S12 | 5~10 |
| D | 2.36~4.75 | 5000±10 | 5000±10 | 6 | 2500±15 | 500 | S13 | 3~10 |
| | | | | | | | S14 | 3~5 |
| E | 63~75 | 2500±50 | 1000±100 | 12 | 5000±25 | 1000 | S1 | 40~75 |
| | 53~63 | 2500±50 | | | | | | |
| | 37.5~53 | 5000±50 | | | | | S2 | 40~60 |
| F | 37.5~53 | 5000±50 | 10000±75 | 12 | 5000±25 | 1000 | S3 | 30~60 |
| | 26.5~37.5 | 5000±25 | | | | | S4 | 25~50 |
| G | 26.5~37.5 | 5000±25 | 10000±50 | 12 | 5000±25 | 1000 | S5 | 20~40 |
| | 19~26.5 | 5000±25 | | | | | | |

（3）分级称量(精确至 5g),称取总质量 $m_1$,装入磨耗机圆筒中。

（4）选择钢球,使钢球的数量及总质量符合规范规定。将钢球加入钢筒中,盖好筒盖,紧固密封。

（5）将计数器调整到零位,设定要求的回转次数,对水泥混凝土集料,回转次数为 500 转,对沥青混合料集料,回转次数应符合表 2-1-8 的要求。开动磨耗机,以 30~33r/min 转速转动至要求的回转次数为止。

（6）取出钢球,将经过磨耗后的试样从投料口倒入接受容器(搪瓷盘)中。

（7）将试样用 1.7mm 的方孔筛过筛,筛去试样中被撞击磨碎的细屑。

（8）用水冲干净留在筛上的碎石,置 105℃ ±5℃烘箱中烘干至恒重(通常不少于 4h),准确称量 $m_2$。

4. 计算

按以下公式计算粗集料洛杉矶磨耗损失,且精确至 0.1%。

$$Q = (m_1 - m_2)/m_1 \times 100 \qquad (2\text{-}1\text{-}34)$$

式中：$Q$——洛杉矶磨耗损失，%；

$m_1$——装入圆筒中试样质量，g；

$m_2$——试验后在 1.7mm 筛上洗净烘干的试样质量，g。

5. 报告

(1)试验报告应记录所使用的粒级类别和试验条件。

(2)粗集料的磨耗损失取两次平行试验结果的算术平均值为测定值，两次试验的差值应不大于 2%，否则须重做试验。

### 十四、硫酸钠溶液浸泡损失率试验方法

1. 适用范围

本方法适用于铁路碎石道砟硫酸钠溶液浸泡损失率的试验。

2. 术语

硫酸钠溶液浸泡损失率：是利用硫酸钠在道砟颗粒微裂及开口孔隙中的结晶膨胀作用，推断道砟抗风化及冰冻胀裂的能力的参数。

3. 设备与机具

(1)容器：玻璃罐或搪瓷桶。

(2)金属网篮：不锈钢丝编制。

(3)不锈钢夹子、比重计、搪瓷盘。

(4)调温设备及温度计。

(5)鼓风干燥箱：温度范围为室温~200℃以上，并有调温装置。

(6)方孔筛：筛孔边长分别为 16、20、25 和 40mm。

(7)磅秤或天平：称量 2kg，感量 1g。

(8)无水硫酸钠或 10 水硫酸钠、蒸馏水。

(9)针、片状规准仪。

4. 试样

(1)用筛孔边长为 20、25 和 40mm 的方孔筛筛选试样，一组试样质量为粒径 20~25mm 的 500g，25~40mm 的 1000g，计 1500g。要逐块挑选，要求无肉眼可见的裂纹，用针、片状规准仪剔除针、片状颗粒，并洗净，在鼓风干燥箱中以 105~110℃温度烘 4h 取出，冷却至室温，备用。

(2)在温度为 30~50℃蒸馏水中，按每升蒸馏水加 300~500g 无水硫酸钠($Na_2SO_4$)或 700~1000g10 水硫酸钠($Na_2SO_4 \cdot 10H_2O$)的比例配制溶液。用玻璃棒搅拌，使其充分溶解，达到饱和，并有多余的结晶硫酸钠析出。溶液的体积不小于试样体积的 5 倍。溶液在 20~30℃的条件下静置两昼夜，其密度控制在 1.15~1.17 范围内。

5. 程序

(1)称出干燥试样质量 $G_0$，并记录颗粒总数。

(2)将试样拌和均匀，一起装入金属网篮内，并将其浸入配制好的溶液内。溶液温度应保持在 25~35℃，试样表面应在液面下 3cm 上，网篮底距容器底 2cm 以上。

(3)试样在硫酸钠溶液中浸泡 20h 后，提出容器置温度为 105~110℃的鼓风干燥箱内烘

4h 取出,至此完成了第一次循环试验。

(4)待试样冷却至室温后,再装入硫酸钠溶液中浸泡,开始第二次循环试验。从第二次循环试验开始浸泡时间和烘干时间均为 4h。如此重复上述过程达 5 次为止。

(5)试样在第 5 次循环试验取出后,置于温度为 25～35℃的清水中,洗净硫酸钠,再放入烘箱烘 4h 至恒重。待试样冷却后,用筛孔边长为 16mm 的方孔筛过筛,然后称取试样试验后质量 $G_1$,并记录颗粒总数。

6. 计算

按式(2-1-35)计算道砟硫酸钠溶液浸泡损失率:

$$L = \frac{G_0 - G_1}{G_0} \times 100 \qquad (2\text{-}1\text{-}35)$$

式中:$L$——道砟硫酸钠溶液浸泡损失率,取小数点后一位,%;

$G_0$——试样试验前质量,g;

$G_1$——试样试验后质量,g。

### 十五、铁路碎石道砟粒径级配试验方法

1. 适用范围

本方法适用于铁路碎石道砟粒径级配的试验。

2. 术语

碎石道砟粒径级配:是指各种粒径的道砟颗粒质量的百分比。标准碎石道砟粒径级配规定各种粒径的道砟颗粒质量占总量有一定的百分比。

3. 设备与机具

(1)方孔筛:孔径分别为 16、25、35.5、45、56 和 63mm。

(2)磅秤:称量 100kg,感量 50g。

(3)容器、铁叉、塑料布。

4. 试样

在成品出料口或成品运输带上有间隔地取四个子样,每个子样质量约 100kg,堆放在塑料布上或干净的平地上,拌和均匀,用四分法取其中两份约 200kg 备用。

5. 程序

用六个方孔筛由大到小筛分试样,并分别称量留在各筛上碎石的质量 $d_{63}$、$d_{56}$、$d_{45}$、$d_{35.5}$、$d_{25}$、$d_{16}$、$d$ 底为 16mm 以下的碎石质量。

6. 计算

(1)按下式计算各筛累计过筛质量 $q_{16}$、$q_{25}$…$q_{63}$

$$q_{16} = d_{底}$$
$$q_{25} = q_{16} + d_{16}$$
$$q_{35.5} = q_{25} + d_{25}$$
$$q_{45} = q_{35.5} + d_{35.5}$$
$$q_{56} = q_{45} + d_{45}$$

$$q_{63} = q_{56} + d_{56}$$

(2)按下式计算碎石总量 $q$ 和各筛累计过筛质量百分率 $P_{16}$、$P_{25}\cdots P_{63}$

$$q = q_{63} + d_{63}$$
$$P_{16} = q_{16}/q$$
$$P_{25} = q_{25}/q$$
$$P_{35.5} = q_{35.5}/q$$
$$P_{45} = q_{45}/q$$
$$P_{56} = q_{56}/q$$
$$P_{63} = q_{63}/q$$

(3)在标准粒径级配曲线上,按方孔筛孔边长及对应的累计过筛质量百分率,绘出道砟级配曲线。

(4)若绘出的曲线落入标准级配曲线内,则生产的道砟级配符合标准。

### 十六、铁路碎石道砟针状指数和片状指数试验方法

1.适用范围

本方法适用于铁路碎石道砟针状指数和片状指数的试验。

2.术语

针状指数:指长度(最大尺寸)大于平均粒径 1.8 倍的颗粒所占的质量百分率。

片状指数:指厚度(最小尺寸)小于平均粒径 0.6 倍的颗粒所占的质量百分率。

3.设备与机具

(1)针状规准仪和片状规准仪见图 2-1-1 和图 2-1-2。

(2)磅秤:称量 100kg,感量 50g。

(3)方孔筛:孔边长分别为 63、56、45、35.5、25、16 和 10mm。

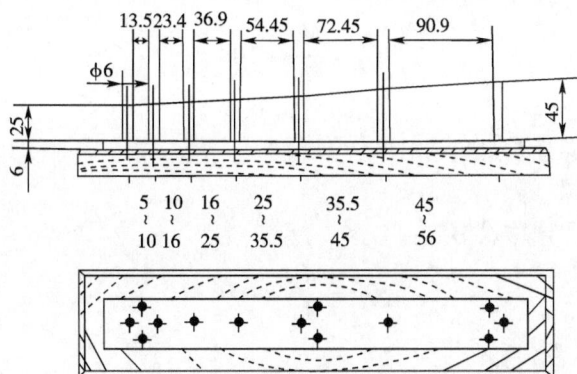

图 2-1-1　针状规准仪(尺寸单位:mm)

4.试样

(1)若在砟场,在成品出料口或传送带上有间隔地接取 4 个子样,每个子样约 100kg。若在车上,如装砟车少于三辆,则从每一个车辆中取一个子样;如多于三辆,则从任意三辆中各取一个子样。每个子样约 130kg,并从车辆的四角及中央五处提取。若在铁路现场,则由用砟单位任选 125m 长度的卸砟地段,每隔 25m 由砟肩到坡底均匀选一个子样(合计 5 个),每个子样

253

约 70kg,晾干。

(2)将子样拌和均匀,用四分法取其中两份备用。

(3)用方孔筛筛分出 63～56、56～45、45～35.5、35.5～25、25～16、16～10 计六组试样备用。

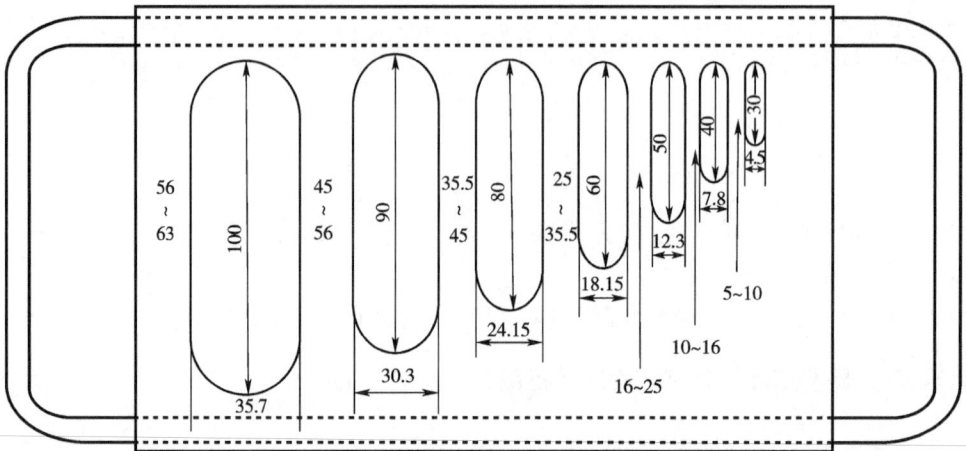

图 2-1-2　片状规准仪(尺寸单位:mm)

5.程序

(1)称取每组试样质量,并计算每组试样占总量百分率。

(2)剔除百分率小于 5% 的试样。

(3)用针状规准仪和片状规准仪依次对每组试样进行针、片状颗粒检验,并分别称取针、片状颗粒的质量。

(4)计算试样针、片状颗粒总质量。

6.计算

(1)按式(2-1-36)计算针状指数:

$$Q_E = \frac{M_E}{M_{IE}} \times 100 \tag{2-1-36}$$

式中:$Q_E$——针状指数,%;

　　$M_E$——针状颗粒总质量,kg;

　　$M_{IE}$——试样总质量,kg。

(2)按式(2-1-37)计算片状指数:

$$Q_F = \frac{M_F}{M_{IF}} \times 100 \tag{2-1-37}$$

式中:$Q_F$——片状指数,%;

　　$M_F$——片状颗粒总质量,kg;

　　$M_{IF}$——试样总质量,kg。

　　$Q_E$ 和 $Q_F$ 值均取整数位。

### 十七、铁路碎石道砟黏土团及其他杂质含量试验方法

1.适用范围

本方法适用于铁路碎石道砟黏土团及其他杂质含量的试验。

2.术语

道砟黏土团及其他杂质含量:是指道砟中混入的黏土团及其他杂质占道砟总质量的百分比。

3.设备与机具

(1)磅秤:称量150kg,感量50g。

(2)容器、铁锹或铁叉、竹筐或尼龙袋、塑料布。

4.试样

(1)若在砟场,则在成品出料口或传送带上有间隔地取四个子样,每个子样约100kg。若在车上,如装砟车少于三辆,则从每一个车辆中取一个子样;如多于三辆,则从任意三辆中各取一个子样。每个子样约130kg,并从车辆的四角及中央五处提取。若在铁路现场,则由用砟单位任选125m长度的卸砟地段,每隔25m由砟肩到坡底均匀选一个子样(合计5个)每个子样约70kg,晾干。

(2)将子样拌和均匀,用四分法取其中两份备用。

5.程序

(1)称量试样总量。

(2)若很容易判断是黏土团及其他杂质,则用手拣出或用筛子筛出,称量出黏土团及其他杂质的质量。若判断困难时,将可疑的子样拣出,在容器内用水浸泡一昼夜,能用手捏碎的颗粒,则定为黏土或杂质,称量清除黏土团及其他杂质后的道砟质量 $G_2$。

6.计算

按式(2-1-38)计算黏土团及其他杂质含量:

$$N = \frac{G_1 - G_2}{G_1} \times 100 \qquad (2\text{-}1\text{-}38)$$

式中:$N$——黏土团及其他杂质含量,%;

$G_1$——子样总质量,kg;

$G_2$——清除黏土团及其他杂质含量后的道砟质量,kg。

若试样太大,试验不方便时,可分几次试验,然后累加各次试验中黏土团及其他杂质的质量,计算其与子样总质量的百分率。$N$ 值取小数点后一位。

# 第二章　胶凝材料试验

## 一、有效氧化钙的测定

### 1. 适用范围

本方法适用于测定各种石灰的有效氧化钙含量。

### 2. 仪器设备

(1) 方孔筛:0.15mm,1 个。

(2) 烘箱:50~250℃,1 台。

(3) 干燥器:φ25cm,1 个。

(4) 称量瓶:φ30mm×50mm,10 个。

(5) 瓷研钵:φ12~13cm,1 个。

(6) 分析天平:量程不小于 50g,感量 0.0001g,1 台。

(7) 电子天平:量程不小于 500g,感量 0.01g,1 台。

(8) 电炉:1500W,1 个。

(9) 石棉网:20cm×20cm,1 块。

(10) 玻璃珠:φ3mm,1 袋(0.25kg)。

(11) 具塞三角瓶:250mL,20 个。

(12) 漏斗:短颈,3 个。

(13) 塑料洗瓶:1 个。

(14) 塑料桶:20L,1 个。

(15) 下口蒸馏水瓶:5000mL,1 个。

(16) 三角瓶:300mL,10 个。

(17) 容量瓶:250mL,1000mL,各 1 个。

(18) 量筒:200mL,100mL,50mL,5mL,各 1 个。

(19) 试剂瓶:250mL,1000mL,各 5 个。

(20) 塑料试剂瓶:1L,1 个。

(21) 烧杯:50mL,5 个;250mL(或 300mL),10 个。

(22) 棕色广口瓶:60mL,4 个;250mL,5 个。

(23) 滴瓶:60mL,3 个。

(24) 酸滴定管:50mL,2 支。

(25) 滴定台及滴定管夹:各 1 套。

(26) 大肚移液管:25mL,50mL,各 1 支。

256

(27)表面皿:7cm,10块。

(28)玻璃棒:8mm×250mm及4mm×180mm,各10支。

(29)试剂勺:5个。

(30)吸水管:8mm×150mm,5支。

(31)洗耳球:大、小各1个。

3. 试剂

(1)蔗糖(分析纯)。

(2)酚酞指示剂:称取0.5g酚酞溶于50mL 95%乙醇中。

(3)0.1%甲基橙水溶液:称取0.05g甲基橙溶于50mL蒸馏水(40~50℃)中。

(4)盐酸标准溶液(相当于0.5 mol/L):将42mL浓盐酸(相对密度1.19)稀释至1L,按下述方法标定其摩尔浓度后备用。

称取0.8~1.0g(精确至0.0001g)已在180℃烘干2h的碳酸钠(优级纯或基准级)记录为 $m$,置于250mL三角瓶中,加100mL水使其完全溶解;然后加入2~3滴0.1%甲基橙指示剂,记录滴定管中待标定盐酸标准溶液的体积 $V_1$,用待标定的盐酸标准溶液滴定至碳酸钠溶液由黄色变为橙红色;将溶液加热至微沸,并保持微沸3min,然后放在冷水中冷却至室温,如此时橙红色变为黄色,再用盐酸标准溶液滴定,至溶液出现稳定橙红色时为止,记录滴定管中盐酸标准溶液的体积 $V_2$。$V_1$、$V_2$的差值即为盐酸标准溶液的消耗量 $V$。

盐酸标准溶液的摩尔浓度按下式计算。

$$M = m/(V \times 0.053) \tag{2-2-1}$$

式中:$M$——盐酸标准溶液的摩尔浓度,mol/L;

　　$m$——称取碳酸钠的质量,g;

　　$V$——滴定时盐酸标准溶液的消耗量,mL;

0.053——与1.00mL盐酸标准溶液[$C(HCl)=1.000$mol/L]相当的以克表示的无水碳酸钠的质量。

注:该处盐酸标准溶液的浓度相当于1mol/L标准溶液浓度的一半左右。

4. 准备试样

(1)生石灰试样:将生石灰样品打碎,使颗粒不大于1.18mm。拌和均匀后用四分法缩减至200g左右,放入瓷研钵中研细。再经四分法缩减至20g左右。研磨所得石灰样品,通过0.15mm(方孔筛)的筛。从此细样中均匀挑取10余克,置于称量瓶中在105℃烘箱内烘至恒量,储于干燥器中,供试验用。

(2)消石灰试样:将消石灰样品用四分法缩减至10余克。如有大颗粒存在,须在瓷研钵中磨细至无不均匀颗粒存在为止。置于称量瓶中在105℃烘箱内烘至恒量,储于干燥器中,供试验用。

5. 试验步骤

(1)称取约0.5g(用减量法称量,精确至0.0001g)试样,记录为 $m_1$,放入干燥的250mL具塞三角瓶中,取5g蔗糖覆盖在试样表面,投入干玻璃珠15粒,迅速加入新煮沸并已冷却的蒸馏水50mL,立即加塞振荡15min(如有试样结块或黏于瓶壁现象,则应重新取样)。

(2)打开瓶塞,用水冲洗瓶塞及瓶壁,加入2~3滴酚酞指示剂,记录滴定管中盐酸标准溶液体积 $V_3$,用已标定的约0.5mol/L盐酸标准溶液滴定(滴定速度以2~3滴/s为宜),至溶液的粉红色显著消失并在30s内不再复现即为终点,记录滴定管中盐酸标准溶液的体积$V_4$,$V_3$、$V_4$的差值即为盐酸标准溶液的消耗量$V_5$。

6. 计算

按下式计算有效氧化钙的含量。

$$X = (V_5 \times M \times 0.028) / m_1 \times 100 \qquad (2\text{-}2\text{-}2)$$

式中:$X$——有效氧化钙的含量,%;

$V_5$——滴定时消耗盐酸标准溶液的体积,mL;

0.028——氧化钙毫克当量;

$m_1$——试样质量,g;

$M$——盐酸标准溶液的摩尔浓度,mol/L。

7. 结果整理

对同一石灰样品至少应做两个试样和进行两次测定,并取两次结果的平均值代表最终结果。石灰中氧化钙和有效钙含量在30%以下的允许重复性误差为0.40,30%~50%的为0.50,大于50%的为0.60。

8. 报告

试验报告应包括以下内容:石灰来源;试验方法名称;单个试验结果;试验结果平均值$\overline{X}$。

## 二、水泥细度试验

1. 适用范围

(1)本标准规定了45μm方孔标准筛和80μm方孔标准筛的水泥细度筛析试验方法。

(2)本标准适用于硅酸盐水泥、普通硅酸盐水泥、矿渣硅酸盐水泥、火山灰质硅酸盐水泥、粉煤灰硅酸盐水泥、复合硅酸盐水泥以及指定采用本标准的其他品种水泥和粉状物料。

2. 方法原理

本标准是采用45μm方孔标准筛和80μm方孔标准筛对水泥试样进行筛析试验,用筛网上所得筛余物的质量百分数来表示水泥样品的细度。

1)负压筛析法

用负压筛析仪,通过负压源产生的恒定气流,在规定筛析时间内使试验筛内的水泥达到筛分。

2)水筛法

将试验筛放在水筛座上,用规定压力的水流,在规定时间内使试验筛内的水泥达到筛分。

3)手工筛析法

将试验筛放在接料盘(底盘)上,用手工按照规定的拍打速度和转动角度,对水泥进行筛析试验。

3. 仪器

(1)试验筛由圆形筛框和筛网组成,筛网符合《试验筛金属丝编织网、穿孔板和电成型薄板筛孔的基本尺寸》(GB/T 6005)中R20/3 80μm、R20/3 45μm的要求,分负压筛、水筛和手筛三种,负压筛应附有透明筛盖,筛盖与筛上口应有良好的密封性。手工筛结构符合《试验筛技术要求和检验第 1 部分:金属丝编织网试验筛》(GB/T 6003.1)要求,其中筛框高度为 50mm,筛子的直径为 150mm。

(2)筛网应紧绷在筛框上,筛网和筛框接触处,应用防水胶密封,防止水泥嵌入。

(3)筛孔尺寸的检验方法按《试验筛技术要求和检验第 1 部分:金属丝编织网试验筛》(GB/T 6003.1)规定进行。由于物料会对筛网产生磨损,试验筛每使用 100 次后需要重新标定。

4. 负压筛析仪

(1)负压筛析仪由筛座、负压筛、负压源及收尘器组成,其中筛座由转速为 30r/min ± 2r/min 的喷气嘴、负压表、控制板、微电机及壳体等构成。

(2)筛析仪负压可调范围为 4000 ~ 6000Pa。

(3)喷气嘴上口平面与筛网之间距离为 2 ~ 8mm。

(4)负压源和收尘器,由功率≥600W 的工业吸尘器和小型旋风收尘筒组成或用其他具有相当功能的设备。

(5)水筛架和喷头的结构尺寸应符合《水泥标准筛和筛析仪》(JC/T 728)规定,但其中水筛架上筛座内径为 $140_{-3}$mm。

(6)天平,最小分度值不大于 0.01g。

5. 样品要求

水泥样品应有代表性。

6. 操作程序

1)试验准备

试验前所用试验筛应保持清洁,负压筛和手工筛应保持干燥。试验时,80μm 筛析试验称取试样 25g,45μm 筛析试验称取试样 10g。

2)负压筛析法

(1)筛析试验前,应把负压筛放在筛座上,盖上筛盖,接通电源,检查控制系统,调节负压至 4000 ~ 6000Pa 范围内。

(2)称取试样精度至 0.01g,置于洁净的负压筛中,放在筛座上,接通电源,开动筛析仪连续筛析 2min,在此期间如有试样附着在筛盖上,可轻轻地敲击筛盖使试样落下。筛完后,用天平称量全部筛余物。

3)水筛法

(1)筛析试验前,应检查水中无泥、砂,调整好水压及水筛的位置,使其能正常运转。并控制喷头底面和筛网之间距离为 35 ~ 75mm。

(2)称取试样精度至 0.01g,置于洁净的水筛中,立即用淡水冲洗至大部分细粉通过后,放在水筛架上,用水压为 0.05MPa ± 0.02MPa 的喷头连续冲洗 3min。筛完后用少量水把筛余物冲至蒸发皿中,等水泥颗粒全部沉淀后,小心倒出清水,烘干并用天平称量全部筛余物。

4)手工筛析法

(1)称取试样精度至 0.01g,倒入手工筛内。

(2)用一只手持筛往复摇动,另一只手轻轻拍打,往复摇动和拍打过程应保持近于水平。拍打速度每分钟约 120 次,每 40 次向同一方向转动 60°,使试样均匀分布在筛网上,直至每分钟通过的试样量不超过 0.03g 为止。称量全部筛余物。

(3)对其他粉状物或采用 45～80μm 以外规格方孔筛进行筛析试验时,应指明筛子的规格、称样量、筛析时间等相关参数。

5)试验筛的清洗

试验筛必须经常保持洁净,筛孔通畅。使用 10 次后要进行清洗。金属框筛、铜丝网筛清洗时应用专门的清洗剂,不可用弱酸浸泡。

7. 结果计算及处理

1)计算

水泥试样筛余百分数按下式计算:

$$F = R_s / W \times 100 \qquad\qquad (2\text{-}2\text{-}3)$$

式中:$F$——水泥试样的筛余百分率,%;

$R_s$——水泥筛余物的质量,g;

$W$——水泥试样的质量,g。

结果计算至 0.1%。

2)筛余结果的修正

试验筛的筛网会在试样中磨损,因此筛析结果应进行修正。修正的方法是用水泥试样筛余百分数乘以该试验筛孔的有效修正系数,即为最终结果。

合格评定时,每个样品应称取二个试样分别筛析,取筛余平均值为筛析结果。若两次筛余结果绝对误差大于 0.5% 时(筛余值大于 5.0% 时可放宽至 1.0%)应再做一次试样,取两次相近结果的算术平均值作为最终结果。

3)试样结果

负压筛法、水筛法和手工筛析法测定的结果发生争议时,以负压筛析法为准。

### 三、水泥标准稠度用水量、凝结时间和安定性检验方法

1. 目的、适用范围

(1)本方法规定了水泥标准稠度用水量、凝结时间和体积安定性的测试方法。

(2)本方法适用于硅酸盐水泥、普通硅酸盐水泥、矿渣硅酸盐水泥、粉煤灰硅酸盐水泥、火山灰硅酸盐水泥、复合硅酸盐水泥、道路硅酸盐水泥及指定采用本方法的其他品种水泥。

2. 仪器设备

(1)水泥净浆搅拌机:符合标准的要求。

(2)标准法维卡仪:标准稠度测定用试杆有效长度为 50mm ± 1mm、由直径为 φ10mm ± 0.05mm 的圆柱形耐腐蚀金属制成。测定凝结时间时取下试杆,用试针代替试杆。试杆由钢制成,其有效长度初凝针为 50mm ± 1mm、终凝针为 30mm ± 1mm,直径为 φ1.13mm ± 0.05mm 的圆柱体。滑动部分的总质量为 300g ± 1g。与试杆、试针连接的滑动杆表面应光滑,能靠重力自由下落,不得有紧涩和旷动现象。

盛装水泥净浆的试模应由耐腐蚀的、有足够硬度的金属制成。试模深 40mm ± 0.2mm、顶内径 φ65mm ± 0.5mm、底内 φ75mm ± 0.5mm 的截顶圆锥体,每只试模应配备一个大于试模、厚度大于等于 2.5mm 的平板玻璃底板。

(3)代用法维卡仪:符合《水泥净浆稠度与凝结时间测定仪》(JC/T 727)的要求。

(4)沸煮箱:有效容积约为 410mm × 240mm × 310mm,箅板结构应不影响试验结果,箅板

与加热器之间的距离大于 50mm。箱的内层由不易锈蚀的金属材料制成,能在 30min ± 5min 内将箱内的试验用水由室温升至沸腾并可保持沸腾状态 3h 以上,整个试验过程中不需补充水量。

(5)雷氏夹膨胀仪:由铜质材料制成。当一根指针的根部先悬挂在一根金属丝或尼龙丝上,另一根指针的根部再挂上 300g 质量的砝码时,两根指针的针尖距离增加应在 17.5mm ± 2.5mm 范围以内,即 $2x = 17.5mm ± 2.5mm$,当去掉砝码后针尖的距离能恢复至挂砝码前的状态。

(6)量水器:分度值为 0.1mL,精度 1%。

(7)天平:量程 1000g,感量 1g。

(8)湿气养护箱:应能使温度控制在 20℃ ±1℃,相对湿度大于 90%。

(9)雷氏火膨胀值测定仪,标尺最小刻度 0.5mm。

(10)秒表:分度值 1s。

3.试样及用水

(1)水泥试样应充分拌匀,通过 0.9mm 方孔筛并记录筛余物情况,但要防止过筛时混进其他水泥。

(2)试验用水必须是洁净的淡水,如有争议时可用蒸馏水。

4.实验室温度、相对湿度

(1)实验室的温度为 20℃ ±2℃,相对湿度 50%。

(2)水泥试样、拌和水、仪器和用具的温度应与实验室内室温一致。

5.标准稠度用水量测定(标准法)

1)试验前必须做到

(1)维卡仪的金属棒能够自由滑动。

(2)调整至试杆接触玻璃板时指针对准零点。

(3)水泥净浆搅拌机运行正常。

2)水泥净浆拌制

用水泥净浆搅拌机搅拌,搅拌锅和搅拌叶片先用湿布擦过,将拌和水倒入搅拌锅中,然后 5 ~ 10s 内小心将称好的 500g 水泥加入水中,防止水和水泥溅出;拌和时,先将锅放在搅拌机的锅座上,升至搅拌位置,启动搅拌机,低速搅拌 120s,停 15s,同时将叶片和锅壁上的水泥浆刮入锅中间,接着高速搅拌 120s 停机。

3)标准稠度用水量测定步骤

(1)拌和结束后随即将拌制好的水泥净浆装入已放在玻璃板上的试模中。用小刀插捣,轻轻振动数次,刮去多余的净浆。

(2)抹平后迅速将试模和底板移到维卡仪上,并将其中心定在试杆下,降低试杆直到与水泥净浆表面接触,拧紧螺钉 1 ~ 2s 后,突然放松,使试杆垂直自由地沉入水泥净浆中。在试杆停止沉入或释放试杆 30s 时记录试杆到底板的距离,升起试杆后,立即擦净。

(3)整个操作应在搅拌后 1.5min 内完成。以试杆沉入净浆并距底板 6mm ± 1mm 的水泥净浆为标准稠度净浆。其拌和水量为该水泥的标准稠度用水量($P$),按水泥质量的百分比计。

(4)当试杆距玻璃板小于 5mm 时,应适当减水,重复水泥浆的拌制和上述过程;若距离大于 7mm 时,则应适当加水,并重复水泥浆的拌制和上述过程。

6. 凝结时间测定

1)测定前准备工作

调整凝结时间测定仪的试针接触玻璃板,使指针对准零点。

2)试件的制备

以标准稠度用水量按以上所述[5-2)]制成标准稠度净浆(记录水泥全部加入水中的时间作为凝结时间的起始时间)一次装满试模,振动数次刮平,立即放入湿气养护箱中。

3)初凝时间测定

(1)将水泥全部加入水中至初凝状态的时间作为初凝时间,用"min"计。

(2)试件在湿气养护箱中养护至加水后30min时进行第一次测定。测定时,从湿气养护箱中取出试模放到试针下,降低试针与水泥净浆表面接触。拧紧螺钉1~2s后,突然放松,使试杆垂直自由地沉入水泥净浆中。观察试针停止沉入或释放试针30s时指针的读数。

(3)临近初凝时,每隔5min测定一次。当试针沉至距底板4mm±1mm时,为水泥达到初凝状态。

(4)达到初凝时应立即重复测一次,当两次结论相同时才能定为达到初凝状态。

4)终凝时间测定

(1)由水泥全部加入水中至终凝状态的时间为水泥的终凝时间,用"min"计。

(2)为了准确观察试件沉入的状况,在终凝针上安装了一个环形附件。在完成初凝时间测定后,即将试模连同浆体以平移的方式从玻璃板下翻转180°。直径大端向上,小端向下放在玻璃板上,再放入湿气养护箱中继续养护。

(3)临近终凝时间时每隔15min测定一次,当试针沉入试件0.5mm时,即环形附件开始不能在试件上留下痕迹时,为水泥达到终凝状态。

(4)达到终凝时应立即重复测一次,当两次结论相同时才能定为达到终凝状态。

5)测定时应注意,在最初测定的操作时应轻轻扶持金属柱,使其徐徐下降,以防止试针撞弯,但结果以自由下落为准;在整个测试过程中试针沉入的位置至少要距试模内壁10mm。每次测定不能让试针落入原针孔,每次测试完毕须将试针擦净并将试模放回湿气养护箱内,整个测试过程要止试模振动。

注:使用能得出与标准中规定方法结果的自动测试仪时,不必翻转试件。

7. 标准稠度用水量测定(代用法)

(1)标准稠度用水量的测定可用调整水量法和不变水量法两种方法中的任一种,如发生争议时,以调整水量法为准,采用调整水量法测定标准稠度用量水时,拌和水量应按经验确定加水量;采用不变水量法测定时,拌和水量为142.5mL。水量精确到0.5mL。

(2)试验前须检查项目:仪器金属棒应能自由滑动;试锥降至锥模顶面位置时,指针应对准标尺零点;搅拌机运转应正常等。

(3)水泥净浆拌制方法同标准法。

(4)标准稠度用水量测定:

①拌和结束后,立即将拌好的净浆装入锥模内,用小刀插捣,振动数次后,刮去多余净浆,抹平后迅速放到试锥下面固定位置上。将试锥降至净浆表面处,拧紧螺钉1~2s后,突然放松,让试锥垂直自由沉入净浆中,到试锥停止下沉或释放试锥30s时记录试锥下沉深度,整个操作应在搅拌后1.5min内完成。

②用调整水量法测定时,以试锥下沉深度28mm±2mm时的净浆为标准稠度净浆,其拌和水量为该水泥的标准稠度用水量(P),按水泥质量的百分比计。如下沉深度超出范围,须另称试样。调整水量,重新试验,直至达到28mm±2mm时为止。

③用不变水量法测定时,根据测得的试锥下沉深度S(mm)。按仪器上对应标尺计算得到标准稠度用水P(%):

$$P = 33.4 - 0.185S \qquad (2\text{-}2\text{-}4)$$

当试锥下沉深度小于13mm时,应改用调整水量法测定。

8. 安定性测定(标准法)

1)测定前的准备工作

每个试样需要两个试件,每个雷氏夹需配备质量约75~80g的玻璃板两块。凡与水泥净浆接触的玻璃板和雷氏夹表面都要稍稍涂上一层油。

2)雷氏夹试件的制备方法

将预先准备好的雷氏夹放在已稍擦油的玻璃板上,并立刻将已制好的标准稠度净浆装满雷氏夹。装浆时一只手轻轻扶持雷氏夹,另一只手用宽约10mm的小刀插捣数次然后抹平,盖上稍涂油的玻璃板,接着立刻将雷氏夹移至湿气养护箱内养护24h±2h。

3)沸煮

(1)调整好沸煮箱内的水位,使之在整个沸煮过程中都能没过试件,不需中途添加,同时保证在30min±5min内水能沸腾。

(2)脱去玻璃板取下试件,先测量雷氏夹指针尖端间的距离A,精确到0.5mm,接着将试件放入水中算板上,指针朝上,试件之间互不交叉,然后在30min±5min内加热水至沸腾,并恒沸3h±5min。

4)结果判别

沸煮结束后,即放掉箱中的热水,打开箱盖,待箱体冷却至室温,取出试件进行判别。

测量雷氏夹指针尖端间的距离C,精确至0.5mm,当两个试件煮后增加距离(C−A)的平均值不大于5.0mm时,即认为该水泥安定性合格;当两个试件的(C−A)值相差超过4.0mm时,应用同一样品立即重做一次试验。再如此,则认为该水泥为安定性不合格。

9. 安定性测定(代用法)

1)测定前的准备工作

每个样品需准备两块约100mm×100mm的玻璃板。凡与水泥净浆接触的玻璃板都要稍稍涂上一层隔离剂。

2)试饼的成型方法

将制好的净浆取出一部分分成两等份,使之呈球形,放在预先准备好的玻璃板上,轻轻振动玻璃板并用湿布擦净的小刀由边缘向中央抹动,做成直径70~80mm、中心厚约10mm、边缘渐薄、表面光滑的试饼,接着将试饼放入湿气养护箱内养护24h±2h。

3)沸煮

(1)调整好沸煮箱内的水位,使之在整个沸煮过程中都能没过试件,不需中途添加试验用水,同时保证水在30min±5min内能沸腾。

(2)脱去玻璃板取下试件,先检查试饼是否完整(如已开裂、翘曲,要检查原因,确定无外因时,该试饼已属不合格品,不必沸煮),在试饼无缺陷的情况下将试饼放在沸煮箱的水中算板上,然后在 30min ± 5min 内加热至水沸腾,并恒沸 3h ± 5min。

4)结果判别

沸煮结束后,即放掉箱中的热水,打开箱盖,待箱体冷却至室温,取出试件进行判别:目测试饼未发现裂缝,用钢直尺检查也没有弯曲(使钢直尺和试饼底部紧靠,以两者间不透光为不弯曲)的试饼为安定性合格;反之为不合格。当两个试饼判别结果有矛盾时,该水泥的安定性为不合格。

5)试验报告

试验报告应包括标准稠度用水量、凝结时间、雷氏夹膨胀值等所有试验结果。

### 四、水泥胶砂强度试验

1. 目的、适用范围

(1)本方法规定水泥胶砂强度检验基准方法的仪器、材料、胶砂组成、试验条件、操作步骤和结果计算。其抗压强度结果与 ISO 679:1989 结果等同。

(2)本方法适用于硅酸盐水泥、普通硅酸盐水泥、矿渣硅酸盐水泥、粉煤灰硅酸盐水泥、复合硅酸盐水泥、道路硅酸盐水泥以及石灰石硅酸盐水泥的抗折与抗压强度检验。采用其他水泥时必须研究本方法的适用性。

2. 仪器设备

1)胶砂搅拌机

胶砂搅拌机属行星式,其搅拌叶片和搅拌锅作相反方向的转动。叶片和锅由耐磨的金属材料制成,叶片与锅底、锅壁之间的间隙为叶片与锅壁最近的距离。

2)振实台

振实台应符合《水泥胶砂试体成型振实台》(JC/T 682)的规定。固定于混凝土基座上,安装后设备成水平状态。

3)试模及下料漏斗

(1)试模为可装卸的三联模,由隔板、端板、底座等部分组成,制造质量应符合《水泥胶砂试模》(JT/T 726)的规定。可同时成型三条截面为 40mm × 40mm × 160mm 的棱形试件。

(2)下料漏斗由漏斗和模套两部分组成。漏斗用厚为 0.5mm 的自铁皮制作,下料口宽度一般为 4 ~ 5mm。模套高度为 20mm,用金属材料制作。套模壁与模型内壁应重叠,超出内壁不应大于 1mm。

4)抗折试验机和抗折夹具

抗折试验机应符合要求,一般采用双杠杆式,也可采用性能符合要求的其他试验机。加荷与支撑圆柱必须用硬质钢材制造。通过三根圆柱轴的三个竖向平面应该平行,并在试验时继续保持平行和等距离垂直试件的方向,其中一根支撑圆柱能轻微地倾斜使圆柱与试件完全接触,以便荷载沿试件宽度方向均匀分布,同时不产生任何扭转应力。

抗折强度也可用抗压强度试验机来测定,此时应使用符合上述规定的夹具。

5)抗压试验机和抗压夹具

(1)抗压试验机的吨位以 200 ~ 300kN 为宜。抗压试验机,在较大的 4/5 量程范围内使用时,记录的荷载应有 ±1.0% 的精度,并具有按 2400N/s ± 200N/s 速率的加荷能力,应具有一个能指示试件破坏时荷载的指示器。

压力机的活塞竖向轴应与压力机的竖向轴重合,而且活塞作用的合力要通过试件中心。压力机的下压板表面应与该机的轴线垂直并在加荷过程中一直保持不变。

(2)当试验机没有球座,或球座已不灵活或直径大于 120mm 时,应采用抗压夹具。抗压夹具由硬质钢材制成,受压面积为 40mm × 40mm,并应符合《水泥抗压夹具》(JC/T 683)的规定。

注:①试验机的最大荷载以 200~300kN 为佳,可以有两个以上的荷载范围,其中最低荷载范围的最大值大致为最高范围内的最大值的 1/5。

②采用具有加荷速度自动调节和具有结果记录装置的压力机是合适的。

③可使用润滑球座以便与试件接触更好,但应确保在加荷期间不致因此而发生压板的位移。在高压下有效的润滑剂不宜使用,以避免压板的移动。

④"竖向"、"上"、"下"等术语是对传统的试验机而言。

6)天平:感量为 1g。

### 3. 材料

(1)水泥试样从取样到试验要保持 24h 以上时,应将其贮存在基本装满和气密的容器中,这个容器不能和水泥反应。

(2)ISO 标准砂。中国 ISO 标准砂的水泥抗压强度结果必须与 ISO 基准砂相一致。

(3)试验用水为饮用水。仲裁试验时用蒸馏水。

### 4. 温度与相对湿度

(1)试件成型实验室应保持实验室温度为 20℃±2℃;(包括强度实验室),相对湿度大于50%,水泥试样、ISO 砂、拌和水及试模等的温度应与室温相同。

(2)养护箱或雾室温度 20℃±1℃。相对湿度大于 90%,养护水的温度 20℃±1℃。

(3)试件成型实验室的空气温度和相对湿度在工作期间每天应至少记录一次。养护箱或雾室温度和相对湿度至少每 4h 记录一次。

### 5. 试件成型

(1)成型前将试模擦净,四周的模板与底座的接触面上应涂润滑脂,紧密装配,防止漏浆,内壁均匀地刷一薄层润滑油。

(2)水泥与 ISO 砂的质量比为 1:3,水胶比 0.5。

(3)每成型三条试件需称的材料及用量为:水泥 450g±2g;ISO 砂 1350±5g;水 225±1mL。

(4)将水加入锅中,再加入水泥,把搅拌锅放在固定架上并上升至固定位置,然后立即开动机器,低速搅拌 30s 后,在第二个 30s 开始的同时均匀将砂子加入。当砂是分级装时,应从最粗粒级开始,依次加入,再高速搅拌 30s。

停拌 90s,在停拌的第一个 15s 内用胶皮刮具将叶片和搅拌锅壁下的胶砂刮入锅中。在高速下继续搅拌 60s,各个阶段时间误差应在 ±1s 内。

(5)用振实台成型时,将空试模和模套固定在振实台上,用适当的勺子直接从搅拌锅中将胶砂分为两层装入试模。装第一层时,每个槽里约放 300g 砂浆,用大播料器垂直架在模套顶部,沿每个模槽来回一次将料层播平,接着振实 60 次。再装入第二层胶砂,用小播料器播平,再振实 60 次。移走模套,从振实台上取下试模,并用刮尺以 90°的角度架在试模顶的一端,沿试模长度方向以横向锯割动作慢慢向另一端移动,一次将超出试模的胶砂刮去。并用同一直尺在近乎水平的情况下将试件表面抹平。

（6）当用代用振动台成型时,在搅拌胶砂的同时将试模及下料漏斗卡紧在振动台台面中心。将搅拌好的全部胶砂均匀地装于下料漏斗中,开动振动台120s±5s停车。振动完毕,取下试模,用刮平尺刮去多余胶砂并抹平试件。

（7）在试模上作标记或加字条标明试件的编号和试件相对于振实台的位置。两个龄期以上的试件,编号时应将同一试模中的三条试件分在两个以上的龄期内。

（8）试验前或更换水泥品种时,须将搅拌锅、叶片和下料漏斗等抹擦干净。

6. 养护

（1）编号后,将试模放入养护箱养护,养护箱内算板必须水平。水平放置时刮平面应朝上。对于24h龄期的,应在破型试验前20min内脱模。对于24h以上龄期的,应在成型后20h～24h内脱模。脱模时要非常小心,应防止试件损伤。硬化较慢的水泥允许延期脱模,但须记录脱模时间。

（2）试件脱模后即放入水槽中养护,试件之间间隙和试件上表面的水深不得小于5mm。每个养护池中只能养护同类水泥试件,并应随时加水,保持恒定水位,不允许养护期间全部换水。

（3）除24h龄期或延迟48h脱模的试件外,任何到龄期的试件应在试验（破型）前15min从水中取出。抹去试件表面沉淀物,并用湿布覆盖。

7. 强度试验

1）试验时间

各龄期（试件龄期从水泥加水搅拌开始算起）的试件应在下列时间内进行强度试验：

| 龄期 | 试验时间 |
|---|---|
| －24h | 24h±15min |
| －48h | 48h±30min |
| －72h | 72h±45min |
| －7d | 7d±2h |
| －28d | 28d±8h |

2）抗折强度试验

（1）以中心加荷法测定抗折强度。

（2）采用杠杆式抗折试验机试验时,试件放入前,应使杠杆成水平状态,将试件成型侧面朝上放入抗折试验机内,试件放入后调整夹具,使杠杆在试件折断时尽可能地接近水平位置。

（3）抗折试验加荷速度为50N±10N/s,直至折断,并保持两个半截棱柱试件处于潮湿状态直至抗压试验。

（4）抗折强度按下式计算：

$$R_f = 1.5 F_f \cdot L / b^3 \tag{2-2-5}$$

式中：$R_f$——抗折强度,MPa；

$\quad F_f$——破坏荷载,N；

$\quad L$——支撑圆柱中心距,mm；

$\quad b$——试件断面方形的边长,为40mm。

抗折强度计算值精确到0.1MPa。

（5）抗折强度结果取三个试件平均值,且精确至0.1MPa。当三个强度值中有超过平均值

266

±10%的,应剔除后再平均,以平均值作为抗折强度试验结果。

3)抗压强度试验

(1)抗折试验后的断块应立即进行抗压试验。抗压试验须用抗压夹具进行,试件受压面为试件成型时的两个侧而,面积为40mm×40mm。试验前应清除试件受压面与加压板间的砂粒或杂物,试件的底面靠紧夹具定位销,断块试件应对准抗压夹具中心,并使夹具对准压力机压板中心。半截棱柱体中心与压力机压板中心差应在±0.5mm内,棱柱体露在压板外的部分约为10mm。

(2)压力机加荷速度应控制在2400N/s±200N/s速率范围内,在接近破坏时更应严格掌握。

(3)抗压强度按下式计算:

$$R_c = F_c/A \tag{2-2-6}$$

式中:$R_c$——抗压强度,MPa;

$F_c$——破坏荷载,N;

$A$——受压面积,40mm×40mm = 1600mm$^2$。

抗压强度计算值精确到0.1MPa。

4)抗压强度

结果为一组6个断块试件抗压强度的算术平均值,精确至0.1MPa。如果6个强度值中有一个值超过平均值±10%的,应剔除后以剩下的5个值的算术平均值作为最后结果。如果5个值中再有超过平均值±10%的,则此组试件无效。

8. 试验报告

试验报告应包括以下内容:

(1)要求检测的项目名称;

(2)原材料的品种、规格和产地;

(3)试验日期及时间;

(4)仪器设备的名称、型号及编号;

(5)环境温度和湿度;

(6)执行标准;

(7)不同龄期对应的水泥试样的抗折强度、抗压强度,报告中应包括所有单个强度结果(包括舍去的试验结果)和计算出的平均值;

(8)要说明的其他内容。

# 第三章  水泥混凝土和砂浆试验

**一、水泥混凝土拌和物的拌和与现场取样方法**

1.目的、适用范围

(1)本方法规定了在常温环境中室内水泥混凝土拌和物的拌和与现场取样方法。

(2)轻质水泥混凝土、防水水泥混凝土、碾压水泥混凝土等其他特种水泥混凝土的拌和与现场取样方法,可以参照本方法进行,但因其特殊性所引起的对试验设备及方法的特殊要求,均应遵照这些水泥混凝土的有关技术规定进行。

(3)仪器设备:

①搅拌机:强制式。

②振动台:标准振动台,符合《混凝土试验用振动台》(JG/T 3020)的要求。

③磅秤:感量满足称量总量1%的磅秤。

④天平:感量满足称量总量0.5%的天平。

其他:铁板、铁铲、拖把等。

(4)材料:

①所有材料均应符合有关要求,拌和前材料应放置在温度20℃±5℃的室内。

②为防止粗集料的离析,可将集料按不同粒径分开,使用时再按一定比例混合。试样从抽取至试验完毕过程中,不要风吹日晒,必要时应该采取保护措施。

(5)拌和步骤:

①拌和时保持室温在20℃±5℃。

②拌和物的总量至少应比所需量高20%以上。拌制混凝土的材料用量应以质量计,称量的精确度:集料为±1%,水、水泥、掺合料和外加剂为±0.5%。

③粗集料、细集料均以干燥状态为基准,计算用水量时应扣除粗集料、细集料的含水率。

**注**:干燥状态是指含水率小于0.5%的细集料和含水率小于0.2%的粗集料。

④外加剂的加入:

a.对于不溶于水或难溶于水且不含湿解型盐类,应先与一部分水泥拌和,以保证充分分散。

b.对于不溶于水或难溶于水但含湿解型盐类,应先与细集料拌和。

c.对于水溶性或液体,应先与水拌和。

d.其他特殊外加剂,应遵守有关规定。

⑤拌制混凝土所用各种用具,如铁板、铁铲、抹刀,应预先用水润湿,使用完必须清洗干净。

⑥使用搅拌机前,应先用少量砂浆进行涮膛,再刮出涮膛砂浆,以避免正式拌和混凝土时水泥砂浆黏附筒壁的损失。涮膛砂浆的水灰比及砂灰比,应与正式的混凝土配合比相同。

⑦用搅拌机拌和时,拌和量宜为搅拌机公称容量的 1/4 ~ 3/4。

⑧搅拌机搅拌:

按规定称好原材料,往搅拌机内顺序加入粗集料、细集料、水泥。开动搅拌机,将材料拌和均匀,在拌和过程中徐徐加水,全部加料时间不宜超过 2min,务必使拌和物均匀一致。

⑨人工拌和:

采用人工拌和时,先用湿布将铁板、铁铲润湿,再将称好的砂和水泥在铁板上拌匀,加入粗集料,再混合搅拌均匀。而后将此拌和物堆成长堆,扒成长槽,将称好的水倒入约一半,将其仔细拌匀;再将其堆成长堆,扒成长槽,倒入剩余的水,继续进行拌和,来回翻拌至少 6 遍。

⑩从试样制备完毕到开始做各项性能指标试验不宜超过 5min(不包括成型试件)。

2. 现场取样

(1)新混凝土现场取样:凡由搅拌机、料斗、运输小车以及浇制的构件中采用新拌混凝土代表性样品时,均需从三处以上的不同部位抽取大致相同分量的代表性样品(不要抽取已经离析的混凝土),集中用铁铲翻拌均匀,而后立即进行拌和物的试验。拌和物取样量应多于试验所需数量的 1.5 倍,其体积不小于 20L。

(2)为使取样具有代表性,宜采用多次采样的方法,最后集中用铁铲翻拌均匀。

(3)从第一次取样到最后一次取样不宜超过 15min。取回的混凝土拌和物应经过人工翻拌均匀,而后进行试验。

3. 条文说明

水泥混凝土拌和物的性能与拌和过程密切相关,为规范室内拌和水泥混凝土拌和物和现场混凝土拌和物取样,特制定本方法。

由于配合比计算时,一般都要以原材料干燥状态为基准,所以,应该事先测得原材料的含水率,然后在拌和加水时扣除。

## 二、水泥混凝土拌和物稠度试验(坍落度仪法)

1. 目的、适用范围

本方法规定了采用坍落度仪测定水泥混凝土拌和物稠度的方法和步骤。

本方法适用于坍落度大于 10mm,集料公称最大粒径不大于 31.5mm 的水泥混凝土的坍落度测定。

2. 仪器设备

(1)坍落筒:符合《水泥混凝土坍落度仪》(JG 3021)中有关技术要求。坍落筒为铁板制成的截头圆锥筒,厚度不小于 1.5mm,内侧平滑,没有铆钉头之类的突出物,在筒上方约 2/3 处有两个把手,近下端两侧焊有两个踏脚板,保证坍落筒可以稳定操作。

(2)捣棒:符合《水泥混凝土坍落度仪》(JG 3021)中有关技术要求,为直径 16mm,长约 600mm 并具有半球形端头的钢质圆棒。

(3)其他:小铲、木尺、小钢尺、镘刀和钢平板等。

3. 试验步骤

(1)试验前将坍落筒内外洗净,放在经水润湿过的平板上(平板吸水时应垫以塑料布),踏紧踏脚板。

(2)将代表样分三层装入筒内,每层装入高度稍大于筒高的 1/3,用捣棒在每一层的横截面上均匀插捣 25 次。插捣在全部面积上进行,沿螺旋线由边缘至中心,插捣底层时插至底部,插捣其他两层时,应插透本层并插入下层约 20~30mm,插捣须垂直压下(边缘部分除外),不得冲击。在插捣顶层时,装入的混凝土应高出坍落筒口,随插捣过程随时添加拌和物。当顶层插捣完毕后,将捣棒用锯和滚的方法,清除掉多余的混凝土,用镘刀抹平筒口,刮净筒底周围的拌和物。而后立即垂直地提起坍落筒,提筒在 5~10s 内完成,并使混凝土不受横向及扭力作用。从开始装料到提出坍落度筒整个过程应在 150s 内完成。

(3)将坍落筒放在锥体混凝土试样一旁,筒顶平放木尺,用小钢尺量出木尺底面至试样顶面最高点的垂直距离,即为该混凝土拌和物的坍落度,精确至 1mm。

(4)当混凝土试件的一侧发生崩坍或一边剪切破坏,则应重新取样另测。如果第二次仍发生上述情况,则表示该混凝土和易性不好,应记录。

(5)当混凝土拌和物的坍落度大于 220mm 时,用钢尺测量混凝土扩展后最终的最大直径和最小直径,在这两个直径之差小于 50mm 的条件下,用其算术平均值作为坍落扩展度值;否则,此次试验无效。

(6)坍落度试验的同时,可用目测方法评定混凝土拌和物的下列性质,并予记录。

①棍度:按插捣混凝土拌和物时难易程度评定。分"上"、"中"、"下"三级。

a."上":表示插捣容易;

b."中":表示插捣时稍有石子阻滞的感觉;

c."下":表示很难插捣。

②含砂情况:按拌和物外观含砂多少而评定,分"多"、"中"、"少"三级。

a."多":表示用抹刀抹拌和物表面时,一两次即可使拌和物表面平整无蜂窝;

b."中":表示抹五六次才可使表面平整无蜂窝;

c."少":表示抹面困难,不易抹平,有空隙及石子外露等现象。

③黏聚性:观测拌和物各组分相互黏聚情况。评定方法是用捣棒在已坍落的混凝土锥体侧面轻打,如锥体在轻打后逐渐下沉,表示黏聚性良好;如锥体突然倒坍、部分崩裂或发生石子离析现象,即表示黏聚性不好。

④保水性:指水分从拌和物中析出情况,分"多量"、"少量"、"无"三级评定。

a."多量":表示提起坍落筒后,有较多水分从底部析出;

b."少量":表示提起坍落筒后,有少量水分从底部析出;

c."无":表示提起坍落筒后,没有水分从底部析出。

4. 试验结果

混凝土拌和物坍落度和坍落扩展度值以毫米(mm)为单位,测量精确至 1mm,结果修约至最接近的 5mm。

5. 试验报告

试验报告应包括以下内容:

(1)要求检测的项目名称、执行标准;

(2)原材料的品种、规格和产地以及混凝土配合比;

(3)试验日期及时间;

(4)仪器设备的名称、型号及编号;

(5)环境温度和湿度;

(6)搅拌方式;

(7)水泥混凝土拌和物坍落度(坍落扩展度值);

(8)要说明的其他内容,如棍度、含砂情况、黏聚性和保水性。

### 三、水泥混凝土试件制作与硬化水泥混凝土现场取样方法

1. 水泥混凝土试件制作

经坍落度试验合格的混合料为测定技术性质,必须制备成各种不同尺寸的试件。试件成型按下列方法:

(1)将试模内壁涂一层矿物油脂(机油)在试模的连接处涂上润滑脂。然后将拌和好的混合料装入试模中,并使其稍高出模顶,然后捣实。

(2)混合料捣实工作可采取下列的方法:

①振动法:将试模放在振动台上夹紧,振动至表面呈现水泥浆为止,一般不超过1.5min。

a. 在振动过程中应不断加入混凝土,保持试块的饱满性,在振动达到试块表面产生水泥浆为止,即振出浆来。

b. 用刮刀、抹子等将表面抹平。试块表面要有水泥浆包裹、覆盖,不得有集料外露。

c. 要保证试模螺栓拧紧,不得有松动。以免在振动过程中会产生松散的现象。

②捣实法:将混合料分两层装入,用直径为15mm的圆铁棒以螺旋形方式从边缘到中间均匀地插捣,每层插捣次数如表2-3-1所示。

**人工成型插捣次数表**  表2-3-1

| 试样尺寸(mm) | 每层插捣次数 | 试样尺寸(mm) | 每层插捣次数 |
|---|---|---|---|
| 100×100×100 | 12 | 150×150×300(轴心抗压强度试验) | 75 |
| 150×150×150 | 25 | 150×150×550(抗折强度试验) | 100 |
| 200×200×200 | 50 | — | — |

(3)用前面叙述的方法捣实后,用抹子将多余的混合料刮除,使与模口齐平,2~4小时后抹平表面。用作标准养护的试件成型后,应立即用不透水的薄膜覆盖表面,以防止水分蒸发,并在室温20℃±5℃的环境中静放1~2昼夜(不得超过2昼夜),然后拆模,作外观检测和编号。当一组(3个试件)中有一个存在蜂窝,则本组试验作废,除特殊情况外重新制作。

(4)将试件在标准养护条件下养护到试验为止。标准养护条件20℃±2℃、相对湿度大于95%。试件宜放在铁架或木架上,彼此间距不小于10mm,试件避免直接用水冲淋;亦可在温度为20℃±2℃的不流动的饱和的Ca(OH)₂溶液中养护。

(5)标准养护龄期为28天。

2. 硬化水泥混凝土现场取样方法

1)芯样的钻取

(1)钻取位置:在钻取前应考虑由于钻芯可能导致的对结构的不利影响,应尽可能避免在靠近混凝土构件的接缝或边缘处钻取,且基本上不应带有钢筋。

(2)芯样尺寸:芯样直径应为混凝土所用集料公称最大粒径的4倍,一般为150mm±10mm或100mm±10mm。

对于路面,芯样长径比宜为1.9~2.1。对于长径比超过2.1的试件,可减少钻芯深度;也可先取芯样长度与路面厚度相等,再在室内加工成长径比为2的试件;对于长径比不足1.8的

试件,可按不同试验项目分别进行修正。

(3)标记:钻出后的每个芯样应立即清楚地编号,并记录所取芯样在混凝土结构中的位置。

2)切割

对于现场采取的不规则混凝土试块,进行棱柱体切割,以满足不同试验的需求。

3)检查

外观检查:每个芯样应详细描述有关裂缝、接缝、分层、麻面或离析等不均匀性,必要时应记录以下事项:

①集料情况:估计集料的最大粒径、形状及种类,粗细集料的比例与级配。

②密实性:检查并记录存在的气孔、气孔位置、尺寸与分布情况,必要时应拍照片。

4)测量

(1)平均直径 $d_m$。在芯样高度的中间及两个1/4处按两个垂直方向测量三对数值确定芯样的平均直径 $d_m$,精确至1.0mm。

(2)平均长度 $L_m$。取芯样直径的两端侧面测定钻取后芯样的长度及加工后的长度,其尺寸差应在0.25mm之内,取平均值作为试件平均长度 $L_m$,精确至1.0mm。

(3)平均长、宽、高。对于切割棱柱体,分别测量所有边长,精确至1.0mm。

### 四、水泥混凝土立方体抗压强度试验

1.目的、适用范围

本方法规定了测定水泥混凝土抗压极限强度的方法和步骤;本方法可用于确定水泥混凝土的强度等级,作为评定水泥混凝土品质的主要指标。

本方法适于各类水泥混凝土立方体试件的极限抗压强度试验。

2.仪器设备

(1)压力机或万能试验机;

(2)球座;

(3)混凝土强度等级大于等于C60时,试验机上、下压板之间应各垫一钢垫板,平面尺寸应不小于试件的承压面,其厚度至少为25mm。钢垫板应机械加工,其平面度允许偏差±0.04mm;表面硬度大于等于55HRC,硬化层厚度约5mm。试件周围应设置防崩裂网罩。

3.试件制备和养护

(1)试件制备和养护应符合以下规定:

①试件成型后,用湿布覆盖表面(或其他保持湿度办法),在室温20℃±5℃,相对湿度大于50%的环境下,静放一个到两个昼夜,然后拆模并作第一次外观检查、编号,对有缺陷的试件应除去,或加工补平。

②将完好试件放入标准养护室进行养护,标准养护室温度20℃±2℃,相对湿度在95%以上,试件宜放在铁架或木架上,间距至少10~20mm,试件表面应保持一层水膜,并避免用水直接冲淋。当无标准养护室时,将试件放入温度20℃±2℃的不流动的Ca(OH)₂饱和溶液中养护。

③标准养护龄期为28d(以搅拌加水开始),非标准的龄期为1d、3d、7d、60d、90d、180d。

(2)混凝土抗压强度试件尺寸符合表2-3-2规定。

(3)集料公称最大粒径符合表 2-3-2 规定。

**试 件 尺 寸**                                                      表 2-3-2

| 试 件 名 称 | 标准尺寸(mm) | 非标准尺寸(mm) |
|---|---|---|
| 立方体抗压强度试件 | 150 × 150 × 150(31.5) | 100 × 100 × 100(26.5) |
| | | 200 × 200 × 200(53) |

(4)混凝土抗压强度试件应同龄期者为一组,每组为 3 个同条件制作和养护的混凝土试块。

4.试验步骤

(1)至试验龄期时,自养护室取出试件,应尽快试验,避免其湿度变化。

(2)取出试件,检查其尺寸及形状,相对两面应平行。量出棱边长度,精确至 1mm。试件受力截面积按其与压力机上下接触面的平均值计算。在破型前,保持试件原有湿度,在试验时擦干试件。

(3)以成型时侧面为上下受压面,试件中心应与压力机几何对中。

(4)强度等级小于 C30 的混凝土取 0.3 ~ 0.5MPa/s 的加荷速度;强度等级大于 C30 小于 C60 时,则取 0.5 ~ 0.8MPa/s 的加荷速度;强度等级大于 C60 的混凝土取 0.8 ~ 1.0MPa/s 的加荷速度。当试件接近破坏而开始迅速变形时,应停止调整试验机油门,直至试件破坏,记下破坏极限荷载 $F$(N)。

5.试验结果

(1)混凝土立方体试件抗压强度按下式计算:

$$f_{cu} = F/A \qquad\qquad (2\text{-}3\text{-}1)$$

式中:$f_{cu}$——混凝土立方体抗压强度,MPa;

$F$——极限荷载,N;

$A$——受压面积,mm²。

(2)以 3 个试件测值的算术平均值为测定值,计算精确至 0.1MPa。3 个测值中的最大值或最小值中如有一个与中间值之差超过中间值的 15% ,则取中间值为测定值;如最大值和最小值与中间值之差均超过中间值的 15% ,则该组试验结果无效。

(3)混凝土强度等级小于 C60 时,非标准试件的抗压强度应乘以尺寸换算系数(见表 2-3-3),并应在报告中注明。当混凝土强度等级大于等于 C60 时,宜用标准试件,使用非标准试件时,换算系数由试验确定。

**立方体抗压强度尺寸换算系数**                                     表 2-3-3

| 试件尺寸(mm) | 尺寸换算系数 | 试件尺寸(mm) | 尺寸换算次数 |
|---|---|---|---|
| 100 × 100 × 100 | 0.95 | 200 × 200 × 200 | 1.05 |

6.试验报告

试验报告应包括以下内容:

(1)要求检测的项目名称和执行标准;

(2)原材料的品种、规格和产地;

(3)仪器设备的名称、型号及编号;

(4)环境温度和湿度;

(5)水泥混凝土立方体抗压强度值;

(6)需要说明的其他内容。

### 五、水泥混凝土抗弯拉强度试验

1. 目的、适用范围

本方法规定了测定水泥混凝土抗弯拉极限强度的方法,以提供设计参数,检查水泥混凝土施工品质和确定抗弯拉弹性模量试验加荷标准。

本方法适用于各类水泥混凝土棱柱体试件。

2. 仪器设备

(1)压力机或万能试验机:应符合规范的规定。

(2)抗弯拉试验装置(即三分点处双点加荷和三点自由支承式混凝土抗弯拉强度与抗弯拉弹性模量试验装置)。

3. 试件制备和养护

(1)试件尺寸应符合规定,同时在试件长向中部1/3区段内表面不得有直径超过5mm、深度超过2mm的孔洞。

(2)混凝土抗弯拉强度试件应取同龄期者为一组,每组3根同条件制作和养护的试件。

4. 试验步骤

(1)试件取出后,用湿毛巾覆盖并及时进行试验,保持试件干湿状态不变。在试件中部量出其宽度和高度,精确至1mm。

(2)调整两个可移动支座,将试件安放在支座上,试件成型时的侧面朝上,几何对中后,务必使支座及承压面与活动船形垫块的接触面平稳、均匀,否则应垫平。

(3)加荷时,应保持均匀、连续。当混凝土的强度等级小于C30时,加荷速度为0.02 ~ 0.05MPa/s;当混凝土的强度等级大于等于C30且小于C60时,加荷速度为0.05 ~ 0.08MPa/s;当混凝土的强度等级大于等于C60时,加荷速度为0.08 ~ 0.10MPa/s。当试件接近破坏而开始迅速变形时,不得调整试验机油门,直至试件破坏,记下破坏极限荷载 $F$(N)。

(4)记录下最大荷载和试件下边缘断裂的位置。

5. 试验结果

(1)当断面发生在两个加荷点之间时,抗弯拉强度按下式计算:

$$f_f = FL/(bh^2) \tag{2-3-2}$$

式中:$f_f$——抗弯拉强度,MPa;

$F$——极限荷载,N;

$L$——支座间距离,mm;

$b$——试件宽度,mm;

$h$——试件高度,mm。

(2)以3个试件测值的算术平均值为测定值。3个试件中最大值或最小值中如有一个与中间值之差超过中间值的15%,则把最大值和最小值舍去,以中间值作为试件的抗弯拉强度;如最大值和最小值与中间值之差值均超过中间值15%,则该组试验结果无效。

3个试件中如有一个断裂面位于加荷点外侧,则混凝土抗弯拉强度按另外两个试件的试验结果计算。如果这两个测值的差值不大于这两个测值中较小值的 15% ,则以两个测值的平均值为测试结果,否则结果无效。如果有两根试件均出现断裂面位于加荷点外侧,则该组结果无效。

**注**:断面位置在试件断块短边一侧的底面中轴线上量得。

抗弯拉强度计算精确到 0.01MPa。

(3)采用 100mm×100mm×400mm 非标准试件时,在三分点加荷的试验方法同前,但所取得的抗弯拉强度值应乘以尺寸换算系数 0.85。当混凝土强度等级大于等于 C60 时,应采用标准试件。

6. 试验报告

试验报告应包括以下内容:
(1)要求检测的项目名称、执行标准;
(2)原材料的品种、规格和产地;
(3)试验日期及时间;
(4)仪器设备的名称、型号及编号;
(5)环境温度和湿度;
(6)水泥混凝土抗弯拉强度值;
(7)要说明的其他内容。

## 六、砂浆稠度试验

1. 目的及适用范围

本方法适用于确定配合比或施工过程中控制砂浆的稠度,以达到控制用水量的目的。

2. 仪具及使用要求

所用仪器应符合下列规定:
(1)砂浆稠度仪:由试锥、容器和支座三部分组成。试锥由钢材或铜材制成,试锥高度为 145mm,锥底直径为 75mm,试锥连同滑杆的重量应为(300±2)g;盛载砂浆容器由钢板制成,筒高为 180mm,锥底内径为 150mm;支座分底座、支架及刻度显示三个部分,由铸铁、钢及其他金属制成。
(2)钢制捣棒:直径 10mm,长 350mm,端部磨圆。
(3)秒表等。

3. 方法及步骤

试验应按下列步骤进行:
(1)用少量润滑油轻擦滑杆,再将滑杆上多余的油用吸油纸擦净,使滑杆能自由滑动;
(2)用湿布擦净盛浆容器和试锥表面,将砂浆拌和物一次装入容器,使砂浆表面低于容器口约 10mm。用捣棒自容器中心向边缘均匀地插捣 25 次,然后轻轻地将容器摇动或敲击 5~6 下,使砂浆表面平整,然后将容器置于稠度测定仪的底座上。
(3)拧松制动螺钉,向下移动滑杆,当试锥尖端与砂浆表面刚接触时,拧紧制动螺钉,使齿条侧杆下端刚接触滑杆上端,读出刻度盘上的读数(精确至 1mm)。
(4)拧松制动螺钉,同时计时间,10s 时立即拧紧螺钉,将齿条测杆下端接触滑杆上端,从刻度盘上读出下沉深度(精确至 1mm),二次读数的差值即为砂浆的稠度值。
(5)盛装容器内的砂浆,只允许测定一次稠度,重复测定时,应重新取样测定。稠度试验结果应取两次试验结果的算术平均值,精确至 1mm。当两次试验值之差大于 10mm 时,应重新取样测定。

## 七、砂浆分层度试验

1. 目的及适用范围

本方法适用于测定砂浆拌和物在运输及停放时内部组分的稳定性。

2. 仪具及使用要求

所用仪器应符合下列规定：

(1) 砂浆分层度筒内径为150mm，上节高度为200mm，下节带底净高为100mm，用金属板制成，上、下层连接处需要加宽到3～5mm，并设有橡胶热圈；

(2) 振动台：振幅(0.5±0.05)mm，频率(50±3)Hz；

(3) 稠度仪、木槌等。

3. 方法及步骤

试验应按下列步骤进行：

(1) 将砂浆拌和物按稠度试验方法测定稠度；

(2) 将砂浆拌和物一次装入分层度筒内，待装满后，用木槌在容器周围距离大致相等的四个不同部位轻轻敲击1～2下，如砂浆沉落到低于筒口，则应随时添加，然后刮去多余的砂浆并用抹刀抹平；

(3) 静置30min后，去掉上节200mm砂浆，剩余的100mm砂浆倒出放在拌和锅内拌2min，再按稠度试验方法测其稠度。前后测得的稠度之差即为该砂浆的分层度值(mm)。

4. 试验结果要求

试验结果应按下列要求确定：

(1) 取两次试验结果的算术平均值作为该砂浆的分层度值；

(2) 两次分层度试验值之差如大于10mm，应重新取样测定。

## 八、砂浆抗压强度试验

1. 适用范围

本方法适用于测定砂浆立方体的抗压强度。

2. 仪具及使用要求

所用仪器设备应符合下列规定：

(1) 试模：尺寸为70.7mm×70.7mm×70.7mm的带底试模，应具有足够的刚度并拆装方便。试模的内表面应机械加工，其不平度应为每100mm不超过0.05mm，组装后各相邻面的不垂直度不应超过±0.50°；

(2) 钢制捣棒：直径为10mm，长为350mm，端部应磨圆；

(3) 压力试验机：精度为1%，试件破坏荷载应不小于压力机量程的20%，且不大于全量程的80%；

(4) 垫板：试验机上、下压板及试件之间可垫以钢垫板，垫板的尺寸应大于试件的承压面，其不平度应为每100mm，不超过0.02mm；

(5) 振动台：空载中台面的垂直振幅应为(0.5±0.05)mm，空载频率应为(50±3)Hz，空载台面振幅均匀度不大于10%,一次试验至少能固定(或用磁力吸盘)三个试模。

3.试件制备及养护

试件的制作及养护应按下列步骤进行:

(1)采用立方体试件,每组试件3个。

(2)应用润滑脂等密封材料涂抹试模的外接缝,试模内涂刷薄层润滑油或脱模剂,将拌制好的砂浆一次性装满砂浆试模,成型方法根据稠度而定。当稠度大于等于50mm时采用人工振捣成型,当稠度小于50mm时采用振动台振实成型。

①人工振捣:用捣棒均匀地由边缘向中心按螺旋方式插捣25次,插捣过程中如砂浆沉落低于试模口,应随时添加砂浆,可用油灰刀插捣数次,并用手将试模一边抬高5~10mm各振动5次,使砂浆高出试模顶面6~8mm。

②机械振动:将砂浆一次装满试模,放置到振动台上,振动时试模不得跳动,振动5~10s或持续到表面出浆为止;不得过振。

(3)待表面水分稍干后,将高出试模部分的砂浆沿试模顶面刮去并抹平。

(4)试件制作后应在室温为(20±5)℃的环境下静置(24±2)h,当气温较低时,可适当延长时间,但不应超过两昼夜,然后对试件进行编号、拆模。试件拆模后应立即放入温度为(20±2)℃,相对湿度为90%以上的标准养护室中养护。养护期间,试件彼此间隔不小于10mm,混合砂浆试件上面应覆盖以防有水滴在试件上。

4.试验步骤

试验应按下列步骤进行:

(1)试件从养护地点取出后应及时进行试验。试验前将试件表面擦拭干净,测量尺寸,并检查其外观。并据此计算试件的承压面积,如实测尺寸与公称尺寸之差不超过1mm,可按公称尺寸进行计算。

(2)将试件安放在试验机的下压板(或下垫板)上,试件的承压面应与成型时的顶面垂直,试件中心应与试验机下压板(或下垫板)中心对准。开动试验机,当上压板与试件(或上垫板)接近时,调整球座,使接触面均衡受压。承压试验应连续而均匀地加荷,加荷速度应为每秒钟0.25~1.5kN(砂浆强度不大于5MPa时,宜取下限,砂浆强度大于5MPa时,宜取上限),当试件接近破坏而开始迅速变形时,停止调整试验机油门,直至试件破坏,然后记录破坏荷载。

5.计算

砂浆立方体抗压强度应按下式计算:

$$f_{m,cu} = N_u/A \tag{2-3-3}$$

式中:$f_{m,cu}$——砂浆立方体试件抗压强度,MPa;

$N_u$——试件破坏荷载,N;

$A$——试件承压面积,mm²。

砂浆立方体试件抗压强度应精确至0.1MPa。

以三个试件测值的算术平均值的1.3倍($f_2$)作为该组试件的砂浆立方体试件抗压强度平均值(精确至0.1MPa)。

当三个测值的最大值或最小值中如有一个与中间值的差值超过中间值的15%时,则把最大值及最小值一并舍去,取中间值作为该组试件的抗压强度值;如有两个测值与中间值的差值均超过中间值的15%时,则该组试件的试验结果无效。

# 第四章 沥青材料试验

## 一、沥青针入度试验

### 1. 目的与适用范围

本方法适用于测定道路石油沥青、聚合物改性沥青针入度以及液体石油沥青蒸馏或乳化沥青蒸发后残留物的针入度,以 0.1mm 计。其标准试验条件为温度 25℃,荷重 100g,贯入时间 5s。

针入度指数 PI 用以描述沥青的温度敏感性,宜在 15℃、25℃、30 ℃等 3 个或 3 个以上温度条件下测定针入度后按规定的方法计算得到,若 30℃时的针入度值过大,可采用 5 ℃代替。当量软化点 $T_{800}$ 是相当于沥青针入度为 800 时的温度,用以评价沥青的高温稳定性。当量脆点 $T_{1.2}$,是相当于沥青针入度为 1.2 时的温度,用以评价沥青的低温抗裂性能。

### 2. 仪具与材料技术要求

(1)针入度仪:为提高测试精度,针入度试验宜采用能够自动计时的针入度仪进行测定,要求针和针连杆必须在无明显摩擦下垂直运动,针的贯入深度必须准确至 0.1mm。针和针连杆组合件总质量为 50g ± 0.05g,另附 50g ± 0.05g 砝码一只,试验时总质量为 100g ± 0.05g。仪器应有放置平底玻璃保温皿的平台,并有调节水平的装置,针连杆应与平台相垂直。应有针连杆制动按钮,使针连杆可自由下落。针连杆应易于装拆,以便检查其质量。仪器还设有可自由转动与调节距离的悬臂,其端部有一面小镜或聚光灯泡,借以观察针尖与试样表面接触情况。且应对装置的准确性经常校验。当采用其他试验条件时,应在试验结果中注明。

(2)标准针:由硬化回火的不锈钢制成,洛氏硬度 HRC54 – 60,表面粗糙度 Ra0.2 ~ 0.3μm,针及针杆总质量 2.5g ± 0.05g。针杆上应打印有号码标志。针应设有固定用装置盒(筒),以免碰撞针尖。每根针必须附有计量部门的检验单,并定期进行检验。

(3)盛样皿:金属制,圆柱形平底。小盛样皿的内径 55mm,深 35mm(适用于针入度小于 200 的试样);大盛样皿内径 70mm,深 45mm(适用于针入度为 200 ~ 350 的试样);对针入度大于 350 的试样需使用特殊盛样皿,其深度不小于 60mm,容积不小于 125mL。

(4)恒温水槽:容量不小于 10L,控温的准确度为 0.1℃。水槽中应设有一带孔的搁架,位于水面下不得少于 100mm,距水槽底不得少于 50mm 处。

(5)平底玻璃皿:容量不小于 1L,深度不小于 80mm。内设有一不锈钢三脚支架,能使盛样皿稳定。

(6)温度计或温度传感器:精度为 0.1℃。

(7)计时器:精度为 0.1s。

(8)位移计或位移传感器:精度为 0.1mm。

(9)盛样皿盖:平板玻璃,直径不小于盛样皿开口尺寸。

(10)溶剂:三氯乙烯等。

(11)其他:电炉或砂浴、石棉网、金属锅或瓷把坩埚等。

3. 方法与步骤

1)准备工作

(1)按要求准备试样。

(2)按试验要求将恒温水槽调节到要求的试验温度25℃,或15℃、30℃(5℃),保持稳定。

(3)将试样注入盛样皿中,试样高度应超过预计针入度值10mm。并盖上盛样皿,以防落入灰尘。盛有试样的盛样皿在15~30℃室温中冷却不少于1.5h(小盛样皿)、2h(大盛样皿)或3h(特殊盛样皿)后,应移入保持规定试验温度±0.1℃的恒温水槽中,并应保温不少于1.5h(小盛样皿)、2h(大试样皿)或2.5h(特殊盛样皿)。

(4)调整针入度仪使之水平。检查针连杆和导轨,以确认无水和其他外来物,无明显摩擦。用三氯乙烯或其他溶剂清洗标准针,并擦干。将标准针插入针连杆,用螺钉固紧。按试验条件,加上附加砝码。

2)试验步骤

(1)取出达到恒温的盛样皿,并移入水温控制在试验温度±0.1℃(可用恒温水槽中的水)的平底玻璃皿中的三脚支架上,试样表面以上的水层深度不小于10mm。

(2)将盛有试样的平底玻璃皿置于针入度仪的平台上。慢慢放下针连杆,用适当位置的反光镜或灯光反射观察,使针尖恰好与试样表面接触、将位移计或刻度盘指针复位为零。

(3)开始试验,按下释放键,这时计时与标准针落下贯入试样同时开始,至5s时自动停止。

(4)读取位移计或刻度盘指针的读数,准确至0.1mm。

(5)同一试样平行试验至少3次,各测试点之间及与盛样皿边缘的距离不应小于10mm,每次试验后应将盛有盛样皿的平底玻璃皿放入恒温水槽,使平底玻璃皿中水温保持试验温度。每次试验应换一根干净标准针或将标准针取下用蘸有三氯乙烯溶剂的棉花或布揩净,再用干棉花或布擦干。

(6)测定针入度大于200的沥青试样时,至少用3支标准针,每次试验后将针留在试样中。直至3次平行试验完成后,才能将标准针取出。

(7)测定针入度指数PI时,按同样的方法在15℃、25℃、30℃(或5℃)3个或3个以上(必要时增加10℃、20℃等)温度条件下分别测定沥青的针入度,但用于仲裁试验的温度条件应为5个。

4. 计算

根据测试结果可按以下方法计算针入度指数,当量软化点及当量脆点。

1)公式计算法

(1)将3个或3个以上不同温度条件下测试的针入度值取对数,令 $y = \lg P, x = T$ 按式(2-4-1)的针入度对数与温度的直线关系,进行 $y = a + bx$ 一元一次方程的直线回归,求取针入度温度指数 $A_{\lg Pen}$。

$$\lg P = K + A_{\lg Pen} \times T \tag{2-4-1}$$

式中:$\lg P$——不同温度条件下测得的针入度值的对数;

$T$——试验温度,℃;

$K$——回归方程的常数项 $a$;

$A_{\text{lgPen}}$——回归方程的系数 $b$。

回归时必须进行相关性检验,直线回归相关系数 R 不得小于 0.997(置信度 95%),否则,试验无效。

(2)按式(2-4-2)确定沥青的针入度指数,并记为 PI:

$$PI = (20 - 500A_{\text{lgpen}})/(1 + 50A_{\text{lgPen}}) \qquad (2\text{-}4\text{-}2)$$

(3)按式(2-4-3)确定沥青的当量软化 $T_{800}$:

$$T_{800} = (\lg800 - K)/A_{\text{lgPen}} = (2.9031 - K)/A_{\text{lgPen}} \qquad (2\text{-}4\text{-}3)$$

(4)按式(2-4-4)确定沥青的当量脆点 $T_{1.2}$:

$$T_{1.2} = (\lg1.2 - K)/A_{\text{lgPen}} = (0.0792 - K)/A_{\text{lgPen}} \qquad (2\text{-}4\text{-}4)$$

(5)按式(2-4-5)计算沥青的塑性温度范围 $\triangle T$:

$$\Delta T = T_{800} - T_{1.2} = 2.8239/A_{\text{lgPen}} \qquad (2\text{-}4\text{-}5)$$

2)诺模图法

将 3 个或 3 个以上不同温度条件下测试的针入度值绘于针入度温度关系诺模图中。按最小二乘法法则绘制回归直线,将直线向两端延长,分别与针入度为 800 及 1.2 的水平线相交,交点的温度即为当量软化点 $T_{800}$ 和当量脆点 $T_{1.2}$。以 $O$ 点为原点,绘制回归直线的平行线,与 PI 线相交,读取交点处的 PI 值即为该沥青的针入度指数。此法不能检验针入度指数与温度直线回归的相关系数,仅供快速草算时使用。

5. 报告

(1)应报告标准温度(25℃)时的针入度以及其他试验温度 $T$ 所对应的针入度,及由此求取针入度指数 PI、当量软化点 $T_{800}$、当量脆点 $T_{1.2}$ 的方法和结果。当采用公式计算法时,应报告按式(2-4-1)回归的直线相关系数 $R$。

(2)同一试样 3 次平行试验结果的最大值和最小值之差在下列允许误差范围内时,计算 3 次试验结果的平均值,取整数作为针入度试验结果,以 0.1mm 计,如表 2-4-1 所示。

表 2-4-1

| 针入度(0.1mm) | 允许误差(0.1mm) | 针入度(0.1mm) | 允许误差(0.1mm) |
|---|---|---|---|
| 0~49 | 2 | 150~249 | 12 |
| 50~149 | 4 | 250~500 | 20 |

当试验值不符合此要求时,应重新进行试验。

6. 允许误差

(1)当试验结果小于 50(0.1mm)时,重复性试验的允许误差为 2(0.1mm),再现性试验的允许误差为 4(0.1mm)。

(2)试验结果大于或等于 50(0.1mm)时,重复性试验的允许误差为平均值的 4%,再现性试验的允许误差为平均值的 8%。

## 二、沥青延度试验

1. 目的与适用范围

本方法适用于测定道路石油沥青、聚合物改性沥青、液体石油沥青蒸馏残留物和乳化沥青蒸发残留物等材料的延度。

沥青延度的试验温度与拉伸速率可根据要求采用,通常采用的试验温度为25℃、15℃、10℃或5℃,拉伸速度为5cm/min±0.25cm/min,当低温采用1cm/min±0.5cm/min拉伸速度时,应在报告中注明。

**2. 仪具与材料技术要求**

(1)延度仪:延度仪的测量长度不宜大于150cm,仪器应有自动控温、控速系统。应满足试件浸没于水中,能保持规定的试验温度及规定的拉伸速度拉伸试件,试验时应无明显振动。

(2)试模:黄铜制,由两个端模和两个侧模组成,试模内侧表面粗糙度Ra0.2μm。

(3)试样底板:玻璃板或磨光的铜板、不锈钢板(表面粗糙度Ra0.2μm)。

(4)恒温水槽:容量不少于10L,控制温度的准确度为0.1℃。水槽中应设有带孔搁架,搁架距水槽底不得少于50mm。试件浸入水中深度不小于100mm。

(5)温度计:量程0~50℃,分度值0.1℃。

(6)砂浴或其他加热炉具。

(7)甘油滑石粉隔离剂(甘油与滑石粉的质量比为2:1)。

(8)其他:平刮刀、石棉网、酒精、食盐等。

**3. 方法与步骤**

1)准备工作

(1)将隔离剂拌和均匀,涂于清洁干燥的试模底板和两个侧模的内侧表面。并将试模在试模底板上装妥。

(2)按要求规定的方法准备试样,然后将试样仔细自试模的一端至另一端往返数次缓缓注入模中,最后略高出试模。灌模时不得使气泡混入。

(3)试件在室温中冷却不少于1.5h,然后用热刮刀刮除高出试模的沥青,使沥青而与试模面齐平。沥青的刮法应自试模的中间刮向两端,且表面应刮得平滑。将试模连同底板再放入规定试验温度的水槽中保温1.5h。

(4)检查延度仪延伸速度是否符合规定要求,然后移动滑板使其指针正对标尺的零点,将延度仪注水,并保温达到试验温度±0.1℃。

2)试验步骤

(1)将保温后的试件连同底板移入延度仪的水槽中,然后将盛有试样的试模自玻璃板或不锈钢板上取下。将试模两端的孔分别套在滑板及槽端固定板的金属柱上,并取下侧模。水面距试件表面应不小于25mm。

(2)开动延度仪,并注意观察试样的延伸情况。此时应注意在试验过程中,水温应始终保持在试验温度规定范围内,且仪器不得有振动,水面不得有晃动,当水槽采用循环水时,应暂时中断循环,停止水流。在试验中,当发现沥青细丝浮于水面或沉入槽底时,应在水中加入酒精或食盐,调整水的密度至与试样相近后,重新试验。

(3)试件拉断时,读取指针所指标尺上的读数,以cm计。在正常情况下,试件延伸时应成锥尖状。拉断时实际断面接近于零。如不能得到这种结果,应在报告中注明。

**4. 报告**

同一样品,每次平行试验不少于3个,如3个测定结果均大于100cm,试验结果记作">100cm";特殊需要也可分别记录实测值。3个测定结果中,当有一个以上的测定值小于

100cm 时,若最大值或最小值与平均值之差满足重复性试验要求,则取 3 个测定结果的平均值的整数作为延度试验结果。若平均值大于100cm,记作"＞100cm";若最大值或最小值与平均值之差不符合重复性试验要求时,试验应重新进行。

5. 允许误差

当试验结果小于 100cm 时,重复性试验的允许误差为平均值的 20%,再现性试验的为平均值的 30%。

### 三、沥青软化点试验(环球法)

1. 目的与适用范围

本方法适用于测定道路石油沥青、聚合物改性沥青的软化点,也适用于测定液体石油沥青、煤沥青蒸馏残留物或乳化沥青蒸发残留物的软化点。

2. 仪具与材料技术要求

(1)软化点试验仪。

由下列部件组成:

①钢球:直径 9.53mm,质量 3.5g ±0.05g;

②试样环:黄铜或不锈钢等制成;

③钢球定位环:黄钢或不锈钢制成;

④金属支架:由两个主杆和三层平行的金属板组成。上层为一圆盘,直径略大于烧杯直径,中间有一圆孔,用以插放温度计。板上有两个孔,各放置金属,中间有一小孔可支持温度计的测温端部。一侧立杆距环上面51mm 处刻有水高标记。环下面距底板为 25.4mm,而下底板距烧杯底不小于 12.7mm,也不得大于 19mm,三层金属板两个主杆由两个螺母固定在一起。

(2)温度计:量程 0 ~ 100℃,分度值 0.5℃。

(3)装有温度调节器的电炉或其他加热炉具(液化石油气、天然气等)。应采用带有振荡搅拌器的加热电炉,振荡子置于烧杯底部。

(4)当采用自动软化点仪时,各项要求应相同,温度采用温度传感器测定,并能自动显示或记录,且应对自动装置的准确性经常校验。

(5)试样底板:(金属板表面粗糙度应达 Ra0.8μm)或玻璃板。

(6)恒温水槽:控温的准确度为 ±0.5℃。

(7)甘油、滑石粉隔离剂(甘油与滑石粉的质量比为 2:1)。

(8)耐热玻璃烧杯:容量 800 ~ 1000mL,直径不小于 86mm,高不小于 120mm。

3. 方法与步骤

(1)准备工作。

(2)将试样环置于涂有甘油滑石粉隔离剂的试样底板上。按要求的规定方法将准备好的沥青试样徐徐注入试样环内略高出环面为止。如估计试样软化点高于 120℃,则试样环和试样底板(不用玻璃板)均应预热 80 ~ 100℃。

(3)试样在室温冷却 30min 后,用热刮刀刮除环上面的试样,应使其与环面齐平。

4. 试验步骤

(1)试样软化点在 80℃以下者:

①将装有试样的试样环连同试样底板置于装有 5℃±0.5℃ 水的恒温水槽中至少 15min；同时将金属支架、钢球、钢球定位环等亦置于相同水槽中。

②烧杯内注入新煮沸并冷却至 5℃ 的蒸馏水或纯净水，水面略低于立杆上的深度标记。

③从恒温水槽中取出盛有试样的试样环放置在支架中层板的圆孔中，套上定位环；然后将整个环架放入烧杯中，调整水面至深度标记，并保持水温为 5℃±0.5℃。环架上任何部分不得附有气泡。将 0~100℃ 的温度计由上层板中心孔垂直插入，使端部测温头底部与试样环下面齐平。

④将盛有水和环架的烧杯移至放有石棉网的加热炉具上，然后将钢球放在定位环中间的试样中央，立即开动电磁振荡搅拌器，使水微微振荡，并开始加热，使杯中水温在 3min 内调节至维持每分钟上升 5℃±0.5℃。在加热过程中，应记录每分钟上升的温度值，如温度上升速度超出此范围，则试验应重做。

⑤试样受热软化逐渐下坠，至与下层底板表面接触时，立即读取温度，准确至 0.5℃。

（2）试样软化点在 80℃ 以上者：

①将装有试样的试样环连同试样底板置于装有 32℃±1℃ 甘油的恒温槽中至少 15min，同时将金属支架、钢球、钢球定位环等亦置于甘油中。

②在烧杯内注入预先加热至 32℃ 的甘油，其液面略低于立杆上的深度标记。

③从恒温槽中取出装有试样的试样环，按上述的方法进行测定，准确至 1℃。

同一试样平行试验两次，当两次测定值的差值符合重复性试验允许误差要求时，取其平均值作为软化点试验结果，准确至 0.5℃。

5. 允许误差

（1）当试样软化点小于 80℃ 时，重复性试验的允许误差为 1℃，再现性试验的允许误差为 4℃。

（2）当试样软化点大于或等于 80℃ 时，重复性试验的允许误差为 2℃ 再现性试验的允许误差为 8℃。

### 四、沥青混合料试件制作方法（击实法）

1. 目的与适用范围

（1）本方法适用于采用标准击实法或大型击实法制作沥青混合料试件，以供试验室进行沥青混合料物理力学性质试验使用。

（2）标准击实法适用于标准马歇尔试验、间接抗拉试验（劈裂法）等所使用的 $\phi$101.6mm × 63.5mm 圆柱体试件的成型。大型击实法适用于大型马歇尔试验和 $\phi$152.4mm × 95.3mm 大型圆柱体试件的成型。

2. 沥青混合料试件制作时的试件数量

沥青混合料试件制作时试件的数量应符合下列规定：

（1）当集料公称最大粒径小于或等于 26.5mm 时，采用标准击实法，一组试件的数量不少于 4 个。

（2）当集料公称最大粒径大于 26.5mm 时，宜采用大型击实法，一组试件数量不少于 6 个。

3. 仪具与材料技术要求

（1）自动击实仪：击实仪应具有自动记数、控制仪表、按钮设置、复位及暂停等功能。

（2）标准击实仪：由击实锤、φ98.5mm±0.5mm平圆形压实头及带手柄的导向棒组成。用机械将压实锤提升，至457.2mm±1.5mm高度沿导向棒自由落下连续击实标准击实锤质量4536g±9g。

（3）大型击实仪：由击实锤φ149.4±0.1mm平圆形压实头及带手柄的导向棒组成。用机械将压实锤提升，至457.2mm±2.5mm高度沿导向棒自由落下击实，大型击实锤质量10210g±10g。

（4）试验室用沥青混合料拌和机：能保证拌和温度并充分拌和均匀，可控制拌和时间，容量不小于10L。搅拌叶自转速度70～80r/min，公转速度40～50r/min。

（5）试模：由高碳钢或工具钢制成。

（6）标准击实仪试模的内径为101.6mm±0.2mm，圆柱形金属筒高87mm，底座直径约120.6mm，套筒内径104.8mm、高70mm。

（7）大型击实仪的试模与套筒。套筒外径165.1mm，内径155.6mm±0.3mm，总高83mm。试模内径152.4mm±0.2mm，总高115mm；底座板厚12.7mm，直径172mm。

（8）脱模器：电动或手动，应能无破损地推出圆柱体试件，备有标准试件及大型试件尺寸的推出环。

（9）烘箱：大、中型各1台，应有温度调节器。

（10）天平或电子秤：用于称量沥青的，感量不大于0.1g；用于称量矿料的，感量不大于0.5g。

（11）温度计：分度值1℃。宜采用有金属插杆的插入式数显温度计，金属插杆的长度不小于150mm，量程0～300℃。

（12）其他：电炉或煤气炉、沥青熔化锅、拌和铲、标准筛、滤纸（或普通纸）、胶布、卡尺、秒表、粉笔、棉纱等。

4. 准备工作

确定制作沥青混合料试件的拌和温度与压实温度。

（1）按规程测定沥青的黏度，绘制黏温曲线。按表2-4-2的要求确定适宜于沥青混合料拌和及压实的等黏温度。

沥青混合料拌和及压实的沥青等黏温度 表2-4-2

| 沥青结合料种类 | 黏度 | 适宜于拌和的沥青结合料黏度 | 适宜于压实的沥青结合料黏度 |
|---|---|---|---|
| 石油沥青 | 表观黏度 | (0.17±0.02)Pa·s | (0.28±0.03)Pa·s |

（2）当缺乏沥青黏度测定条件时，试件的拌和与压实温度可按表2-4-3选用，并根据沥青品种和标号作适当调整。针入度小、稠度大的沥青取高限；针入度大、稠度小的沥青取低限；一般取中值。

沥青及混合料拌和及压实温度参考表 表2-4-3

| 沥青结合料种类 | 拌和温度（℃） | 压实温度（℃） |
|---|---|---|
| 石油沥青 | 140～160 | 120～150 |
| 改性沥青 | 160～175 | 140～170 |

（3）对改性沥青，应根据实践经验、改性剂的品种和用量，适当提高混合料的拌和压实温度；对大部分聚合物改性沥青，通常在普通沥青的基础上提高10～20℃；掺加纤维时，尚需再提高10℃左右。

（4）常温沥青混合料的拌和及压实在常温下进行。

5. 沥青混合料试件的制作条件

（1）在拌和厂或施工现场采取沥青混合料制作试样时，将试样置于烘箱中加热或保温，在混合料中插入温度计测量温度,待混合料温度符合要求后成型。需要拌和时可倒入已加热的室内沥青混合料拌和机中适当拌和,时间不超过1min。不得在电炉或明火上加热炒拌。

(2)在试验室人工配制沥青混合料时,试件的制作按下列步骤进行:

①将各种规格的矿料置105℃±5℃的烘箱中烘干至恒重(一般不少于4~6h)。

②将烘干分级的粗、细集料,按每个试件设计级配要求称其质量,在一金属盘中混合均匀,矿粉单独放入小盆里;然后置烘箱中加热至沥青拌和温度以上约15℃(采用石油沥青时通常为163℃;采用改性沥青时通常需180℃)备用。一般按一组试件(每组4~6个)备料,但进行配合比设计时宜对每个试件分别备料。常温沥青混合料的矿料不应加热。

③将按要求采取的沥青试样,用烘箱加热至规定的沥青混合料拌和温度,但不得超过175℃。当不得已采用燃气炉或电炉直接加热进行脱水时,必须使用石棉垫隔开。

6. 拌制沥青混合料

(1)黏稠石油沥青混合料:

①用蘸有少许黄油的棉纱擦净试模、套筒及击实座等,置100℃左右烘箱中加热1h备用。常温沥青混合料用试模不加热。

②将沥青混合料拌和机提前预热至拌和温度10℃左右。

③将加热的粗细集料置于拌和机中,用小铲子适当混合;然后加入需要数量的沥青(如沥青已称量在一专用容器内时,可在倒掉沥青后用一部分热矿粉将黏在容器壁上的沥青擦拭掉并一起倒入拌和锅中),开动拌和机一边搅拌一边使拌和叶片插入混合料中拌和1~1.5min;暂停拌和,加入加热的矿粉,继续拌和至均匀为止,并使沥青混合料保持在要求的拌和温度范围内。标准的总拌和时间为3min。

(2)液体石油沥青混合料:将每组(或每个)试件的矿料置已加热至55~100℃的沥青混合料拌和机中,注入要求数量的液体沥青,并将混合料边加热边拌和,使液体沥青中的溶剂挥发至50%以下。拌和时间应事先试拌决定。

(3)乳化沥青混合料:将每个试件的粗细集料,置于沥青混合料拌和机(不加热,也可用人工炒拌)中;注入计算的用水量(阴离子乳化沥青不加水)后,拌和均匀并使矿料表面完全湿润;再注入设计的沥青乳液用量,在1min内使混合料拌匀;然后加入矿粉后迅速拌和,使混合料拌成褐色为止。

7. 成型方法

击实法的成型步骤如下:

(1)将拌好的沥青混合料,用小铲适当拌和均匀,称取一个试件所需的用量(标准马歇尔试件约1200g,大型马歇尔试件约4050g)。当已知沥青混合料的密度时,可根据试件的标准尺寸计算并乘以1.03得到要求的混合料数量。当一次拌和几个试件时,宜将其倒入经预热的金属盘中,用小铲适当拌和均匀分成几份,分别取用。在试件制作过程中,为防止混合料温度下降,应连盘放在烘箱中保温。

(2)从烘箱中取出预热的试模及套筒,用蘸有少许黄油的棉纱擦拭套筒、底座及击实锤底面。将试模装在底座上,放一张圆形的吸油性小的纸,用小铲将混合料铲入试模中,用插刀或大螺丝刀沿周边插捣15次,中间捣10次。插捣后将沥青混合料表面整平。对大型击实法的试件,混合料分两次加入,每次插捣次数同上。

(3)插入温度计至混合料中心附近,检查混合料温度。

（4）待混合料温度符合要求的压实温度后，将试模连同底座一起放在击实台上固定。在装好的混合料上面垫一张吸油性小的圆纸，再将装有击实锤及导向棒的压实头放入试模中。开启电机，使击实锤从457mm的高度自由落下到击实规定的次数（75次或50次）。对大型试件，击实次数为75次（相应于标准击实的50次）或112次（相应于标准击实75次）。

（5）试件击实一面后，取下套筒，将试模翻面，装上套筒；然后以同样的方法和次数击实另一面。乳化沥青混合料试件在两面击实后，将一组试件在室温下横向放置24h；另一组试件置温度为105℃±5℃的烘箱中养生24h。将养生试件取出后再立即两面锤击各25次。

（6）试件击实结束后，立即用镊子取掉上下面的纸，用卡尺量取试件离试模上口的高度并由此计算试件高度。高度不符合要求时，试件应作废，并按式（2-4-6）调整试件的混合料质量，以保证高度符合63.5mm±1.3mm（标准试件）或95.3mm±2.5mm（大型试件）的要求。

$$调整后混合料质量 = 要求试件高度 \times 原用混合料质量/所得试件的高度 \quad （2-4-6）$$

卸去套筒和底座，将装有试件的试模横向放置冷却至室温后（不少于12h），置脱模机上脱出试件。

（7）将试件仔细置于干燥洁净的平面上，供试验用。

### 五、压实沥青混合料密度试验（表干法）

（1）本方法适用于测定吸水率不大于2%的各种沥青混合料试件，包括密级配沥青混凝土、沥青玛蹄脂碎石混合料（SMA）和沥青稳定碎石等沥青混合料试件的毛体积相对密度和毛体积密度。标准温度为25℃±0.5℃。

（2）本方法测定的毛体积相对密度和毛体积密度适用于计算沥青混合料试件的孔隙率、矿料间隙率等各项体积指标。

（3）仪器设备。

①浸水天平或电子天平：当最大称量在3kg以下时，感量不大于0.1g；最大称量3kg以上是感量不大于0.5g。应有测量水中重的挂钩。

②网篮。

③溢流水箱：使用洁净水，有水位溢流装置，保持试件和网篮浸入水中后的水位一定。能调整水温至25℃±0.5℃。

④试件悬吊装置：天平下方悬吊网篮及试件的装置，吊线应采用不吸水的细尼龙线绳，并有足够的长度。对轮碾成型机成型的板块装试件可用铁丝悬挂。

⑤其他：秒表、毛巾、电风扇和烘箱。

（4）方法与步骤。

①准备试件。本试验可以采用室内成型的试件，也可以采用工程现场钻芯、切割等方法获得的试件。当采用现场钻芯取样时，试验前试件宜在阴凉处保存（温度不宜高于35℃），且放置在水平的平面上，注意不要使试件产生变形。

②选择适宜的浸水天平或电子天平，最大称量应满足试件质量的要求。

③除去试件表面的浮粒，称取干燥试件的空中质量（$m_a$），根据选择的天平的感量读数，准确至0.1g或0.5g。

④将溢流水箱保持在25℃±0.5℃。挂上网篮，浸入溢流水箱中，调节水位，将天平调平并复零，把试件置于网篮中（注意不要晃动水）浸水中3～5min。称取水中质量（$m_w$）。若天平读数持续变化，不能很快达到稳定，说明试件吸水较严重，不适用此法测定，应改用蜡封法

测定。

⑤从水中取出试件,用洁净柔软的拧干湿毛巾轻轻擦去试件的表面水(不得吸走空隙内的水),称取试件的表干质量($m_f$)。从试件拿出水面到擦拭介绍不宜超过5s,称量过程中流出的水不得再擦拭。

⑥对从工程现场钻取的非干燥试件,可先称取水中质量($m_w$)和表干质量($m_f$),然后用电风扇将试件吹干至恒重(一般不少于12h,当不需要进行其他试验时,也可用60℃±5℃烘箱烘干至恒重),再称取空气中质量($m_a$)。

(5)计算。

①按下式计算试件的吸水率,取1位小数。

$$S_a = (m_f - m_a) / (m_f - m_w) \times 100 \qquad (2\text{-}4\text{-}7)$$

式中:$S_a$——试件的吸水率,%;

$m_a$——干燥试件的空中质量,g;

$m_w$——试件的水中质量,g。

②按式(2-4-8)及式(2-4-9)计算试件的毛体积相对密度和毛体积密度,取3位小数。

$$\gamma_f = m_a / (m_f - m_w) \qquad (2\text{-}4\text{-}8)$$
$$\rho_f = m_a / (m_f - m_w) \times \rho_w \qquad (2\text{-}4\text{-}9)$$

式中:$\gamma_f$——试件毛体积相对密度,无量纲;

$\rho_f$——试件毛体积密度,g/cm³;

$\rho_w$——25℃时水的密度,取0.9971 g/cm³。

③按式(2-4-10)计算试件的孔隙率,取1位小数。

$$VV = (1 - \gamma_f / \gamma_t) \times 100 \qquad (2\text{-}4\text{-}10)$$

式中:VV——试件的空隙率,%;

$\gamma_t$——沥青混合料理论最大相对密度,当实测理论最大相对密度有困难时,也可采用计算的理论最大相对密度;

$\gamma_f$——试件的毛体积相对密度,无量纲,通常采用表干法测定;当试件吸水率$S_a > 2\%$时,以采用蜡封法测定;当按规定容许采用水中重法测定时,也可采用表观相对密度代替。

④按式(2-4-11)计算矿料的合成毛体积相对密度,取3位小数。

$$\gamma_{sb} = 100 / (P_1 / \gamma_1 + P_2 / \gamma_2 + \cdots + P_n / \gamma_n) \qquad (2\text{-}4\text{-}11)$$

式中:    $\gamma_{sb}$——矿料的合成毛体积相对密度,无量纲;

$P_1$、$P_2$、$\cdots$、$P_n$——各种矿料占矿料总质量的百分数,%,其和为100;

$\gamma_1$、$\gamma_2$、$\cdots$、$\gamma_n$——各种矿料的相对密度,无量纲;采用《公路工程集料试验规程》(JTG E42—2005)的方法进行测定。

⑤按式(2-4-12)计算矿料的合成表观相对密度,取3位小数。

$$\gamma_{sa} = 100 / (P_1 / \gamma_1' + P_2 / \gamma_2' + \cdots + P_n / \gamma_n') \qquad (2\text{-}4\text{-}12)$$

式中:    $\gamma_{sa}$——矿料的合成表观相对密度,无量纲;

$R_1$、$R_2$、$\cdots$、$R_n$——各种矿料的表观相对密度,无量纲。

⑥确定矿料的有效相对密度,取3位小数。

⑦对非改性沥青混合料,采用真空发实测理论最大相对密度,取平均值。按式(2-4-13)计算合成矿料的有效相对密度$\gamma_{se}$。

$$\gamma_{se} = (100 - P_b)/(100/\gamma_t - P_b/\gamma_b) \tag{2-4-13}$$

式中:$\gamma_{se}$——合成矿料的有效相对密度,无量纲;

$\quad P_b$——沥青用量,即沥青质量占沥青混合料总质量的百分比,%;

$\quad \gamma_t$——实测的沥青混合料理论最大相对密度,无量纲;

$\quad \gamma_b$——25℃时沥青的相对密度,无量纲。

⑧对改性沥青及 SMA 等难以分散的混合料,有效相对密度宜直接由矿料合成毛体积相对密度与合成表观相对密度按式(2-4-14)计算确定,其中沥青吸收系数 $C$ 值根据材料的吸水率由式(2-4-15)求得,合成矿料的吸水率按式(2-4-16)计算。

$$\gamma_{se} = C\gamma_{sa} + (1 - C) \times \gamma_{sb} \tag{2-4-14}$$

$$C = 0.033W_X^2 - 0.2936W_X + 0.9339 \tag{2-4-15}$$

$$W_X = (1/\gamma_{sd} - 1/\gamma_{sa}) \times 100 \tag{2-4-16}$$

式中:$C$——沥青吸收系数,无量纲;

$\quad W_X$——合成矿料的吸水率,%。

(6)确定沥青混合料的理论最大相对密度(取 3 位小数)。

①对非改性的普通沥青混合料,采用真空发实测沥青混合料的理论最大相对密度 $\gamma_t$。

②对改性沥青或 SMA 混合料宜按式(2-4-17)或式(2-4-18)计算沥青混合料对应油石比的理论最大相对密度。

$$\gamma_t = (100 + P_a)/(100/\gamma_{se} + P_a/\gamma_b) \tag{2-4-17}$$

$$\gamma_t = (100 + P_a + P_X)/(100/\gamma_{se} + P_a/\gamma_b + P_X/\gamma_X) \tag{2-4-18}$$

式中:$\gamma_t$——计算沥青混合料对应油石比的理论最大相对密度,无量纲;

$\quad P_a$——油石比,即沥青质量占矿料总质量的百分比,%;

$$P_a = P_b/(100 - P_b) \times 100 \tag{2-4-19}$$

$\quad P_X$——纤维用量,即纤维质量占矿料点质量的百分比,%;

$\quad \gamma_X$——25℃时纤维的相对密度,由厂方提供或实测得到,无量纲;

$\quad \gamma_{se}$——合成矿料的有效相对密度,无量纲;

$\quad \gamma_b$——25℃时沥青的相对密度,无量纲。

③对旧路面钻取芯样的试件缺乏材料密度、配合比及油石比的沥青混合料,可采用真空法实测沥青混合料的理论最大相对密度 $r_t$。

④按式(2-4-20)~式(2-4-22)计算试件的空隙率、矿料间隙率 VMA 和有效沥青的饱和度 VFA,取 1 位小数。

$$VV = (1 - \gamma_f/\gamma_t) \times 100 \tag{2-4-20}$$

$$VMA = (1 - \gamma_f/R_{sb} \times P_s/100) \times 100 \tag{2-4-21}$$

$$VFA = (VMA - VV)/VMA \times 100 \tag{2-4-22}$$

式中:VV——沥青混合料试件的空隙率,%;

$\quad$VMA——沥青混合料试件的矿料间隙率,%;

$\quad$VFA——沥青混合料试件的有效沥青饱和度,%;

$\quad P_s$——各种矿料占沥青混合料中质量的百分率之和,%;

$$P_s = 100 - P_b$$

$\quad R_{sb}$——矿料的合成毛体积相对密度,无量纲。

⑤按式(2-4-23)~式(2-4-25)计算沥青结合料被矿料吸收的比例及有效沥青含量、有效

沥青体积百分率,取1位小数。

$$P_{ba} = (r_{se} - r_{sb})/(r_{se} \times r_{sb}) \times r_b \times 100 \tag{2-4-23}$$

$$P_{be} = P_b - (P_{ba}/100 \times P_s) \tag{2-4-24}$$

$$V_{be} = (r_f \times P_{be})/r_b \tag{2-4-25}$$

式中:$P_{ba}$——沥青混合料中被矿料吸收的沥青质量占矿料总质量的百分率,%;

$P_{be}$——沥青混合料中的有效沥青含量,%;

$V_{be}$——沥青混合料试件的有效沥青体积百分率,%。

⑥按式(2-4-24)计算沥青混合料的粉胶比,取1位小数。

$$F_B = P_{0.075}/P_{be} \tag{2-4-26}$$

式中:$F_B$——粉胶比,沥青混合料的矿料中0.075mm通过率与有效沥青含量的比值,无量纲;

$P_{0.075}$——矿料级配中0.075mm的通过百分率(水洗法),%。

⑦按式(2-4-27)计算集料的比表面积,按式计算式(2-4-28)计算沥青混合料沥青膜有效厚度。各种寂寥粒径的表面积系数查表取用。

$$S_A = \sum (P_i \times F_{Ai}) \tag{2-4-27}$$

$$D_A = P_{be}/(p_b \times P_s \times S_A) \times 1000 \tag{2-4-28}$$

式中:$S_A$——集料的比表面积,$m^2/kg$;

$P_i$——集料各粒径的质量通过百分率,%;

$F_{Ai}$——各筛孔对应集料的表面积系数,$m^2/kg$;

$D_A$——沥青膜有效厚度,$\mu m$;

$p_b$——25℃沥青时的密度,$g/cm^3$。

注:矿料级配中大于4.75mm集料的表面积系数$F_A$均取0.0041。计算集料比表面积时,大于4.75mm集料的比表面积只计算一次,即只计算最大粒径对应部分。

⑧粗集料骨架间隙率可按式(2-4-29)计算,取1位小数。

$$VCA_{mix} = 100 - (\gamma_f/\gamma_{ca}) \times P_{ca} \tag{2-4-29}$$

式中:$VCA_{mix}$——粗集料骨架间隙率,%;

$P_{ca}$——矿料中所有粗集料质量占沥青混合料总质量的百分率(%),按式(2-4-30)计算得到;

$$P_{ca} = P_s \times P_{A4.75}/100 \tag{2-4-30}$$

$P_{A4.75}$——矿料级配中4.75mm筛余量,即100减去4.75mm通过率;

$\gamma_{ca}$——矿料中所有粗集料的合成毛体积相对密度,按式(2-4-31)计算,无量纲;

$$\gamma_{ca} = (P_{1c} + P_{2c} \cdots + P_{nc})/(P_{1c}/R_{1c} + P_{2c}/\gamma_{2c} \cdots + P_{nc}/\gamma_{nc}) \tag{2-4-31}$$

$P_{1c}$、$\cdots$、$P_{nc}$——矿料中各种粗集料占矿料总质量的百分比,%;

$\gamma_{1c}$、$\cdots$、$\gamma_{nc}$——矿料中各集料的毛体积相对密度。

注:$P_{A4.75}$对于一般沥青混合料为矿料级配中4.75mm筛余量,对于公称最大粒径不大于9.5mm的SMA混合料为2.36mm筛余量,对特大粒径根据需要可以选择其他筛孔。

(7)报告。

应在试验报告中注明沥青混合料的类型及测定密度采用的方法。

(8)允许误差。

试件毛体积密度试验重复性的允许误差为0.020g/cm³。试件毛体积相对密度试件重复性的允许误差为 0.020。

### 六、沥青混合料马歇尔稳定度试验

**1. 目的与适用范围**

(1)本方法适用于马歇尔稳定度试验和浸水马歇尔稳定度试验,以进行沥青混合料的配合比设计或沥青路面施工质量检验。浸水马歇尔稳定度试验(根据需要,也可进行真空饱水马歇尔试验)供检验沥青混合料受水损害时抵抗剥落的能力时使用,通过测试其水稳定性检验配合比设计的可行性。

(2)本方法适用于按规定成型的标准马歇尔试件圆柱体和大型马歇尔试件圆柱体。

**2. 仪具与材料技术要求**

(1)沥青混合料马歇尔试验仪:分为自动式和手动式。自动马歇尔试验仪应具备控制装置、记录荷载一位移曲线、自动测定荷载与试件的垂直变形,能自动显示和存储或打印试验结果等功能。手动式由人工操作,试验数据通过操作者目测后读取数据。

①当集料公称最大粒径小于或等于 26.5mm 时,宜采用拟 $\phi101.6mm \times 63.5mm$ 的标准马歇尔试件,试验仪最大荷载不得小于 25kN,读数准确至 0.1kN,加载速率应能保持 50mm/min ± 5mm/min,钢球直径 16mm ± 0.05mm,上下压头曲率半径为 50.8mm ± 0.08mm。

②当集料公称最大粒径大于 26.5mm 时,宜采用中 $\phi152.4mm \times 95.3mm$ 大型马歇尔试件,试验仪最大荷载不得小于 50kN,读数准确至 0.1kN。上下压头的曲率内径为 $\phi152.4mm ± 0.2mm$,上下压头间距 19.05mm ± 0.1mm。

(2)恒温水槽:控温准确至 1℃,深度不小于 150mm。

(3)真空饱水容器:包括真空泵及真空干燥器。

(4)天平:感量不大于 0.1g。

(5)温度计:分度值 1℃。

(6)其他:烘箱、卡尺棉纱、黄油。

**3. 标准马歇尔试验方法**

1)准备工作

(1)按标准击实法成型马歇尔试件,标准马歇尔试件尺寸应符合直径 101.6mm ± 0.2mm、高 63.5mm ± 1.3mm 的要求。对大型马歇尔试件,尺寸应符合直径 152.4mm ± 0.2mm、高 95.3mm ± 2.5mm 的要求。一组试件的数量不得少于 4 个,并符合规定。

(2)量测试件的直径及高度:用卡尺测量试件中部的直径,用马歇尔试件高度测定器或用卡尺在十字对称的 4 个方向量测离试件边缘 10mm 处的高度,准确至 0.1mm,并以其平均值作为试件的高度。如试件高度不符合 63.5mm ± 1.3mm 或 95.3mm ± 2.5mm 要求或两侧高度差大于 2mm,此试件应作废。

(3)按规程规定的方法测定试件的密度,并计算空隙率、沥青体积百分率、沥青饱和度、矿料间隙率等体积指标。

(4)将恒温水槽调节至要求的试验温度,对黏稠石油沥青或烘箱养生过的乳化沥青混合料为 60℃ ±1℃,对煤沥青混合料为 33.8℃ ±1℃,对空气养生的乳化沥青或液体沥青混合料为 25℃ ±1℃。

2)试验步骤

(1)将试件置于已达规定温度的恒温水槽中保温,保温时间对标准马歇尔试件需 30 ~ 40min,对大型马歇尔试件需 45 ~ 60min。试件之间应有间隔,底下应垫起,距水槽底部不小于 5cm。

(2)将马歇尔试验仪的上下压头放入水槽或烘箱中达到同样温度。将上下压头从水槽或烘箱中取出擦拭干净内面。为使上下压头滑动自如,可在下压头的导棒上涂少量黄油。再将试件取出置于下压头上,盖上上压头,然后装在加载设备上。

(2)在上压头的球座上放妥钢球,并对准荷载测定装置的压头。

(3)当采用自动马歇尔试验仪时,将自动马歇尔试验仪的压力传感器、位移传感器与计算机或 $X - Y$ 记录仪正确连接,调整好适宜的放大比例,压力和位移传感器调零。

(4)当采用压力环和流值计时,将流值计安装在导棒上,使导向套管轻轻地压住上压头,同时将流值计读数调零。调整压力环中百分表,对零。

(5)启动加载设备,使试件承受荷载,加载速度为 50mm/min ±5mm/min。计算机或 $X - Y$ 记录仪自动记录传感器压力和试件变形曲线并将数据自动存入计算机。

(6)当试验荷载达到最大值的瞬间,取下流值计,同时读取压力环中百分表读数及流值计的流值读数。

(7)从恒温水槽中取出试件至测出最大荷载值的时间,不得超过 30s。

4.浸水马歇尔试验方法

浸水马歇尔试验方法与标准马歇尔试验方法的不同之处在于,试件在已达规定温度恒温水槽中的保温时间为 48h,其余步骤均与标准马歇尔试验方法相同。

5.真空饱水马歇尔试验方法

试件先放入真空干燥器中,关闭进水胶管,开动真空泵,使干燥器的真空度达到 97.3kPa (730mmHg)以上,维持 15min;然后打开进水胶管,靠负压进入冷水流使试件全部浸入水中,浸水 15min 后恢复常压,取出试件再放入已达规定温度的恒温水槽中保温 48h。其余均与标准马歇尔试验方法相同。

6.计算

(1)试件的稳定度及流值。

①当采用自动马歇尔试验仪时,将计算机采集的数据绘制成压力和试件变形曲线,或由 $X - Y$ 记录仪自动记录的荷载—变形曲线,在切线方向延长曲线与横坐标相交于 $O_1$,将 $O_1$ 作为修正原点,从 $O_1$ 起量取相应于荷载最大值时的变形作为流值(FL),以 mm 计,准确至 0.1mm。最大荷载即为稳定度(MS),以 kN 计,准确至 0.01kN。

②采用压力环和流值计测定时,根据压力环标定曲线,将压力环中百分表的读数换算为荷载值,或者由荷载测定装置读取的最大值即为试样的稳定度(MS),以 kN 计,准确至 0.01kN。由流值计及位移传感器测定装置读取的试件垂直变形,即为试件的流值(FL),以 mm 计,准确至 0.1mm。

(2)试件的马歇尔模数按式(2-4-32)计算。

$$T = MS/FL \tag{2-4-32}$$

式中:$T$——试件的马歇尔模数,kN/mm;

$MS$——试件的稳定度,kN;

$FL$——试件的流值,mm。

（3）试件的浸水残留稳定度按式(2-4-33)计算。

$$MS_0 = MS_1/MS \qquad (2-4-33)$$

式中：$MS_0$——试件的浸水残留稳定度，%；

$MS_1$——试件浸水48h后的稳定度，kN。

（4）试件的真空饱水残留稳定度按式(2-4-34)计算。

$$MS_C = MS_2/MS \qquad (2-4-34)$$

式中：$MS_C$——试件的真空饱水残留稳定度，%；

$MS_2$——试件真空饱水后浸水48h后的稳定度，kN。

7. 报告

（1）当一组测定值中某个测定值与平均值之差大于标准差的 $k$ 倍时，该测定值应予舍弃，并以其余测定值的平均值作为试验结果。当试件数目 $n$ 为3、4、5、6个时，$k$ 值分别为1.15、1.46、1.67、1.82。

（2）报告中需列出马歇尔稳定度、流值、马歇尔模数，以及试件尺寸、密度、空隙率、沥青用量、沥青体积百分率、沥青饱和度、矿料间隙率等各项物理指标。当采用自动马歇尔试验时，试验结果应附上荷载—变形曲线原件或自动打印结果。

# 参 考 文 献

[1] 中华人民共和国行业标准. 铁建设[2006]158 号 客运专线铁路无砟轨道铺设条件评估技术指南[S]. 北京:中国铁道出版社,2006.

[2] 中华人民共和国行业标准. GB 50108—2001 地下工程防水技术规范[S]. 北京:中国铁道出版社,2001.

[3] 中华人民共和国行业标准. 铁建设[2007]183 号 铁路客运专线竣工验收暂行办法[S]. 北京:中国铁道出版社,2007.

[4] 中华人民共和国行业标准. TB 10424—2010 铁路混凝土工程施工质量验收标准[S]. 北京:中国铁道出版社,2010.

[5] 中华人民共和国行业标准. 铁建设[2006]158 号 客运专线铁路无砟轨道铺设条件评估技术指南[S]. 北京:中国铁道出版社,2006.

[6] 中华人民共和国行业标准. 科技基[2008]74 号 客运专线铁路 CRTS II 型板式无砟轨道水泥乳化沥青砂浆暂行技术条件[S]. 北京:中国铁道出版社,2008.

[7] 李上红. 道路建筑材料[M]. 北京:机械工业出版社,2009.

[8] 孙忠义,王建华. 公路工程试验工程师手册[M]. 北京:人民交通出版社,2004.1.

[9] 徐培华,陈忠达. 路基路面试验检测技术[M]. 北京:人民交通出版社,2000.4.

[10] 廖正环. 公路工程新材料及其应用指南[M]. 北京:人民交通出版社,2004.

[11] 姜志青. 道路建筑材料[M]. 北京:人民交通出版社,2004.

[12] 邰连河,张家平. 新型道路建筑材料[M]. 北京:化学工业出版社,2003.

[13] 梁乃兴,申爱琴. 公路施工手册. 工程材料[M]. 北京:人民交通出版社,2001.

[14] 长安大学. 工程材料[M]. 北京:人民交通出版社,2001.

[15] 严家伋. 道路建筑材料[M]. 3 版. 北京:人民交通出版社,2001.

[16] 侯子义. 道路建筑材料 [M]. 天津:天津大学出版社,2004.

[17] 李立寒,张南鹭. 道路建筑材料 [M]. 北京:人民交通出版社,2004.

[18] 汤康民. 岩土工程[M]. 武汉:武汉工业大学出版社,2001.

[19] 铁道部工程管理中心,铁道科学研究院. 高速铁路技术[J]. 北京:中国铁道出版社.2003.8.

[20] 沈金安. 沥青及沥青混合料路用性能[M]. 北京:人民交通出版社,2001.

[21] 谢洪斌,姚祖康,田赛男,等. 沥青稳定碎石排水层材料的透水能力. 西安[J]. 中国公路学报.2000.13(2).

[22] 林声海. 加固土体化学材料的性能与应用. [J]. 企业科技与发展.2009 年第 14 期.

[23] 祝和权,杨殿文. 铁路路基病害整治及化学加固材料研究进展. [J]. 中国铁道科学. 第 21 卷第 2 期.

[24] 王钊. 学术交流 PPT. 武汉[R]. 武汉大学,2012.

[25] 王平. 铁路轨道施工[M]. 北京:中国铁道出版社,2010.